老年教育策论

**Policy Discussion
     on the Education
for Senior Citizens**

老年教育策论

施祖美/主　编
吴宏洛　李宗明/副主编

社会科学文献出版社
SOCIAL SCIENCES ACADEMIC PRESS (CHINA)

Policy Discussion on the Education for Senior Citizens

目　录

序一 ………………………………………………………………… 陈桦/1
序二 ………………………………………………………………… 张文范/3
序三 ………………………………………………………………… 黄瑞霖/5

绪论 ………………………………………………………………… 施祖美/1

理论篇

积极老龄化与老年教育发展研究 ………………………………… 林筱文/19
老年大学示范校建设探索 ………………………………… 吴兴南　沈妮娜　等/68

实证篇

创建海峡老年教育名校探论 ……………………………… 黄高宪　李宗明　等/97
福建省老年人才开发与继续教育研究 …………… 吴宏洛　钟洪亮　等/145
新农村建设中的老年教育探微 …………………………… 黄建新　许丽英/179
现代信息技术促进福建老年教育发展 …………………… 程思岳　黄宜梁/203
闽台老年教育比较研究 …………………………………… 何绵山　吴东晖/233

特色篇

厦门城区老年教育现状与
　　对策研究 ………………"厦门城区老年教育现状与对策研究"课题组/273
积极老龄化与老年教育的本质和目标 …………………… 施祖美　林筱文/313

与时俱进办好老年学校应处理好几个关系
　　——福建省老年教育办学实践探索 ………………………… 李宗明/322
试论老年大学建构办学特色的重大意义
　　——以福建老年大学为例 ………………………… 黄高宪　李炎清/331
福建省创建老年大学省级示范校的探索与思考 …… 许吉友　沈妮娜/339
精品专业建设的实践与思考 ………………… 福州市老年大学课题组/346
适应信息时代要求发展老年教育初探 ……………………… 黄宪/357
浅议老年教育与民间对外文化交流 ………………………… 朱立新/365
老龄人口增加对老年教育影响的对策研究 ………………… 许伟宏/371
新形势下山区整合资源发展老年教育的
　　探索与思考 …………………………… 南平市老年大学课题组/379
浅谈老年大学校园文化建设
　　………………… "宁德市老年大学校园文化建设研究"课题组/385
浅议农村老年教育与社会主义新农村建设 ………………… 颜美斯/396

附录1　关于福建老年大学创建海峡老年教育名校的问卷调查 ……… /400
附录2　关于2010年福建省老年人才再开发课题问卷 …………… /403
附录3　新农村建设中的老年教育调查问卷 …………………………… /405
附录4　关于老年人远程教育情况的调查问卷 ………………………… /409
后记 ………………………………………………………………………… /412

序一

多年来,全省老年大学在游德馨等一批老同志的领导下,坚持党的基本路线,以科学发展观为统领,推进我省老年教育的普及和提高,为构建终身教育体系,形成学习型社会,建设积极的健康的老龄化社会作出了积极的贡献。目前,我省80%的乡镇、40%的村居设立了老年学校,形成了省、市、县、乡、村五级办学网络,使我省老年教育事业发展步入全国先进行列。各级老年学校成为"银发求知的乐园",成为全省广大老年学员快乐学习、安享晚年幸福生活的美好家园。

福建老年教育和老年大学的健康发展是一大批老领导、老同志们无私奉献的结果,是社会各界大力支持的结果。老同志们以强烈的社会责任感,投身于老年教育事业,不为名利、不图回报,兢兢业业、默默耕耘,在平凡的工作中创造了不平凡的业绩,赢得了全社会的尊重,为广大干部群众树立了学习的榜样,为我省老年教育事业、为福建经济社会发展作出了积极的贡献。

在游德馨同志的积极倡导下,去年年初,我省成立了老年教育理论研究会,打造了一个老年教育研究的平台。研究会组织由具有丰富实践经验的老年教育工作者,以及普通高校相关学科的专家学者组成研究团队,注重理论与实践结合,开展了卓有成效的老年教育发展战略研究。会长施祖美同志长期在高校和教育行政部门工作,担任了课题"科学发展观与福建省老年教育发展战略研究"首席专家,该课题被列入福建省社科规划重点项目。今天,我们又欣喜地看到,这本凝聚着我省老年教育理论研究会各位领导和同志们心血的《老年教育策论》正式出版了。

在新的历史起点上,国家和省《国家中长期教育改革和发展规划纲要

(2010~2020)》，让我们再一次深切地感受到国家对教育的重视，人民对教育的期盼。《规划纲要》强调要"重视老年教育"，这在我国老年教育史上具有里程碑的意义。我们要进一步增强发展老年教育的责任感、使命感，强化"科研立校"的意识，深刻认识老年教育教学研究在构建终身教育体系，实现积极老龄化、健康老龄化中的重要作用，深刻把握人民群众对老年教育的新期待、新要求，把开展老年教育研究工作摆在更加突出的位置，创新老年教育理论研究，不断更新办学理念和办学模式；加强老年教育师资力量建设，鼓励社会力量参与办学，创新老年教育的内容和方式，努力形成以各级老年大学（学校）为骨干、社区教育机构为依托、老龄协会等老年组织为纽带、远程网络教育为重要形式的老年教育体系，满足老年人就地、就近学习的需要；发挥老年教育在创新社会管理，构建和谐社会以及促进社会文明进步中的积极作用，为教育强省建设、办人民满意教育作出新的更大贡献。

是为序。

陈 桦

（中共福建省委常委，福建省人民政府副省长）

序二

老年教育以老年人口为教育对象，以满足老年人求知、进取、康乐、有为的需求，与时俱进，增进老年社会参与，实现老年价值，提高生活质量与生命质量为其宗旨。发展老年教育，让老年人共享社会教育资源，是积极老龄化与社会经济可持续发展的战略选择。中国作为世界上最大的发展中国家，如何在老年人口基数增大、人口老龄化加快而且发展不平衡的条件下，保障老年人的合法权益，促进老龄事业发展，是社会发展中面临的重大问题。重视老年教育、提高老年人口素质、减轻人口老龄化带来的负面影响，是在科学发展观战略指导下老年学研究的重要命题。施祖美同志主持的"科学发展观与福建省老年教育发展战略研究"课题，就是针对老年教育的新特点、新问题所作的研究，现已结题并成书，这是近年来我国老年教育研究有学术价值的创新成果。

进入21世纪的老年教育，为适应社会结构变迁和老龄社会发展以及老年人的自身需要，显示出一定的时代特点。随着老年大学办学规模及数量逐年增大，老年教育规范化、制度化、教学质量等问题被提上议事日程。新形势、新问题呼唤老年教育研究，也推动着老年教育研究向前发展。但在老年教育研究中存在几个明显不足，如对老年教育的理论研究滞后于实践，从而影响了政策的制定与实施；研究视野偏窄，对老年教育的定位、基本模式、需求供给机制、教育内容和形式方面的研究明显落后于其他学科；对国外介绍性成果多，探究性研究少；对老年教育问题缺乏科学发展观的战略视角。这本书力求改变这种状况，从老年教育事业是科学发展与社会和谐进步的有机组成部分这一视角出发，坚持社会主义核心价值体系，以科学发展观作为老年教育发展战略的理论指导，建立老年教育发展战略的分析框架，采用规范研究与实证分析相结合，系统分析和综合比较相结合，主要运用文献研究与理论探讨、比较研究、定量分析与定性分析相结合、对策研究等方法，对老年教育作了比较系统的论述，对老年教育面临的问题作了比较详尽的解答，这种探索是对以往研究的突破，为老年教育的建设和发展提供了大量有价值的指导性意见。本书的研究，有助于提高我们对老年教育的认识，明确今后努力的方向，对发展老年教育，构建和谐社会，促进海峡西岸经济区建设，具有积极的意义。

福建省老年教育在省委、省政府的高度重视和支持下，在游德馨等老同志的具体领导下，老年教育坚持正确的办学方向和办学宗旨，遵循教育的基本规律和老年教育的特殊规律，坚持特色办校，和谐兴校，在老年教育、教学创新理论、教学经验方面，都为我国老年教育提供了宝贵的经验和做法，成绩卓著。最近，又为中国老年教育的战略研究，作出了新的贡献，让人欣慰和高兴。

随着时代和社会的发展，老年教育面临诸多挑战，许多过去不曾遇到、不熟悉的问题，需要我们去研究、去解决；许多我们熟悉又习以为常的问题，需要我们用新的观念、新的思想、新的角度去认识、去审视、去完善。如老年教育如何定位，老年教育该由谁投资、谁来办和怎么办，如何理顺、改革管理体制，如何制定和完善老年教育法规，如何先行制定地方性老年教育条款，如何制定老年教育中长期发展规划，如何整合资源发展老年教育，如何加强素质教育，如何构建老年教育的学科体系，老年教育课程如何因人施教、因材施教、因需施教，等等，都需要老年教育工作者与时俱进，进一步开展探讨和研究。相信有志于此的同志能够满怀对老年教育事业的热忱，善于探索、敢于创新，不断总结经验，在老年教育研究上迈出新的步伐，以开辟老年教育新途径，促进老年教育更快、更好地发展。

是为序。

张文范
2011 年 6 月 20 日
（中国老年大学协会会长）

序三

　　福建老年教育，在省委、省政府高度重视和关心下，快速发展。从1985年4月成立第一所福建省老年大学，学员几百人，到今天已有8700多所老年大学和老年学校，学员超过62000人，占全省老年人口总数近15%，形成了省、市、县（区）、乡镇（街道）和村（社区）的五级办学格局。老年大学和老年学校已经成为老年人"陶冶情操的场所，健康身心的乐园，增长知识的学府，大器晚成的摇篮"。

　　但是我们不能不看到，随着老年化的快速到来，老年人口比例迅速上升，现有的老年教育无法适应社会发展的需求，老年教育进一步发展面临着不少困难和问题。老年教育如何定位？办学条件如何改善？管理体制如何健全？师资队伍如何充实？适用教材如何编写？这些问题还有待我们去研究，去实践，去解决。老年教育是新生事物，与现有普通学历教育有很大差别，没有现成的模式和经验可以套用。这就要求我们要从老年教育理论的高度，探索老年教育的内在规律，厘清老年教育与科学发展观及构建和谐社会的关系，指导老年教育沿着正确的方向发展。老年教育创办20多年来，虽然有不少老年教育工作者认真总结中国老年教育基本经验、基本规律和基本理论，但相对蓬勃发展的老年教育实践，这方面还是一条短腿。

　　游德馨校长敏锐地觉察到了理论研究薄弱这一问题，他在两年前就明确提出，要加强老年教育理论研究工作，要以正确的理论指导老年教育更快更好发展。在他直接指导下，适时成立了福建省老年教育理论研究会，作为省一级学术团体；研究会团结、协调全省老年教育理论研究力量，结合我省办学实际，实施重点课题为龙头的理论研究工作，开创了老年教育理论研究新局面。施祖美同志主持的"科学发展观与福建省老年教育发展战略研究"正是在这种大兴理论研究之风中结出的硕果。这一力作坚持社会主义核心价值，以科学发展观作为老年教育发展战略的理论指导，从积极老年化，建设规范化老年大学，创办海峡老年教育名校，注重老年人才开发和完善继续教育，办好农村基层老年教育，以现代化信息技术促进老年教育发展以及闽台两地老年教育比较等七个方面进行全方位、多层次的分析对比研究，以建立老年教育发展战略的分析框架，回答了我省创办老年教育过程中提出的诸多问题。参加这一课题研究的不仅有多年从事老年教育的实际工作者，还有多位在榕高校中对终身教育、老年教育研究颇有造诣的专家、学者，他们一道深入省、市、县老年大学调查研究，从理论和实践两个方面分析探索问题，取长补短，保证了这一课题调研成果的理论性和实践性水平。

　　当然，这还只是老年教育理论研究的良好开端。老年教育存在的问题和将要面临的挑战还有待我们进一步去研究，去解决。希望有志于此的专家学者和老年教育实际工作者，继续深入研究，不断总结经验，为建立老年教育学科理论体系作出自己的贡献。

黄瑞霖

（中共福建省委原副书记，福建省老年大学协会会长，福建老年大学执行校长）

绪　论

施祖美[*]

联合国统计数据显示，2006年世界60岁以上的老年人口达到6.88亿，预计2050年将达到20亿。来自全国老龄办的信息，截至2010年，我国60岁以上老年人口已达1.78亿，占总人口的13.26%。预计到2015年，我国60岁以上老年人口将达到2.16亿，约占总人口的16.7%，年均净增老年人口800多万，超过新增人口数量；80岁以上的高龄老人将达到2400万，约占老年人口的11.1%，年均净增高龄老人100万，增速超过我国人口老龄化速度；65岁以上空巢老年人口将超过5100万，约占老年人口的近1/4。中国作为世界上最大的发展中国家，如何在老年人口基数增大、人口老龄化加快而且发展不平衡的条件下，保障老年人的合法权益，促进老龄事业发展，是社会发展中面临的重大问题。

2002年世界老龄大会通过的《国际老龄行动计划2002》强调，教育是老年人积极而充实地生活的重要基础，是增进老年人参与，实现健康和福祉的重要条件，是老年人继续社会化的一种过程，是积极老龄化战略的重要组成部分。重视老年教育、提高老年人口素质、减轻人口老龄化带来的负面影响，是科学发展观战略下老年学研究的重要命题。

老年教育是指以退休期的老年人口为教育对象，以满足老年人求知、进取、康乐、有为的需求为教育目的，增进老年社会参与，实现老年价值，提高生活质量与生命质量的教育过程。发展老年教育，让老年人共享

---

[*] 施祖美，福建老年大学副校长、福建省老年协会副会长、福建省老年教育理论研究会会长。

社会教育资源,是积极老龄化与社会经济可持续发展的战略选择。前联合国秘书长安南在第二届世界老龄大会上指出"老年人不是一个单独分离的部分,他们的智慧和经验是社会名副其实的生命线"。

一 国内外研究述评

老年教育的发展源于对终身教育思想的普遍接受。全球第一所老龄大学1973年在法国应运而生,由皮埃尔·维勒斯教授在图卢兹大学创办,这是世界老年教育兴起的标志。受其影响,老年教育在欧洲、北美洲、亚洲等人口老龄化较早、经济较发达的国家相继发展起来。老年教育学作为老年学和教育学的分支学科,呈现出多学科、跨领域、交叉融合的特点。

从理论探讨看,权利理论从老年人个体角度强调老年人的受教育权利;福利主义理论从国家责任角度强调国家保障老年教育的义务;自我完善理论从老年人健康的角度强调老年教育"以人为本"的教育理念和发展目标;终身教育理论则强调人一生的学习和整个社会学习的必要性,指出老年人受教育权利的不可剥夺性,并对老年人与社会的关系进行了探索;社会参与理论从人与社会共同发展的角度强调老年人是社会的一员,是社会成果的分享者和社会发展的参与者。波斯纳认为,社会参与理论是积极老龄化目标的核心内容,也是当代西方国家人口老龄化背景下老年教育实践最重要的理论基础。

实践上,老年教育在欧洲被称为第三年龄教育。欧美发达国家有着强大的经济基础,进入老龄型社会以后,有一批忠实和献身于终身教育理念的教育家身体力行,成为推动老年教育事业的开拓者,同时名目繁多的基金会,对老年教育事业热心资助,各类高等院校也有意接纳老年人入学,社区活动为老年教育事业提供了诸多方便。这构成了国外老年教育的特色,并形成三种主要模式:

(1) 由国家投资开办,并把老年大学的各项开支列入国家财政预算,老年教育与正规教育融为一体。如在斯德哥尔摩的大学中55岁以上老年大学生占全校学生总数的20%左右,60岁以上占到10%左右。

(2) 由老年人自发组织成立,学有专长的老年人都可以执教的自制自主型模式,这些老年教育机构属于非营利性质的志愿者组织。

(3) 各个老年大学以网络为平台,依托社区,成员进行自我管理的社区型模式,这类学校与普通大学及学院有着密切的联系,注重满足老年人不同层次的需求。

此外，一些国家还积极探索集正规教育、非正规教育和非正式教育为一体的老年教育模式。教学上，不再局限于传统的课堂教学，而是采取灵活多样的方式，如远程教育、社区教育等。教学内容上，不仅有人文关怀课程，更有与社会发展密切相关的知识体系，还建有专门的实验室。

总体看，国外老年教育发展比较成熟的国家，基本实现了积极老龄化的战略目标，即生活质量提高、自我价值实现以及积极的社会参与。国外老年教育事业的成功经验，对我国发展老年教育有很好的启示作用。

中国政府历来关心和重视老龄事业。多年来，国家大力弘扬中华民族敬老养老的文化传统，采取切实有效措施，积极探索适合中国国情的老龄事业发展模式。特别是近年来，中国政府全面贯彻落实科学发展观，积极应对人口老龄化挑战，把发展老龄事业作为经济社会统筹发展和构建社会主义和谐社会的重要内容，综合运用经济、法律和行政手段，不断推动老龄事业发展。

政策方面，1983年，成立了"老龄问题全国委员会"。其主要任务是对有关老龄事务的一些重大问题进行调查研究，综合规划，组织协调，督促检查，召开老龄问题会议，开展国际合作等。1994年，中央国家机关10个部委联合制定了《中国老龄工作七年发展纲要（1994—2000年）》（以下简称《纲要》），提出了在全国开展老年教育的预定目标。《纲要》指出："老年大学、老年学校是老年教育的重要形式，它已成为老年人老有所学、老有所为、老有所乐的重要场所。"《纲要》要求各省市老龄机构要将举办老年大学（学校）作为发展老龄教育事业的工程去抓，机关企事业单位要努力创造条件，举办老年学校书画班、合唱队等音体美兴趣课程，丰富老年人的精神文化生活。1995年，《中华人民共和国教育法》颁布实施，规定在全国"建立和完善终身教育体系"。1996年10月，颁布实施了《中华人民共和国老年人权益保障法》，对老年人的政治权利给予法律保障。《老年人权益保障法》规定："老年人有继续接受教育的权利"，"国家发展老年教育，鼓励社会办好各类老年学校"。1996年，全国老年大学、老年学校已增长至8300余所，在校学员70万人。1999年全国老龄工作委员会成立后，李岚清同志指出："要大力发展老年教育，动员社会力量兴办各类老年大学和老年学校。"

进入21世纪，为适应社会结构变迁和老龄社会发展以及老年人的自身需要，使老年教育更赋予时代特点，2000年国务院《关于加强老龄工作的决定》提出了今后一个时期我国老龄事业发展的主要目标是基本实现"老有所养、老有所医、老有所教、老有所学、老有所为、老有所乐"。2001年中组部、文化部、教育部、民政部和全国老工委办公室联合下发《关于做好老年教育工作的通知》，对各级党委、政府和有关部门提出制定老年教育事业发展规划和远景目标。这为老年教育事业谱写新篇章指明了方向。2003年，中共中央、国务院下发《关于进一步加强人才工作的决定》，要求"注意发挥老专家、老教授的作用"，和《进一步发挥离退休专业技术人员作用的意见》（中办［2005］9号文），表明党和政府对于开发老年人才资源的高度重视和决心。期间，还颁布实施了《中国老龄事业发展"十五"计划纲要（2001—2005）》、《中国老龄事业发展"十一五"规划纲要》（2006—2010）。

《中国老龄事业发展"十一五"计划纲要（2006—2010）》提出："大力发展老年教育，到2010年，老年大学和老年学校在现有基础上增加1万所。完善老年教育网络。各级政府要继续加大对老年教育的投入，同时动员社会力量，因地制宜办好老年教育。积极发展老年远程教育，开办老年电视大学、老年网上学校，倡导社区办学等多种形式的老年教育。"《纲要》强调了农村老年教育问题，预示着老年教育从城市拓展到乡村。教育的内容紧密围绕使老年人脱贫致富，并强调了老年人树立正确的人生观、价值观的重要性。这些措施为更多老年人享有受教育的权利和义务奠定了良好的基础。

2006年首次发布了《中国老龄事业的发展》白皮书。白皮书在《老年文化教育》一章中指出："发展老年文化教育是提高老年人精神文化生活水平的要求。中国重视发展老年文化教育事业，丰富老年人的精神文化生活，不断满足老年人精神文化需求。"这是国家第一次发布关于老龄事业的"白皮书"，表明中国将发展老年教育、满足老年人的精神文化需求列入政府的议事日程。2007年，国务院发布的《国家教育事业"十一五"规划纲要》中强调："充分发挥各级各类学校在终身学习中的作用。改革成人教育办学模式，大力发展多样化的继续教育和社区教育。加大投入，健全工作机制，巩固和扩大扫盲教育的成果。整合各类教育资源，建设城乡社区学习中心。办好老年大学，扩大覆盖面。"国家第一次将老年教育列入国家教育整体规划，在我国教育发展史上首开先河，充分体现了党和国家对发展老年教育事业的重视，为开创老年教育的新局面打下了坚实基础。

在中央政府的高度重视下，我国的老年教育事业有了长足的发展。1983年我国第一所老年大学"山东省红十字会老年大学"成立。2000年第一所民办社区老年大学"北京怡海老年大学"成立。截至2009年，全国已有各级各类老年学校4.1万多所，在校学员430多万人。老年教育正在帮助越来越多的老年人从无所事事的"消极老人"，转变为学习新知识、重新回归社会的"积极老人"。当然，与发达国家成熟的老年教育相比，我国的老年教育事业方兴未艾。

总体看，虽然政府对老年教育高度重视，但是，老年教育政策仍然存在以下几点不足：（1）对老年教育事业的重要性认识不足，"老年教育就是老年人工作"、"老干部工作优先于老龄工作"，这些狭隘观点在一些政府官员的头脑中尚存。有全国人大代表曾尖锐地批评，不少地方官员对老年教育工作存在着"说起来重要，干起来不重要，忙起来不需要"的态度，机构不健全、人员不落实、经费不保障的情况普遍存在。（2）老年教育政策主要涉及学习、娱乐、思想政治教育等方面，有等同于老年人教育政策之嫌，老年教育政策的内容还有待于进一步深化和扩展。（3）老年教育基本依托于老年大学和老年学校，范围狭窄，内容单一。总的来看，我们对积极老龄化与老年教育政策之间关系的认识还不全面，老年教育政策过于原则性，视野不够开阔，不注重项目和操作方面的规定。应当看到，这些方面的不足将会影响到老年教育政策的贯彻执行和运用的实际效果。因此，完善老年教育政策的任务还相当艰巨。

理论研究方面，为了促进老年大学教育的发展，研究新情况、解决新问题，各地老年协会开展了一系列课题研究，出版了一批著作。其中，早在2003年中国老年大学协会就组织了《中国大中城市老年大学教学实验研究》，完成了一批研究成果，比如罗炳权副会长的《为完善中国特色老年教育框架而奋斗》、上海老年大学的《老年远程教育的现状及对策研究》、天津老年大学的《老年学校教育行政管理研究》、武汉老年大学的《社区老年教育政策与保障机制研究》、重庆老年大学的《老年大学学校管理研究》、金陵老年大学的《老年大学教学的基本经验和实践规律研究》等。

表 1　老年教育相关政策一览表

时间	名称	主要内容
1982	老龄问题维也纳行动计划	向世界各国政府提出了 118 条建议，其中对老年人受教育的权利、原则、方案以及措施作出了明确的阐述。
1994	中国老龄工作发展纲要（1994－2000）	老年大学、老年学校是老年教育的重要形式，它已成为老年人老有所学、老有所为、老有所乐的重要场所。
1995	中华人民共和国教育法	规定在全国"建立和完善终身教育体系"。
1996	老年人权益保障法	老年人有继续接受教育的权利。国家发展老年教育，鼓励社会办好各类老年学校。
2000	关于加强老龄工作的决定	坚持关心老年人生活以及老龄妇女的特殊问题与加强思想政治工作相结合，使广大老年人物质生活得到改善，精神文化生活更加丰富。
2001	关于做好老年教育工作的通知	明确以"老有所教"、"老有所学"、"老有所乐"、"老有所为"为目标，推动老年教育事业的健康发展。在 21 世纪前 10 年建立健全具有中国特色的老年教育事业体系。
2003	关于进一步加强人才工作的决定	要求"注意发挥老专家、老教授的作用"。
2004	福建省委、省政府关于进一步加强老年教育工作的意见	明确老年教育发展的政策。
2004	教育部关于推进社区教育工作若干意见	提出的积极推进社区教育，加快构建终身教育体系，促进学习型社会的形成的任务，进一步推进全国社区教育工作。
2005	进一步发挥离退休专业技术人员作用的意见	明确表明了党和政府对于开发老年人才资源的高度重视和决心。
2005	福建省终身教育促进条例	综合利用全社会的学习资源、文化资源、体育资源和教育资源，建立完善多层次的教育培训网络，满足全体公民终身学习的各种需求，提升每一个公民的自身素质和能力，构建具有福建特色的终身教育体系。
2006	中国老龄事业发展"十一五"计划纲要（2006—2010）	大力发展老年教育，到 2010 年，老年大学和老年学校在现有基础上增加 1 万所。完善老年教育网络。各级政府要继续加大对老年教育的投入，同时动员社会力量，因地制宜办好老年教育。积极发展老年远程教育，开办老年电视大学、老年网上学校，倡导社区办学等多种形式的老年教育。
2007	国家教育事业"十一五"规划纲要	充分发挥各级各类学校在终身学习中的作用。改革成人教育办学模式，大力发展多样化的继续教育和社区教育。加大投入，健全工作机制，巩固和扩大扫盲教育的成果。整合各类教育资源，建设城乡社区学习中心。办好老年大学，扩大覆盖面。
2007	十七大报告	发展远程教育和继续教育，建设全民学习、终身学习的学习型社会。

出版的相关著作有：杨国权编著《老年学校教育学》（黑龙江人民出版社），刘书鹤、马杰编著《老年教育学》（华龄出版社），贾岩主编《老年教育与美育》（华龄出版社），陈福星、冀有德、张春煦、孙兆树编著《老年教育概论》（山东人民出版社）等，这些研究对老年教育的性质、目的、意义，教学内容、教学过程、教学方法和教学管理等方面进行了比较系统的论述，[①] 这些研究为老年大学的建设和发展提供了大量有价值的指导性意见。

当然，相对于其他成熟学科，学术界对老年问题的研究还很不够。近年来，一些学者从教育理念、教育模式、教育供给与需求、教学规范性和社会效益等领域对老年学进行研究探讨。蒋志学等人认为我国老年教育方针的贯彻、教学内容的确定、教育效果的测评和教学质量的保证，远未达到规范化。王志梅、张维华指出虽然相关法律规定了老年人受教育的权利，但在如何向老年人提供教育，平等保障老年人受教育权利方面，存在法律盲点。从资源分布看，农村老年教育几乎是空白。从需求类型看，我国目前的老年学校仍以满足城镇老年人的精神需求和享受需求为主，农村老年教育需求空缺与大部分老年教育资源集中于城市形成鲜明对比。从普及性看，老年教育在社会上的影响力和普及程度还不够，尤其在农村。从课程设置看，适用性不高。有研究者认为，与老年人密切相关的老年健康教育、老年心理教育（退休综合症）、死亡教育、老年生活方式教育和亚健康状态教育、社会适应性教育、自理自立能力教育以及老年创业教育课程的针对性和实用性不强。姚远等学者从人力资源开发的角度，认为我国对人力资源开发的研究较多集中在年轻人才的开发利用上，对老年人力资源的研究甚少，造成老年人才的极大浪费。王英、谭琳等学者对老年教育方式进行了探讨，认为当前主要以老年大学、老年学校为主的教育模式是单腿走路，而社区老年教育、传媒老年教育、老年人自发组织、全日制高等教育、远程教育等可及性、参与性、低成本、灵活多层次的教育体系缺失，不利于老年教育的普及和长远发展。

前人探索性的研究成果为本书的写作提供了有益的思想资源，但我们认为老年教育研究存在几个明显不足：（1）对老年教育的理论研究严重滞后于实践，从而影响了政策的制定与实施。2010年颁布的《国家中长期教

---

① 老年教育概论。[J/OL]．http：//baike.baidu.com/view/2556881.htm.

育改革和发展规划纲要（2010—2020）》，把"发展老年教育"列入纲要，从国家制度层面明确了老年教育的目标定位和发展方向。这是我国教育史上一个重要的标志性事件，意味着老年教育问题进入国家政策的视野，但同时也意味着老年教育学科必须在办学模式、管理体制、资金保障、科学管理等方面有更深入专精的研究，以便配套政策的支持、推进与实施。(2) 在内容上，研究视野偏窄，对老年教育的定位、基本模式、需求供给机制、教育内容和形式方面的研究明显落后于其他学科。(3) 从比较研究看，对国外介绍性成果多，探究性研究少。没有很好地探讨为什么西方发达国家能够在构建以人为本老年教育理念下，架构和践行完整、生动、活泼、多样化的老年教育模式，这是文化的力量在起作用，还是积极老龄化的自觉选择？本质性的问题没有予以很好回答，影响了我们对西方国家经验的合理借鉴。同时，我们注意到，尽管近年来海峡两岸关系密切，文化教育交流与合作频繁，遗憾的是有关两岸老年教育的交流与学习几近空白。(4) 对老年教育问题缺乏科学发展观的战略视角。成果多就事论事，理论预设不足，缺乏人口老龄化的社会历史感、缺乏老年教育作为终身教育有机组成部分的教育理念、缺乏老年教育事业是科学发展与社会和谐进步有机组成部分的社会意识。

从福建省的情况看，1985年福建老年大学成立至今，走过了风雨兼程的25个春秋。截至2010年12月，全省已创办各级各类老年大学（学校）8759所，其中：省级1所，设区市级9所，县（市、区）级85所。在校学员62万多人，约占全省老年人口总数的13%。100%的市、县（区）、91%的乡（镇）和46.8%的村（居）都办了老年大学（学校）。尽管发展速度较快，但在规范化办学、提高办学质量以及学科建设和可持续发展上亟待突破。为了加快老年教育事业发展，福建省政协原主席、福建老年大学校长游德馨提出了"创建海峡老年教育名校"的战略构想，这在全国是首创。为创建海峡老年教育名校，发挥老年教育的示范作用，确立海峡老年教育名校在全国老年教育的地位和作用，践行党的十七大提出的"建设全民学习、终身学习的学习型社会"目标，福建老年大学联合福建省五所高校组成空前强大的研究团队协同开展老年教育发展战略研究，立求在老年学科领域拓展新思路、创设新视界。

福建省陈桦副省长在2008年指出："福建老年大学短短的23年发展，成绩显著。要加快发展，希望我省老年教育事业按照科学发展观的要求，为构建社会主义和谐社会和海峡西岸经济区两个先行区建设作出新贡献。"重视老年人教育、提高老年人素质以减轻人口老龄化带来的负面影响，是建设海西和谐社会亟待解决的一个重要问题。在满足老年人生活和医疗保障的基础上，开展老年教育、提高老年人口素质对促进海峡西岸经济区和谐社会建设具有重要而急迫的现实意义。

二 本书的研究方法

科学发展观统领下的中国特色老年教育研究，需要兼备人口学、教育学、社会学、经济学、人力资源管理学等不同学科的知识和方法。本书取不同学科学者研究之所长，坚持规范研究与实证分析相结合，系统分析和综合比较相结合，主要运用的研究方法包括：

1. 文献研究与理论探讨

本书广泛收集了国内外老年教育的研究成果，对既有文献进行较全面的梳理、分析和理论探讨。在此基础上建构老年教育的分析框架，对影响老年教育发展相关因素进行逻辑分析，进而提出可操作性的对策建议。

2. 比较研究

对国内外老年教育模式和海峡两岸老年教育模式进行比较研究，深入探讨发达国家及中国台湾地区老年教育的成功经验，反思我国存在的问题和差距，提出建设海峡老年教育名校的发展战略。

3. 定量分析与定性分析相结合

本书将定量分析与定性分析相结合开展研究。在定量分析方面，作者们对福建省福州、厦门、泉州等八地市做了900多份的问卷调查，对不同年龄段的老年人群、老年人家庭、老年大学（学校）管理部门、老年教育工作者、政府相关部门、老年群团组织、社区（街道）、社区居民进行抽样调查和深度访谈，采用Spss16.0 for windows进行系列分析，获得的第一手资料为实证部分的写作提供了真实的数据来源。在实证描述和文献资料梳理的基础上，进行规范性的理论研究。

4. 对策研究

对策研究是本书的一大亮点。我们对现有老年教育模式进行了客观的分析评价，在研究结论的基础上，提出老年大学示范校建设的指标体系和创建海峡老年教育名校的对策建议。

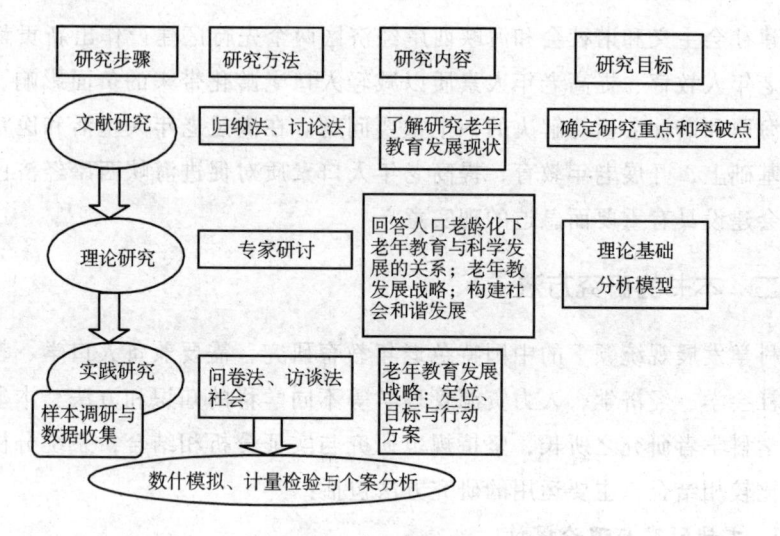

```
研究步骤        研究方法        研究内容              研究目标
┌─────┐      ┌─────────┐    ┌─────────┐        ┌──────────────┐
│文献研究│─────│归纳法、讨论法│    │了解研究老年│        │确定研究重点和突破点│
└─────┘      └─────────┘    │教育发展现状│        └──────────────┘
   │                        └─────────┘
   ▼
┌─────┐      ┌─────────┐    ┌─────────┐        ┌──────────┐
│理论研究│─────│专家研讨  │    │回答人口老龄化下│      │理论基础    │
└─────┘      └─────────┘    │老年教育与科学发│      │分析模型    │
   │                        │展的关系；老年教│      └──────────┘
   ▼                        │育发展战略；构建│
                            │社会和谐发展    │
┌─────┐      ┌─────────┐    └─────────┘
│实践研究│─────│问卷法、访谈法│    ┌─────────┐
└─────┘      │社会      │    │老年教育发展│
┌─────────┐  └─────────┘    │战略：定位、│
│样本调研与│                 │目标与行动  │
│数据收集  │                 │方案        │
└─────────┘                 └─────────┘
        │
        ▼
   ┌──────────────────────────┐
   │数什模拟、计量检验与个案分析│
   └──────────────────────────┘
```

图 1　技术路线图

三　研究的基本概念与总体思路

1. 本研究涉及的最基本概念

积极老龄化：积极老龄化是 2002 年 4 月，联合国在西班牙马德里召开的第二届世界老龄大会上，应对 21 世纪人口老龄化问题而提出的老龄发展战略。"积极老龄化"是指人到老年时，为了提高生活质量，使健康、参与和保障的机会尽可能获得最佳机会的过程。积极老龄化的观点是以联合国提出的"独立、参与、尊严、照料和自我实现"的原则为理论基础的。积极老龄化的目的在于使人们认识到自己在一生中能够发挥自己在体力、社会、精神等方面的潜能，按自己的权利、需求、爱好、能力参与社会活动，并得到充分的保护、照料和保障。积极老龄化要求国际社会以积极的态度主动去应对人口老龄化，提出应对措施，采取积极行动，使社会保持活力，实现和谐发展。

第二人口红利相对于第一人口红利而言。一国人口生育率的迅速下降在造成人口老龄化加速的同时，少儿抚养比亦迅速下降，劳动年龄人口比例上升，在老年人口比例达到较高水平之前，将形成一个劳动力资源相对丰富、抚养负担轻、于经济发展十分有利的"黄金时期"，被人口学家称为"人口红利"。中国目前的人口年龄结构就处在人口红利的阶段，每年供给的劳动力总量约为 1000 万，劳动人口比例较高，保证了经济增长中的劳动力需求。随着人口老龄化的到来,社会保障支出负担加重,财富积累速度放缓,第一人口红利窗口将关闭。第二人口红利指由老龄人口的就业能力、纳税能力、消费能力和投资能力组成的经济贡献率,以及其对调整产业结构、拉动消费和市场发展后劲,乃至社会和谐与文明的经济影响,构成未来经济增长的新的人口红利。

老年教育是指以退休期的老年人口为教育对象,以满足老年人求知、进取、康乐、有为的需求为教育目的,增进老年社会参与,实现老年价值,提高生活质量与生命质量的教育过程。发展老年教育,让老年人共享社会教育资源,这是积极老龄化与社会经济可持续发展的战略选择。前联合国秘书长安南在第二届世界老龄大会上指出"老年人不是一个单独分离的部分,他们的智慧和经验是社会名副其实的生命线"。

2. 研究的总体思路

本书坚持社会主义核心价值体系,以科学发展观作为老年教育发展战略的理论指导,以人口学、教育学、老年社会学、人才学、信息工程学、管理学等相关学科为支撑,运用权利理论、成本—效益理论、人才学的"双峰曲线"理论、价值工程原理,结合实证研究,建立老年教育发展战略的分析框架。本书的总体思路如图 2 所示。

四 本书的主要内容

本书主体由理论篇、实证篇、特色篇等三部分构成。理论篇包括《积极老龄化与老年教育发展研究》和《老年大学示范校建设探索》等两篇。在《积极老龄化与老年教育发展研究》一文中,作者认为,老年人作为社会经济建设积极的参与者,应该公平地享有发展成果,包括获取知识、教育和培训的机会与权利。把老年大学与社区老年教育、远程教育、农村老年教育结合起来,形成完整的老年教育体系,对凝聚老年人的向心力,满足老年人求知、进取、康乐、有为的需求,促进家庭和社会的和谐发展具有重要现实意义。

在《老年大学示范校建设探索》一文中,作者认为老年大学是新生事物,起步晚,至今尚未形成统一的办学规范标准,各级各类学校的办学条件参差不齐,教学组织、课程设置、课程内容、教学方法、教学要求比较随意。随着老年大学办学规模及数量逐年增加,老年教育规范化、制度化、教学质量等问题被提上议事日程。为此,作者建构了一套包括办学规模、学校管理、领导班子建设、教学管理、师资队伍建设、科研工作、办学经费、办学设备等八个一级指标,作为老年教育学科发展的指标体系。

```
                社会主义核心价值体系引领老年教育
                科学发展老年教育发展战略

   ┌─────────────────────────────────────────────┐
   │              人口老龄化                        │
   │   ┌──────────────┐      ┌──────────────┐    │
   │   │学科理论支撑：  │      │中国老年教育发展│    │
   │   │人口学、老年社 │←──→ │现状及面临的机遇│    │ 分
 理 │   │会学、教育学、 │      │与挑战         │    │ 析
 论 │   │管理学等       │      │              │    │ 框
 分 │   └──────────────┘      └──────────────┘    │ 架
 析 │                                              │
   │  ┌───┐ ┌────┐ ┌────┐ ┌──────┐ ┌──────┐     │
   │  │权利│ │老年│ │成本│ │"双峰 │ │价值工│     │
   │  │理论│ │福利│ │效益│ │曲线" │ │程原理│     │
   │  │    │ │与权│ │理论│ │理论  │ │      │     │
   │  │    │ │利理│ │    │ │      │ │      │     │
   │  │    │ │论  │ │    │ │      │ │      │     │
   │  └───┘ └────┘ └────┘ └──────┘ └──────┘     │
   └─────────────────────────────────────────────┘
                       ⬇
   ┌─────────────────────────────────────────────┐
   │         中国老年教育发展战略                   │
   │    理念 — 原则 — 战略目标 — 步骤与措施        │
 实 │                                              │
 践 │ ┌────┐ ┌────┐ ┌────┐ ┌──────┐ ┌──────┐    │
 路 │ │海峡│ │海峡│ │现代│ │老年教│ │知识型│    │
 径 │ │老年│ │两岸│ │信息│ │育与新│ │老年人│    │
   │ │教育│ │老年│ │技术│ │农村建│ │才"二 │    │
   │ │名校│ │教育│ │开发│ │设战略│ │次开发"│   │
   │ │战略│ │交流│ │与老│ │      │ │战略   │   │
   │ │    │ │与合│ │年教│ │      │ │       │   │
   │ │    │ │作  │ │育  │ │      │ │       │   │
   │ └────┘ └────┘ └────┘ └──────┘ └──────┘    │
   └─────────────────────────────────────────────┘
```

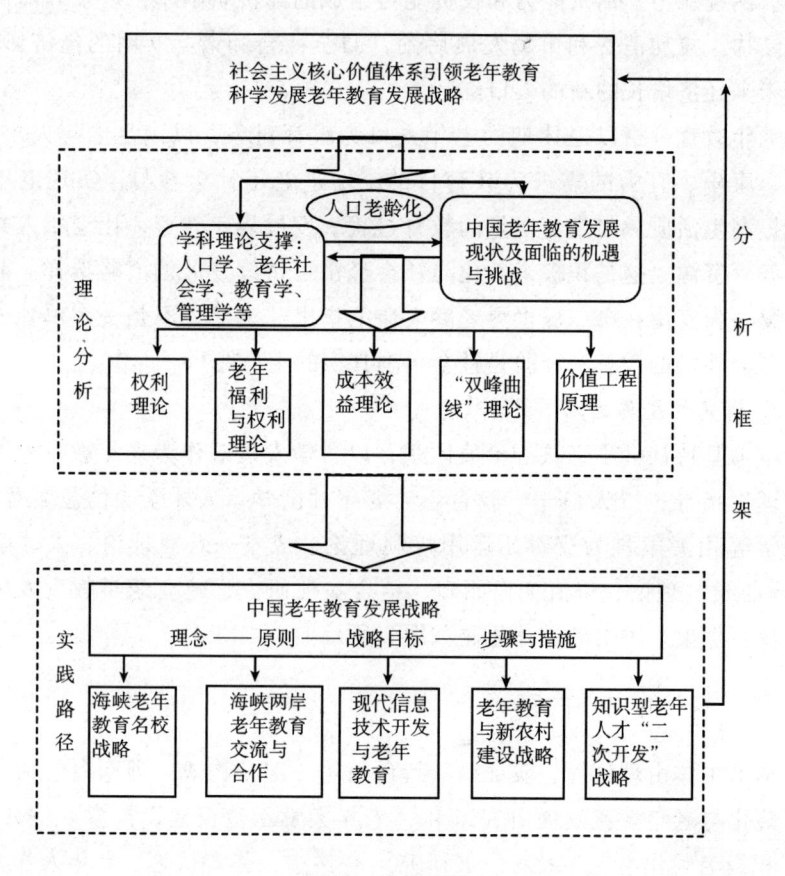

图 2　总体框架

实证篇由《创建海峡老年教育名校探论》、《福建省老年人才开发与继续教育研究》、《新农村建设中的老年教育探微》、《现代信息技术促进福建老年教育发展》、《闽台老年教育比较研究》等五篇构成。

《创建海峡老年教育名校探论》一文,作者提出"创建海峡老年教育名校"构想在全国独具特色。福建省是全国老年教育普及率最高的省份,又兼具海西发展先行先试的政策优势。新时期,福建省将探讨老年大学上下互动促进、工作领导三种模式、"两个轮子一齐转"、对台交流、创建海峡名校的办学特色,积极推动老年教育学科的发展。

在《福建省老年人才开发与继续教育研究》部分,作者指出知识型离退休人员的智力财富亟待开发。这个群体不仅数量庞大、素质上乘,还有不计得失回报社会的强烈愿望。在这个特殊的群体里,有相当多学识渊博、经验丰富、事业有成的人才。鼓励支持他们退休之后参与社会事务,既为社会创造了财富,减少社会对老龄人的供养成本,为社会作出重要贡献,也是对这个群体社会价值的尊重,消除他们的"失落感"、"孤独感",从而有利于他们的身心健康。我们提倡科学发展观,其含义也包括让一切劳动、知识、技术、管理资本的活力竞相迸发,让一切创造社会财富的源泉充分流动。因此,应尽快将老龄人才资源的开发摆上应有的位置。要把老年人才开发作为战略性课题,纳入地方人才开发的规划。把开发老年人才资源纳入社会可持续发展的框架之内,变消极养老为积极养老。福建省尽早制定开发老年人才资源的战略目标,编制老年人才开发实施计划,确定指导思想、基本原则和基本政策。

《新农村建设中的老年教育探微》一文,作者以新农村建设为背景,考察福建省农村老年教育的酝酿、形成、发展、演化过程。着重探讨老年教育对农村经济、文化的影响;考察福建省农村老年教育与新农村建设的互动关系,探寻农村老年教育促进新农村建设的具体路径;对不同地区农村老年教育的影响因素进行差异比较和驱动聚类分析,建构农村老年教育的新路径。

《现代信息技术促进福建老年教育发展》一文,探索如何充分利用福建现有的多种现代远程教育体系,通过政府的政策指导,采用整合、共建、联盟等方式,充分调动、协调、挖掘已有终身教育组织体系的功能、作用和资源优势,着力构建以现代信息技术为依托,覆盖全省城乡的全方位、立体的,真正能为老年教育提供服务的线上和线下、虚拟和现实、传统教育和现代教育相结合的完整的老年远程教育体系。同时,它又是融入全省终身教育体系的一个子系统,在尽可能短的时间内,花尽可能少的经费,建设功能强大、覆盖城乡的海峡老年远程教育公共服务体系。

《闽台老年教育比较研究》一文,从闽台老年教育产生的时代背景和内外动因、起源及发展历程、老年教育概念及理念的理解、老年教育的体制机制、法规政策、办学模式、课程模式设计、师资队伍建设、经费筹集、教育理论研究等十个方面进行比较,研究表明,老年教育的发展是人口老龄化下新的社会需求。社会的民主、经济的发展、生活环境的改善,必然使老年人产生接受再教育的愿望。老年教育事业应该适应人们终身学习的需要，适应现代社会多元化发展的需要。

特色篇由福州、厦门、泉州、漳州、南平、德化等六地市的12篇文章组成。在这个单元中，各地市对老年教育办学实践有很独特的诠释，引领我们领略异彩纷呈的别样夕阳红。

五　本书主要研究结论

（一）老年教育发展理念、战略目标

确立科学发展的老年教育理念，指导老年教育模式设计和技术方案的选择，使老年教育目标更明确、发展路径更清晰、采取措施更得当，确实推进海峡老年教育名校的建设。

1. 发展理念

老年人作为社会经济建设的积极参与者，应该公平地享有教育资源，包括获取知识、平等接受教育和培训的机会与权利。培养老年人生活掌控能力、变化适应能力和社会参与能力，满足老年人求知、进取、康乐、有为的需求，提高生活质量与生命质量。为此，老年教育发展的理念包括：

一是义务原则。坚持老年教育的普惠性和公益性，建立城乡一体的老年教育体系。

二是快乐原则。坚持老年教育以需要为本，让老年人的精神文化生活得到满足，增加快乐感、幸福感和社会参与意识。

三是和谐原则。提升老年人家庭和社会代际之间、人际之间关系的和谐程度，在生活中远离孤独感、寂寞感和失落感。

四是提高素质原则。老年教育要帮助老年人从学习中提高优化人文素养。

五是价值实现原则。培养老年人的生存和发展能力，帮助老年人更好融入社会、参与社会、服务社会，使老年人的自身潜能得到有效开发，拥有充实的价值感。

2. 战略目标

把老年教育作为终身教育的重要组成部分，深化老年大学互动促进机制、工作领导三种模式、闽台合作交流机制，推动海峡名校的建设。以"两个轮子一齐转"的办学特色，丰富老年教育的理论与实践成果，积极推动老年教育事业发展。

（二）福建省发展老年教育的政策建议

以科学发展观为统领，坚持社会主义核心价值体系，遵循老年教育发展规律，以"先试先行"为依托，以闽台两岸老年教育合作交流为契机，以现代信息技术为平台，建立福建老年教育特色模式。

1. 坚持科学发展观，发展老年教育事业

把老年教育列入福建省整体教育规划体系中，使之成为"十二五"教育规划的重要组成部分。明确政府主管部门的责任和组织管理职责，提供资金保障，引导和支持老年教育逐步迈入标准化、规范化的发展轨道。在学校布局、专业设置、教学方法、教学手段、经费投入、教育效果评价等方面深化改革，采用灵活多样的教育模式，满足老年人生活质量提高、自我价值实现以及社会参与的多层次需求。

2. 先行先试，建设海峡老年教育名校

依托"先行先试"的政策优势，坚持"两个轮子一齐转"的办学特色，推动"海峡老年教育名校"的建设。资金筹集上以政府拨款为主，社会各界的资助为辅，扩大城乡覆盖面。建立社区老年教育、传媒老年教育、老年人自发组织、全日制高等教育、远程教育等可及性、参与性、低成本、灵活多层次的老年教育体系。在办学理念、办学机制、办学形式、经费筹集、生源情况、课程设置、师资队伍、教材建设等方面形成特色。鼓励和支持社会机构、民间组织和个人多层次、多渠道地参与老年教育事业，推动全省老年教育持续、健康、有序、规范、多元的发展。

3. 重视老年人才资源开发与利用，构筑福建老年人才高地

老年人才是一份十分珍贵的人才资源，蕴涵着极大的开发价值，是构筑福建人才高地不可或缺的重要力量。可在政策上鼓励"老有所为"。具体措施是建立与整体性人才开发相协调和相适应的老年人才资源开发机制、激励机制和管理体制。在政策层面，调整和制定老年专业技术人才开发政策。在制度层面，建立和完善老年人才"二次开发"的法规和制度，包括老年人才的退休制度、再培养制度、考核制度、工资制度、奖励制度、监督制度等。在整体规划上要把老年人才的"二次开发"纳入福建省"十二五"社会发展和人才资源整体发展规划中，以老年教育为依托，开发老年人才资源。同时，以两岸老年教育为平台，建构两岸老年人才开发的交流合作机制。

4. 重视农村社区老年学校的建设，服务新农村建设

发展农村老年教育是创建"海峡老年教育名校"的重要内容，也是新农村建设的重要实践。教育的内容要紧密围绕扶助老年人脱贫致富，帮助老年人树立正确的人生观、价值观，避免农村老年人被边缘化、弱势化，发挥农村老年人在新农村建设中的重要作用。将社区老年教育作为扶持的重点，加大农村社区老年学校建设力度，推进农村老年教育的办学模式、资金来源、培养目标、课程设置、教学内容、教学方式手段的多层次、多样化，让更多老年人的学习愿望得到满足。走向社会化，以社区为依托，是福建农村老年教育发展的方向和趋势。

5. 利用远程教育技术，助推福建老年教育发展

把老年远程教育与福建广播电视大学远程教育网络、福建师大网络学院和普通高校分布在全省的校外远程学习中心、福建终身学习在线网、福建社区教育网络体系以及广布农村的党员干部现代远程教育系统、中小学教师远程教育中心、福建省农村实用技术远程培训有机结合起来，全方位打造福建省学习型社会与终身教育体系。构建一个覆盖全省的，真正能为老年教育服务的线上和线下、虚拟和现实、传统和现代相结合的持续、高效的海峡老年远程教育系统。形成具有福建地方特色的现代远程教育体系的实践模式和结构模式，主要包括：老年远程教育组织网络、学习支持服务网络、学习资源建设与整合、学习评价模式等。

6. 加强两岸老年教育比较研究，促进闽台的交流与合作

以"五缘"关系为纽带，发挥福建老年教育在"促进闽台交流中的重要作用"，加强闽台两地老年教育的合作与交流。探讨闽台老年教育合作办学的可行性。建立海峡两岸老年教育交流平台，加大对外交流的力度，不断扩大福建老年大学的对外影响力，提升老年教育水平。借鉴港澳台社会工作者介入老年教育的经验，完善老年教育体系。

理论篇

积极老龄化与老年教育发展研究

林筱文[*]

第一节 积极老龄化与老年教育理论

一 两次世界老龄大会及老年教育的讨论

(一) 第一届世界老龄大会对老年教育的关注

1982年7月26日到8月6日,第一届世界老龄大会在奥地利首都维也纳召开。这届大会召开的目的是敦促各国政府和国际社会高度重视老龄问题,积极采取行动保证老年人得到经济和社会保障,并有机会对本国的发展作出贡献。大会于1982年8月6日闭幕,会议通过了《老龄问题维也纳国际行动计划》(下称《行动计划》),向各国提出118条建议,其中对老年人受教育的权利、原则、方案以及措施作了明确阐述。

针对教育中存在的年龄歧视问题,第45条建议提出:"作为一项基本人权,提供教育必须避免对年长者的歧视。教育政策应当通过核拨适当资金和制定适当教育方案来体现老年人受教育的权利和原则。应当注意使受教育的方法适合年长者的能力,以使他们能平等参与社会所提供的任何教育,并从其中获得实惠……应当考虑老年人接受大学教育的想法。"第47

---

[*] 林筱文,福州大学管理学院教授。

条建议提出:"按照联合国教科文组织提出的终身教育的概念,应当促进制定各种非正式的以社区为基础的老年人休养教育方案,以便带动他们树立自力更生的思想和对社会的责任感。这个方案应当得到各国政府和国际组织的支持。"以便将休养方案与老年自立意识和责任意识联系在一起。[①]《行动计划》鼓励老年人充分利用社会文化资源,在教育活动中发挥作用,第48条建议提出:"各国政府和国际组织应当支持使年长者便于利用文化机构(博物馆、剧场、戏院、音乐厅、电影院等)的各种方案,以便鼓励他们更多地参加娱乐活动和创造性地利用时间。此外,应当要求各种文化团体组织有年长者参加的文艺、美术和音乐创作室,让年长者既成为观众,又成为作者,从而发挥他们的积极作用。"

(二) 第二届世界老龄大会对老年教育的关注

第二届世界老龄大会于2002年4月8日至12日在西班牙首都马德里召开。会议的主要议题是回顾第一届世界老龄大会以来全球在老龄领域取得的成就,修改1982年第一届世界老龄大会通过的《老龄问题维也纳国际行动计划》,并制定面向21世纪的《国际老龄行动计划2002》。

本次大会讨论了以下方面的问题:各国在迎接人口老龄化挑战方面采取的措施;老龄化与发展的关系问题,特别是发展中国家在这方面的问题;将老龄化纳入全球发展计划的措施;促进代际和谐的措施。大会一致通过了《政治宣言》及马德里《国际老龄行动计划2002》。

时任联合国秘书长科菲·安南在大会上作了发言,指出大会的目标是:"为了制定一项有针对性的措施帮助老年人过上他们应得的安全而有尊严的生活。"安南指出,全球人口老龄化对社会经济变革带来巨大的挑战:随着越来越多的人流向城市,老年人正在失去传统的家庭支持和社会网络,正在越来越多地受到边缘化的威胁;艾滋病的危机正在迫使许多发展中国家的老年人照料由于这种疾病而沦为孤儿的儿童,这一人数目前全世界已突破1300万;在许多发达国家,从摇篮到坟墓的保障概念正在迅速消失。劳动力人口规模的缩减意味着老年人处在越来越大的缺乏养老金和医疗照顾的风险中。《国际老龄行动计划2002》指出,随着老年人口数量的增加,这些挑战也在加倍。我们必须制定一份适应21世纪现实的老龄行动计划。其主要目标有:

[①] 联合国老龄化议题。http://www.un.org/chinese/esa/ageing/vienna3_6.htm。

（1）老年人需要接受更好的教育，活得更长，保持健康状态更久，老年人能够而且确实比以前对社会作出更大的贡献。通过促进他们对社会与发展的积极参与，我们能确保他们宝贵的才能和经验得到很好的利用。能够工作和愿意工作的老年人应该得到工作的机会；所有的人都应该得到终身继续学习的机会。

（2）通过创建支持网络和促使可能性发生的环境，我们能够使更广范围的社会参与增强代际间的团结，反对虐待、暴力对待、蔑视和歧视老年人。

（3）通过提供适当的和支付得起的健康照料，包括预防性健康措施，我们能够帮助老年人尽可能久地维持自身的独立性。

二 积极老龄化与老年教育的相关性分析

积极老龄化是第二届世界老龄大会应对21世纪人口老龄化问题而提出的老龄发展战略。积极老龄化的提出，是继健康老龄化之后又一次理论升华。

积极老龄化的思想理论观点，是国际社会理论界积极应对世界人口老龄化问题，进行理论和实践探索的结晶。在20世纪60年代初，美国学者曾提出过"成功老龄化"的口号。1997年6月召开的西方七国丹佛会议，也提出过"积极老龄化"的主张。1999年5月，欧盟召开了积极老龄化国际研讨会。在1999年国际老人年期间，世界卫生组织发起和开展一场"积极老龄化全球行动"。2001年世界卫生组织为配合联合国准备召开的第二届世界老龄大会，曾组织编写出版了《健康与老龄化：讨论稿》一书，并翻译成法文和西班牙文，广泛发行，征询意见。2002年1月，设在日本神户的世界卫生组织健康发展中心召开了一次专家组会议，来自21个国家的29名代表出席会议，在征集意见和建议的基础上，最终形成并出版《积极老龄化：从论证到行动》一书。2002年4月，联合国在西班牙马德里召开第二届世界老龄大会，世界卫生组织向大会提交一份"积极老龄化"的书面建议书，被大会所接受，并写进大会的《政治宣言》和《行动计划》中，成为这次大会最突出的成果。大会之后，世界卫生组织出版了《积极老龄化政策框架》一书，为推动世界老龄事业的发展作出了贡献。

关于"积极老龄化"，世界卫生组织指出："积极"是指不断参与社会、经济、文化、精神和公民事务，不仅仅指身体的活动能力或参加体力劳动的能力。从工作岗位上退休的老年人和那些患病或残疾人仍能对其家庭、地位相同的人、社区和国家作出积极的贡献。"老龄化"是指按国际标准,一般把60岁以上的老年人占总人口的10%以上,或者65岁以上的老年人占总人口的7%以上,定为"老龄化"。"积极老龄化"是指人到老年时,为了提高生活质量,使健康、参与和保障尽可能获得最佳机会的过程。积极老龄化既适用于个体,也适用于人群。积极老龄化的观点是以联合国提出的"独立、参与、尊严、照料和自我实现"的原则为理论基础而概括出来的一个政策理论,为老龄政策提供了一个全新的视角。积极老龄化的目的在于使人们认识到自己在一生中能够发挥自己在体力、社会、精神等方面的潜能,按自己的权利、需求、爱好、能力参与社会活动,并得到充分的保护、照料和保障。使老年人能够保持身体健康,提高预期寿命;积极参与社会活动,继续为社会作贡献;保障生活质量,提高生活水平。积极老龄化要求国际社会以积极的态度主动去应对人口老龄化,提出应对措施,采取积极行动,使社会保持活力,实现和谐发展。①

按照世界卫生组织的界定,积极老龄化是老年时为了提高生活质量,使健康、保障的机会尽可能获得最佳的过程,而这一切都与老年教育密不可分。

(一) 教育是老年生理健康和心理健康的基础

世界卫生组织认为,"健康不仅仅是没有疾病,而是一种在身体上、精神上和社会适应能力方面的完好状态"。这里不仅指人们生理上和心理上的健康,还包括人们在社会中良好的沟通能力和适应能力的健康。

随着人们进入老年,身体机能开始逐渐退化,影响人们的健康长寿。人的健康长寿除了天生基因的影响之外,后天人们的生活方式的影响更为重要。心理健康的标志有:正常的智力、稳定的情绪、良好的社会适应能力、和谐的人际关系、健全的人格个性。其中心理健康特别重视情绪乐观,国内外研究都表明健康长寿老人的最大特点就是情绪乐观、性格开朗、胸怀宽广,善于调控自我情绪,具有良好的沟通能力和社会环境适应能力。我国健康教育专家认为,要做到身心健康,就必须做到:"合理膳食、适量运动、戒烟限酒、心理平衡",并按这"四大基石"加以推广。

强调积极老龄化的健康要素,对开展老年教育具有重要意义,当前我

---

① 蔡成祖:解读"积极老龄化"。http://www.qzskl.org/Article_Show.aspArticleID=601.

国老人大多文化水平和卫生知识水平较低，对自己的健康状况不甚了解，对一些老年性疾病不能及时发现就诊。有的老人受不良因素的影响，养成不良的生活方式，这些都极大地影响了老年人的健康长寿。开展老年教育，大力宣传推广老年健康知识，可让更多的老年人了解自身的身心情况，提高健康保健意识，把疾病消灭在萌芽状态，节省医疗费用，减轻家庭护理负担。

（二）教育是老年人均等参与社会的重要内容

老年人的社会参与，是以承认老年人的人权与联合国关于独立、参与、尊严、照料和自我实现的原则为基础的，是积极老龄化的核心。作为一项基本人权，政府和社会应创造一切条件让老年人有均等的机会参与和处理生活各方面事务，支持老年人参与社会、经济、文化和精神方面的活动，通过经济性和非经济性的活动继续为社会作贡献。我国老龄工作的"六个老有"目标讲的都是老年人的参与问题。"老有所养"、"老有所医"讲的是物质养老问题，"老有所学"、"老有所教"、"老有所乐"讲的是精神生活的社会参与问题，"老有所为"讲的是老年人继续为社会作贡献的问题。

老年教育是老年人社会参与的一个重要内容。老年人的社会参与有知识与能力相适应的过程，由于历史的原因，大多数老年人文化水平较低，或平时忙于生计，没有条件接受相应的教育培训；或老年人原来掌握的知识已过时，这就要求老年人有继续获取新知识的学习平台。老年人参与社会活动，首先要对自己的健康状况有明确的了解，对自己的知识和技能有明确的认知，对自己的权益保障有明确的认识，这就需要对老年人进行教育培训，提高他们的社会参与能力和水平，以利于他们力所能及地参与社会活动。

（三）政府责任是关键

老年人的保障是指政府、社会和家庭依照法律规定，对老年人实施的，包括政治、法律、经济、社会及医疗等方面的社会服务和社会保障。从提供保障的主体来看，体现政府、社会、家庭"三位一体"，其中政府的保障责任是关键，社会发挥保障作用，家庭承担养老照料的伦理义务。

政府履行的保障责任是根据《中华人民共和国老年人权益保障法》而实施的，国家向老年人提供的保障是政府通过国民收入的分配和再分配手段，依法向老年人实施资金、物资、法律保障和社会援助，保障老年人的基本权利和基本生存生活条件，让老年人生活得有尊严，提高老年人的生命质量和生活质量。

我国2010年公布的《国家中长期教育改革和发展规划纲要（2010—2020年）》把重视"发展老年教育"列入纲要内容上升为国家行为，这是我国教育史上的一个重要标志性事件，这就意味着我国老年教育事业发展在管理体制、资金保障、教育管理方面提出更高的要求。当然，《纲要》毕竟是政策性的文件，还不具有法律地位。我国已有《义务教育法》、《职业教育法》、《高等教育法》等法律规定，有必要着手制定《老年教育法》，以保障老年人的教育权利，使老年教育走上法制化轨道。

三 发展老年教育的社会意义

（一）老年教育的本质和目标

1. 老年教育的本质和评价

研究教育本质，首先要明确"教育"范畴的界定。它可以从广义和狭义两方面来看。广义的教育是指社会上一切能增进人们知识、技能的活动过程；狭义的教育是指教育者在一定的场所对受教育者进行知识、技能的传授，从而影响受教育者的身心发展。从主体和客体来看，教育活动涉及三个要素，即教育者、受教育者和教育影响。其主体为教育者，从事有意识的教学活动；其客体为受教育者，有意识地接受知识的活动。教育的内容即为载体，根据受教育者需求的不同而不同；而教育影响就是受教育者即人的素质（包括知识、技术和能力等）的提高。老年教育的本质，就是老年人的素质教育。

人类进入21世纪的现代学习型社会，从弥补老年人生活空虚的低层次，到提高老年人素质，开发其潜能价值的高层次，评价老年教育成效的标准层次越来越高。评价标准大体有五个方面。一是义务要素，看老年人对老年教育是否有认同感和归属感，使老年人自觉履行自己受教育的义务。从各级组织"要我学"到"我要学"，是老年教育标准的第一层次。二是快乐要素，包括老年人的精神文化生活是否得到满足，是否增加快乐感和幸福感。从老年人进行义务学习、参与学习到主动学习、快乐学习，是老年教育标准的第二层次。三是和谐要素，主要指老年人家庭和社会代际之间、人际之间关系的和谐程度，在生活中远离孤独感、寂寞感和失落感。从老年人自己学习到影响周围群体，带来环境的和谐，是老年教育标准的第三层次。四是素质要素，指老年人是否具有长者的风范，中年的体魄，第二青春期的活力，德高望重，身心健康。从老年人坚持学习到优化人格素质，是老年教育标准的第四层次。五是价值要素。看老年人是否能够融入社会、参与社会，老年人的自身潜能是否得到开发，具有生活充实的价值感。从老年人增长知识到运用知识，服务社会，是老年教育标准的第五层次。

2. 老年教育的目标

有学者认为，老年教育的目标是提高老年人素质，包括身心素质和知识素质，但这只是老年人自身内在的目标需求。实际上有的老年人尽管"素质"较高，但其生存状况并不好，更何谈发展。俗话说"知识改变命运"，老年人接受教育，提高知识素质，改变自身的命运，才能更好地生存，更好地发展。

我国社会建设的根本目标是"以人为本"，即满足人的需求，提高人的素质，使人活得有尊严，它是社会主义核心价值观的体现，一切政策的制定都是围绕这个价值观实施的。制定"积极老龄化"的政策，正是应对老龄化的挑战，大力开展老年教育，促进老年人生存环境的改善，提升老年人素质，满足老年人的物质和文化需求，从而实现"人的全面发展"，建设"不分年龄人人共享"的和谐社会，使老年人活得更美好、更有尊严。

（二）老年教育的属性和功能

1. 老年教育的属性

岳瑛认为，从第三年龄教育理论的角度来看，人的一生可分为四个年龄阶段，每一个阶段都要接受教育，都有不同的教育需求，这明显地带有终身教育的特点。[1]

终身教育的理念是：人从出生到死亡，生命的全过程都必须得到教育的支持和帮助。从这个意义上讲，老年教育是终身教育的最后一个阶段，这也体现了创建学习型社会的内在要求，即要求人的生命全过程都要参加学习。从终身教育这个意义上来讲，老年教育的属性无疑是属于教育大类的一个分支。但由于教育对象的特殊性，决定了老年教育的功能和教学管理与正规教育有明显的差异。正规教育讲究的是教育质量标准的统一性，

---

[1] 岳瑛：《试论老年教育的属性》，《天津社科院学报》2008年第12期，第32页。

遵循循序渐进的发展路径，追求升学率、就业率的功利性，而老年教育讲求的是教学管理的差异性和休闲性，更多地设置了文化、体育、音乐，保健康乐等休闲类课程，追求老年人的人生价值的自我完善，按需选修有关课程。老年教育的特殊之处，主要表现在：

第一，办学主体是政府和社会力量。目前我国老年大学兴办主要有三种类型：（1）由各级政府兴办，由当地老干部局主管，以招收离退休干部为主，并扩展到一般民众。（2）由企事业单位或行业社团举办，学员对象以本单位退休人员为主。（3）由社会力量兴办，面向全社会招收退休人员。从以上三类招收的学员对象看，绝大部分为离退休老人，即第三年龄的老年人。

第二，教育性质属于非学历的正规学校教育。老年大学不颁发学历，老年学员在入学资格、学习年限、结业等方面不设任何限制。在专业和课程方面，根据需要设置。为适应老年人的学习特点，一般不做入学考试，只进行简单的水平测试，以利跟班同步学习。这种宽松的学习方式为老年人自由发挥、自由发展、自主学习、自我完善，提供了良好的学习环境。

我国老年大学的教学管理是严谨而正规的。校方在教学计划、课程设置、教材选择、教师选聘、教学条件等方面都有一系列管理规范，学校始终按正规化建设、规范化管理目标的要求进行运作和管理。

第三，教育的目标是提高素质。老年大学经过多年的办学，已经有了明确的办学方向和目标，1997年在中国老年大学协会第二次代表大会上，提出了"增长知识、丰富生活、陶冶情操、促进健康、服务社会"的20字方针。全国各地老年大学一般都结合本地实际情况提出办学宗旨和办学目标，基本上都是提高素质的目标要求，都是按照国家的教育方针，结合老年人的特点，突出康乐健康教育的特点，旨在全面提升老年人的综合素质，提升老年人的生命和生活质量。

第四，教育内容主要是传承文化，休闲、康乐、健身。老年大学的教学内容十分丰富，开设的课程涉及：时事政治、法律、心理学、医学保健、音乐、戏曲、体操、舞蹈、书法、绘画、文史知识、计算机、外语、食品营养、烹饪等。这些课程的设置，完全按照老年人的兴趣和需求而开设，体现了传承文化、娱乐休闲、康乐健身等功能性特点。老年人可以在调适身心、和谐宽松的环境下学习，在愉悦中提高自己的文化素质。

从以上特征，可看出老年教育的特殊性。老年教育的特殊性被一些人视为文化康乐活动，而不归入教育大类之中。老年教育的属性之争涉及为老年教育正名的问题，涉及为老年教育争得合法的教育身的份问题。笔者认为，老年教育是终身教育的一部分，属于继续教育范畴，应纳入终身教育体系。

2. 老年教育的功能

学者普遍认为，实行国民教育有两种功能，一是促进个体发展，二是促进社会发展。促进个体发展意指通过接受教育，提高文化素质，完善人生价值，成为社会有用人才。促进社会发展，意指社会发展是建立在个人发展的基础上，通过个人素质的提高，促进全社会整体素质的提高，进而促进社会的和谐发展。

根据老年人对象的特点，开展老年教育，发挥其教育功能作用，同样也是促进社会的和谐发展。一般认为，老年教育的功能有如下几个方面：

第一，健康保健功能。老年人通过学习医疗保健知识，提高自我保健意识和能力，促进身体健康，达到延缓衰老、延长寿命的目的，使老年人有更好的生存状态。

第二，心理调适功能。老年人退出工作岗位，逐渐脱离社会活动之后，其社会角色定位发生变化，同时由于家庭代际结构发生变化，老年的家庭角色定位逐渐边缘化，其心理在不同程度上出现失落、空寂、孤独、抑郁、无所事事的绝望状态。老年教育为老人提供一个学习交流的场所，帮助老年人调适心态，转变角色定位，增强生活信心，形成新的角色，融入社会发展中。

第三，学习创新功能。老年人生理机能衰退，其学习能力可能下降，但老年人由于有丰富的人生经历，在退休后有可能静下心，对以往经历进行总结，对以往的知识进行补充提炼，反而有可能形成新的知识点，做出新成就，有助于老年人参与社会，为社会作出新贡献。

第四，"快乐教育"功能。老年教育几乎没有功利追求，旨在老年人自我价值的体现。老年教育提供的丰富多样的课程内容、弹性的学习形式、民主和谐的学习氛围，自由平等的人际交往，可以让老年人放松身心，自由地吸收知识。

第五，促进社会进步的功能。老年人知识水平提高，心理状态良好，有利于子孙教育，促进了家庭和谐；老年人参加文化艺术活动，对传承文化，特别是传承地方非物质文化遗产具有重要意义。

第二节　各国发展老年教育的比较

随着人口老龄化的加速，我国老年人日益增长的教育需求为老年教育的发展提供了前所未有的契机。但与西方发达国家 40 年的发展历程相比，中国的老年教育仍处于探索阶段。西方发达国家的老年教育的成功经验可以为我国提供有益的借鉴。

一　老年教育的理论渊源

（一）社会需求理论

美国著名心理学家马斯洛的需求层次理论，也可用来解释老年教育的需求分析。马斯洛把社会需求分为五个层次，分别为：生理需要，包括衣食、住房等基本生活温饱、婚姻家庭等需求；安全需要，包括人身安全、职业安全、家庭安全、经济安全等需求；社交需要，包括人际关系沟通、友谊、情感、归属等需求；受尊重需要，包括地位、能力、号召力、自尊、权威等需求；自我实现需要，包括自我价值实现、成就感、胜任感等需求。

马斯洛认为，需求是递进的，只有在低层次需求满足后才能上升到更高一层级的需求。第一、第二层级属于基本物质方面的需求，第三、第四、第五层级基本上属于精神方面的需求。从第三层级开始，教育的作用更加明显。如果说第三、第四层级需求带有若干明显的功利性，则第五层级基本上不带有功利性。人们接受老年教育是为了更完满地实现自己的人生价值，获取提升自己素质的成就感和满意度，使人的精神追求进入更高一个层次的境界。

美国学者多亚尔和高夫认为马斯洛需求排序是不完整的，[①] 他们主张无论何种社会，人们都有两种基本需求：身体健康的需求和自立的需求。身体健康的需求包括：营养充分的食品和水、良好的住所、舒心的工作环境、良好的身体健康；自立的需求包括：儿童期的安全感、良好的亲情关系、物质的安全感、经济上的安全感、教育；妇女安全生育和安全抚育小孩。他们认为，教育是人们自立必要基础条件，接受教育，提高智力素

[①] 郑功成：《社会保障学》，中国社会劳动保障出版社，2009 年，第 367 页。

质，才能更好地自立。从老年人角度来看，接受教育，有助于身体健康自立、经济自立和社会地位自立，当然对自己的价值实现和成就感、满足感更有信心了。

（二）经济福利理论

福利经济学主要研究如何进行资源有效配置以提高社会效率，如何使收入的分配和再分配实现社会公平，以及如何进行社会选择来增进社会福利。福利经济学一个重要评价标准是帕累托最优。根据帕累托最优理论，它在两种情况下调整资源配置，可以增进社会福利，一是使得每个社会成员的处境更好；二是在没有使任何一个社会成员环境变坏的情况下，至少可以使一个社会成员处境变得更好。用帕累托最优原则评价社会政策可以简单地概括为：实行某种社会政策取得某种社会效果，如果没有其他政策的实行效果比它更好的话，则该政策就是最优的。

福利经济学的特点是公平性和普惠性。具体到一个国家，大力发展老年教育，不但普惠到全体社会成员的福利，也会减轻年轻人的家庭负担，提高老年人的身体健康长寿水平，进而增进全社会福利，何乐而不为呢？

在发达国家，政府把老年教育作为一项福利政策，主要包括以下几个方面：（1）由政府为主体负责教育机构的建设，并进行管理和监督。（2）建立不同层次的免费或低费教育体系。（3）建立合理的教育结构，包括层次结构、地域结构和专业结构，以满足不同层次老年人的教育需求。（4）在特殊地区实行教育发展的政策。

（三）社会学的老年教育理论

1. 社会冲突和调适理论

社会冲突理论是20世纪50年代中后期形成的西方社会学流派，该理论强调冲突在社会变迁中的作用，强调社会不平等现象，特别注意对权力、经济等因素的分析。

美国社会学家科塞在其著作《社会冲突的功能》中指出："社会冲突是由于争夺社会地位、权力和资源及价值观不同而引起的斗争。"这种斗争可以引起社会权力关系的改善、新的社会规范的创立和社会系统适应能力的提高，防止整个社会出现严重的分裂和瓦解。德国社会学家达伦多夫在《社会冲突理论探讨》等书中指出，仅强调社会的和谐、均衡和静止是不够的，社会还有其不平衡的冲突和变化的一面。他在《工业社会的阶级及阶级冲突》一书中，对现代西方社会中的阶级关系作了分析，认为社冲突的根源在于特定的社会结构。这种特定的社会结构就是阶级结构,阶级结构不是依据占有生产资料来划分的,而是依据统治与服从之间的权威关系来划分的。社会基本上是一种不均衡权利分配的组合团体,社会对立和冲突由此而生。他还认为社会冲突的结构引起社会结构的变迁,特别是权威的变迁。

调适是社会学的一个重要概念,它是指人们为了适应某种环境的变化,避免、减少或消除对立冲突,以达到共同生活的目的,部分地改变自己的生活方式和行为模式的过程。发生调适的原因主要有:由冲突引起的调适;由社会变迁引起的调适;由交流或迁移引起的调适。调适具有积极的作用,它可以避免、减少或消除社会不必要的冲突,有助于不同阶层社会关系的调整,有助于家庭的稳定和社会和谐。

由于老年人社会角色和家庭角色定位的边缘化,引发了一系列冲突,必须加以调适。调适的方法主要有:顺从、和解、妥协、容忍、融入、学习等。研究表明,老年人的学习是一种最有效的调适方法。老年人的调适首先是身体和心理健康调适,其次是老年人合法权益的保障,最后是老年人的社会融入。只有通过学习,接受老年教育,老年人才会知道自己身心健康方面有哪些不适应的地方,从而采用有针对性的调适方法。通过学习,提高法律水平,老年人才能更好地保障自己的合法权益。

2. 社会互动理论

社会互动是指个人与个人、群体与群体、个人与群体通过接触、沟通等方式而发生的相互作用的过程。生活在社会各阶层的人,几乎随时随地都要与他人发生接触和交往,相互沟通信息,交流思想感情,从而更好地融入社会。从互动的社会功能来看:(1)互动是人在社会生活的基础,人在社会中不是静止的个体,总是通过各种各样的互动关系,而产生社会行为、社会联系、社会分层、社会结构、社会变迁等。(2)互动是人类社会力量形成的条件,人们通过互动,就会在社会中形成一股合力,有利于社会发展。(3)互动是人的社会化的促进力量,人通过与他人的互动,就可以更客观地认识自己,特别是通过学习,更能够提升自身的素质,完善自我,在社会生活中提高自身的社会化水平。老年人与家庭成员的互动,可以更好地融入家庭生活。老年人与社会成员及社会群体的互动,也为老年人更好地融入社会提供了一个很好的平台。而参加教育群体的学习,就是一种很好的互动方法。

3. 社会群体理论

群体是人们以某种特定的目的，或以某个共同的属性特征而形成的人际关系的集合体。构成一个群体，要有四个基本条件：（1）有一定数量且结成一定社会关系的人们。（2）群体成员之间相互沟通、彼此往来。（3）群体成员间的互动有一定的社会规范。（4）群体成员应有对群体的认同感和归属感。

老年人参加学习构成一个群体。老年大学就是一个具有显著特征的群体，学员要接受学校的规范管理，对学校有强烈的归属感和认同感，同时对自身的价值体系有很强的认同感和很高的满意度。老年人参加学校的教学互动，是融入社会、发挥"老有所为"一个很好的平台。

（四）老年人社会心理学理论

老年人社会心理学理论在于揭示个体老龄化的原因，解释个体老龄化的过程，总结个体老龄化和适应老龄化的规律，它主要是从社会学或心理学的某个角度来解释个体老龄化的过程。

1. 脱离理论

脱离理论又称为撤退理论或休闲理论。该理论是由美国社会学者卡明和亨利在1961年出版的《年事日增》一书中提出来的。研究资料来源于对美国堪萨斯城275人、55～90岁老年人的调查结果。脱离理论认为，老年人身心衰退，不宜继续担任社会角色，应该脱离社会，这既有利于个人，也有利于社会。

该理论有四个主要观点：（1）老年人身心衰退，形成脱离社会的生理基础；（2）老年人的脱离过程可以是老年人的主动撤退，减少社会活动，也可以是社会启动，由社会排挤、歧视和强制退出（休）；（3）老年人的脱离状态有利于老年人的晚年生活，也有利于社会继承；（4）老年人的脱离过程有普遍性和不可避免性。

该理论的局限性在于：（1）忽视了个体差异；（2）忽视了老年人地位差异；（3）忽视了文化差异；（4）忽视了脱离社会造成的个体弊端。性格比较开朗，社会活动能力较强的老年人，他们脱离社会肯定会造成某种心理上的失落感，进而影响老年人的身心健康。特别是东西方文化价值理念的差异，西方国家更追求个人奋斗和个人价值的实现，老年人脱离社会后，对回归自我的生活转轨可能更适应，加上西方国家社会保障制度比较完善，对个人的晚年生活不至于造成太大影响。而东方国家，例如中国，人们的价值追求更看重团体的力量及社会成员之间的沟通和互动，老年人脱离社会团体，失去团体成员的互助，再加上中国社会保障体系不完善，将给老年人的晚年生活带来负面影响。中国老年人参加老年大学的学习，融入某个团体，学员间互相沟通，互相帮助，对促进老年人的身心健康有很大的益处。

2. 活动理论

该理论是美国社会学者罗伯特·哈维格斯特通过对美国堪萨斯城300人，主要是白人、健康、50~90岁之间的老人，通过六年的跟踪调查而形成的。该理论认为，老年人应积极参与社会，才能认识自我，保持生命活力。该理论强调参与活动和社会认同。活动理论观点基于以下四个假设：(1) 老年人角色丧失越多，参与活动越少；(2) 自我认识的稳定性源于角色的稳定性；(3) 老年人的自我认识需要在活动中证明；(4) 自我认识越清楚，生活的满意度越高。

该理论强调老年人新的参与，形成新的角色认识，从而达到新的自己满意度的提高。但该理论也有不足，它没有回答个性在老年人参与过程中的特征表现和作用，也未能解释老年人的参与和老年人活动需求有何联系。

该理论对老年教育的启示在于：认为老年人参与教育活动，形成新的社会角色，通过学习提高素质，结交新朋友，获得新的自我认知和社会地位，其生活的满意度会得到提高。

3. 连续性理论

该理论主要是以老年人个性研究为对象。它认为老年期的生活方式在很大程度上是受中年期生活方式的影响，中年期性格开朗活跃者，老年期也会积极投入社会活动；中年期性格沉稳内向者，老年期一般不会热衷社会活动。

该理论是由美国社会学者顿卡德、利夫森和彼德森三人对87位年龄在55~84岁的老年人调适情况调查分析后提出的。该调查总结出老年人五种主要性格结构：调适正常的人可归类为成熟型、摇椅型和装甲型；而调适不正常的人可归类为愤怒型和自我怨恨型。成熟型老年人能正确认识自己和社会，认识到自己进入老龄阶段的长处和短处，看到退休不可避免，坦然面对各种问题。摇椅型老年人消极依赖，满足于既成事实，不为退休烦恼，对社会活动漠然置之。装甲型老年人性格刚毅，有独立见解，一般借助社会活动的参与显示自己的独立性。愤怒型老年人时常感到年龄的威胁，始终处于生活不稳定的状态，对自己和社会都是满腹怨言。自我怨恨型老年人自认为是个凄凉的失败者，经常生活在一种怨恨、压抑、不舒展的心境中。

连续性理论看到了老年人个体的差异化特征，弥补了脱离理论和活动理论的不足，但也有其局限性：（1）未能考察连续性过程中个性转变的问题；（2）个性的变化与社会环境变化的联系；（3）忽视了个性特征的具体内涵。特别是该理论把个性特征与老年人个体生活的具体环境相联系进行分析，是不全面的。

联系到参与老年教育的学员个体特征分析，鉴于老年人的个体差异，这就要求老年教育采取差异化的管理，满足不同个体特征学员的需要。

4. 老年亚文化群理论

该理论是由美国社会学者罗斯提出来的，旨在揭示老年群体的共同特征，认为老年亚文化群是老年人重新融入社会的最好方式。该理论认为，只要同一领域的成员之间的交往超出与其他成员的交往，就会形成一个亚文化群。老年人亚文化群的形成有其主客观条件。从主观方面来看，有相同背景、问题和利益的老人之间彼此交往多于与其他人的交往。从客观方面来看，老年公寓、老年服务设施和老年活动场所的兴建，加强了老年人之间的联系，从而形成了一个亚文化群体的老年人群体，同时他们也会引起社会的关注，而把他们作为一个群体来看待。

老年人亚文化群体指出了老年人的一些聚类特征，但在某些讲究论资排辈的环境中，某些老年人拥有较高的社会地位，他们所形成的亚文化群体与其他老年人群体难免会产生隔离，不利于群体之间的沟通及协作。具体到老年大学的学员，他们个体特征各不相同，某些老人因亚文化的特征而结成一个小团体，这种现象在其他社会阶层也普遍存在，容易形成小宗派，而影响了团体的协作。

（五）第三年龄理论

该理论是由英国社会学家、英国第三年龄大学创始人彼得·拉斯里特在其著作《生命新图——第三年龄的出现》一书中提出的。该理论认为，第一年龄是人们开始社会化和接受教育的阶段；第二年龄是立业、成家、养育子女和赡养父母的阶段；第三年龄是人生的高峰，人们一方面具有丰富的人生阅历和知识经验，另一方面拥有可供自己安排的足够时间，可以按照自己的意愿，发挥自己的潜力，达到自我价值实现的理想境界。第四年龄才是生活不能自理阶段。第三年龄理论肯定了老年人的地位和作用，激发了老年人主动积极参与社会活动和参加学习的热情，再现老年人的自身价值，从而改变世人对老年人的偏见和歧视。

第三年龄的理论对推动老年教育意义重大，1973年法国创立的世界上第一所老年大学就命名为第三年龄大学。目前世界老年教育的国际组织有两个，第一个是第三年龄大学国际协会（简称AIUTA），于1975年成立，是老年教育的最大国际组织，每两年召开一次全体会员大会，现拥有会员5000多名。中国老年大学协会于1990年作为团体会员参加该组织，成为最大的团体会员。第二个是国际第三年龄学习研究会（简称TALIS），于1991年成立，是一个学术性的国际民间组织，每年举行一次国际研讨会。这两个国际老年教育民间组织通过历次国际会议，交流老年教育经验，宣传老年教育的成就，提出相关的建议，对增进老年教育的国际之间合作，推动国际老年教育的发展，发挥了重要的作用。

从20世纪80年代开始，在国际第三年龄大学的影响下，中国开始了创办老年大学的积极探索和实践时期。1982年，中国废除干部终身制，大批干部离退休后，陆续投身于老年大学的事业之中。1983年，山东省红十字老年大学成为中国第一所老年大学，1985年中国老龄问题委员会在北京召开"全国老年大学经验交流大会"，1988年"中国老年大学协会"成立，标志着原先从离退休干部为主体的老年大学向社会各领域、各系统扩展。到1990年，全国老年大学达到2300多所，初步形成全国老年教育的网络。

（六）对我国的启示

党的十七大报告提出了中国特色社会主义理论体系，对其中的科学发展观有非常清晰的概括，指出科学发展观第一要义是发展，核心是以人为本，基本要求是全面协调可持续，根本方法是统筹兼顾。根据科学发展观的内在要求，在分析中国国情，总结我国改革开放以来的经验和存在的问题的基础上，提出了以改善民生为重点的社会建设。党的十六大报告阐述的是经济建设、政治建设和文化建设"三位一体"；党的十七大报告加了一个社会建设，形成了"四位一体"的建设方略。这是中国社会发展进步的重要标志，显示出党对现代化建设认识的进一步深化。

十七大报告在阐释改善民生为重点的社会建设时指出："努力使全体

人民学有所教，劳有所得，病有所医，老有所养，住有所居，推动建设和谐社会。"其中，优先发展教育，是我国社会建设的重点举措。

1. 发展教育目标与老年教育的关系

《国家中长期教育改革和发展规划纲要（2010—2020）》（下称《教育规划纲要》）确定了今后10年的工作方针是："优先发展、育人为本、改革创新、促进公平、提高质量。"实际上这一工作方针也是老年教育发展的工作方针。同时《教育规划纲要》制定今后教育改革和发展的战略目标是：基本实现教育现代化，基本形成学习型社会，进入人才资源强国的行列。从老年教育的角度来看，老年教育也要基本实现现代化，即用现代化的观念指导和规划老年教育，用现代化的手段进行教学，用现代化的组织形式进行教学管理，培养具有现代化观念和知识的第三龄人才。从创建学习型社会角度来看，学习型社会建设提倡终身学习，这正符合老年教育对象的特点。通过老年教育培养大量高素质人才，进行知识再创新，有利于开发第二次人口红利，促进经济增长。

2. 老年教育在教育优先发展中的地位

人们在一生中接受教育可以划分为四个阶段，包括学前教育、学历教育（小学、中学、大学教育）、职业教育和老年教育。学前教育处于人生教育的启蒙阶段，为后续教育打基础。学历教育按照不同时段的人才培养规格接受相应教育，取得相应学历，证明其所掌握的知识水平，为就业做知识储备。继续教育是岗位在职培训，为提升工作技能而接受教育，便于胜任岗位。老年教育是指受教育者退休后所接受的、从某种意义上可以说是完善自我的教育，就自己感兴趣的课程接受教育，少了功利性压力，可以方便自如地按自己能力和兴趣接受教育。从追求自己一生素质体系来讲，接受老年教育是人的一生中必不可少的教育阶段，这也是建立学习型社会，提倡终身学习的内在要求。

人力资本投资理论认为，人的前三个阶段教育是为人地就业和工作而进行的，在第四阶段，即老年教育阶段，主要是促进老年人的综合素质提高，从而为家庭和谐作贡献。老年人素质提高了，可以更好地参与社会活动，为社会和谐作出新贡献。

二 中外老年教育理论概述

老年教育的理论取向是老年教育发展的价值定位和根本方向，明确和把握老年教育的理论取向是老年教育发展的前提和关键。

（一）以社会参与为主要取向的老年教育理论

1. 权力理论

第二次世界大战后，世界人权运动的发展在老年教育发展过程中越来越重视将开展各种老年教育活动作为实现老年人受教育权以及保障老年人其他人权的重要渠道和手段。权力理论在各国相关的教育法律规定中都有具体体现。

2. 福利理论

目前，英国、美国、澳大利亚等大多数国家都把发展老年教育作为一项社会福利事业纳入社会经济发展战略当中，在政府社会政策和财力的支持下各国开展了各种形式的老年教育活动。

3. 自我完善理论

自我完善理论认为，人的自我完善包括生理、心理和社会三个方面，这同样也是老年人自我完善的重要内容，而教育能使老年人提高自我保健能力，保持健康乐观的情绪，提高对瞬息万变的现代社会的适应能力，实现健康老年化所确立的延长老年人的生理年龄、心理年龄和社会年龄的发展目标。这一理论主要体现为注重老年人的参与教育、自我教育和互助教育。

4. 终身教育理论

终身教育理论强调通过保障全体社会成员在不同阶段和不同层次的各种学习需求，进一步明确了老年人与其他任何年龄段的人一样享有不可剥夺的受教育权利。

5. 社会参与理论

社会活动是社会生活的基础，包括老年人对自身发展、家庭生活、社区管理、社会服务等社会、经济、文化、精神和公民事务等领域的参与，也包括老年人的人力资源开发和社会经济参与及服务方面的内容。

总体上，国外老年教育理论取向有一个从注重老年人的个体发展到注重老年人与社会共同发展的演变过程。权利理论是从老年人个体角度强调老年人受教育权利；福利理论是从国家责任角度强调国家保障老年教育的义务；自我完善理论是从老年人健康的角度强调老年教育"以人为本"的教育原则和发展目标；终身教育理论强调人一生学习和整个社会学习的必要性，指出老年人受教育权利的不可剥夺性，并对老年人与社会的关系进行了探索；社会参与理论从人与社会共同发展的角度强调老年人是社会的一员，是社会成果的分享者和社会发展的参与者，社会参与是实现老年人自身发展的根本途径。社会参与理论是积极老龄化目标的核心内容，也是当前西方国家人口老龄化背景下老年教育实践最重要的理论。

（二）以丰富老年人生活为主要取向的中国老年教育理论

中国老年教育理论是随着老年教育实践活动和学术研究的不断深入而发展的。

（1）康复理论是中国老年教育实践的主导理论。该理论认为，老年人已经操劳忙碌了大半辈子，步入晚年后的继续教育活动应该以"康乐、休闲"为核心，教学内容应以组织开展轻松愉悦的文体活动为主，这是目前中国老年教育活动最主要内容。

（2）提高素质（或社会适应）理论是康复理论的补充。该理论认为老年教育应该以提高老年人素质为目标开展，老年人要想生活质量不断提高就必须不断提高自身素质，跟上社会发展的步伐，更好地融入和适应现代社会生活。

总体上，中国老年教育的发展在很多方面体现了学习西方教育理论的取向。《教育法》和《老年人权益保障法》规定的保障中国公民和老年人的受教育权利是权利理论的体现；国家和政府在全国各地创办老年大学，并不断改善老年教育的基础设施和师资环境是福利理论的体现；学术界对终身教育理论的介绍和研究成为老年教育特别是社区老年教育发展的助推力之一；《老年人权益保障法》提出的"老有所为"是社会参与理论的体现。

诚然，在中国老年教育实践领域，以丰富老年人文化生活为核心理念的康复理论是最主要的理论，其他相关理论虽有所体现，但并不占据主导地位。如终身教育理论尽管受到学者们的特别推崇，但在实践中，老年教育仍未被纳入正规教育体系，各地老年大学主要由老干部局创办、教育形式也多为组织老年人开展各种"活动"；社会参与理论虽然在我国也具有一定的影响力，但在中国劳动力市场竞争激烈、就业压力较大的形势下，也受到了质疑。上海等地在老年教育实践中就将社会参与修正为"社会适应"。2005年，中国老年大学协会会长张文范在中国老年大学协会第三次代表大会上指出，中国老年教育应"注重培养老年人的现代社会适应能力",足见各国在老年教育理念上存在差异。

三 发达国家发展老年教育的实践

发达国家开展老年教育始于20世纪70年代初期,其目的在于满足老年人再社会化的需求。具体而言就是:应付需求,通过教育使老年人能够适应退休所带来的变化,重新融入社会;通过发展老年教育,为老年人提供再就业的技能,使之继续参与社会发展,为社会作出力所能及的贡献;自我满足需求,通过教育使老年人在自我实现上得到满足。国外老年人接受教育的目的与动机基本上有三大类:一是寻找精神寄托,以学会友,这种老年人一般上老年人寄宿学校,与同龄人同食同住,共度晚年;二是为再就业学习一门技术;三是学一门与自己从事的工作专业相近的另一门专业,以满足工作需要和取得第二学位的愿望。[1]

法国是世界上第一个老年型国家,也是老年教育比较正规的一个国家。1973年,由皮埃尔·维勒斯教授在图卢兹大学创办了世界上第一所第三年龄大学,即老年大学。第三年龄大学在法国逐渐推开,到20世纪90年代初期已办起290所,在校学员达10万人。法国把老年教育作为应对人口老龄化的一个举措,老年大学学校开支列入政府预算,学员年龄在55岁到90岁之间,平均为65岁。课程包括:体能锻炼以延缓生理老化;卫生保健,预防老年病;研究文学、历史、政治、法律、时事,以提高对国家与时代的认识和责任感。有的学校还设有社会学、老年学课程,增强理论研究。法国第一所老年大学的创立,是世界老年教育兴起的标志。在其影响下,老年大学在发达国家人口老龄化较早的欧洲、北美洲发展起来。美国在联邦老龄管理局的资助下,建立社区大学,为老年人制定全面教育规划,采取正规教育、非正规教育和非正式教育三种形式开展老年教育。英国成立了全国第三年龄大学学会,它的分支机构遍布全国,全国普遍成立了第三年龄大学。加拿大在正规大学设老年教育中心,一方面培养老年专业人才,另一方面根据老年人的需要开设老年教育课程。澳大利亚于1984年在华尔松市议会和思温堡技术学院的支持下,成立了第三年龄大学。芬兰在法斯屈大学的暑期大学创办了第一所资深公民大学。瑞士于1975年创建了日内瓦老年大学,目前全国已有21所老年大学。日本在文部省领导

---

[1] 徐成文:《国外的老年教育》,《山西老年》2003年第11期。

下，由市町村教育委员会主办了高龄者大学、老年学院、老年体育大学、老年福利大学、长寿大学等，还举办了各种活动班和培训班。韩国自20世纪70年代创立了第一所老年学校。[①] 瑞典的老年人口比重在世界上占第一位，号称"老人王国"。瑞典的老年教育与正规教育融为一体，所有的大学都对老年人开放。在校大学生中55岁以上的占20%左右，65岁以上的占到10%以上。瑞典的广播和电视都设有老年教育节目，图书馆为老年人送书上门，多方面为老年读者服务。下面选取三个典型国家作介绍。

（一）英国的老年教育事业

1. 英国老年教育特点

世界各国老年教育的发展起初大多属成人教育的一环，在1980年以前，几乎没有专门以老年人为对象的学校，也没有适合老年人学习的专门课程。随着日趋明显的人口结构老龄化，老年人的教育问题在英国逐渐成为重要议题。政府关切老年人的教育问题，部分原因是基于政治选票的考虑。

与欧洲其他工业化国家相比，英国的老年教育特征是：基本上不局限于对老年人进行基本知识的灌输。相反，各项老年教育活动的重点在于老年人本身知识和经验的发挥或传递，同时，侧重于相关资讯的提供。因此，这种旨在加强其自信及自尊，并肯定其在社区中的贡献的老年教育活动，有利于老年人在退休后角色地位的重新确定。在创办初期大多依赖政府的策划及推动，但并不是由教育部门独自负责推行，而是与各相关部门（尤其是社会福利和服务部门及医疗卫生部门）配合开展。

英国的老年教育方案，通常都是以配合地区居民的需要为主，因此其活动内容的设计，较能满足地方的需要。由于教育活动方案大多是以鼓励老年人本身主动参与为原则，这种主动参与的方式，可提升老年人参与的兴趣及意愿，并能满足老年人的实际需求。在经费负担方面，对处于文化或物质贫乏地区的居民，一般是以政府资助方式为主；在较富裕地区，则是以民间团体募集款项为主。这种由政府和民间团体共同合作的方式，能够使资源得到有效的运用。

英国的老年教育基本上仍是成人教育的一环，因此并未专为老年人的教育成立独立的行政体系。其教育的内容范围广泛，基本上包括退休前准

---

① 岳瑛：《外国老年教育发展现状及趋势》，《外国教育研究》2003年第10期。

备和退休后生活的调适。同时，为使老年人与年轻人两代之间能缩短距离，部分活动不以老年人为限，这种做法可增进两代之间的了解与容忍，也使老年人不至于产生被社会隔离的孤单落寞感。

2. 英国老年教育的机构与管理

提供英国老年教育的机构及教育管理主要有以下四种：

（1）高等教育机构提供的老年教育

它主要由传统大学的全日制教学提供服务。由英国高等教育基金委员会划拨经费支持。传统大学支持老年教育的方式一般有：提供长期业余就读；让老年学员以非注册学生身份旁听课程；老年学员的非学历教育；为社区老年教育提供场所、师资支持等。英国的开放大学（类似我国的电大、自考）也提供老年教育，由老年人自选课程，通过远程教育等形式接受老年教育。据调查，开放大学的学员中有20%为50岁以上的老年人。

（2）继续教育机构提供的老年教育

英国的继续教育机构主要提供成年人的职业继续教育，吸引了很多老年人为再就业而参加，但自《1992年进修及高等教育法》颁布以来，继续教育拨款委员会的拨款对象便限制在第二附件教育（指提供与就业培训和就业资源有关的教育）、正规课程和基本技巧课程，故继续教育机构将发展的重点集中在能得到继续教育拨款的课程上，这些课程对老年人没有什么吸引力，老年人的就读率保持在较低水平，1996～1997年，老年学员年龄超过60岁的只占3%。

（3）地区教育当局提供的老年教育

地区教育当局提供的老年教育主要有：以社区为基础开设课程，在社区内的单一地点（图书馆、教室）上课；课程一般开放给老年人就读；包含一些非正规课程的活动，如艺术和工艺、语文、工商管理、信息科技、运动健身等；大多数主办当局均让老年人获得学费退减。在1997年和1998年，就读教育地方当局提供课程的人数有106万人，其中2/3为老年人。

（4）第三年龄大学

第一所英国的第三年龄大学由皮埃尔·维拉斯和尼克·康尼于1981年创办，他们在剑桥地区成立一个委员会来实施这一创举。1982年3月该委员会举办了一个为期一周的示范课程，由参加者组织不同的学习小组，互相教授技能。为进一步推广老年教育，1982年成立第三年龄信托基金的慈善机构，为全英国数百所第三年龄大学提供多维支持服务，包括法律顾问、资源中心、年会、暑期课程、网络和计算机培训等。该信托基金的经费主要来自会员上缴的会费。

目前英国全国约有450所地区第三年龄大学，学员人数超过10万。这些地区第三年龄大学具有如下特点：它们是自主自助的学习组织，每项活动均根据学员的意愿来组织，由学员来决定课程、主题、教师及地点；课程为非正规的自助学习；鼓励不同专业背景的学员组成学习小组分享知识，这就使得第三年龄大学的学员既是学习者又是传授者；课程的种类和数量每所均不相同；行政和研习小组的活动均由义工负责。

（二）日本的老年教育事业

1. 终身教育与机会均等

日本老年教育是终身教育的重要组成部分，它的发展很大程度上得益于终身教育理念的指导和终身教育实践的推动。同时，老年教育的理论与实践探索也有力地促进了终身教育的全面发展，成为人们理解和实践终身教育的实践平台。

日本宪法第二十六条规定"全体国民，按照法律规定，都有受教育的权利"，这一条款是老年人教育权利最初也是最根本的法律保障。为了确保老年人真正享有终身受教育权，日本政府在宪法颁布之后的几十年中陆续采取了多种实质性措施。例如：1965年以来，日本文部省要求所有都道府县都选择具有代表性的城市和乡村开办"老人学校"；1971年召开的日本社会教育审议会强调：人生的各个时期都应接受教育，老年教育作为终身教育的一个环节应该加以拓展；1971～1972年，文部省与某些地区配合，对老年社会教育事业进行了调查研究，提出了深化老年工作的新建议；1993年都道府县开始对"长寿学园事业"给予补助，市镇村开始对"高龄者生活意识综合促进事业"给予补助，把老年教育纳入政府正式管辖范围。2005年文部省的《平成17年度文部科学白书》强调为应对急速发展的老龄化问题，建造一个有活力的老年社会，需努力为老年人提供学习机会等。日本终身教育的宗旨是：实现国家对每个公民（特别是弱势群体）个人学习权的切实保障。它进一步明确了老年人与其他任何年龄段的人口一样享有不可剥夺的教育权利。

上述日本政府颁布和实施的具体政策，是对老年人受教育权的尊重与保护。日本老年教育的发展，充分体现了终身教育——教育机会均等的核心理念。

2. 日本老年教育的特点

日本老年教育的特点主要体现在：一是社会参与的广泛性。日本的老年教育，最早是由一些民间社会团体组织提供的，日本每个地区都有董事会，均为民间机构。这些董事会是热衷于老年教育的发起者和创办者。进入20世纪70年代以后，政府开始介入并予以资助。日本在文部省领导下，由市町村教育委员会主办了高龄者大学、老年学院、老年体育大学、老年福利大学、长寿大学等，还举办了各种活动班和培训班。1989年以来，各个县的一些大学或学院也涉足老年教育，为社会活动培训管理人员，并得到政府的资助。

二是课程设置的多样性。日本老年教育课程设置呈现多样化特点，以满足老年人不同的教育需求和兴趣。如市民学院开设的课程，第一年、第二年主要是一般教学课程，叫"约会课程"；第三年、第四年学习"专门课程"，分为"温暖福利课"、"乡土史课"、"趣味信息课"、"舒适健康课"四个科目。据统计，各地方的教育董事会及民政厅开设老年教育课程占60%，体育及娱乐课程占15%。

三是学习过程的主体性。日本的老年教育是将老年福利事业和教育相结合，重视精神环境的建设与完善，教育活动中福利保健所占的比重比较大，并注重唤起老年人的自立性、主体性及自我实现精神，积极鼓动老年人参与管理，并促使自我管理，以成为学院的主人。

3. 日本老年教育的机构及管理

（1）政府福利部门的老年教育

日本都道府县福利部门采用委托的方式开办老年大学。如兵库县"印南野学园"开设的四年制课程中，一、二年级学习基本概念，三、四年级学习专业课程。另外，提供二年的社区活动领导者培训课程以及函授课程。日本市町村福利部门则自行举办老年大学，如东京都世田谷区老年大学，其最主要的特征是学员在专任导师的指导下进行两年的学习活动，通过学员间的互动，培育社区的老年人活动团体。福利部门开展的老年教育活动中福利保健的比重较大。

（2）政府教育行政部门的老年教育

该形式主要由教育行政部门直接举办老年教育。例如长寿学园是由各级政府教育委员会、高等教育机构以及民间组织合作，提供有系统、较高水平的学习机会，培训社区活动的领导者，依据学习目的不同，安排不同的课程、学分和上课地点（如利用公民馆、图书馆和博物馆等既有教育设施）。又如高龄教室多由市町村教育部门主办，利用当地中小学教室在课余时间开展老年教育，通过学习活动培养参与社区活动的人才，强调学习成果对当地社会的互动和反馈。又如公民馆为老年人就近学习提供方便，避免老年人的交通问题。

（3）高等教育机构的老年教育

该形式主要以高等教育机构为老年人提供公开讲座，另外还有函授教育、网络教育和国内外旅游课程。在采取函授方式的大学中，政府将放送大学（类似中国的电大、自考）认定为推动终身学习的主要机构之一，不用入学考试，学费较低，为老年人提供高水平和专业性学习内容，使老年人比较容易参与，方便老年人在家里循序学习。同时函授教育更重视支援体系的建设，以帮助老年人能持续地进行学习。

（4）民间机构的老年教育

20世纪90年代之后，受到老年社会政策与终身学习政策的支持，民间机构开始参与老年教育。民间机构参与老年教育可以分为营利性和非营利性两种。

营利性民间教育机构并不是专门开展老年教育的机构，但其开发的老年教育学习形态，满足了老年人的不同学习需求，对老年教育贡献颇大。其主要特征有：课程内容和师资多元性，教学设施完备，师资专业水平高，学习内容和学习活动方式可以适应学员的不同需求。虽然学费较高，交通不便，但老年人参与率较高。

非营利民间组织提供学习活动可分为三大类：第一是其他年龄层的人为老年人提供学习活动，如日本老人寄宿所；第二是老年人为老年人提供学习活动，如北广岛市学习园；第三是老年人为所有年龄层次的人提供学习活动，如仙台老年人网站俱乐部。日本的老人寄宿所与地方政府、观光协会和企业等非教育机构合作发展。老人寄宿所协会与社区发展相结合，随时招募承办单位来负责课程规划与运作。老人寄宿所提供的旅游式课程的特色是在学习中能提供休闲，在短期内满足学习者的需求并达到学习目标，但是学费较昂贵。北广岛学习园是老年人自助经营的老年教育机构。自助经营的方式就是老年人在学习过程中，能积极参与学习活动的安排与设计。这不仅提高了学习活动本身的成效，也增强了老年人独立生活的能力。老年人网站是一个专为老年人学习电脑和网络所设立的非营利组织。仙台老年人网站俱乐部由老年人担任教师,他们了解老年人的学习特性,能提供恰当的学习活动;他们还为其他年龄层提供电脑课程,促进代际交流。该俱乐部的经营方式是与社区中的资源相结合,这是其获得成功的主要原因之一。

(三) 美国的老年教育事业

早在20世纪40年代,美国就进入了人口老龄化社会,目前65岁以上人口占总人口的17.4%,是典型的老龄化社会。随着人口老龄化的进一步发展,美国社会越来越重视老年教育。

1. 美国老年群体的特征

美国老年群体"量"的激增基于第二次世界大战后的20年间,出现了美国历史上的一个生育高峰(the Baby Boom Generation)。1946～1966年,美国人口出生率激增,共有约7700万人在这期间降生,被称为"婴儿潮"一代。目前,"婴儿潮"中最早出生的一批人已近花甲之年,陆续加入到老龄人口的队伍中,"婴儿潮"成长为"耄耋军团"。

与老年人口数量攀升互为映照的是美国老年群体整体素质的提升。相比美国历史上任何一个年代,这一代老年人更加富有、健康、有教养,加之终身教育、终身学习理念的日益普及并深入人心,以及学习型社会氛围的积极营造,美国现有老年人群体对待生活的态度发生了巨大的变化。他们(甚至包括目前尚在职场中的大多数中年人)不再把晚年仅仅看作是休息和放松的时期,而是通过获取新的知识技能、探求新的休闲方式和扩大对现有休闲方式的参与等途径实现进一步的自我发展的大好时光。另外还有一种强烈的趋势就是:越来越多的老年人选择在退休后以全职或兼职的方式重返职场,发挥余热。一项大型的国家研究显示,75%～80%出生于20世纪生育高峰的人,计划在退休后再次参与就业以延长自己的工作年限,继续以生产者而非纯粹消费者的角色参与社会并与之保持联系,从而获得社会的认可、尊重和自我满足。

2. 制度保障

美国政府非常重视终身教育体系的构建和为老年教育提供健全的法律保障。世界上第一个《终身教育法》是由美国于1976年制定的。美国也是世界上成人教育立法最多、最完善的国家。到目前为止,美国建立了世界上最为完善的终身教育制度。美国于1965年制定了《美国老人法》,

1975年制定了《禁止歧视老人法》。1971年白宫老化研讨会强调要重视老年学习者的需求，并主张提供美国社区及初级学院二年的经费补助，使得公立社区学院可以获得经费支持来应对老年人的需求和提高生活品质。一些社区学院也因为1965年高等教育法案和老人法案的规定而获得新的资助，使这些社区学院可以雇佣总监或部分时间的项目主任来设计和执行老人课程。美国老人服务的财政来源，主要是通过立法分配联邦政府资源。《美国老人法》规定，每个地方都要成立一个以老人为主的议会，把资源分配给非营利性机构。政府的角色主要是协助这些老人议会去支持、监督、协调区域内的非营利社会服务机构，为老人提供各种类型服务。

美国政府还设立专门机构管理老年教育，并鼓励各种民间老年教育组织参与其中。1949年，美国全国教育联合会成人教育部成立了老化教育委员会（Committee on Education for Aging）。1951年美国成人教育协会成立，老化教育委员会并归其下。目前，美国联邦老人局是美国政府设立的老龄工作机构。根据《美国老年人法》，该局是美国在老龄化问题方面的最高决策机构，负责《美国老年人法》的执行，按照年度及问题提出计划，要求并检查实施情况及管理政府专门用于老年人的拨款等总体事务。美国老年学会是一个研究老年科学的学术团体。学会的宗旨是促进老龄问题的学术研究，并促进老龄科学的研究成果在制定公共政策中的应用，在制定全国老年科学研究规划、专业人员培训计划与课程安排等方面，起领导与组织协调的作用。老年公民全国理事会关注一系列涉及老年人的各方面的问题。美国退休人员协会的宗旨是：提高老年人的生活质量；增强老年人的独立性，维护老年人的尊严；改变社会对老年人的成见；维护老年人在社会中的作用和地位。退休联邦雇员全国协会则致力于为退休联邦雇员争取更多更好的福利待遇。这些组织各有自身的宗旨，但一个共同的特点是都将老年教育和学习作为自身活动的一个重要内容。各种民间的营利性或非营利性的老年教育组织更是繁多，他们根据老年人的学习需要开展形式多样的老年教育活动，为美国老年教育的丰富和发展作出了突出贡献。

3. 美国老年教育的模式

（1）社区型老年教育模式

美国目前有15000多家社区老年中心，它们主要由地方政府扶持，联邦和州政府也经常划拨一些经费，用于提供除社会服务和低收费或免费参饮服务之外的一系列娱乐和教育计划。还有1200多个社区学院，它们所开设的手工艺、外语等免费或低收费课程吸引了大量的老年学习者。在很多州，如果空间允许，62岁或65岁以上的老年人可以免费参加公立的美国大学或学院的日常课程学习。与此同时，大学或学院预科机构、教堂、医院、银行、投资公司、博物馆等都在提供免费或收费的教育计划。一些户外教育计划，无论是花费不多的远足和自行车俱乐部，还是商业性的国外冒险旅游也渐成气候。上述组织中大多数都提供非正式或不计学分的课程学习、小组讨论、工作组和学习性旅行，不过只要老年人自己愿意，同样可以选择到大学或学院去旁听计算学分和授予学位的正规课程。

美国社区型老年教育的特征是各个老年大学连成网络，依托社区、成员进行自我管理。美国的社区老年大学多属于非营利的社会福利性组织，与普通大学及学院有着密切的联系。除了对学员收取少量资料费用外，大部分依靠私立和公立大学及个人慈善捐款。美国的老年教育中心一般设在本地的市立学校，学院自行承担大部分甚至是全部课程的授课任务，有时也聘请行政助理协助实施教学计划。美国在各地还设有老年人的寄宿学校，专收60岁以上的老年人入学，称"退休村"或"老年宿舍"，即在大学附近兴建"退休村"，供老年人居住并就近学习。美国的社区不但重视举办专门的"白发大学"，而且经常举办"白发讲座"，满足老年人不同层次的求知欲。美国在联邦老龄管理局的资助下，建立社区大学，为老年人制定全面教育规划，采取正规教育、非正规教育和非正式教育三种形式开展老年教育。一是正规大学招收老年学员，进修或旁听大学课程，食宿与青年学生一样，免收学费。有的大学为老年人单独编班，开设老年人需要的课程。二是高等院校办暑期大学，推动老年寄宿教育。三是地方成立老年教育学校和专业班级，吸收老年人参加非正式学习，开设短期课程。美国社区老年教育培养的老年人依托社区并发挥所长为社区服务。

（2）企业退休生活指导

在美国，一些实行退休制度的大企业为使即将退休的职工对退休有心理准备，接受并适应退休生活，在企业内部实施一项退休准备的教育计划，也就是设有退休个人指导制度。这类活动一般在职工临退休前三五年进行，其内容涉及经济、法律、社会保障、保险、生活习惯、兴趣及将来的行动等。临退休的一年半再进行生活设计指导。通过这些教育活动，使即将退休的人学会分析和应对自己未来的处境。美国的继续学习协会挂靠在加利福尼亚大学，由退休人员自主经营。会员根据各自的兴趣组成小组开展学习，学校为之提供图书馆、工艺作业室、语言教室等，参加者为退休人员和即将退休的在职职工。该组织的宗旨是使老年人避免离开企业后的失落感和寂寞，通过向学习挑战找到精神支柱。其学习计划分两部分，第一部分为相当于大学的必修课程，会员至少在大学旁听学习一年的课程，也可以依自己的愿望把旁听改为取得学位的学习。第二部分为协会独自举办的学习活动，就会员感兴趣的课题划分几个学科，并从会员中选出指导者，会员在每个学期最少要参加一个学科的学习。

(3) 非营利机构的老年教育

美国是成熟的市场经济国家，凡是市场能够良好运行的项目，都尽量让市场去发展，政策只是提供法制保障和政策支持，对福利性的老年教育采用政府经费支持、项目采购的形式给予支持。同时美国也是公民社会发达的国家，非营利机构在老年教育方面发挥了重要的作用。依托于社区的非营利机构开展的老年教育有如下几种形式：

一是老人游学营（Elderhostel），也称"老年旅舍"。老年游学营于1975年由社会活动家、教育家Marty Knowlton和时任新罕布什尔大学宿务总监的David Bianco借鉴青年旅舍的模式创办，是美国目前最富盛名和最大规模的老年教育机构。学员无须特别资格，只要年满55岁，身心健康即可。他们以15~40人为一组，参加为期1~3周的课程，课程（包括住宿）在不同的地点举行（例如大学校园、会议中心、旅馆或酒店）。课程的内容原则上以围绕人文学科学习为主，包括艺术、文学、历史、社会、物理生物科学、自然环境以及上述学科的综合，课程包含实地考察和课外活动（例如远足、单车旅行、出海、文化游览、家访等），提供丰富的社会交流机会。部分课程为国际性课程，学员有机会出国考察不同的文化、民情和历史。课程以教师主导，由学院教授或认可的专家授课，学员可根据学习过程中的乐趣体验决定自己上课与否以及对课程的投入程度。目前，老年游学营的规模大约为每年30万人。

二是退休学习学院（Institutes for Learning in Retirement，ILRs）。退休学习学院是在社会研究新校（New School for Social Research）的赞助下，由一群退休教师于1962年在纽约市创办，后口碑相传，逐步壮大，现在，该学院赞助者包括杜克大学、哈佛大学及其他许多州立大学、文化艺术学院以及社区学院。退休学习学院属自治组织，以会员制的概念运作。会员在决定课程内容、学费和其他章程以及细节方面，拥有完全的自主权。课程一般为期 6~15 周，课程内容包括艺术、人文学科、跨学科研究、乡土历史、社区及跨文化问题、外国事务及最新问题等多个领域，不同的课程会采用不同理论和教学方法。课程中经常加插讲座、社会服务或参观附近画廊、博物馆、历史遗迹、剧院等之类的特别活动。与传统成人教育不同，退休学习学院的课程在日间举行。课程同样没有成绩评定或评级。目前，退休学习学院负责讲授和管理三百多个教育计划，每年招收学员约 10 万人。

三是老年人服务与信息系统（OASIS：OlderAdult Services and Information Systems）。该系统建立于 1982 年，现由美国联邦连锁百货商店、五月连锁百货公司基金会和 BJC 保健护理组织主办，分布在全美 26 个城市约 30 家购物中心和连锁店，总部设在圣路易斯。以"丰富老年人生活"（Enriching the Lives of Mature Adults）为宗旨，为希望继续活跃于社区并为社区作贡献的老年人提供富有挑战性的艺术、人文学科、健康、技术等领域的计划和志愿者服务，为他们个体的继续发展创造机会，并为社区提供各种有价值的服务。OASIS 目前为近 35 万的老年人提供服务。

四是老年人网络（Senior Net）。为了验证电脑和远程技术可以改善老年人生活，Markle 基金会于 1986 年建立了老年人网络。该网络专供 50 岁以上老年人使用，旨在通过信息技术为老年人提供教育和学习资料，提升其生活质量，同时促进其多参与社会活动，交流经验，分享彼此的聪明才智，为增加社会信息并弥补因代沟产生的隔阂。老年人网络目前在美国及其他一些国家设有 240 个学习中心，其成员通过该网络可以获取到他们所需的计算机、网络运用知识；参加网上组织的各种老年问题讨论；享受网上提供的医疗保健服务等等。同时，可以在网上学习和教其他人使用计算机和通信技术完成各种各样的任务，如冲印相片、收发电子邮件、撰写时事通信和自传，处理个人事务和财务记录，与世界各地的联系交流以及从事社区服务。

五是 Shepherd's 中心（SCA：Shepherd's Centers of America）。该中心是由不同宗教组织共同发起创办的基于社区的一种组织网络，在全国 21 个州设有 75 个成员机构。所有 Shepherd's 中心都是为了一个共同的使命：帮助老年人使用他们的智慧和技能为他们的社区谋利益，目的是让每一位老人在其晚年的每个阶段都能过上有意义的生活。Shepherd's 中心目前的工作重心在于：①通过提高领导管理能力、投资方面的追加和战略性预算、志愿者招募、市场设计和开发、召开地区和国家会议等方式对各中心提供技术支持；②与老龄化的前沿性研究保持同步，在此基础上设计、检验和发布创新的、可行的教育计划和相应课程；③与其他地区性或国家级机构建立合作关系以更好地为老年人的利益和兴趣服务。

其他诸如老年医学高等教育协会（AGHE：As-sociation for Gerontology in Higher Education）、终身教育与更新网络（LEARN：Lifetime Education and Renewal Network）、西部退休组织中学习协会（ALIROW：Association of Learning in Retirement Organization of the West）等机构也都是推动美国老年教育发展前进的不可忽视的民间力量。如老年医学高等教育协会主要向小范围的老年人提供专业水平的老年医学知识和技能的教学；隶属于美国老龄化协会的终身教育和更新网络，有大约250个员工负责维护，他们的工作（一般都是兼职的）可以看作是老年教育的一种形式；继续高等教育协会也设有专门为老年人服务的部门。

非营利机构之所以在美国老年教育舞台上大唱主角，其原因主要来自两个方面：

一是政府在发展老年教育过程中的功能式微。综观前述，美国老年教育盛况空前，方兴未艾，一个不能掩盖的事实却是：美国老年教育的组织领导支离破碎，缺乏一个必要的核心。私营机构对于老年教育的发展乐此不疲，而政府似乎对此漠不关心，即便是在20世纪90年代，美国经济十分富足的时候也没有任何迹象表明联邦和州政府试图成为老年教育领域的引领者。造成美国老年教育这一境遇的原因在于资本主义放任政策这一主流意识形态的影响，在资本主义社会，起决定作用的不是社会公正原则，而是市场地位。老年教育在目前还是一种福利性的存在，缺乏足够的市场价值，自然吸引不了政府的关注和经费投入。或许正是受益于此，美国老年教育的教育计划和课程少却了官僚作风增添了平和气息。私营机构参与老年教育也没有受到政策上的限制，它们可以竞相为老年学习者提供创造性的教育计划以吸引他们时间、精力和金钱的投入。

二是老年人对于教育类型的选择。根据国家家庭教育调查（NHES），20世纪90年代，66～74岁的美国老人参加各种形式的老年教育的比例从1991年的8.4%增长到1999年19.9%。相比较而言，老年人更乐于接受由社区提供的非正式教育计划，包括教堂、图书馆、连锁店、老年中心等提供的不计学分的课程学习、工作组和小组讨论，而对正规的学位课程兴趣不大。最近的一次关于老年人如何以及在哪里参与继续学习的全国性调查显示,非正式的社区教育计划成长最为迅速。另有数据显示,1991~1999年间,55~74岁的老人的非正式教育参与比例由4.6%上升到11.6%,而参与学院或大学正规课程学习的比例只从5.5%增长到8.6%。

（四）小结

1. 教育定位

老年教育如何定位,不仅涉及对老年教育内涵的把握,更涉及如何统一和提高全社会对老年教育的认识和支持,进而明确老年教育该由谁投资、谁来办和怎么办的问题。在老年教育的定位上,英、美、日三国都将老年教育看作终身教育的重要组成部分,发展老年教育,其目的在于提升老年人晚年的生活质量和生命质量。如英国老年教育除了使老年人在学习中作为积极的参与者而不是被动的接受者来体验学习的快乐以外,更重要的还在于使那些退休后不知所措的老年人重获自信和自尊,重新找到生活的意义。

除以上共同的定位之外,各国在老年教育发展上,还有自己国家的特色。如日本将老年教育和老年福利结合起来,着眼于构筑人们终身的、任何时候都可以自由选择学习机会,其学习成果都可在社会中受到适当评价的学习社会。美国除提升老年人晚年生活质量之外,还重视老年人力资源的开发和利用。

2. 办学模式

在发达国家,高等教育机构办学、政府办学和自主自治办学共同发展,形成了多元化的办学格局。如日本老年教育的实施方式是非常多元的,福利部门、教育部门、高等教育机构和民间组织都采取各种方式,广泛参与到老年教育当中来,满足老年人不同的、多样化的学习需求。

与此同时,各国根据自己的历史、现实条件又侧重于一定的办学模式。如英国,自治自助型模式是老年教育的主流,老年大学由老年人自发成立、自行组织,所有有专长的老年人都可以执教,一个班的教师很可能是另一个班的学员。这与英国非常重视老年人退休后重获自信和自尊,重新找到生活的意义,提升老年生活质量与生命质量有关。

而在美国,占主导地位的是社区型老年教育,各个老年大学连成网络,依托社区进行自我管理。美国目前有15000多家社区老年中心,通过社区老年教育,培养老年人依托社区发挥所长为社区服务。这与美国作为经济大国，商业、效率至上的历史传统有关，非常重视老年人的人力资源开发。

3. 教学方式

在教学方式上，各国都不再局限于传统的课堂教学，而是采取灵活多样的教学方式，充分发挥各种教学方式的作用，针对老年的需求和特点，为老年人教育提供方便。

如英国，远程教育得到广泛重视，其开放大学是现代远程教育的典范，通过开设"课程网络"、"课程网络学习日"、"虚拟学习小组"等专门为老年人服务的网络，满足不同居住区域和不同文化层次老年人的学习需求。

再如日本的长寿学院，为适应老年人学习要求的多样化，与地方大学、短期大学以及民间教育机构合作，为老年人提供基础课程和专业课程。基础课程主要是提高老年人作为指导者应具备的基本素养；专门课程为提高地区指导者的专业知识而开设，主要通过实习、实践活动来进行。

4. 教学过程

在教学过程中，发达国家都非常重视老年教育的主体性，根据老年人的兴趣和需求开展教学和设置课程。如英国，各种形式的老年教育活动都十分注重学习过程的分享、讨论和参与。第三年龄大学会员在互帮互助的基础上，协商课程和教学的形式，灵活地安排时间。重点强调小组学习和实践，鼓励在不同专业领域具有专业知识或技能的学员在学习小组或活动小组内与其他学员分享知识。兴趣小组的规模通常不大，一般以会议的形式在会员的家中进行。

美国历史悠久的志愿者服务传统、老年教育机构对老年人专业技术的需求以及老年人退休后从事兼职工作的积极愿望，使老年人摆脱了单纯的学习者角色，老年人自己成为老年教育的领导者、组织者、决策者。他们利用个人的专业技术、人生经历和闲暇时间，在课程的设计、形成、组织、教学以及老年教育机构的日常管理方面扮演积极角色。

5. 教学内容

在教学内容上，发达国家的老年教育课程设置呈现多样化特点，以满足老年人不同的教育需求和兴趣，同时，民间的营利或非营利性的老年教育组织根据老年人的学习需要开展形式多样的特色教育。

在美国，老年教育贯穿老年人的后半生，开设有老年退休指导，老年人力资源开发，死亡教育等等，不一而足。

在日本，老年人大学、大学院和长寿学院都是从事老年教育的机构，但是，它们都有自己的特色。如老年人大学侧重更有意义的闲暇生活，以实现老年人的生存价值和交友为目的，前期主要学习关于健康、文学、生活、身边的法律等内容，后期则主要学习宗教与丰富的人生、乡土史、创造丰富的人际关系等内容。大学院的教育对象是老年人大学的毕业生，目的在于"进行更高的学习"，使参加者成为地区活动中老年人的优秀援助者。长寿学院是为适应老年人学习要求的多样化，与地方大学、短期大学以及民间教育事业合作，为老年人建立的一个学习的场所、参与社会的场所和结交朋友的场所。

6. 筹资渠道

发达国家在老年教育的筹资上，都采取经费来源多元化，既有政府的支助，也有民间团体捐赠，还有少量的收费等多种形式。

但对于具体国家而言，各国的筹资模式也有所不同。如英国第三年龄大学，其经费大部分来自社会力量的捐赠，在活动经费上自给自足，不依赖政府，学员只需缴纳极少的会员费就可参加学校组织的各类活动。

美国老人服务的财政来源，主要是通过立法来实现的。美国完备的老年教育法律为老年教育发展提供了重要的资金保障。1971年白宫老化研讨会强调要重视老年学习者的需求，并主张提供美国社区及初级学院二年的经费补助，使得公立社区学院可以获得经费支持来应对老年人的需求和提高生活品质。

日本是世界上的"长寿王国"，日本的老年教育主要由政府出资兴办。在文部省领导下，由市町村教育委员会主办高龄者大学、老年大学、老年体育大学、老年福利大学、长寿大学以及各种活动班和培训班。

7. 管理方式

在老年教育的管理方式上，发达国家一般根据自己的历史和现实条件实施不同的管理模式。

英国的第三年龄大学已经形成了从国家到地方的比较完善的、民主化的、职责分明的管理体制。在管理形态上，第三年龄大学分为三级，分别为第三年龄联合会及全国执行委员会、支部、小团体。这三级结构虽然在管理上有隶属关系，但民主及自助自主是第三年龄大学的基本理念。每一个第三年龄大学都是独立的，由民主选举产生的管理委员会管理，而且每一支部，甚至每一小团体独立性都很强，它们自主开展活动，彼此间也相互支持，共享资源。

美国是政府主导下的多主体管理模式，政府设立专门机构管理老年教育，并鼓励各种民间老年教育组织参与老年教育。联邦老人局是美国政府设立的老龄工作机构，根据《美国老年人法》的规定，该局是美国在老龄化问题方面的最高决策机构，负责《美国老年人法》的执行，按照年度及问题提出计划，要求并检查实施情况及管理政府专门用于老年人的拨款等事务。

日本的老年教育管理，仍然突出政府的主导地位。日本早期的老年教育是由一些民间的社会团体组织和提供的，每个地区都有董事会，这些董事会是热衷于老龄教育的发起者和创办者。进入20世纪70年代，政府开始介入并予以资助，在文部省领导下，由市町村教育委员会主办了如高龄者大学、老年学院、老年体育大学等各种形式的老年教育机构。

（五）国外老年教育发展的启示

国外老年大学建设和老年教育发展给我们提供了重要的经验借鉴和指导作用。随着老年人队伍的不断扩大，老年教育的需求日益增加，老年教育不仅需要扩大舞台，扩大规模，增加硬件设施，优化软环境，而且有关老年教育问题的理论研究工作也应当引起足够的重视，理论研究不仅能够为老年教育发展提供理论指导，而且也能够锻炼老年教育工作队伍，提高认识水平，通过理论研究，发现新情况解决新问题，促进老年教育事业的不断发展。这些方面，国外老年教育发展给我们提供了宝贵的经验。

1. 各具特色的办学模式

欧美等发达国家在实施老年教育的过程中，围绕老年教育的目标要求，逐步形成了比较明朗的老年教育模式。从投资来源划分大致包括三种：一是政府投资型模式，二是自治自助型模式，三是社区型模式。从办学形式来看，国外老年大学也有三种模式：一类是以法国、德国为典型的办学模式，即普通大学办老年大学，老年人和年轻人坐在同一个教室里学同一门课程；二类是以澳大利亚、英国为典型的办学模式，即老年人自己组织起来办老年大学，因地制宜，互教互学；三类是以中国、日本、新加坡为典型的办学模式，即政府和社会专门为老年人办大学、建立独立的老年大学。① 这种投资来源多渠道、办学模式多类型、课程设置多样性的老年大学教育，调动了政府、民间和社区办学的积极性，充分动员起社会力量的共同参与，增强了举办老年教育事业的力量，实现了老年教育资源的最大化，使老年教育最大限度地满足老年人的学习需求，这种办学模式无疑是一个很值得学习借鉴的成功经验。

2. 确立政府投资的主体地位

老年教育是非营利性的社会福利事业，需要政府和社会各界的大力支持。法国、瑞典、日本、西班牙、德国以及中国等国家的老年教育都是由政府组织开办，学校开支列入政府财政预算。法国是世界上第一个老龄型国家，也是老年教育比较正规的国家之一。老年大学是法国老年人福利内容的一个重要组成部分。老年人可以上正规大学，也可以选择参加老年闲暇教育。瑞典的老年教育与正规教育融为一体，全国所有的大学都对老年人开放。瑞典的广播和电视都设有老年教育节目，图书馆为老年人送书上门，多方面为老年读者服务。日本的老年教育也是由政府出资兴办的。日本的老年教育直接由文部省领导，教学方式有"老年班"和老年大学。西班牙的老年教育同法国相似，得益于正规大学和学院教育，老年学员完成规定的若干必修课程和选修课程，成绩合格者，都可领到大学毕业证书。德国老年人上普通大学和年轻人在同一教室学习。这些做法很好，很有启发。

3. 社会力量的积极参与

老年教育作为社会公益事业，政府是主导力量，但教育机构、工会、慈善团体和社会福利机构及个人的大力支持也不可缺少。比如，英国老年大学由老年人自发组织成立，属于非营利性质的志愿者组织。学员一般为老年人和退休的政府官员、医生、律师等。与法国相比，英国的老年大学没有来自正规大学的支持，老年人独立自主地组织并进行教学活动。英国和澳大利亚的老年大学，房屋租金、设备及主要活动经费都来自慈善彩票事业的捐赠。学员个人缴纳少量的费用。老年人还可以通过网上老年大学接受老年教育，参与老年活动。美国的老年大学属于非营利的社会福利性组织，与普通大学及学院有着密切的联系。除了对学员收取少量资料费用

---

① 顾秀莲：《办好远程教育》，2008年12月29日《促进老龄工作——在东方银龄远程教育中心开播仪式上的讲话》。

外，大部分依靠私立和公立大学以及个人慈善捐款。美国的老年教育中心一般设在本地的市立学校，学员自行承担大部分甚至是全部课程的授课任务，有时也聘请行政助理协助实施教学计划。美国的普通大学也对老年人开放，老年人可免费入学。[①] 日本老年大学除政府扶持外，多数为民间人士集资兴办。福建老年大学的建设，社会力量尚未涉足，经费来源单一，除学员缴纳少量学费外，所需经费政府包揽，显然缺乏民间的参与资助。

4. 日趋多样化老年教育形式

随着老年人口的增加，为适应老年人的特点和兴趣，学习形式也日趋多样化。老年大学不但课堂教学活动日益丰富多彩，还加入文化参观旅游、社区公益活动等，并依据兴趣爱好的不同组织科技服务小组，定期组织专家演讲等多种形式，使更多的老年人感受到参加老年教育的成就感、愉快感和自豪感。老年教育的教学内容也更符合老年人的需求，把语言学习、信息技术、营养保健、艺术欣赏等作为教学内容，使老年人的知识结构与信息的获取不落后于社会的发展。此外，外语、计算机、网络知识、法律、投资理财基本原理、时事政治等，也逐步成为主要的教学内容。这些内容使老年人的思想发展和知识结构能与时俱进，了解世界文化差异和时代发展的特征，体现时代的要求，有利于调动老年人的学习和参与活动的积极性。教育教学手段也不断改进。教育过程中不断引入新技术和新观念。如利用光纤电缆、闭路电视和因特网等现代化设备，满足不同居住地和不同文化层次的老年人对学习的要求。这方面各国有着许多相同之处，也可以说是未来老年教育发展的一个方向。

第三节　我国老年教育的发展与创新

进入 21 世纪以来，我国老龄化进程加快，老年人口的数量和规模急剧增长。特别是 20 世纪五六十年代两次生育高峰出生的人口，现在陆续进入老龄，他们基本上都受过中等以上的文化教育，其中一部分人还受过高等教育，具有较高的技术水平。这些退休人员中，基本都有稳定的，甚至较为充裕的养老经济保障，有更高的文化和精神追求，迫切希望接受老年教育，这为老年教育发展提供了机遇。如此，我国的老年教育需要在办学理

[①] 岳瑛：《外国老年教育发展现状及趋势》，《外国教育研究》2003 年第 10 期。

念、管理体制、教育方法、教学手段、课程设置、教材编写、技术支持、资金保障等方面进一步完善，以便更好地满足老年教育的现实需求。

一　我国老年教育的发展历程

随着社会和科学技术发展的需要，终身学习和终身教育的理念将改变老龄人口形态。这些变化的积极意义在于人口老龄化将不再被视为社会危机，老年人口将成为可开发的社会资源和财富。从历史的进程可以看出，发达国家是在进入老年型国家之后才有老年教育的，而我国则是在进入老年型国家之前就开始重视老年教育。1983年，我国山东省创立了第一所老年大学，之后老年大学在全国各地兴办并发展迅猛。概括起来，我国老年教育事业的发展经历了三个阶段。

（一）老年大学（学校）的创立阶段（20世纪80年代）

从20世纪80年代开始，在工业发达国家创办第三年龄大学的影响下，中国老年教育进入创办的探索和实践期。1983年，中国第一所老年大学——山东省红十字老年大学诞生，自此中国老年教育事业蓬勃兴起。各地以创办离退休老干部大学为基础，逐步扩展到单位、社区离退休人员，为我国老年教育事业的拓展打下了坚实的基础。1988年"中国老年大学协会"成立，各级区县以上政府积极兴办老年大学，基层街道、乡镇也举办老年学校，不少企业、军队、高校、科研单位以及社会团体都纷纷加入到老年教育事业的队伍中来。到1990年，全国老年学校已达2300多所，学员22万人，初步形成全国老年教育体系。

（二）老年教育的发展阶段（20世纪90年代）

1994年，中央国家机关10个部委联合制定了《中国老龄工作发展纲要（1994—2000）》（以下简称《纲要》），提出在全国开展老年教育的目标。《纲要》指出："老年大学、老年学校是老年教育的重要形式，它已成为老年人老有所学、老有所为、老有所乐的重要场所。"《纲要》要求各省市老龄机构要将举办老年大学（学校）作为发展老龄教育事业的工程去抓。1995年，《中华人民共和国教育法》颁布实施，规定在全国"建立和完善终身教育体系"。1996年颁布的《老年人权益保障法》规定："老年人有继续接受教育的权利"，"国家发展老年教育，鼓励社会办好各类老年学校"。截至1996年，全国老年大学、老年学校已增至8300余所，在校学员70万人。1999年全国老龄工作委员会成立后，老年学校不仅在数量上迅速增加，形成政府投资办学、企业投资办学、社会团体组织投资办学、个人投资办学等多渠道多层次的办学格局。伴随老年教育理念的不断深化，老年人融入社会、参与社会、丰富科技知识、更新知识的需求日益迫切，老年教育向社会领域不断扩展。

在组织管理层面，中国自1984年成立中国老年教育协会，1988年成立中国老年大学协会以来，各地相继成立了老年教育协会、老年大学协会和老年教育研究会等多种教育组织和研究机构。为促进老年教育发展作出了贡献。1989年11月，联合国教科文组织与中国国家教委、中国老年大学协会在中国武汉联合举办的"老年教育国际研讨会"上通过了《武汉宣言》。《武汉宣言》指出："老年人是知识、技能、经验和智慧的宝库，各国政府组织和非政府组织充分认识这一点并做出承诺，社区生活将因老年人的参与而丰富起来，社会的发展、文化和普及识字都将以此而受益。"此后，中国北京（1995）和武汉（2002）先后举行了第三年龄学习国际研究会（TALIS）的国际研讨会，会议交流的办学经验迅速传播到全国，各地老年教育组织纷纷举办老年教育的展览、观摩、评比、经验交流等活动，推动了老年教育广泛深入的发展。

（三）老年教育的创新阶段（21世纪以来）

2002年联合国举办第二届世界老龄大会，大会通过了《政治宣言》和《老龄问题马德里国际行动计划》等重要文件，对老年教育提出更具体的要求和行动计划。针对社会上存在老年人被边缘化，产生孤独感和代际隔阂的问题，大会提出老年人参与社会、融入社会的前提是接受教育，强调老年人在参与社会中应获得受教育的权利和机会。《老龄问题马德里国际行动计划》在"老年人与发展"行动建议中强调："老年人必须成为发展进程的充分参与者，而且还应该公平享有发展进程的种种好处，包括获取知识、教育和培训的机会的权利。"在获取知识、教育和培训的机会方面，《老龄问题马德里国际行动计划》提出："教育是积极而充实生活的重要基础。知识社会要求制定保证终身都能获得教育和培训机会的政策。进修教育和培训对于确保个人和国家的生产力都绝对必要"，"目前在发展中国家，有很大一批人进入老年期，识字和算术能力极低限制了他们的谋生能力，从而可能影响他们享受健康和福祉。在所有国家，终身教育和培训也是老年人参与就业的一个先决条件"。针对老年人在信息社会中生存必须以获取大量信息为条件，以及改变老年群体边缘化状态，《老龄问题马德里国际行动计划》提出:"面对技术变革而无机会接受教育和培训的老年人可能会感到疏离","技术可以用于建立人们之间的密切联系,从而帮助减轻边缘化、孤独感和不同年龄层之间的隔阂。因此,应该采取措施,使老年人能够接触、参与和适应技术变革。技术和组织变化可能会使雇员的技能过时,使过去积累起来的工作经验大大贬值。必须更重视老年人在工作场所获得知识、教育和培训的机会"。《老龄问题马德里国际行动计划》强调帮助老年人利用互联网信息进行学习,使他们融入现代信息网络社会。

进入21世纪,为适应社会结构变迁和老龄社会发展以及老年人的自身需要,使老年教育更赋予时代特点,2001年6月中组部、文化部、教育部、民政部和全国老工委办公室联合下发《关于做好老年教育工作的通知》,对各级党委、政府和有关部门提出制定老年教育事业发展规划和远景目标。这为老年教育事业谱写新篇章指明了方向。

2006年,《中国老龄事业发展"十一五"计划纲要(2006—2010)》提出:"大力发展老年教育,到2010年,老年大学和老年学校在现有基础上增加1万所。完善老年教育网络。各级政府要继续加大对老年教育的投入,同时动员社会力量,因地制宜办好老年教育。积极发展老年远程教育,开办老年电视大学、老年网上学校,倡导社区办学等多种形式的老年教育。"《纲要》强调了农村老年教育问题,要求老年教育从城市拓展到乡村。教育的内容紧密围绕使老年人脱贫致富,并强调了老年人树立正确的人生观、价值观的重要性。这些措施为更多老年人享有受教育的权利和义务奠定了良好的基础。2006年,《中国老龄事业的发展》白皮书在《老年文化教育》一章中指出:"发展老年文化教育是提高老年人精神文化生活水平的要求。中国重视发展老年文化教育事业,丰富老年人的精神文化生活,不断满足老年人精神文化需求。"这是国家第一次发布关于老龄事业的"白皮书",表明中国将发展老年教育、满足老年人的精神文化需求列入政府的议事日程。2007年,国务院发布的《国家教育事业"十一五"规划纲要》中强调:"充分发挥各级各类学校在终身学习中的作用。改革成人教育办学模式,大力发展多样化的继续教育和社区教育。加大投入,健全工作机制,巩固和扩大扫盲教育的成果。整合各类教育资源,建设城乡社区学习中心。办好老年大学,扩大覆盖面。"国家第一次将老年教育列入国家教育整体规划,在我国教育发展史上首开先河,充分体现了党和国家对发展老年教育事业的重视，为开创老年教育的新局面打下了坚实基础。据统计，，截至目前，全国已有各类老年学校4万所，在校学员430多万人。平均每100位中国老人中，有3位接受了各种方式的老年教育。而在中国最早进入老龄化的城市上海，这个比例已接近10%。近年来老年教育的覆盖面在加快拓展，师资队伍不断扩大，老年教育的内容更丰富，一个具有东方文化特色，多门类课程设置、多渠道办学、多层次教学的老年教育体系已初步形成。

二 发展老年教育的几个关键要素

2010年《国家中长期教育改革和发展规划纲要（2010—2020）》颁布实施，纲要制定了今后10年我国教育改革和发展的战略目标——基本实现教育现代化；基本形成学习型社会；进入人力资源强国之列。这是三个相互联系的目标。我国要建立人力资源强国，要从三个方面着手，一是要延长国民受教育年限。目前我国人口受教育平均年限只有9.5年，其中受过高等教育的比重只占9.9%，而发达国家普遍超过12年和25%。二是要培养一批杰出人才，他们能追踪世界潮流，不断进行科技创新、学习和引进世界先进文化，能够引进社会不断进步。三是要提倡全民终身学习，形成学习型社会。

老年教育是终身教育的重要组成部分，党的十六大、十七大提出在2020年之前基本形成国家终身教育体系。老年人继续接受教育，保障他们的受教育权利，延长他们的受教育年限，提高老年人的文化素质，是引领和谐社会建设的重要方面。我国在已公布的《国家教育事业"十一五"规划纲要》中提出教育现代化的战略目标，老年教育作为终身教育的重要组成部分，无疑也需要现代化，包括在观念上、制度上、教育内容上、教学方法上都要现代化，其核心是观念上的现代化，然后才有制度上和教育内容、教学方法上的现代化。

教育观念首先是表现在对教育本质、价值和功能的认识上，需要解答三个问题，什么是教育？人为什么要教育？如何教育？这三个问题都包含教育的本质和价值观。

现在大家都一致认同教育的本质是培养人的活动，随着经济社会的发展，对人的素质需求也在不断提高，教育必须适应这个变化。人为什么要接受教育涉及教育对人有什么价值，实质上是人接受文明、文化传承的需要,使人能够更好地适应社会的发展,更好地融入社会,成为一个有用的"社会人"。教育的功能意指教育对人产生的作用。人们普遍认为人接受教育有两个方面的功能;一是促进人的素质提高,二是促进社会发展。社会是人组成的,只有人的文化素质提高了,人的全面发展才能促进社会的进步和发展。

分析我国老年教育的现状,需要处理好几个方面的关系。

(一) 受教育的平等性和广泛性

老年教育作为终身教育体系的一个重要组成部分,具有公共教育的特征,受教育者主要是社会退休人员。原先老年大学招收的主要是机关事业单位的离退休老人,现在已逐渐扩展到全社会老人,这是一个进步。只要老年人有愿望参加学习,都有平等参与的权利。但目前的问题是教育设施与老年人入学愿望有矛盾,出现一座难求的现象,这就要求教育部门和老年工作主管部门做好需求调查和预测,编制发展规划,落实经费保障,满足不断增长的老年人入学需求。

(二) 教育的终身性和全时空性

终身教育是现代教育最重要的理念。终身教育主张学校教育、家庭教育和社会教育的互通,相互促进。从严格意义上讲,终身学习提倡"活到老,学到老"。作为老年人,只要身体健康,具备生活和学习的自理能力,都可以参加老年大学有组织、系统的学习。所谓全时空性,是指教育不受地点、时间的限制,可以通过现代媒介和传播技术,通过网络、电视进行学习,这样就可以把学校教育、家庭教育和社会教育有机地结合起来了。

(三) 教育的公益性和社会性

老年教育作为公共教育的一部分,具有公益性和普惠性特征。老年人在工作时间为社会作出了贡献,到老年时有权利分享社会发展的成果,获得政府支持的老年教育福利。老年教育要走开放的道路,建立由政府、行业指导、企业参加举办、以公益性老年教育为主的社会办学体制。至于为满足老年人再就业而开设的更高层次、更专业的教育课程,可以走市场化教育的路子。

(四) 教育对象的个体差异性和创造性

老年人由于个人生活经历不同,存在着较大的个体文化差异。老年教育要承认和尊重老年人的差异性发展,提供有差异性的教育资源,满足不同文化层次老年人的教育需求。通过差异性的老年教育,开发老年人的创造性潜质，为老年人更好地参与社会提供条件。

（五）教学管理的统一性和多样性

老年教育不同于学历教育和职业教育，不存在一个资格门槛问题。但老年教育在管理上，要有一个统一的规范管理，要遵循教育规律。例如对老年学员做必要的文化考核，按需分类，根据不同层次开展教学活动，既便于管理，也满足不同层次老年人的需求。从全社会的角度看，不同层级（省、市、县、乡镇）、不同地区、不同社会阶层的老年教育需求各不相同，要实行分类管理，以体现老年教育的多样性和差异性特征。

（六）教学方法的信息化和数字化

信息技术在老年教育中的应用必将引起教育观念、教育过程、教育模式和教师角色等一系列的变革。信息技术在教学中的应用主要表现在如下几个方面：（1）多媒体技术在教学中的应用；（2）数字化校园的建设；（3）远程教学方法（电视、网络）的应用；（4）学员教学信息的获取等。其中远程教学无疑会扩大老年教育的受众面，特别是在农村、边远乡镇老年教育的受众面，对促进农村社会和谐建设有重要作用。

（七）教育的变革性和创新性

我国《中长期教育改革和发展规划纲要》指出"教育要发展，根本靠变革。要以体制改革为重点，鼓励地方和学校大胆探索和实验，加快重点领域各关键环节的变革步伐"。当前老年教育的创新重点是办学机制和管理模式的变革。办学机制的变革要解决的是把原先为安置和发挥离退休干部作用的老年教育转变为大众化的老年教育，要解决如何统筹城乡和加快发展农村老年教育的问题。管理模式的变革要解决的是由谁来管理及怎样管理的老年教育社会化问题。

（八）教育的开放性和国际性

老年教育也要走开放之路，在办学机制上要公办的、民办的一视同仁，政府可以采用服务采购的办法，委托民间机构举办老年教育；二要公益性和营利性两条腿走路，以公益性为主，借鉴美国、日本的成功经验。

老年教育的开放性还体现在交流上，促进人员、信息、资金、教学内容及教学观念等方面的交流，不但在国内交流，还要进行国际交流。作为福建特色的老年教育，当前重点是做好与中国台湾的交流工作。在国际交流方面，要积极借鉴国外先进的老年教育经验，参加国际老年教育的学术交流，扩大视野，促进老年教育的国际化。

(九) 老年教育的科学性和法制性

老年教育的科学性的关键是科学决策,要在科学调查的基础上,准确估计区域老龄化进展的情况,把握老年人的教育需求和教育资源的供给状况,才能更好地办学。教育的科学性还包括教育的法制化,老年教育行为要靠国家立法来规范。当前,我国有关老年教育的法制内容分别在有关的涉及老年和教育的相关文件中,缺乏独立性和系统化。为规范老年教育,有必要制定一个《老年教育法》,以适应人口老龄化下终身教育的特点,适应我国老年教育的发展需要。

三 老年教育的管理和组织形式

(一) 老年教育的管理机构

老年教育作为终身教育的一部分,教育对象逐渐从离退休老干部为主转向社会广大老年人,其管理形式也相应地发生转变。

以福建省为例,目前有三种管理模式:[①] 一是成立老年人教育委员会,目前已有泉州、莆田、德化等21个县市成立了老教委,由当地党委副书记或者常委当主任,办公室设在同级的老年大学。二是由现任党政领导兼任校长的模式,如漳州市,谁当市长谁就兼任市老年大学校长,龙岩市是谁当组织部长谁就兼任老年大学的校长。三是由退下来的老领导担任老年大学的校长,如福州市、厦门市、三明市、南平市、宁德市等,都是这种模式。这三种模式在各地市老年大学建设中都发挥了积极的作用,今后还要在实践中加以探索和完善。

从政府主管部门管理老年教育的机构来看,由于原先老年大学的创办目的是让离退休干部有一个发挥作用的场所,从干部管理归属来看,老年大学的主管机构为当地老干局,虽然聘请在任的或退休的老领导担任老年大学的校长,但管理决策和协调工作都是由老干局来承担,设在老年大学的只是一个具体的办事机构,其运营经费也是由老干局拨付。当下,随着大量的社会老年人参加老年大学的学习,对老年教育的管理职能逐渐由老干局转移到社会机构管理,老年教育委员会应运而生,老教委的主管机构是各地老龄委。农村乡镇的老年教育工作也由当地的老龄委负责指导。

考察我国的教育管理机构,学历教育归教育部门主管,职业和继续教

[①] 游德馨:《论老年教育》,2010年11月《福建省老年大学协会内部研究报告》。

育主要由劳动部门和各行业部门分管，老年教育由于历史原因至今没有统一的管理机构。这种分而管之的格局显然不利于《国家中长期教育改革和发展规划纲要》关于"发展老年教育"的发展目标。我们认为，各级教育部门应当承担起老年教育的管理责任，以便统筹利用各种资源发展老年教育，办学经费在同级财政预算中予以单列。

（二）老年教育的组织形式

老年教育的组织形式是指老年教育的办学形式，目前我国的老年大学主要有以下几种形式：

1. 老年大学

由各地老干局主办，并实施管理和提供经费支持。

2. 企事业单位办学

由企事业单位与当地老年大学联办，利用本单位资源设立老年大学教学点。

3. 部队办学

利用部队的教学资源举办老年大学。

4. 农村办学

多由乡镇老龄委和村老人会举办，利用当地教学资源，或远程教育网络和电视进行教学。

5. 社区办学

由社区创办的老年大学。例如福州市依托本市广播电视大学，开展非学历教育，包括老年教育。争取到2013年在全市逐步形成以社区大学为核心，社区学院为龙头，街道（乡镇）社区学校为骨干，乡镇社区教学点为基础的四级社区教育网络。各级政府都将安排专项经费，各街道都有专人分管社区教育。

6. 家庭教育

老年人在家庭通过网络和电视参加老年大学学习。

7. 项目组织教育

与老体协、老科协及相关文艺演出团体合作，组织老年人参加文化体育活动。

上述各种教学活动视老年人的教育需求、社会文化活动安排和经费支持灵活举办。从社会教育的角度来看，企事业单位办学和社区办学应是今后老年教育发展的重点。

四 老年教育的发展目标和政策建议

适应于实践科学发展观的要求，我国的老年教育在建设小康社会、学习型社会及和谐社会建设中，正在发挥越来越重要的作用。

（一）发展老年教育的资源分析与发展目标

考虑到我国当前退出工作岗位人员的性别和年龄特点，即女职工50岁，女干部55岁陆续退出工作岗位，男同志一般60岁退出工作岗位。我们认为，应该为不同年龄段的老人提供差异化的教育需求。

1. 老年教育资源分析

根据《福建统计年鉴》的数据，2009年福建省总人口3627万人，60岁及以上的占比12.26%，约444.7万人，其中，65岁及以上的占比9.28%，约336.6万人。作为老年教育重点招收的目标人口：男性60~75岁的占全部人口的3.85%，约139.64万人；女性55~70岁的占全部人口的4.78%，约173.37万人，两者合计共313万人。从地区分布看，福建省老年教育课题组于2010年7~8月分别对福州、厦门、泉州、莆田等地市开展问卷抽样调查，调查发现老年大学学员的年龄结构为：50~60岁的占29.91%，60~70岁的占45.6%，70岁以上的占24.48%，足见受教育的目标年龄段主要为50~70岁的青壮年老人。

表1 福建省1%人口抽样调查老年人身体状况

单位：%

	身体健康	基本保证正常生活	合计
全社会	61.9	21.2	83.1
男	65.8	19.2	85
女	58.1	23.1	81.2
城市	72.9	15.5	88.4
男	77.2	13.7	90.9
女	68.6	17.2	85.8
镇	68.8	19.3	88.1
男	72.3	17.1	89.4
女	65.5	21.3	86.8
乡村	54.9	24.4	79.3
男	58.7	22.2	80.9
女	51.2	26.2	77.4

资料来源：《2005年福建省1%人口抽样调查》，中国统计出版社，2007年7月，第381页。

从身体状况来看，参加学习的老年，身体状况良好，基本能保证正常生活。据2005年福建省1%人口抽样调查，60岁以上老年人的身体健康情况如表1。根据推算，福建省可参加老年学校学习的人数男性约为118.6万人，女性约140.8万人，两项合计约为259.4万人。

2. 老年入学率分析

据福建省老年大学统计，2009年福建省老年大学在校学员数为57.02万人，占全省老年人口的12.1%，2010年为62.52万人，占13%。从目标人口（男60~75岁，女55~70岁）来看，老年教育入学率应达到18.2%，从老年人身体健康情况测算，老年教育的入学率应为22%。

3. 老年教育的发展目标

福建省计划在2012年实现老年教育的全省乡镇村居全覆盖，全省入学率达到15%以上[①]。从老年教育目标人口的角度测算，可争取达到20%；从老年人身体健康情况测算，可争取达到25%。2015年到2020年的发展预测见表2。

表2 福建老年教育入学率预测

单位：%

	2012年	2015年	2020年
全社会老年人	15	20	25
老年教育目标人口	20	25	30
身体健康和基本能保证正常生活的老年人	25	30	35

（二）政策建议

1. 制定和完善老年教育法规

我国目前还没有一部专门的老年教育法，虽然在《教育法》和《老年法》中，都以法律形式明确规定国家发展老年教育的基本要求，但操作性不强。福建省可先从地方性法规入手，组织专家论证，先行制定地方性条款，助推老年教育先行先试跨越发展。

2. 改革管理体制

目前省市级的老年教育基本由老干部局主管，随着老年教育社会化办

---

① 陈桦：《在全国老年大学校长研修班上的讲话》，《老年教育》2009年第26期，第8页。

学渐成趋势，建议老年教育归口教育部门，统筹老年教育事业。

3. 制定老年教育中长期发展规划

随着老龄化水平的提高，越来越多的老年人具有强烈参加老年教育的愿望，各地要根据实际情况，制定老年教育中长期发展规划，并纳入教育发展规划中，以便整合教育资源，更好地开展老年教育。各级财政部门应做好老年教育的财政预算，办学经费在同级财政预算中予以单列。

4. 整合资源发展老年教育

积极探索集正规教育、非正规教育和非正式教育为一体的老年教育模式。教学上，不局限于传统的课堂教学，可采取灵活多样的方式，如远程教育、社区教育等。农村要充分利用当地空余的中小学校舍，运用电视、网络等远程教育手段，发展老年教育。教学内容上，不仅有人文关怀课程，更有与社会发展密切相关的知识体系。可聘请专家组织编写老年教育的适用教材。建设标准上，当前的重点是搞好省市级示范校建设，以取得带动和示范作用。

5. 开展老年教育的学术研究和对外交流

老年教育是多学科的综合体，为深化学科发展，应更多地开展学术探讨和学术研究，学习和吸收国内外办学先进的理念和经验，促进老年教育更快、更好地发展。

参考文献

[1] 童万亨：《谈谈"积极老龄化"问题》，华龄出版社，2007年10月。

[2] 郑功成：《社会保障学》，中国社会劳动保障出版社，2009年9月。

[3] 李芹：《社会学》，山东大学出版社，2009年7月。

[4] 邬沧萍：《老年社会学》，中国人民大学出版社，1999。

[5] 董之鹰：《试析我国改革开放以来老年教育的发展历程》，《社会科学管理评论》2009年第1期。

[6] 岳瑛：《试论老年教育的属性》，《天津社科院学报》2008年第12期。

[7] 张茅：《中国人口老龄化的基本形势及面临的主要问题》，《决策咨询通讯》2007年第6期。

[8] 龚凌：《正确认识福建省人口老龄化的现状和发展趋势》，《积极老龄化研究》2007年第10期。

[9] 陈桦：《在全国老年大学校长研修班上的讲话》，《老年教育》2009年第26期。
[10] 王英：《中外老年教育比较研究》，《学术论坛》2009年第1期。
[11] 岳瑛：《英国老年教育概况》，《中国老年学杂志》2009年第8期，第28卷。
[12] 宋其辉：《英国老年教育研究》，《比较教育研究》2008年第5期。
[13] 张晓菲：《终身教育视野下的日本老年教育》，《成人教育》2010年第9期。
[14] 韩树杰：《日本老年大学的实施方式及其启示》，《内蒙古师范大学学报（教育科学版）》200年第7期。
[15] 楚良勋：《日本老年教育的特点及对我国老年教育的启示》，《继续教育研究》2006年第4期。
[16] 应方金：《美国老年教育：动力、现状及趋势》，《河北师范大学学报（教育科学版）》2007年第5期。

老年大学示范校建设探索

吴兴南　沈妮娜等[*]

自从1983年我国第一所老年大学建立以来，经过28年的探索实践，目前我国老年教育已经形成省、市、区（县）、乡镇（街道）和农村（社区）的五级办学格局，初步形成了全方位、多层次、多学科、多学制的开放性老年教育教学结构体系；初步形成了老年学校教育和社会教育相结合的教育格局；初步形成了符合老年教育基本要求的教材和课程教学大纲，建成了一批各级老年大学的办学基地、添置了必要的教学设备。然而，面对汹涌而来的老年化，老年人口比例的迅速上升，现有的老年教育资源远远满足不了实际的需求，老年大学的建设、老年教育的开展仍然面临着一系列困难和问题，主要表现在以下几个方面：

一是老年教育的基础设施和办学条件有待完善。各地区老年大学教育工作的开展，大多数都面临着经费、规模和设施条件不足的问题。比如，因专门校舍缺乏，场地不足，办学规模小，许多急于求学的老年人被拒之门外，一些深受老年人喜爱的专业无法开办；或因经费投入不足，老年大学的运行入不敷出，一些水平较高的技艺类教师因报酬低难以聘请，制约了教学质量和教学水平的提高；或因教学设施简陋，电教设备欠缺，有的甚至只有几间房子和几套桌椅，办学手段落后。

二是老年教育资源分布不均。从总体情况来看，各地省、市一级都已建立了老年大学，一些地、县一级老年大学也有了相当大的发展；不少

[*] 吴兴南，福州大学教授；沈妮娜，福建老年大学协会秘书长。

省、市老年大学已经发展到区县，也有一些区县的老年大学已经普及到乡村和街道社区，并且承担起大量的农村老年人的教育工作。但由于经济发展不平衡，经济条件好的县乡村具备了开办老年教育的条件和能力，但经济困难的县乡，则无力顾及老年教育，地区经济发展差异成为制约老年教育发展的重要因素，老年教育资源地区分布严重不平衡。[①]

三是投资过于单一，未能充分发挥社会力量的参与作用。老年教育是一项社会性公益事业，政府无疑是投资的主体。但作为一项社会事业，老年教育不仅惠及老年人本身，而且在宣传科学真理、传播先进文化、弘扬文明风尚、促进社会和谐等方面都发挥重要作用，这一工作理应有广大的社会力量共同参与，实现投资来源的多元化，实行多种形式办学。就是说，地方政府在保证主办的老年大学规范化发展的前提下，应鼓励社会力量独办、联办、协办老年大学，形成公办、民办、公办民助和民办公助等多元化办学体制，使老年教育办学资源最大化，让更多的老年人有机会接受老年大学的学习教育。

建立老年大学是为了进一步深化老年教育，提高老年人思想道德水准和科学文化素质，建设学习型社会和构建终身教育体系、促进社会主义精神文明建设以及保障老年人合法权益的需要，也是创建和谐社会的一项重要任务。

老年教育研究就不只是一个纯粹的理论问题，更重要的还是一个政策问题和体现党和政府关心老年教育事业的政治问题。面对新形势，如何加强老年教育，创造性地办好老年大学，还有一系列的理论和实际问题需要研究解决。如何建设老年大学，老年大学应具备哪些条件？应该达到什么样的标准要求？办学质量和水平如何衡量？这些问题无疑需要认真研究。本专题以"示范性老年大学评估指标体系的构建"为抓手，以探索老年大学示范校建设发展为落脚点开展研究。

福建省老年大学于2005年制定了《省级老年大学示范校评估项目量化指标》，明确了示范校建设的办学条件、学校管理、办学成效和示范指导要求以及具体的建设标准。实践中，这一"量化指标"较好地引导了全省老年大学建设发展的方向，对于改善老年大学的办学条件、

---

① 陈训生：《新时期老年大学建设问题与应对对策》。[J/OL] http：//www.xfdjw.gov.cn/view.asp? id=19120.

提高老年大学的管理水平、推动老年大学建设、提高办学质量等方面起到了很好的促进作用。随着形势的发展和各地区老年大学建设的新情况，迫切要求完善现行示范校量化指标体系，强化内涵建设、努力提高办学质量，并以示范校建设为抓手，进一步规范老年大学的建设与发展，最大限度地满足老年人的教育需求，不断提高老年大学教育的社会满意度。

第一节 省级示范校建设指标的构建与完善

随着老年化社会的到来，老年人的再学习再教育问题日益突出，接受老年大学学习教育的老年人越来越多，办学规模越来越大，学员的要求越来越高，人们对老年大学规范办学的要求也日益迫切。在此背景下，2001年6月，中组部、文化部、教育部、民政部、全国老龄办联合下发《关于做好老年教育工作的通知》，要求"培育和树立一批条件较好、质量较高、制度较全、颇具规模的规范化老年大学示范校"，为示范性老年大学建设和走规范化办学之路提供了政策依据。福建省也适时开展了示范性老年大学建设工作，出台了示范校评估项目量化指标，给示范校建设提供了一个量化依据。

一 建设指标体系设置的基本要求

老年大学示范校建设是发展老年教育事业的重要载体。老年大学示范性建设情况如何，评估是其重要手段。评估的标准是相应的指标体系，包括评估的目的、指标体系的构建原则、指标体系的构成、评估条目（要素）的内涵、指标编制说明，等等。为此，在指标体系设计时必须充分考虑以下几个要素。

（一）明确的办学目标

作为示范性老年大学，在办学过程中要有正确的办学指导思想，清晰可行的办学思路，始终把握正确的办学方向，有目标、有规划、有实施措施、有条件保障。在目标既定的情况下，通过老年大学这一办学平台，稳步推进各地区老年教育的开展，较好地满足老年人再学习再教育的需求，使老年大学的建设与发展有很好的社会效益。

（二）比较完善的办学条件和适度的教育规模

老年大学的建设必须充分考虑需要与可能，建立起与老年人教育需求相适应的办学规模。这就要求在办学过程中，必须具备老年教育所必需的软硬件设施条件，包括教学用房、管理用房、学员活动空间等。具体来讲就是要有现代化教育多功能厅、多媒体教室、手工教室、书画教室、计算机教室以及琴房等专用教室，报告厅、阅览室、展厅、排练厅等场地设施条件。

（三）强而有力的学校管理

老年大学建设管理离不开人，要加强专兼结合的队伍建设。管理队伍是老年大学发展的核心力量，教师队伍是老年大学发展的关键，学员队伍是老年大学发展的"生命力"，志愿者队伍是老年大学发展的支撑和动力。老年大学的发展离不开这几支队伍的积极参与。健全制度，规范管理，是实现老年大学建设发展目标的基本要求，老年大学建设工作要有目标，有计划，有检查，有总结。管理流程、办学指南、教师学员须知、管理人员岗位职责，学校校务、经费管理等规章制度要完善。各职能部门和工作人员职责要明确，各项制度要能够得到严格执行。

（四）规范有序的教学管理

重视课程建设，制定课程指南，做好选课规定、教学和教务管理；根据学员情况，制定切实可行的教学计划，促进老年人有计划地学习；注重教学方法创新，正确处理思想性、知识性、实用性、趣味性的关系，不断提高教学效果，最大限度地满足学员的不同需求，使老年大学真正成为老年人求知的学园、温馨的家园、健康的乐园，成为老年生活不可缺少的一部分。

（五）科学实用的课程建设

不断丰富课程设置，开设满足不同层次老年人学习需求的课程。可以依照基础型、技能型和特色型的板块设置课程，不断拓展课程内涵，在课程教学中融入活动内容，最大限度地满足学员需求；不断丰富和优化课程内容，实现课程教学课内与课外结合，知识性与趣味性结合，让学员获得最大的学习收获。

（六）拓宽渠道丰富资源

充分利用地域人才优势，积极主动挖掘和整合资源，开发教育功能，拓展学习渠道，丰富教学内容。如依托当地高校师资力量等多种形式，邀请名师名家到老年大学作时事报告、开展科普讲座等，丰富教学内涵，开阔老年学员的视野。

老年大学的发展，领导重视是前提，投入是关键，适应老年教育需求是根本，社会满意度是其价值的体现。

二 指标体系设置的指导思想

坚持以科学发展观为指导，以服务老年人为根本宗旨，根据教育规划纲要精神，全面推进老年教育事业科学发展，着力加强各级老年大学的规范化建设，努力创造条件，不断扩大老年大学办学规模和覆盖面，多渠道、多层次、多形式、有步骤地推进老年教育事业的普及与发展，为老年人创造一个和谐、温馨、便捷、优越的学习环境；提高办学水平，发挥老年大学"老有所教、老有所学、老有所乐、老有所为"的教育主阵地作用，努力提高学员的思想道德素质、科学文化素质以及身心健康素质，为建设全民学习、终身学习的学习型社会服务，为加快构建社会主义和谐社会做出应有的贡献。

三 指标体系设置的基本原则

（一）科学性原则

指标体系的设置首先应当力求科学、合理、可行，能够科学地反映老年大学办学水平，有理论依据，因时因地制宜，指标数据简明扼要，条目名称简单易懂，数据易查易算，各项指标规范实用，能够客观地反映不同地区老年大学工作的基本状况。各项指标体系之间的关系、要素的确定、权重系数的设置和比例合理，评价指标避免过于复杂或过于简单，避免缺漏和重复。评价过程应用定性与定量结合的分析方法提高评价结论的科学性。

（二）公正性原则

评价指标体系要能够公平公正地反映不同地区、不同发展水平学校的工作开展情况，体现工作发展趋势，突出不同地区的特色及创新。能够客观、准确、真实地反映各地区不同学校的办学条件、教学管理能力、办学质量水平。在评价过程中，力求方法、步骤、标准的一致性，减少主观因素影响。

（三）综合性原则

评价指标体系要能够全面反映整个工作的开展情况。各个指标，应力求从不同的角度、不同的层次反映评价对象，综合体现老年大学建设发展工作的各个环节，既客观全面，又反映特色，并能够从定性和定量角度加以分析考察，从而为全面反映老年大学建设发展情况提供客观依据。

（四）可操作性原则

评价指标体系的制定，为的是能够在实践中加以应用。因此，必须具有可操作性，指标含义明确直观，指标项目适量、内容简洁，能够具有实际应用价值。指标数据采集和数值测量必须具有可行性。选取指标时尽可能采用现行的统计指标数值，减少主观性指标和不确定性指标。指标数据收集要简便易行，避免耗时费力。

四 指标体系设置的基本框架

老年大学是新生事物，起步晚，至今尚未形成统一的建设规范标准，办学条件参差不齐，教学组织、课程设置、课程内容、教学方法、教学要求比较随意。随着老年大学办学规模及数量逐年增加，老年教育规范化、制度化、确保教育教学质量等问题被提上议事日程。如何使老年大学的办学，有健全的领导班子、有可靠的经费保障、有固定的办学场所、有完善的教育教学计划和管理制度、有优良的师资队伍和教学质量，都需要制度的保障，评估量化指标正是为了办学规范化而制定的，见表1。

表1 福建省省级老年大学示范校标准评估量化指标（部分）

项　目	条　目	基 本 要 求
办学基本条件	领导班子	1. 领导班子健全，成员热衷老年教育事业、民主团结、开拓奋进、真抓实干有实绩。 2. 市、县（区）校长（或校委会主任）由同级党政领导兼任，或由德高望重的老领导担任，党委老干部部门副职领导担任常务副校长。 3. 在调查研究基础上，制定近期工作计划和远期发展规划。
	师资队伍建设	在编专职工作人员设区市校不少于5名、县（区、市）校不少于2名。

续表

项 目	条 目	基 本 要 求
办学基本条件	办学设备	1. 有与办学规模相适应的单独（或固定）的校舍，设区市校面积达到3000 ㎡以上，县（区、市）校面积达到1000 ㎡以上。 2. 有相应的室外活动场所。 3. 有相应的教学、办公设备，能满足教学工作需要。
	办学经费	有稳定的办学经费来源，财政拨款按学院数每年每人平均200元以上（不包括基建、设备费用）。
学校管理	办学规模	1. 能根据社会需要和学员需求开设课程、除政治课外，其他课设区市校不少于10门，县（区、市）校不少于5门。 2. 在校学员人数设区、市校达到600人以上，县（区、市）校达到300人以上。
	学校管理	各项管理工作目标明确，规章制度健全，有章可循，措施有力，责任落实，管理有序。
	教学管理	有教学计划、教学大纲，合理安排教学内容，制度健全，管理规范，有条不紊，教学工作资料档案齐全。
	科研工作	有科研队伍、有科研计划，有组织、有目的地开展科研活动。有科研成果，每年撰写出一篇以上的理论研究文章，被升级以上报刊录用。

资料来源：《关于创建老年大学示范校的意见》（闽老学字〔2005〕6号）。

五　指标体系的内涵及说明

办学思路：始终坚持正确的办学方向，办学目标明确，有认识、有规划、有实施措施、有条件保障，根据需要、自身条件和发展潜力，找准学校的位置。努力把老年大学打造成老年人理论教育的中心、学习文化的课堂、文化娱乐的场所、发挥作用的平台、丰富业余生活的重要阵地。

学校定位：政府为主、民间社会力量参与办学，不断满足老年人需求，全方位、多层次、多学科、多学制、内容丰富多彩，方式灵活多样，环境宽松、学员自主、开放的社会化教育。

办学规模：办学规模要根据需要与可能，借鉴教育经济学理论原理，避免办学规模的过大和过小。适度的办学规模就是要在现实可能的前提下，最大限度地满足老年人学习知识接受教育的需要，规划建设好老年大学。

办学条件：办学条件包括硬件条件和软件条件。硬件条件主要包括：教学场所、教学设施；软件条件包括：师资队伍建设、规章制度、经费保障等。

课程设置：根据学员需求开设各类课程，满足不同层次学员的需要。

地位与作用：能够最大限度地满足老年人不同层次的学习需求，学校成为当地精神文明建设的示范窗口，为积极老龄化，建设学习型社会发挥示范带动作用。

优势与特色：队伍建设特色、课程设置特色、教材建设特色、教学组织特色、教学活动特色、社会参与特色、对外合作交流特色等等。

等级判断：评估等级按照具体得分的多少来确定。

第二节　福建省抓示范校建设促老年大学发展

老年示范校示范什么？笔者以为，应当进行基础性与选向性相结合的办学功能示范。老年示范校建设时，不能只是将硬指标写在字面上，讲在口头上，将办学目标锁定在片面的层面，即办学条件的高标准和升学率的高指标。其次，应当进行一般性和特殊性相结合的办学类型示范。教育行政部门不应将示范性固化为一种模式，要建立并扶持不同类型的学校，为不同类型、不同水平的学生搭建平台，形成多种类型学校共同发展的格局。同时，应当进行规范性与自主性相结合的发展方式作示范。不应当简单采取自上而下的推进方式，即统一标准，统一评估，统一命名，使示范校成为一种标准化的模式。而应当充分发挥学校自主办学的能动性，使老年大学在达到相应标准的同时，形成自身的特色，从而自下而上发挥示范校的作用。

示范校建设是福建省老年教育事业发展的重要举措。在五年多的创建活动中，先后两次在全省县级以上老年大学中评选出36所省级示范校。各级党政领导对示范校创建和评审工作高度重视，许多市、县主要领导亲自过问，分管领导具体抓落实，保证了创建工作的顺利进展，并取得了明显的成效。各级领导把老年大学示范校建设作为当地的一件重要事项列入议事日程，思想重视，组织落实，措施得力，在不太长的时间里，不仅切实改善了办学条件，还充实加强了学校领导班子。学校的软件建设也得到加强，从而使老年大学的面貌大为改观，有力推动了全省老年教育的广泛普及和快速发展。

一　开展示范校建设促进老年大学发展

1. 以点带面，在实践中规范办学

2005年3月，在总结泉州市创建示范校的做法和经验的基础上，省委老干部局、省老龄办和福建老年大学联合下发了《关于创建老年大学示范校的意见》（闽老学字［2005］6号），在全省县以上老年大学开展创建和评估省级老年大学示范校的活动，并对省级示范校的标准、要求，按百分制进行了细化。以办学基本条件、学校管理、办学成效，示范指导作用等四个方面14个项目实行量化细评，每个方面再进行分解，如办学基本条件又分解为：领导班子、工作人员队伍、师资队伍、办学设备和办学经费，办学经费中还有"财政拨款按学员数每人每年平均200元以上（不包括基建、设备费用）"等要点，将实践中总结归纳出的建校经验上升为老年大学建设发展的规范性制度。

2. 先自评后申报，以评促建

示范校建设，采取自主申报的原则方法，即先通过自评，自评达到标准——自评总分达到90分以上，且办学场所、在编专职人员、办学经费等基本条件达到规定标准的学校，可逐级上报申请示范校。文件下发两年后，针对各地创建活动中反映出来的问题，2007年3月，在已开展过3批市级老年大学示范校评审工作的泉州市召开了座谈会议，请泉州市老年大学介绍经验，实地参观。省老年大学游德馨校长在座谈会上作了重要讲话，强调创建示范校的目的是促进办学水平的提高，推动全省老年教育的发展。座谈会进一步统一了思想认识，对全省创建活动起到了很好的推动作用。

3. 认真评审，确实促进学校建设

2007年10月，经过两年多的创建，在各地申报的基础上，先后在厦门市思明区校和三明市永安市校进行了省级示范校评审试点。同年11月中旬，由福建老年大学领导带队，省委老干部局、省老年大学协会和福建老年大学有关人员参加的三个评审组，分别对22所申报省级示范校的老年大学进行了检查和评审。评审组每到一地，都通过听汇报，查看资料，召开座谈会，实地察看，走访等按程序逐一进行评审。评审中，对校舍面积、办学经费、人员编制等要求重点检查，严格把关。各组经过10天的评审，分别在省老年大学校长办公会议和省委老干部局、老龄办、省老年大学领导联席会上作了汇报，最后确定福州市老年大学等22所老年大学为首批省级老年大学示范校。并对每所示范校不足之处以书面形式提出整改意见，之后在当年的全省老年大学年会上对第一批省级示范校进行了授牌表彰。

2009年10月，在总结第一批省级示范校评审工作经验的基础上，开展了第二批省级示范校评审活动。省校黄瑞霖执行校长亲自到会,要求提高对坚持示范校标准的认识,严格把关,确保质量,做到"三要、三不要"(控制数量、少而精;不搞指标分摊,一哄而上;经得起检查,维护评审工作的严肃性;不搞平衡照顾;公开公正公平,不滥竽充数)。之后,三个评议组分别对首批示范校进行了回访,并对申报第二批示范校的18所老年大学进行了评审。回访着重对照整改问题进行检查。通过回访,评审组认为22所首批示范校都能认真整改,保持了荣誉。对18所第二批申报示范校的学校,经过认真评审、研究,确定宁德市老年大学等14所老年大学为第二批省级示范校。其余4所申报校要求再做努力,在达到标准后再行申报。

创建示范校活动,极大地激发了福建省各级老年大学的办学积极性,全省以示范校建设为抓手,有力地推进了老年大学的规范化建设。以难度最大的校舍指标为例,省里要求市、县两级示范校都应该有相对独立的校舍,面积分别不低于3000平方米和1000平方米,经过各市、县的积极努力,有的新建扩建了校舍,有的调拨多余的校舍或设施并加以整修,有的整合当地校舍资源,有的借用部队多余的营房,使全省县级以上老年大学的校舍面积从2004年的71482平方米增加到2007年的121122平方米。据不完全统计,到2009年10月,全省县级以上老年大学校舍面积达到158887平方米,比创建示范校前增加了91140平方米;全省县级以上老年大学人员编制205人,增加了119人;日常办学经费1372万元,增加了735万元。通过创建促评,有效地指导、带动了基层老年教育的发展。福州市老年大学在市委市政府的重视下办学场所大为改善,2008年投资2500万元新建面积为8700平方米的综合大楼,不到一年时间就投入使用,为老年学员创造了良好的学习环境。厦门老年大学以创办数字校园为重点,率先开通东方银龄网络远程老年教育网,拓宽了办学路子,实现了办公自动化,做到人机管理,资源共享和无纸化办公,从而提高了各项校务工作的效率。厦门市的规范化建设引来了省内外兄弟单位的学习交流热潮。

二 树立典型发挥示范校的带动作用

示范就是典型,典型就是榜样,榜样就要发挥影响力。福建省通过示范校建设,充分发挥了示范带动作用,促进和推动了老年大学的建设。在创建示范校建设中,全省先以泉州为试点,立典型,树榜样,再全面推开。泉州市从 2001 年开始，经过 6 年的创建工作，开展了 5 轮评审工作，先后评出 5 所县（区）校和 14 所乡镇校为市级示范校，并在各县（区）同步开展创建县级示范校活动，先后评出 9 所乡镇和 167 所村（居）校为县级示范校。泉州市评建所积累的经验，为全省示范校评审工作提供了宝贵经验。到 2007 年全省由点到面开展了首批省级示范校评审，2009 年又评出了 14 所第二批示范校，截至目前，全省共评出 36 所省级示范校。示范校的创建活动极大地调动了各级老年大学广大师生员工的积极性，各地迅速改变了学校面貌，努力办出特色，学校规模和办学质量也进一步得到提高，吸引力和凝聚力进一步增强，老年教育工作上了一个新台阶，形成以老年大学为中心县乡（镇）村三位一体的老年教育体系。

表 2　福建省近 5 年老年大学（学校）数和学员人数一览表

时　间	校数（所）	学员数（人）	备　注
2005 年	5793	449413	占全省老年人口数的 10.7%
2006 年	6533	478142	占全省老年人口数的 11.6%
2007 年	7404	520492	占全省老年人口数的 11.7%
2008 年	7818	545020	占全省老年人口数的 11.8%
2009 年	8183	570173	占全省老年人口数的 12.1%
2010 年	8759	625188	占全省老年人口数的 13%

资料来源：根据福建省老年大学历年统计资料整理。

通过示范校建设，老年教育不仅上了规模，还产生了很好的社会效益。"服务社会"是老年大学办学宗旨的重要体现。老年大学具有人才集中的优势，各地老年学校利用这些优势，开展了形式多样的服务社会活动，不仅丰富了校园文化建设，而且对提升老年大学的知名度，把老年大学的积极因素渗透到社会的各个领域，发挥了良好的作用。学校紧跟形势开展形式多样的社会活动，积极投入当地经济建设、政治建设、文化建设和社会建设，在接受教育的同时为推进经济社会发展、精神文明建设、构建和谐平安社会做了许多富有成效的工作。如龙岩市老年大学发挥书画教学强项优势，举办民族先进文化展览，积极开展建党 85 周年、中国工农红军长征胜利 70 周年、党的改革开放 30 周年、新中国成立 60 周年、古田会议召开 80 周年等具有时代意义的诗书画影纪念活动。近几年还组织学员参加全国、省、市老年诗书画影作品展和各类比赛作品达 500 多幅,获奖 100 多项。武平县老年大学积极参加老干部之家"十大工程"活动,在参加关爱工程活动中,有几十位学员采取"一对一"结对帮扶帮教措施,成了当地的义务调解员,积极宣传党的方针政策、法律法规,努力化解各类矛盾纠纷,为社会和谐、平安建设做出了贡献。中共中央组织部办公厅第 202 期《组工信息》以专刊形式刊载了《2500 起矛盾纠纷全调处的背后》,专门报道了他们的事迹。科技部门退休的学员,通过老年大学的学习,进一步提高了社会责任感,积极投入献智工程,以科学发展观为指导,开展科普宣传、技术服务、调查研究、建言献策活动。在创建示范校中,全省各地老年大学注意发挥文艺人才集中的优势,为社会主义物质文明、政治文明、精神文明建设而组织的"激情广场大家唱"团结了广大的人民群众,展示了老年人老有所学的精神风貌和时代风采,扩大了学校的知名度,得到各级领导的高度赞誉和社会各界的普遍认可。

三 省级示范校建设取得显著成效

省级示范校创建和评审活动的开展,极大地调动了各地办学建校的积极性,促进了学校各项工作的开展,各地党政领导把创建活动作为一项重要工作列入议事日程,思想重视、组织落实、措施得力,在不长的时间里,解决了制约老年大学建设发展的各种难题,使老年大学办学条件明显改善,办学实力显著提高,办学规模逐年扩大,使更多的老年人获得了学习教育的机会,展现了示范校建设的新面貌。在示范校的带动下,各基层校也积极创造条件,努力开展工作,有力带动了基层老年教育的发展。表 3 所列是全省 36 所省级老年大学示范校创建前后情况变化比照表。

示范校创建和评审工作的开展,真正发挥了示范带动作用,各地老年大学之间形成了互相交流学习、共同进步提高的良好氛围,使全省老年教育事业在创建中提高,产生了很好的社会影响力。

一是示范校创建和评审工作的开展,使得各级党委、政府领导高度重视老年教育,将省级老年大学示范校的创建工作列入工作议程。古田县老年大学校长蓝斯琦发挥组织部长的优势,不仅协调有关部门解决了学校建设的硬件问题,学校还利用中央党校的课件开展网络教学,举办老干部读书班,给学员上党课,实现了远程教学资源共享。泉州市鲤城区老年大学

表3 福建省36所省级老年大学示范校创建前后的主要指标

单 位	办学场所（面积㎡）现有	比创建前增加（%）	办学经费（万元）现有	比创建前增加（%）	学员数（人）现有	比创建前增加（%）	开班数（个）现有	比创建前增加（%）	人员编制（人）现有	比创建前增加（%）
福州市校	8700	372.83	187.26	112.8	2800	30.48	121	47.56	10	4
福清市校	1520	262	54	575	1130	143	38	153	3	2
连江县校	2500	65.50	10.9	109	403	13.2	22	10	2	1
厦门市校	5880		210	0.05	5503		151	15	7	
思明区校	1745	18	116	83	2302	28	76	23	2	
集美区校	4045	22	42	180	2002	78	64	42	4	2
漳州市校	4500		23	39	1020	46	46	80	14	
芗城区校	1200	20	12.4	32	380		18		3	
泉州市校	4200	40	77	26	2100	58	91	21	10	2
德化县校	2767		19.5	8	765	35	30	20	3	1
晋江市校	12000		84	155	2584	82	70	30	3	1
石狮市校	6780		27	170	837	50	33	18	2	1
鲤城区校	2200	22	17	112	783	45	28	12	2	2
莆田市校	4800	400	53	150	702	37	40	38	6	2
荔城区校	1780	48	10	400	320	50	12	50	3	1
三明市校	3100	287.50	25	47	650	87.8	40	30	5	1
永安市校	4000	167	33.8	98.8	1110	47	59	47.5	3	3
沙县基校	3400	162.50	17.85	609.75	756	290.9	42	125	3	3
龙岩市校	3136	155	18	50	960	46	64	60	10	
南平市校	4552	350	20	300	990	100	40	186	7	3
顺昌县校	1172	60.20	6.5	200	416	20	25	47	2	1
建瓯市校	3300		16	1500	800	569	42	4100	2	2
长乐市老年大学	2309	90	18.235	204	448	11	22	70	2	1
同安区老年大学	3347	805	23	92	909	178	26	117	2	1
海沧区老年大学	1500	400	35.75	258	464	81	17	113	2	2
建阳县老年大学	1252	500	6	2900	483	866	14	1300	2	2

续表

单位	办学场所（面积㎡）现有	比创建前增加（%）	办学经费（万元）现有	比创建前增加（%）	学员数（人）现有	比创建前增加（%）	开班数（个）现有	比创建前增加（%）	人员编制（人）现有	比创建前增加（%）
古田县老年大学	1800	86	10	150	380	33	15	50	2	
宁德市老年大学	3300	236	17.5	130	625	25	22	10	6	3
安溪县老年大学	1350		28	154	502	3.5	18	12	3	1
涵江区老年大学	1080	170	11.2	124	420	220	19	58	2	1
城厢区老年大学	1050	855	13.11	1090	368	90	16	167	3	
长泰县老年大学	1821	153	7.3	82	310	4	12		2	
漳浦县老年大学	1106	453	7.94	170	320	3.9	15	23	2	2
南靖县老年大学	1123	34	9.2	48	585	41	22	47	4	1
将乐县老年大学	1300	30	9.3	37.76	449	10	15	25	2	1
尤溪县老年大学	1571	423.6	11.5	1050	573	235	18	11.1	3	2

校长黄阳春，也是发挥任组织部长的优势，学校加挂老干部业余党校的牌子，充分发挥业余党校的平台作用，2007年以来举办了5期离退休干部培训班。并以此争取到组织部门的党费拨款支持。宁德市老年大学，通过创建活动校容校貌耳目一新。这些变化其原因在于创建活动得到各级领导的重视和大力支持，各种难题得以及时解决。

二是巩固完善了老年大学工作领导的三种模式，即由当地党政主要领导兼任校长的模式；由德高望重的老领导担任校长的模式；成立老教委的模式。三种模式基本上都由党和政府部门主管老年教育，对老年教育事业发展有很好的组织保障作用。

三是各地老年大学普遍通过认真整改和积极创建活动，使老年大学工作上了一个新台阶。回访的学校和接受评审的学校，都能够围绕整改和创建，积极争取当地党政领导和有关部门的支持，有效地解决了场地、人员编制、经费等实际问题。目前，县级以上老年大学在职工作人员均已列入参照公务员管理办法。通过两轮创建评审活动，在省委老干部局的积极推动下，县以上老年大学场所建设已按现有示范校的面积要求列入省委为民办实事的项目。

四是创建活动中涌现出许多新亮点。各地、各校普遍重视突出办好具有当地特色的课程，并成为创建活动的一大亮点。"茶文化"、"十音八乐班"、"莆仙戏曲班"、"南音"、"南词"、"剪纸"等，不仅为老年人所喜闻乐见，也为传统文化的传承和发展做出了探索性贡献。安溪县是著名的茶乡。安溪县老年大学及时开设了《茶文化》这门课程，受到学员欢迎。县委领导还亲自到校为老年学员作《安溪铁观音和安溪人》的专题报告。莆田市老年大学在继续办好"十音八乐班"、"莆仙戏曲班"的基础上，紧扣"妈祖文化"，加强与台湾老年大学的联系与交流，取得实效。

五是规范化建设和管理得到加强。创建活动期间，在泉州老年大学召开了档案管理现场会，在厦门老年大学召开了数字校园建设现场会，各地各学校效仿这些学校的经验做法，举一反三，努力做好学校的各项工作，促进了学校的规范化和现代化建设。厦门、宁德市校领导在创建活动中，对照标准具体指导，工作扎实，富有成效；南平、三明市校校长一上任就投入示范校评审申报及准备工作；泉州、莆田市校和德化、永安校，通过整改，使硬件更硬，软件更优，办学条件极大改善；福州市校以新校舍建设为突破口，不到一年时间落成8000多平方米的新校舍；漳州、龙岩市校在创建和整改活动中，不断改善软硬件条件。

六是通过创建示范校活动，促进了全省老年大学办学规模的扩大。截至2009年12月，全省已办成各级老年大学（学校）8183所，其中：省级1所，设区市级9所，县（市、区）级85所，乡镇（街道）级962所，村（居）级7105所，部队办2所，企事业办19所。在校学员570173人，占全省老年人口总数的12.1%。给广大老年人提供了接受学习的宽广舞台。

第三节　示范性老年大学建设案例分析

福建省在示范校建设过程中，得到各地方市县党委和政府的大力支持，纷纷出政策、出资金，解决人员编制、落实办学场所。各地区老年大学积极行动，根据示范校建设规范要求，结合当地实际，采取有力措施，努力抓落实，出成绩。从专业设置、课程设置、教学方法及手段创新、课堂组织创新、校园文化建设等不同方面，展现了示范校建设的创新性。通过示范校创建，福建省老年大学建设和老年教育发展真正落到了实处，各地积累了许多成功的经验，涌现出许多典型事例。

一 武平县老年大学抓示范校建设争创品牌

（一）领导重视，积极争创省级示范校

武平县为福建省龙岩市下辖的一个县，位于福建省西南部，与闽、粤、赣三省交界，经济相对落后。武平县老年大学创建于1988年5月。2008年申报创建市、省级示范校，但当时能正常开课的只有政治理论、音乐、老年心理学三个班，办学经费一年才5000元，几乎没有什么教学设备，办学机构刚从县委老干部局单列出来，甚至还没有单独建档。为开展创建示范校活动，促进老年教育事业的发展，2008年4月15日，县委县政府联合发文，作出充实和加强校级领导班子的决定，任命县委常委、组织部长兼任校长，离退休老干部、原县人大常委会副主任、县二中校长担任常务副校长，任命一名县委老干部局副局长和一名老龄办主任兼任副校长，同时将办学经费提高到3万元。新的领导班子在县委县政府领导下，通过深入调研，制定了确保2009年通过市级示范校验收，继而争创省级示范校的创建方案，带领师生员工以科学发展观为指导，以创省级示范校为动力，"一坚持、六加强、一优化"积极开展争创省级老年大学示范校活动。即坚持按需施教的根本原则和"学乐为"相结合的办学方针，不断拓宽办学渠道；加强教师队伍建设和老年教育理论研究，不断提高教学质量；加强学员骨干队伍建设，不断壮大学员队伍，拓展办学规模；加强教材建设，促进教材规范化；加强档案建设，强化档案管理；加强制度建设，强化管理，提高工作效率；加强硬件建设，在办学经费紧张的情况下，千方百计充实教学设施设备，同时打破常规，有效地进行了"老字号"资源的整合，尽量满足学校办学的需要；开展优化校园和谐文化建设，提升校园生活品位。在创示范校活动的推动下，逐步形成了良好的校风、教风、学风，学校的凝聚力、影响力和吸引力大大增强。

2010年8月，武平老年大学向福建省省级示范校评审小组申请复评。2010年12月9日，福建省老年大学协会会长、省老年大学执行校长黄瑞霖亲自带队，对武平老年大学进行调研，整改成绩得到评审组的一致肯

定，2011年3月武平老年大学通过省级老年大学示范校验收。

（二）以示范校建设为契机增强办学实力

在县委县政府的领导下，通过全校师生员工的共同努力，2009年学校顺利通过了市级示范校验收。由于资金不足，"教室面积不够，教学设备简陋"，未达到省级示范校要求。学校领导认为：争创省级示范校活动，有利于引起各级领导对老年教育的更大关注和支持，有利于提升全社会对办好老年教育的共识，有利于调动各方面特别是老年学校职工的积极性，有利于规范老年大学工作，促进老年教育科学发展；号召全校教职员工要正视困难，绝不言放弃，百折不挠向省级示范校目标迈进，把压力变为动力，"压"出新的精神面貌，"压"出新的工作作风，"压"出新的办学成效；不但要创省级示范校，还要不断努力，创出山区县一流的示范校。学校根据省级老年大学示范校评审小组的意见进行认真分析，制定了整改方案，并以书面形式向县分管领导汇报，得到县委县政府的大力支持。县委书记、副书记和县人大政协领导多次到校调研，在实际工作中给予指导和支持，组织部长等许多县领导还经常到学校上课。县长则亲自审批，为学校增拨办学经费，现在正常办学经费已增至每年6.7万元，并列入财政预算。在学校的创建活动中，市老年大学、县委老干部局、县人事局、县一中、县职专等单位也给予大力支持，使学校硬件建设得到明显加强，现在办公室安装了电脑，添置了许多必要的教学资料和教学设备，在原有7个班基础上增开了电脑班，已有电脑24台。同时，还增设了书画创作室、电脑室、乐器室。目前学校拥有室内外校舍面积2700平方米，在校学员331人。开设了老年心理学、政治理论、音乐、舞蹈、老年体育、老年人养身保健及常见病防治、书画、电脑等8门课程，还成立了书画学会，组建了文娱宣传队、合唱团和腰鼓队；有专职教师2人，兼职教师6人，在编工作人员2人，借用5人；室内大教室8间，室外教室1间，包括门球场、地掷球场、气排球场，基本满足办学和课外活动的需要。学校还将建设学校综合教学大楼排上议事日程，制定学校综合楼建设规划，积极向省里争取支持。经过多方协调，省财政厅、省发改委下拨了武平县老年大学综合楼项目建设资金150万元。该综合楼占地面积468平方米，设计建筑面积1992平方米，标准教室（包括多媒体教室）12间、排演厅1间、大小会议室各1间、图书阅览室1间，办公室、活动室共10间；楼前绿化美化休闲园亭占地面积4000平方米、楼后运动场占地面积1000平方米，目前大楼已经动工，2011年底可交付使用。

武平县老年大学还重视乡村老年学校的发展。安排一名副校长分管支持基层老年学校的工作，并经常组织学校班子成员和教师深入基层了解情况，坚持送教下乡，为基层培训师资、办学骨干，交流经验，并在教材、信息、资料交流等方面给予具体帮助。目前，武平县乡村基层老年学校已发展到66所，学员4200多人。大多学校都能做到"十有"，即有牌子、有班子、有制度、有教师、有黑板、有桌凳、有办公室、有图书和阅览室、有室外活动场地，定期开展教学活动。

（三）贴近实际，贯彻"学乐为"结合的施教方针

武平县老年大学认真贯彻"学、乐、为"相结合的施教方针，积极组织学员开展学为结合、服务社会的活动。如组织舞蹈班学员积极宣传党的方针政策，参加县委、县政府及各部门组织的大型文艺演出，到各乡（镇）巡回演出；坚持每年举办一次老年学员书画展；老干部调解工作是武平县的工作品牌，许多学员成为义务调解员。2008年9月11日，中央组织部办公厅第202期《组工信息》专刊刊载了题为《2500起矛盾纠纷全调处的背后》的文章，报道了老同志发挥余热保稳定、促和谐的事迹，老年大学学员刘炳光还荣获市司法局评选的"先进个人"荣誉称号；学员踊跃参加"关爱"工作，关心教育青少年，关注"留守儿童"，30个老年学员与在校高中生开展"一对一"帮扶工程活动；配合老体协认真实施《全民健身计划纲要》和《体育法》，进一步巩固和发展基层老年体育组织，推广普及适合老年人特点的各种球类、棋牌类和拳、功、操、舞健身活动项目，竞技比赛频频得奖；许多在科技工作岗位上退休的学员，通过在老年大学的学习，进一步增强了社会责任感，积极参加学校组织的科普宣传活动，特别是在服务"三农"方面成绩显著，为武平县食用菌工厂化、标准化生产和茶叶创品牌方面做出了积极贡献；此外，学校还发动学员通过深入调研，在党的建设、干部队伍建设、城市建设、工农业生产、招商引资、社会事业发展和各种民生问题方面积极建言献策，得到县委县政府的充分肯定。

二 厦门市老年大学走特色办学之路

（一）长期耕耘教育教学内容丰富多彩

厦门老年大学创办于1985年4月。学校座落于市区繁华地段，建筑面积5880平方米，有18间教室，另设有多功能报告厅、图书室、学员作品展示厅、排练厅、卡拉OK厅、接待室、荣誉室等。学校现有在职工作人员9名，非在编人员12名，聘用离退休老同志和教师74名。开设了卫生保健、生活艺术、文学语言、音乐文艺、体育健身、计算机、书画篆刻等七个系，有76个教学班，59个晨练辅导站，共5100多名学员。成立有校艺术团（下设合唱、舞蹈、时装模特、越剧、器乐等业余团队）、校老体协（下设太极拳、木兰拳、腰鼓、气排球、健身球圈操、体育舞蹈六个专委会）、摄影、书画、诗词、博客等专业学会，办有《厦门老年》报，建有校园网站。学校以"增长知识，丰富生活，陶冶情操，提高素质，增进健康、服务社会"为办学宗旨，经过20多年的发展，已形成多层次、多学科、多学制的教育教学体系，成为一所在社会上享有一定知名度，并初具规模的综合性老年学府。首批获"省级老年大学示范校"称号，学校还被评为"全国先进老年大学"、"福建省老年教育先进集体"、"市直机关文明单位"等。

（二）转变教学观念优化教学方法和手段

20多年来，学校始终坚持正确的办学方向，积极探索，谋求发展，构建"数字校园"，办出了成效，也逐步形成了自己的办学特色。

一是把思想政治教育放在首位。学校把时事政治课作为学员的必修课，纳入学校全年的教学计划，并渗透到各科教学和各项活动中。

二是加强理论研究，服务教育教学工作。坚持"课题带队伍，研究促质量"的方针，抓好抓实老年教育理论研究工作。每年全市共有15篇以上有关老年教育的论文在全国各类刊物上发表，并编入厦门市老年学学会年度论文集。学校抓住当前厦门市老年教育的突出问题，与厦门市老年学学会合作，依托市社科联和厦门大学公共事务学院将《厦门市城区老年教育的现状和对策》作为重点调研课题，对促进全民教育、终身教育提出了可供参考的建设性意见，该课题获得了厦门市社科优秀论文奖。

三是逐步完善"数字校园"建设。学校于2005年致力于打造"数字校园"，建立了校园网。依托网络传播的实时性，把学校最新动态第一时间上传到校园网，使网站成为宣传厦门老年教育事业的一个重要窗口，与兄弟学校架起了学习交流的桥梁。2007年3月全省老年大学"数字校园"现场会在厦门召开，游德馨校长出席了会议，并给予了高度肯定。2010年学校又投入12万元添置更新教学和办公设备，安装了一套智能多媒体校园广播系统，系统覆盖所有教室，可用校园广播召开全校师生大会，还可分区域进行，遇到紧急情况可在第一时间广播通知。在招生报名时，通过广播系统通报实况，方便报名者及时掌握各报名点学科满额情况。课间休息时全校师生集中在操场，随着优美的音乐打八段太极拳（课间操）活动身体，为老年朋友营造轻松愉快的数字校园。

四是大力发展远程老年教育。2008年学校选择北京东方银龄远程老年教育中心的端口和上海老年大学的网站，运用互联网宽带技术，通过大屏幕投影仪实现异地点播，教学视频直播，让老年人享受远程优质的教育。举办全市各区校远程老年教育收视点联络员和负责人培训班，利用市校网站、北京、上海和国家提供的各种传媒资源（如组织部系统的农村党员干部教育网多媒体资源），努力为基层校搭建远程老年教育的平台。通过厦门老年大学的示范引领，现全市各区、街（镇）、社区远程老年教育已普遍开展，并基本形成了良性的运作机制，解决了农村老年学校缺师资、缺教材的困难，实现了资源共享，扩大了老年教育的覆盖面。

五是着力提升现代化管理水平。2009年学校投入十几万元，研发出一套老年大学教学规范管理软件，而且在全市各区校及基层老年学校上推广使用。软件采用一卡通（校园卡）贯穿信息化应用的整个流程，提供万能查询，点击鼠标就可得到所要的信息，并形成所需的统计表。实现了报名管理、一卡通管理、学员档案管理、教师档案管理、教务管理、统计分析、财务管理、基层校管理、软件系统管理权限等功能。如：报名时每个学员执校园卡，"一站式"只需10~15秒时间完成多门不同专业的课程报名；满员时系统自动提醒并通过校园广播播报；开学时教师、学员刷卡进校（系统可识别学员是否上当天的课），自动汇总完成考勤；随时了解本校各专业系、各教学班情况；随时了解学员人数、开设班级、招生人数和到课率等情况；随时掌握全市各区校及基层老年学校老年教育发展情况，实现与各区校及下属老年学校之间的互联互通。教学管理软件的使用，基本实现了全市老年大学办公自动化、教学管理规范化，使厦门市老年教育工作和老年大学教学管理工作上了一个新台阶。

六是积极开展精品专业建设，提升教学质量。精品课程是具有一流教师队伍、一流教学内容、一流教学方法、一流教材、一流教学管理等特点的示范性课程。为了打造出高水平的精品课程，学校制定了《创建精品课程基本思路与做法》和《精品课程建设评审指标评估表》，从教学内容、师资队伍、教学方法、教材、教学管理等多个方面，对教学进行全面的改革、创新与建设。先后确立摄影研讨班和英语、推拿按摩、计算机图像处理等课程为第一批、第二批精品课程建设目标，通过精品专业（课程）建设，促进学校整体课程建设，全面提高教学质量。

（三）发挥区位优势，突出办学特色

一是发挥区位优势，加强海外交流。厦门与金门隔海相望，又是著名的侨乡，多年来学校采取办专业班、学术交流或亲友来厦探亲时接收他们插班学习等形式开设海外班，激发台胞、侨胞及其家属爱国爱乡的热情，为两岸和平统一发挥作用。学校先后同美国、新加坡、菲律宾、日本、澳大利亚、意大利等国家和中国港、澳、台地区的老年朋友进行友好往来和交流；多次接待中国台湾宜兰县南阳义学老年学员到校参访交流；接待新加坡禾山公会来校参观访问；接待中国台湾基隆市社区大学实务研讨会成员到校交流访问。2004年校艺术团应新加坡、马来西亚当地华人组织的邀请，赴新、马进行慰问演出，所到之处受到当地华人、华侨的热烈欢迎；2010年应南阳义学邀请，校艺术团赴台参加为期8天的歌舞交流演出，节目受到当地观众的高度好评；同年，校合唱团与台湾高雄民间合唱团、香港爱乐合唱团成功举办了"两岸三地合唱交流音乐会"；学校与金门县老人权益促进会共同举办了两届厦金两地老年书画交流展。2011年校合唱团将赴台湾高雄交流，与台湾举办海峡两岸摄影展交流活动。

二是"学""为"结合，服务社会。学校积极创造条件，提供载体，搭桥铺路，为师生搭建奉献社会的平台。校艺术团、摄影学会、书画学会等专业学会经常融入社区、广场，用他们的特长服务社会。摄影学会组织的摄影志愿队多次为红十字活动、社科联活动、各老年体育活动义务摄影；校腰鼓队经常为市、区佳节庆典义务送去吉祥鼓声；校"老妈妈帮教小组"的老妈妈们以慈祥母亲般的爱心，坚持不懈地深入收教所、戒毒所、启明学校等对失足青年进行帮教，帮思想、帮就业等；校体协、艺术团连续5年代表厦门市参加全国老年健身球操、秧歌、腰鼓比赛、国际太极拳（剑）比赛并获金牌、团体第一名、道德风尚奖等好成绩；校艺术团连续4年应市委、市政府邀请参加厦门市春节拜会演出；2007年校艺术团时装分团走进中央电视台录制节目；学校成功承办了厦门市纪念改革开放30周年大型文艺演出《辉煌的历程》专场演出任务；2009年受中国老年大学协会特邀，参加了在北京人民大会堂举办的庆祝中华人民共和国成立六十周年、中国老年大学协会成立二十周年《盛世颂歌——祖国万岁》

大型文艺晚会演出。

三 福州市老年大学精品专业（课程）建设探索

（一）从特色专业到精品专业（课程）的转变

20世纪90年代中后期福州市老年大学开始探索精品专业建设。当时以抓深受老年学员喜欢的舞蹈、声乐、书画、摄影等专业，经过多年的建设，这些专业已经成为该校的基础专业和传统专业，均开出基础班、提高班和研修班，学员结业后大多加入学会或艺术团，学员数量稳定。以摄影专业为例，2010年学员达165人，近5年来均稳定在占全校学员数的5%。摄影班学员平时认真学习摄影专业知识，创办了"书画摄影作品展"和"心灵远方"网络论坛，开展学员、教师之间的交流互动，他们的作品在全国、省、市各种展览交流中多次获奖，并在有关杂志上刊登发表作品。

2010年以来，根据2009年福建省老年大学宁德会议精神，积极推进精品专业（课程）建设，通过精品专业（课程）建设，突出办学宗旨和办学特色，增强办学活力，给学校注入动力，促进办学质量及水平的提高。

（二）精品专业（课程）建设的基本措施

福州老年大学开展精品专业（课程）建设，目的是打造品牌专业，培养高素质老年人才为目标，以适应老年人学习需求为目的。具体做法是：（1）认真规划，明确目标内容。根据学校的总体规划，本着"人无我有，人有我优"的原则，明确声乐系要办成"符合老年教育特点和符合声乐专业特点的优质专业"通过一二三课堂，理论加实践实现培养目标。（2）突出重点，区别层次，认真遴选，规范操作程序。经过遴选，全校共有12个专业（课程）列入精品专业（课程）建设项目。已确定为省级精品专业（课程）建设的有：声乐、闽剧、英语、书画、摄影等专业；确定为市级精品专业（课程）建设的有：民族舞、国际标准舞、瑜伽、钢琴、太极拳、诗词、健身操等专业（课程）。（3）加大投入、夯实基础。注重加大资金投入，添置教学用具，确保教学需求。（4）扶持培育、全面提升。

（三）深化对建设精品专业（课程）的认识

精品专业（课程）建设是提升老年大学办学水平的重要手段。如何有效推进该项工作，通过建设实践，深刻认识到：精品专业（课程）建设是一个长期的过程，要克服急功近利的思想，要有一个长期的思想准备，做好规划，才能使精品专业（课程）建设富有生命力。精品专业（课程）建设不是孤立的，它的建设发展要为全校专业课程建设起到示范带头作用。精品专业（课程）建设，要以老年人的教育需求为依据和出发点，强调实用性和针对性，以学员需求为指针。精品专业（课程）建设要与建设一支高水平的教师队伍和教学管理队伍相结合，形成一个优秀的工作团队。

第四节 适应形势发展要求不断提升创建质量

发展老年教育，不断满足老年人受教育的需求，既是广大退休老年人的心声，也是事关社会稳定和社会文明进步的大事。在全面建设小康社会、构建和谐社会，构建终身学习的学习型社会过程中，老年教育担负着重要的社会历史责任，理应发挥老年大学"提高全民素质，促进社会主义物质文明和精神文明建设"的基本社会功能。通过几年的示范校创建活动，已经使老年大学的发展出现了良好的局面，随着这一活动的深入推进，老年大学的建设与发展必将迈上一个新台阶。

一 制定和完善相关政策实现规范化办学

1. 制定发展老年教育的政策法规

政策支持是我国发展老年教育事业的重要保证。我国的国情与西方发达国家有很大不同，社会转轨时期由于市场体制不健全，社会保障机制不够完善，靠社会公益组织来举办老年教育困难重重，有很多体制上的障碍。老年人思想比较保守，对利用行政手段的管理方式有较高的期待。所以，政府部门要在政策上对老年大学的独立地位给予充分的肯定，把老年大学和正规教育结合起来进行规划，积极探索老年教育的创新模式，同时借鉴国外的有益经验，提高办学水平。

当前，重要的是要明确老年教育的法律地位，使老年教育工作有法可依。近年来我国逐渐重视老年教育事业的发展，《中华人民共和国老年权益保障法》、《中华人民共和国教育法》、中共中央国务院《关于加强老龄工作的决定》、国务院关于《中国老龄事业发展"十五"计划纲要》等，都对发展老年教育给予明确规定并强调了发展老年教育的重要性和必要性。但是到目前为止并没有关于老年教育的专门法和基本法,老年教育纳入终身教育体系尚有较长的路要走。我们认为,老年教育是终身教育的重要组成部分,把老年教育纳入终身教育体系,并通过立法予以支持,才能充分保障老年人学习的需要和回应积极老龄化的社会需求。政府应该尽快对老年事务立法,支持老年教育事业的健康发展。

2. 提高全社会对老年教育的重视与支持

老年教育事业的发展,不仅需要政府在政策上的支持,社会力量的支也必不可少。发展老年教育事业,老年人可以更加积极主动地融入社会,得到社会的认可,提高幸福感和存在感。一些精力充沛的老年人甚至可以奉献自己的技能,为社会发挥余热,充实自己的人生。目前各级各类院校的办学资源应当在保证专业教学的前提下,向老年人开放。国外将普通高校及职业院校的办学资源向全社会,尤其是向老年群体开放的做法值得借鉴,这有利于解决老年教育办学资源短缺的问题。

二 更新教育观念创新办学模式

长期以来所沿袭的"老年学校、老年大学是为离退休老干部服务"的办学思路,人为地把学校和社会隔离了,致使大多数老年人被阻隔在老年大学校门之外,造成了办学模式固定化、生源枯竭的危机。随着社会的不断发展,旧的办学模式暴露出了许多问题,特别是由于退离休干部人数有限,生源问题成为老年大学发展的瓶颈。在新形势下,需要通过示范校建设,更新观念,拓展思路,打破传统禁锢的办学思想,准确把握老年教育的发展方向,树立起新的教育观念。一是要把全社会的老年人纳入老年教育范围,打破只面向离退休干部办学的旧体制,把老年大学建设成一个温馨、和谐、文明的老年人"共同家园",向全社会老年人敞开校门。可通过设立分校,加强基层农村校建设步伐等方式,满足不同层次、不同爱好的老年人的求学愿望,使老年教育真正发挥为老年人服务的社会功能。二是把提高老年人自身素质,增强自我服务能力作为首要任务,把老年教育真正办成适应老年人特点和需求的特色教育。三是立足现实,着眼发展,以时代的发展为导向,不断拓宽老年教育的新领域,增添老年教育的新内容,开拓老年教育的新思路,把培养具有现代意识和时代特征的新型老年人作为老年教育的重要教育目标,使老年教育始终保持旺盛的生命力。

三　动员社会力量参与老年教育事业

发展老年教育只靠政府的力量远远不够。老年教育是非营利性社会福利事业，福利事业社会化是一个必然趋势，因此，老年教育离不开社会力量的资助和全社会的关心与支持。近年来，随着老年教育的发展，社区教育作为一种便利、有效的教育形式已经成为建设学习型社会的重要途径。许多发达国家的老年教育都采用社区教育模式并获得了很大的成功。我国的社区教育正处在起步阶段，依托社区发展老年教育的方式值得探索。未来，可鼓励社区建立老年教育组织机构，加强对老年人退休生活的指导，政府和企业都应给予政策和资金的支持。同时积极鼓励社会力量参与办学，扩大社会化办学的规模和层次。除了以政府行为出资办学之外，鼓励在社区、街道、农村，利用敬老院、老年公寓等以集体模式筹办老年大学；鼓励企业投资或捐资筹办老年大学。总之，要不断探索老年大学的办学模式和教育途径，培育出一批社会化程度更高、办学质量较好、规模较大、更具规范和示范作用的老年大学。

四　把老年大学办成老年人参与社会的舞台

人是社会的一分子，是社会的基本组成，每个人都生活在社会群体中。老年人退休后，参与社会仍然是重要的生活方式。老年大学为老年人重返社会，参与社会活动提供舞台。推动老年人参与社会、服务社会，是老年大学办学宗旨的重要内涵。老年人不仅有"求知求乐"的需求，还有"服务社会、展示自我、实现自我价值"的强烈愿望。退休老年人中，具有多种多样的技能和经验，能够在新的工作领域发挥巨大的作用，同时参与社会活动，实现新的人生价值。因此，老年大学要积极开设第二课堂，组织学员参与社会活动、参与社区服务工作，为老年人展示自我、体现自身价值搭建舞台。

特别需要指出的是，现在不同于经济困难时期，那时物资匮乏，人们的需求主要是物质的，考虑的是衣食住行医油盐酱醋茶。现在温饱基本解决，人们开始了向更高生活目标的追求，对精神文化方面的需求提高到了重要位置。老年人在安享晚年的过程中衣食无忧，对精神文化方面的需求尤为强烈，并且追求的内涵在不断变化。他们不满足于到老年大学学习唱歌、跳舞、练拳练剑。他们有的想学书画、剪纸、戏剧等中国传统文化；有的想学习摄影、电脑、股票等现代知识；有的想学文学、诗词、历史等知识来丰富自我；还有的想学家电维修、烹饪、花卉养植等应用技术，以服务家庭，回报社会。就老年人个体来讲，他们的兴趣爱好也会发生变化。所以老年大学要跟上时代的步伐，摸准老年人的脉搏，适应老年人的需求，不断满足他们的精神文化层面的需求。

社会各界应积极拓宽适合老年人参与的活动项目，如：民办企业可吸纳有专业技能的离退休职工，民办医疗机构可聘用退休医务人员，关工委可以聘请更多老年同志从事关心下一代的工作等等。通过老年大学这个阵地让更多的老年人走向社会，服务和回报社会。

参考文献

[1] 丁志宏：《发达国家的老年教育发展及其对我国的启示》，2008年9月《高等函授学报（哲学社会科学版）》。

[2] 顾明远：《实现教育现代化的宏伟蓝图》，《北京师范大学学报》2010年第5期。

[3] 游德馨：《福建省老年教育理论研究》，2010年11月《福建省老年大学协会内部研究报告》。

[4] 金岭：《上海老龄事业发展的现状与特点》，《知识经济》2010年第1期。

[5] 曹晓辉：《以科学发展观为指导推进长春老年教育跨越式发展》，《经济视角》2010年第1期。

[6] 常美玲：《楼世洲审视农村老年教育的社会意义》，《继续教育研究》2008年第3期。

[7] 王征：《地企合作促进发展老年教育事业》，《天津市工会管理干部学院学报》2009年第4期。

[8] 陈如：《老年教育是实现和谐人生的重要途径》，《教育探索》2009年第12期。

[9] 许琢：《浅论从老年学员构成复杂性看对之开展思想政治工作的多样性》，《学理论》2009年第30期。

[10] 马尚信：《办好老年大学》，《构建终生教育舞台。才智》2009年第32期。

[11] 岳瑛：《老年教育学学科体系构建刍议》，《天津市教科院学报》2009年第5期。

[12] 张蕊:《我国和谐老龄化社会构建研究》,《现代商贸工业》2009年第21期。
[13] 党志敏:《如何构建和谐社区》,《中国石油企业》2009年第7期。
[14] 饶维谊:《透过老年教育模式看中国的教改》,《今日科苑》2009年13期。
[15] 朱中人:《终身教育视野中的宁波老年教育》,《宁波广播电视大学学报》2009年第2期。
[16] 衣中:《老年大学计算机教学初探》,《黑龙江科技信息》2009年第21期。
[17] 王志刚:《城市社区老年大学健康教育的方法论与机制创新》,《乐山师范学院学报》2009年第5期。

实证篇

创建海峡老年教育名校探论

黄高宪　李宗明等[*]

加强老年教育已成为党和国家的一项重要事业。福建省委、省政府领导高度重视老年教育工作。25年来，福建老年大学不断发展壮大。为了进一步发展老年教育，构建和谐社会，促进海峡西岸经济区建设，福建省政协原主席、福建老年大学校长游德馨提出"创建海峡老年教育名校"的奋斗目标，得到省委、省政府领导的充分肯定和支持。对如何创建海峡老年教育名校，如何发挥科学发展观在老年教育中的统领作用，创建海峡老年教育名校在"建设全民学习、终身学习的学习型社会"中具有什么意义、地位和作用，如何制定"海峡老年教育名校十二五建设规划"，如何以理论指导创建海峡老年教育名校的具体实践等一系列理论和实践问题，需要进行深入细致的研究。

第一节　研究概述

一　问题的提出

1972年，法国卢兹大学创办了全世界第一所老年大学，带动了欧美许

---

[*] 黄高宪，闽江学院教授；李宗明，福建老年大学副校长、福建老年教育理论研究会副会长；李炎清，福建老年教育理论研究会秘书长；欧阳田青，福建老年大学教务处副处长；林作松，福建老年大学办公室主任科员；许吉友，福建老年大学办公室主任、福建老年教育理论研究会秘书长。本章第一节撰稿人：黄高宪；第二节撰稿人：李炎清；第三节撰稿人：李宗明；第四节撰稿人：欧阳田青、林作松；第五章撰稿人：许吉友。

多国家的办学。1975年，国际第三年龄大学协会成立，世界性的老年教育事业迅速发展。中国老年大学在20世纪80年代初产生不是偶然的，有其历史渊源和现实条件，带着客观的必然性。导因是1982年建立并实施的老干部离职休养的新制度。广大老同志离开工作岗位后，继续学习、奉献社会的壮志不减，老年大学正是应他们的要求建立的。当然，创办老年大学的基本原因在于人口老龄化。从全世界看，2000年，60岁以上老年人达到6.29亿，占总人口数的10%；从中国来看，1982年60岁以上人口0.97亿，比重达到8.58%，2010年进一步上升到13.26%。全国进入老龄化社会，应对"人口老龄化"，发展老年教育是一项重要战略。

老年教育在以"健康老龄化"和"积极老龄化"的观点应对人口老龄化的过程中，发挥十分重要的作用。老年教育是建立学习型社会的组成部分，是实现健康老龄化、积极老龄化的重要途径。福建老年大学努力创建海峡老年教育名校，是以实际行动，促进老年教育的发展；是坚持以人为本，落实科学发展观，适应人口老龄化发展趋势，提升海峡西岸老年人生活和生命质量的重要举措。

二 相关政策与研究回顾

（一）政策回顾

1989年10月，福建省人民政府办公厅向各地区行政公署、各市、县人民政府、省直各单位转发了《全省老年大学工作座谈会纪要》（即《福建省人民政府办公厅转发全省老年大学工作座谈会纪要的通知》）。

20世纪90年代，我国老年教育政策法规相继出台，其中具有重要意义的文件有：《中华人民共和国教育法》（1995）规定在全国"建立和完善终身教育体系"；《老年人权益保障法》（1996）规定"老年人有继续接受教育的权利"和"国家发展老年教育，鼓励社会办好各类老年学校"。

1996年1月，中共福建省委办公厅、福建省人民政府办公厅下发了《关于转发〈福建省老年教育工作报告〉的通知》；1998年3月，中共福建省委办公厅下发了《关于转发〈德化县老年教育的成效和经验〉的通知》；2004年11月，福建省委办公厅、省政府办公厅下发了《关于进一步加强老年教育工作的意见》（闽委办〔2004〕79号），提出"十一五"期间全省老年教育发展目标的同时，要求进一步完善老年大学的领导和管理体制；2005年7月，福建省第十届人大常委会第18次会议通过了《福建省终身教育促进条例》。

在2006年的《我国老龄事业发展"十一五"计划纲要（2006—2010）》中提出了"各级政府要继续加大对老年教育的投入，同时动员社会力量，因地制宜办好老年教育。积极发展老年远程教育，开办老年电视大学、老年网上学校，倡导社区办学等多种形式的老年教育"。

2006年，我国第一次发布《我国老龄事业的发展》白皮书，将发展老年教育、满足老年人的精神文化需求列入政府的议事日程。

2007年，《国家教育事业"十一五"规划纲要》第一次将老年教育列入国家教育整体规划。

2007年1月，福建省终身教育促进委员会印发了《关于实施〈福建省终身教育促进条例〉的试行意见》，对发展终身教育的目标任务、运行保障机制等方面提出了明确意见，建立了检查、评估和总结报告制度。基本形成以政府为主导、有关部门协同配合、社会团体、各界人士广泛参与的工作格局。

2009年7月，中共福建省委第八届委员会第六次全体会议审议通过了《福建省贯彻落实〈国务院关于支持福建省加快建设海峡西岸经济区的若干意见〉的实施意见》。这一《实施意见》在《加强以民生改善为重点的社会建设》中要求："开展全民学习型社会建设试点，加快构建终生教育体系。"

2010年7月，《国家中长期教育改革和发展规划纲要（2010—2020）》将"重视老年教育"载入《纲要》中。

上述法规及有关老年教育工作的文件，为我们认识和研究老年教育、明确老年教育的地位与责任，奠定了基础。

（二）相关研究回顾

1976年《教育老年学》杂志在美国创刊，标志着老年教育学学科开始形成新的独立学科。此后，英国社会学家彼得·拉斯里特创立新年龄框架理论，把老年人口视为可开发的社会资源和社会财富。

1983年，我国第一所老年大学——山东省红十字老年大学诞生。此后关于我国老年教育实践和理论研究的论文逐渐增多。如《老年教育》2010年9月号刊载的《张文范同志在宣传出版工作委员会第四次全体会议上的讲话（摘要）》等论文。

第二节 创建海峡老年教育名校的充要条件分析

一 福建省老年教育的产生和发展背景

福建省老年教育的产生和发展基本上与全国同步。在省委、省政府的重视关心下，1985年4月，成立福建老年大学。从那时候起，福建省老年教育也走过了25年历程。回顾25年的发展历程，大概可以分以下三个阶段。

（一）起步阶段：1985—1992年的七年

1985年福建老年大学成立后，当年厦门市成立了老年大学。第二年，即1986年，其他各地（市）也相继成立了老年大学。1987年个别县也试办老年大学。当年全省有14所县以上老年大学，学员数3279人。随后许多县开始试办老年大学。到1992年，全省有老年大学87所，学员1万多人。这一阶段，基本上是各地自发创办老年大学，可以说是起步阶段。

（二）加快发展阶段：1992—2004年的十二年

1992年，以成立福建省老年大学协会为标志，开始形成了上下联动的格局。全省老年教育，特别是基层办学迈出了较快的步伐。1995年11月，福建省老年大学协会在南平市顺昌县召开基层办学经验交流会，总结推广了顺昌县基层办学的经验。1996年1月，省委办公厅转了《福建省老年教育报告》（闽委办［1996］1号），明确各级老年大学、老年学校管理体制：县以上老年大学由同级党委老干部部门主办主管，乡镇（街道）、村（居）老年学校依托老龄部门，由同级党政府领导和管理。这就明确了有关部门的职责，调动了办学的积极性。1996年11月，中国老年大学协会二届二次理事会暨华东地区老年教育第八次协作会议在福建老年大学召开。全国33个省、区、市10多位省部级领导，100多位代表出席会议。中国老年大学协会会长张文范在会上作了重要讲话，充分肯定福建的办学经验，这极大鼓舞了全省上下办好老年大学的热情。1998年3月，省委办公厅再一次以闽委办［1998］18号文转发省委老干部局、省老年大学协会"关于德化县老年教育的成效和经验的报告"，进一步推动了基层办学的发展。1992～2004年，全省老年大学（学校）数从87所增加到5041所，是1992年学校数的62倍；在校学员数，从10000多人增加到41万多人，是

1992 年的 41 倍。在这期间，各地都强调要两手抓：一手抓发展，一手抓提高，教学条件不断改善，办学质量逐步提高，办学的社会效益日益显现，受到各级领导的充分肯定，并受到社会的广泛赞誉和老年人的普遍欢迎。

（三）规范化发展老年教育阶段：2004 年至今

2004 年 11 月，福建省委办公厅、省政府办公厅以闽委办〔2004〕79 号文下发《关于进一步加强老年教育工作的意见》。提出"十一五"期间全省老年教育发展目标的同时，要求进一步完善老年大学的领导和管理体制；要求"省、市、县（区）三级老年大学要加强自身建设，进一步规范教学管理、改进教学方式、充实教学内容、拓宽办学路子。努力形成当地老年教育中心、老年教育培训中心和科研中心，在全省老年教育中起骨干、带动、示范和指导作用。在'十五'期间，要有重点地在全省发展、培育一批条件较好、质量较高、颇具规模的老年大学示范校"。

为了落实省委、省政府两办 79 号文件精神，推动全省老年大学规范化建设，2005 年 3 月，省委老干部局、省老龄办和省老年大学联合发出《关于在县以上老年大学（学校）开展省级老年大学示范校创建和评估活动的意见》（试行）。从此，全省县级以上老年大学普遍加强了规范建设，争创省级老年大学示范校。2007 年、2009 年先后两次在全省开展省级示范校的评估活动，两批共评出 36 所省级示范校，进一步激发了各地创建工作的热情。

这期间，在加快推动老年大学规范建设的同时，福建省还把老年教育纳入法制化的轨道。2005 年 7 月 29 日，省人大常委会通过了《福建省终身教育促进条例》，要求"县以上地方人民政府应当加强本行政区域老年教育工作，为完善老年教育设施和场所等制定优惠政策、提供必要条件。有关部门应当在各自职责范围内支持老年教育工作，促进老年教育事业发展"。

二 创建海峡老年教育名校的必要性

（一）创建海峡老年教育名校对于建设学习型社会具有重大意义

2010 年 7 月，国务院审议通过了《国家中长期教育改革与发展规划纲要（2010—2020）》，新增了"重视老年教育"这一重要内容，确立了老年教育在终身教育领域的地位。创建海峡老年教育名校，发挥科学发展观在老年教育中的统领作用，确立海峡老年教育名校在"建设全民学习、终身学习的学习型社会"中的重要地位和作用，以社会主义核心价值观指导海峡老年教育名校的具体实践，是践行党的十七大提出的"建设全民学习、终身学习的学习型社会"宏伟目标，对于构建和谐社会，促进海峡西岸经济区建设，提升福建省老年教育的发展水平具有重要的现实意义。

福建省提出到2012年，初步建成"人人皆学、时时能学、处处可学"的终身教育体系框架：基本形成终身教育的社会共识，多数社会成员树立终身学习的理念，把学习作为一种生活方式；基本形成终身教育的服务体系，为社会成员提供比较充裕的学习资源和比较充分的学习机会。老年教育是终身教育的重要组成部分，届时必须形成以海峡老年教育名校为龙头，基本形成覆盖全省的社区教育网络体系，形成多模式、广覆盖的学习型组织创建格局，面向社区广大民众，广泛开展学习培训活动，推动各类型的老年人学习型组织的健康发展。

（二）创建海峡老年教育名校是老年教育事业发展的必然要求

目前，全省已有老年大学（学校）8183所，在校学员570173人，占全省老年人口总数的12.1%，是全国各省老年教育普及率最高的。全国老年教育"双先"表彰大会及全国老年大学校长研修班对福建省老年教育给予了充分肯定。面对全省老年教育已取得较大发展的良好形势，如何处理好普及与提高的关系，一手抓普及，一手抓提高，当前更重要的是在提高方面下功夫，走内涵发展的道路，从自身的实际出发，练好内功，创建海峡老年教育名校，落实"四个中心"职能，推进福建省委、省政府"两办"文件的贯彻落实。

大力推进农村老年教育是建设社会主义新农村的关键所在，要提高农村广大民众的基本素质，把沉重的人口负担转化人力资源的优势。农村老年学校困难较多，需要各级领导的重视和一支甘于奉献的队伍，还要各级老干部工作部门、老龄工作部门以及县级老年大学的密切配合，形成合力。为此，黄瑞霖会长指出："要发挥协会职能作用，做好协调工作，使全省各级老年大学上下互动，省老年大学通过创办海峡老年教育名校，带市校、市校带县校，县校带乡镇村校的做法，促进街道、乡镇、村老年学校发展。"

（三）创建海峡老年教育名校是办好人民满意的老年教育的必然选择

老年教育的办学宗旨是"增长知识、丰富生活、陶冶情操、提高素质、促进健康、服务社会"，目的是促进老年人思想道德、科学文化、身心健康等综合素质的全面提高。首先，老年教育要把办学方向和思想政治工作排在第一位。老年教育属于终身教育范畴，它是终身教育体系的重要组成部分。终身教育是为了追求人的生活质量而形成的现代化教育理念。其核心思想是以人的一生主动自愿学习为基础，以个性化、多样化、非职业化为特征，促进人的全面发展。树立以人为本，注重现代化社会适应能力培养的理念。其次，要积极促进老年和谐文化教育的发展。和谐文化教育核心的内容是适应时代文化知识和技能的培养与训练。老年和谐文化教育，就是一种既满足社会需要又满足老年人的个体需求，推动积极老龄化的方针贯彻落实，促进老年人实现自己的身心健康。最后，老年教育的根本出发点和切入点是提高老年人的基本素质。包括思想道德素质、科学文化素质和健康素质。促进老年人生命质量和生活质量不断提高，成为时代进步和社会化进程中全面发展的现代老年人。

三 创建海峡老年教育名校的可行性

（一）福建省构建终身教育体系的先行先试工作，为海峡老年教育名校的创建营造了良好的外部环境

2005年7月29日，福建省十届人大常委会第18次会议以高票顺利通过了《福建省终身教育促进条例》（以下简称《条例》），《条例》的制定是从依法治省、依法治教的战略高度为发展终身教育、为全民终身教育的权利提供了有力的法律保障，为建设学习型社会奠定了良好的法治基础。目前，在亚洲仅有日本和中国台湾地区制定并实施终身教育法规。《条例》施行以来，省委、省政府高度重视终身教育工作，把大力发展终身教育、提高全民素质作为落实科学发展观、促进人的全面发展的重要措施，作为建设海峡西岸经济区和构建和谐社会的重要保证，积极探索构建具有福建特色的终身教育体系，努力营造一个全民学习、终身学习的社会氛围。2006年2月，省政府批准成立了福建省终身教育促进委员会，成员单位包括21个省直部门和单位，省政府分管副省长担任主任委员。2007年1月，省终身教育促进委员会印发了《关于实施〈福建省终身教育促进条例〉的试行意见》（以下简称《实施意见》），对发展终身教育的目标任务、运行保障机制等方面提出明确意见，建立了检查、评估和总结报告制度。基本形成以政府为主导、有关部门协同配合、社会团体、各界人士广泛参与的工作格局。

全省各地结合《条例》的实施和每年的"9·28终身教育活动日"活动，广泛开展《条例》宣传，让"终身学习"这一理念逐步深入人心。一是加大多种媒体的宣传力度，努力营造推进终身教育事业发展的氛围。二是创新宣传活动方式，注重宣传实效。三是精心组织，开展丰富多彩的宣传活动。各地因地制宜，组织开展激情广场、家庭才艺比拼、读书征文、文艺会演、踩街等活动，宣传终身教育理念。

各部门形成合力，共同推动各类学习型组织创建和终身教育活动开展。全省有关部门充分发挥自身优势，面向本系统、面向基层、面向农村开展多种形式、多种门类、多种层次教育培训活动，较好地提升了各类人员的整体素质。人事部门大力开展公务员培训、专业技术人员继续教育和工勤人员岗位培训工作，促进在岗人员素质的提高。在学习型组织创建和终身教育活动的推动下，全省老年大学加强机构建设，完善办学条件，增加办学经费、强化教师队伍建设，有计划组织教育活动，办学十分红火。

（二）25年的办学经验为创建海峡老年教育名校打下坚实基础

截至2010年12月，全省已创办各级各类老年大学（学校）8759所，其中：省级1所，设区市级9所，县（市、区）级85所。在校学员62万多人，约占全省老年人口总数的13%。100%的市、县（区）、91%的乡（镇）和46.8%的村（居）都办了老年大学（学校）。福建老年大学认真贯彻落实科学发展观，围绕中心，服务大局，创新思路，奋发进取，扎实工作，努力开创老年教育工作的新局面。全省老年教育工作得到省委、省政府领导的充分肯定，前省长黄小晶赞扬"老年大学工作卓有成效"，省外同行对省老年教育工作也给予了高度评价。2009年7月，在福州举办的全国老年大学校长研修班期间，与会代表一致称赞福建省老年教育是全国各省中老年教育普及率最高的一个，为全国老年教育做了典范。多年来，福建省老年大学校长及其主管部门的领导亲自参与老年教育科学研究工作，造就和凝聚了一大批老年教育理论骨干，涌现出了一批有教育思想的校长，他们是创建海峡老年教育名校的宝贵财富。

（三）教育科学研究为老年教育的改革创新提供理论支持

注重老年教育科学的研究，是老年大学的重要使命。在人口老龄化步伐不断加快的新形势下，福建老年大学高度重视老年教育理论研究，采取有力措施，加大老年教育教学理论研究力度，为老年教育事业发展和教学服务。福建省老年教育发展的实践表明，"科研兴校"已成为老年大学工作者的广泛共识。坚持以科研为先导，致力于老年教育理论和实践的研究，重点在理论创新上下功夫，解决实践中存在的问题，努力做到用理论研究成果指导教学工作。2010年1月，游德馨校长致信各位校领导，提出用理论引领实践需要解决的8个问题。学校职能部门认真落实，聘请福州大学、福建师范大学等高校专家学者以及各设区市老年教育工作者成立了福建省老年教育理论研究会。由省教育工委原副书记、福建省老年大学副校长施祖美担任主任，福建省老年大学副校长李宗明担任副主任，开展专家、教授和实际工作者相结合的课题研究模式，从此，福建省老年教育理论研究有了比较好的开局。2010年向福建省社科联申报课题"科学发展观与福建省老年教育发展战略研究"，向省教育厅申报4个科研课题，各设区市老年大学同期开展了19个老年教育课题的研究工作。

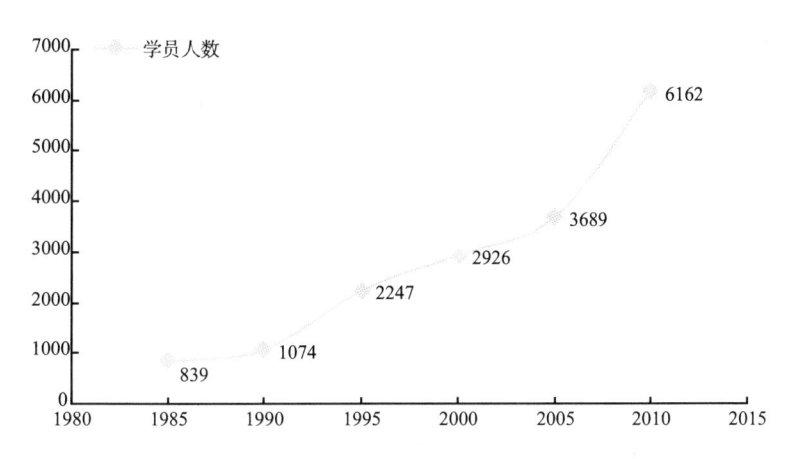

图1　福建老年大学学员人数统计图

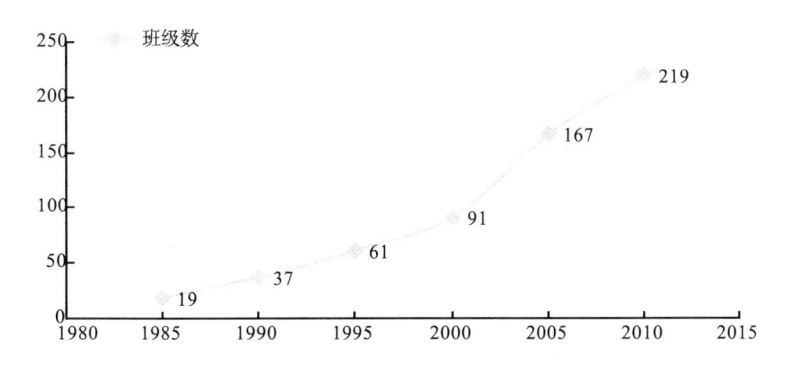

图2　福建老年大学班级数统计图

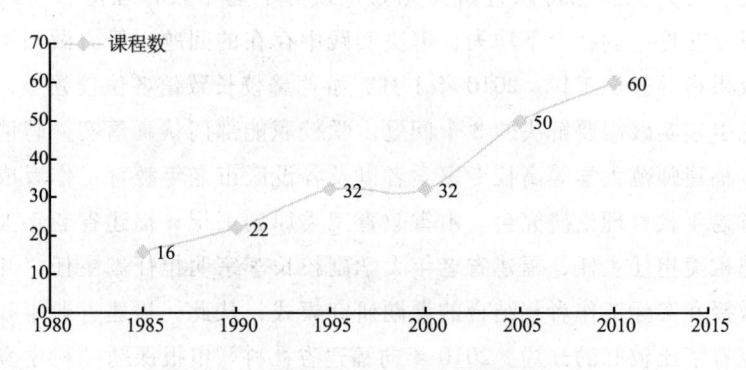

图3 福建老年大学课程数统计图

在此基础上，福建省加大了老年教育教学改革的力度，积极推动精品专业建设试点，开展示范校评估工作，强化专业委员会建设。在创建海峡老年教育名校的过程中，学校对海峡老年教育名校实践中面临的问题进行分析，提出创建海峡老年教育名校的方略。主要内容包括三个方面：

一是创建海峡老年教育名校的理论探索。通过对全国和福建省老年大学发展历程进行系统梳理，明确福建老年教育名校的定位和基本特征，提出培养目标、培养模式和规范化标准；对创建海峡老年教育名校的必要性和可行性进行系统论证。

二是对海峡老年教育名校"十二五"建设规划若干问题的探讨。包括办学规模、课程建设、办学目标、师资队伍建设、老年教育科学研究以及在整合教育资源，方便基层学员就学，推动老年远程教育等方面进行系统研究。

三是创建海峡老年教育名校面临的主要问题及其对策研究。主要分析创建海峡老年教育名校面临的主要问题，尤其在学校标准化建设和师资队伍建设方面，就发挥"一级带一级"作用，与提高学员满意度方面提出对策建议。

第三节 创建海峡老年教育名校探索

一 海峡老年教育名校的定位和基本特征

正确认识海峡老年教育名校的定位和基本特征，是福建省创建老年教育名校必须回答的一个重要问题。对于推动老年教育办学水平的提高，妥善处理好办学过程中的各种关系，具有十分重要的意义。

（一）老年教育的定位

1. 什么叫"老年教育"

要给老年教育正确定位，应先从什么叫教育、成人教育和终身教育说起。

什么是教育？教育是属于社会现象，是人类社会专有的一种实践活动，这种社会活动是通过传递社会生活经验和培养人完成的。教育伴随着人类社会的产生而产生，随着社会的发展，与人类社会共始终。教育既是一个永恒的范畴，又是一个历史的范畴。

什么是成人教育？成人教育是"对在家庭、社会和国家生活中承担责任者，主要是对已经走上生产或工作岗位上的从业人员进行的教育"。我国成人教育第五项任务是对成人开展丰富多彩的社会文化和生活教育。

什么是终身教育？终身教育是一个人在整个一生中所受到的各种教育的总和。"终身教育"一词始见于1919年英国，第二次世界大战后广见于教育文献。1965年法国成人教育专家保罗·朗格朗第一次比较明确地论述了终身教育概念。终身教育理论认为，数百年来，人们总是把人生分成两半，前半生用于受教育，后半生用于工作，这是毫无科学根据的。教育应成为每个人的人生中不可缺少的"精神食粮"。"老年人应当和其他年龄组的人一样，能够得到基本文化并能利用社会中的具备的一切教育设施。"现在终身教育已经成为国际社会上的一种教育思潮，为全球进入学习型社会奠定了基础。

什么叫老年教育？老年教育是终身教育的最后环节。国际上把老年教育统称为第三年龄教育。教育专家把人的一生分为四个年龄期：第一年龄期为幼儿到青年（以学校学历教育为主）；第二年龄期为成年期（以职业技能教育为主）；第三年龄期是退休或低龄老年期（以老年非学历教育）；第四年龄期为老年体衰阶段（以自我休闲为主）。

由此可见，老年教育是人生大教育系统中的一个子系统，是继续教育的最后阶段。它既遵循教育发展的普遍规律，又有自己的特殊性，有自己特有的规律。

2. 老年教育的地位

无论从社会、政治、经济还是文化角度看，老年教育有其重要地位。

从社会角度看，老年教育是社会发展进入老龄化时代的产物，是社会进步的客观规律。时代的进步，老龄化社会的发展需要诞生了老年学校教育。老年学校教育的出现有利于老年群体在学习型社会中获得新的知识和追述，解决人口老龄化带来的社会问题。

从政治角度看，政治与教育同属上层建筑范畴。在整个上层建筑中，政治处于核心的地位，起着主导作用。主要表现在通过制定有关老年教育的法规、政策，保证对老年教育的领导权和责问权。反之，老年学校教育同样具有促进社会政治发展的作用和功能。老年学校教育通过老年教育目标的设计及教学内容的选择，向老年学员宣传正确的政治观点、理论、政策、信仰等，为国家培养新型的老年群体和老年人才，同时通过他们关心、培养、教育青少年，从而为政治服务，促进社会政治稳定。

从经济角度看，经济是社会发展的基础，也是教育产生发展的决定因素。我国老年学校教育的兴起是同我国经济基础的发展变化紧密相连的。经济发展，人民生活水平提高，为老年学校教育的产生和发展提供了物质基础。反过来，我国老年学校教育对我国物质文明建设的促进作用，也是非常明显的。我国老年教育本身不是经济行为，它对经济的促进作用主要表现在提高老年人的素质，使部分具有劳动能力的低龄老年人从纯消费者转变为社会生产者，这应当成为老年教育的一项重要任务。

从文化角度看，老年教育作为文化形式之一，同其他社会文化有着天然的联系。我国老年教育的兴起和发展本身就是优秀的传统文化与时代精神相结合的产物，在繁荣和发展我国社会主义文化、培养老年文化人才方面，发挥了突出的作用。传统文化精神与时代精神相结合，已经成为老年大学共同的精神财富，代表了社会主义文化的前进方向，成为社会主义文化新的生长点。

总之，老年学校教育已成为我国社会生活中不可缺少的内容之一，它同社会发展、经济、政治、文化，有着十分密切的联系，必须同步有序地发展。我们要在理论上提升老年教育的地位，这样才能使发展老年教育和创建老年教育名校的行为由不自觉变成自觉。

3. 老年教育与普通教育的区别

要给老年教育一个正确的定位，还需要了解老年教育与普通教育的区别。我国老年教育是随着干部退休制度的改革并受国际终身教育思想的影响而逐步发展起来的。它应是以老年人为主体，以学校、传媒为平台，以满足老年人精神文化生活需求为目的的综合性社会教育。老年教育的这一属性决定了它与普通教育既有相同之处，也有很大区别。相同之处在于二者都是有目的、有计划、有组织地传授知识技能，培养思想品德，发展能力和健康体魄的社会活动，是一种促进人的发展，提高人的素质的有效手段，这是所有教育的一般社会特性。但是老年教育与普通教育有显著区别：一是教育制度不同。国家制定了《义务教育法》，形成了庞大的普通教育体系。而老年教育在国家层面尚未进行制度性安排，更没有专门立法，这在一定程度上制约着老年教育事业的发展，影响着老年教育的普及。二是教育的目的不同。普通教育是为国家经济社会发展培养大批合格的专业人才，这种教育主要表现在学历教育。而老年教育主要是为适应人口老龄化发展趋势，以满足老年人精神文化生活需求为主要目的而发展的非学历教育，有很大的灵活性和多样性，不论"教"还是"学"，均有很大的开放度和自由度。三是教育的对象及价值取向不同，普通教育的对象一般为青少年，他受教育的主要价值取向是在谋生的同时，实现个人价值和社会价值的统一，是为个人、社会、国家创造财富做准备。而老年教育的主要对象是老年人，他们接受教育的主要目的一般不是求职或谋生，而是充实晚年生活，提高生活质量，更好地享受经济社会发展成果。综上所述，老年教育是人生最后阶段的补充性教育或带有培训性的一种社会活动。

4. 海峡老年教育名校的地位

福建老年大学正在创建海峡老年教育名校。除了以上所述外，海峡老年教育名校还有它特殊的地位。福建省地处海峡西岸。2009年5月，国务院出台了《关于支持福建省加快建设海峡西岸经济区的若干意见》，赋予福建省加快社会、经济、文化发展的重任。同样，老年大学也承担着加强海峡两岸老年教育交流和两岸老年人互相往来的重任。为此，必须加强老年大学的建设，努力提高办学水平，努力成为海峡两岸老年教育的名校，为海西建设和两岸和平发展做出贡献。

（二）海峡老年教育名校的基本特征

从25年老年教育发展的实践看，福建省创建海峡老年教育名校与其他老年教育学校一样，具有以下基本特征。

1. 政治性

首先，老年教育是特定时代的政治产物。1982年，我国废除干部终身制，实施国家工作人员离退休制度后，一批退出工作岗位的老同志怀着一颗对党的事业的赤诚之心，积极探索实现"老有所学、老有所为"的有效途径，老年大学由此创办，并成为我们党联系老干部的桥梁和纽带。其次，老年教育是老年群体的稳定器，没有稳定就谈不上社会和谐，老年教育是稳定老年群体的有效载体。最后，老年教育具有明确的政治目的。它服务于党的中心任务，服务于广大老年群体，始终围绕完成党的政治任务而展开。老年教育的这种政治属性和政治功效在其发展的实践过程中都得到充分彰显。

2. 社会性

老年教育工作，既是党和政府社会工作的重要组成部分，它具有社会性的基本特征。从实施老年教育工作的主体看，既包括党、政、军、民、事业单位、社会团体等组织，又包括这些组织中的所有成员，具有多层次、多元化的特点。从老年教育实施的领域看，涉及政治、经济、文化、科技、军事等各个系统，领域广阔、内容广泛。从老年教育的实践看，"老有所学、求知上进"的理念越来越深入人心，已成为广大老年人参与社会发展的自觉行动，是社会和谐、经济发展的体现。

3. 群体性

进入老年大学学习的人，不论地位、不分级别、不讲阶层，统称为学员。而且在学校办学条件许可的情况下，这些学员能根据自己的兴趣和爱好，选择自己喜欢的专业进行学习，这一特点充分体现了以人为本的宗旨，是党的群众路线的生动体现，也是党关于经济社会发展靠人民群体推动，发展成果由人民群体共享原则的具体体现。

此外，海峡老年教育名校又有其自身的特点：

一是示范性。既然是海峡老年教育名校，必须在海峡两岸有"名气"，尤其是在海西地域内能起示范作用。使老年教育同行感到确有"看点"，确实具有办学特色，可供同行借鉴。例如：有在海峡两岸威望高的名校长，有适应教学需要的高档次的办学场所，有一批精品专业，有一批质量较高的教材，有一套规范科学的管理办法，有一批较高水平的教学研究和学术研究成果，在本省能发挥示范作用，在海峡两岸颇有影响，等等。

二是开放性。作为海峡老年教育名校，必然会更多地开展海峡两岸的交流。因此，"开放性"是其重要特色。在课程的设置、师资队伍建设和招收学员等方面都应有利于两岸交流、对外开放。

二 海峡老年教育名校的培养目标和培养模式

(一) 海峡老年教育名校的培养目标

培养目标在老年教育活动中属主导地位，对整个教学活动具有定向、导向作用。它引导着教学活动的方向、内容、手段、方法、效果的检验与评估，决定着办学的特色。福建省创建海峡老年教育名校，首先要明确海峡老年教育名校的培养目标。

1. 确定海峡老年教育名校培养目标的依据

(1) 必须贯彻党的老龄工作方针政策。我国 1996 年颁布的《老年人权益保障法》提出要做到"老有所学"。党的十六大提出要建立"学习型社会"，"构建终身教育体系"。这就要求老年教育要惠及全社会老人。

(2) 必须适应积极老龄化的要求。世界卫生组织提出积极老龄化的三大支柱是"健康、参与、保障"，因此，需要通过老年教育，提高老年人的身心健康和适应社会、参与社会的能力。

(3) 必须体现"以人为本"的理念。对海峡老年教育名校来说，就是以老年人为本，学校各项教学活动都要以老年人的需求为出发点和归宿点。

(4) 作为海峡老年教育名校，教学活动还必须有利于开展老年教育交流，促进共同发展。

2. 海峡老年教育名校培养目标和定位

老年教育的本质特征主要体现在其培养目标上。由于老年学员没有严格的条件，老年人自愿入学，自主选择学习课程，自觉学习，自愿到校，老年学校活动都是为了老年人的学习需要。这样就很难确定老年学校的培养目标。从 20 多年办学实践看，老年人上老年学校的目的大致可以分为如下几类。

(1) 自我完善。有一部分老年人对某些方面知识和技能很感兴趣，由于在位时工作忙，无暇顾及，离退休后想补上这一课。如学习文史、书画等。

(2) 促进身心健康。这部分老年人占学员的大多数。他们通过在老年大学学习保健知识、健身操、音乐舞蹈等，愉悦身心，促进健康，从而提高生活生命质量。

(3) 参与社会。有一部分文化程度较高的低龄老年人想通过老年学校学习，增强自身参与社会的能力，如通过学习电脑、英语和一些技能性课程，使自己更好地参与社会活动和对外交流。

老年学校对不同学习需求的老人要做到因人施教，确定不同类别的培养目标，使他们学有所得，其中一部分还可以大器晚成，继续为社会做贡献。

此外，作为海峡老年教育名校，还要培养"外向型"人才，他们通过老年大学的学习，掌握两岸老年教育的基本情况，学习开展交流的方法，开拓交流的渠道。

3. 海峡老年教育名校培养目标的基本内涵

培养目标是人才培养的总方向、总原则，是组织教学，进行课程设计的基本依据。培养目标的合理确定将直接决定教育的质量。由于老年教育研究还处于起步阶段，没有形成完整的理论，在老年教育培养目标内涵的表述，也仅是各抒己见。目前主要有以下几种观点：

一是认为"老年教育是提高老年人素质的教育"。持这种观点者认为：老年教育与其他教育一样，都是为了提高人的素质，另一方面也是从社会发展需要考虑，只有提高素质，才能更好地参与社会。当然，老年教育提高素质也包括身心素质和文化、技能等方面的素质，只有全面提高素质，才能更好地服务于社会。

二是认为老年教育是"老年生命教育"。它是以老年人的生命为基础，全面提升老年人生命质量的一种教育活动。老年教育是以承认老年群体的身心特点及个性差异为前提，以倡导老年人的生命与自身和谐、与自然和谐、与社会和谐、与他人和谐为目标；通过良好的教育方式，积极唤醒老年人的生命意识，激发他们的活力与潜能，构建科学的生活方式。

三是认为老年教育是"健康快乐教育"。持这种观点者提出："健康快乐"是生命、生活质量的最高标准，是老年人对幸福最高境界的追求。生命质量在于健康，生活质量在于快乐。

此外，还有其他一些对老年教育目标内涵的提法。尽管提法的视角不同，但有共同点，相互之间也有相通的地方。概述之，可以用老年大学二十四字的办学宗旨"增长知识、丰富生活、陶冶情操、促进健康、提高素质、服务社会"，作为老年教育培养目标的内涵。

作为海峡老年教育名校，培养目标的内涵还应包括培养开展海峡两岸、港澳以及与海外交流的老年人才。

（二）海峡老年教育名校的培养模式

培养模式是指学校为实现培养目标采取的培养过程的构造模式和运行方式。主要包括专业设置、课程模式、教学设计和教育方法、师资队伍、培养途径与特色、实践教学等构成要素。

老年大学教育是一种有别于普通高等教育的类型，是终身教育的一个环节。要提高老年大学教育质量，关键在于培养模式是否真正体现自身的特点。海峡老年教育名校与一般老年教育，既有相同点，又有其自身特点。其培养模式主要由以下几个方面构成：

1. 课程要体现因人施教、因材施教、因需施教

课程要体现因人施教、因材施教、因需施教。一般可以分三个层次：一是专业基础班：以传授各科的基础知识和掌握基本技能为目的，为老年学员适应社会发展提供必要的知识和技能。二是专业提高班：以提高某一专业知识水平和专业技能为目的，从而使学员在某一专业获得比较全面系统的知识。三是专业研究班：以进行研究为目的，在专业班学习的基础上，在专业的某一方面，进行更深入的研究，培养掌握"一技之长"的老年人才。

老年大学不论开设多少课程，都是包括在自然科学、哲学和社会科学中，这三大内容都在发展、变化和提高之中，因此，要增加一些形势教育、科普知识和技能教育、法制和道德伦理教育内容。

为了推动教学质量的提高，还要重视精品课程、精品专业的建设。精品课程、精品专业建设涵盖办学模式、教学计划、师资队伍、教材建设等诸多方面的内容。

课程的设置要体现当地的传统文化特色。开设一些闽南地方特色课程，适应海峡两岸文化交流、港澳交流和国际交流的课程。

2. 师资队伍在教学中起主导作用，要加强名师队伍建设

根据专业建设的需要，强化教师队伍建设，建设一支专业结构、职称结构和年龄结构相对合理、高素质的稳定的师资队伍。根据福建老年大学教师多为聘请的兼职老师、流动性大的特点，要建立教师信息库，储备待聘老师信息，保证教学活动正常开展。要开展教学评估活动，对任课教师进行必要的考核，对优秀教师给予奖励，不能胜任教学的要及时调整，以确保教学的质量。要在工作上、生活上关心老师，增强学校的亲和力。

3. 教材建设是老年大学教育的基础工作

老年教育的目的是为了使更多的老年人不断提高自己的生活和生命质量，这是老年教育的出发点和归宿。好的教材不仅可以使老年人满足求知欲望，跟上时代的步伐，而且可以使老年人丰富生活、陶冶情操、学中有乐、学用结合，为社会继续做贡献。同时也有利于深入开展两岸交流。

老年学习教材应充分体现思想性、科学性、系统性、层次性、时代性原则。还应富有趣味性、实用性、兼容性特色。要加强老年学教材的研究，揭示老年教育规律，以及教材的科学实用性。

4. 教学管理是老年大学教育、教学工作顺利开展的重要保证

搞好教学管理必须以老年学员为本，一切为了教学顺利进行。一是要加强教学组织建设，健全班委会，选好班长；二是制定有关制度，发扬民主风气，做到教学相长；三是配备班主任。班主任起着学校联系教师和学员的桥梁作用。明确班主任职责，加强班主任培训，提高班主任素质；四是开展教学评估活动，推动教学质量的提高；五是利用现代科技手段加强学校管理，使学校各项工作走上规范化管理的轨道。

（三）创建海峡老年教育名校应处理好几个关系

1. 处理好学校政治思想建设与日常教学工作的关系

作为一所老年大学，必须加强政治思想工作，坚持以教学为中心。随着老年人整体文化水平的提高，老年学员在精神文化生活方面提出了更多、更高、更新的要求。老年大学要向老年学员宣传正确的价值观，大力加强校园文化建设，把学习传统文化和弘扬时代精神结合起来，营造团结和谐、进取向上的校园氛围。

2. 处理好办学特色与提高学员素质的关系

老年教育既要遵循教育的一般规律，更要适应老年学员的个性特点，根据时代进程中科学文化的新变化、新要求、新发展，走出一条特色办学的路子，从办学特色、教学计划、课程设置、专业建设、规范管理等方面进行深入探索。

福建省在创建海峡老年教育名校的过程中，各种教学活动要着眼于提高老年学员的素质，通过"素质教育"实现以人为本。鼓励老年人不分年龄，人人共享，学会高质量地生存和快乐地生活，从而提高老年学员的生活生命质量，在自立、自强、自信、自尊中积极参与社会生活，在社会进步和社会保障中实现新的人生价值。

3. 宽松办学与规范管理的关系

终身教育的核心思想是以人的一生主动自觉学习为基础,以个性化、多样化、非职业化学习为特征。老年教育是终身教育最后阶段的一种学习形式。老年大学坚持自愿报名原则,学习课程由学员自主选择,自觉学习,不进行考试,离校自由,让学员轻松愉快,学有所得。应该说整个学习过程是宽松的。尽管如此,不等于对教学不讲求质量、可以放松管理。相反,应该加强学校的规范管理,保持良好的教学秩序,保证教学工作顺利进行。

4. 处理好学制班教学与专业研修班的关系

按照构建终身教育体系、建立学习型社会的要求,老年大学在抓好学制班教学的同时,要充分考虑为已结业的学制班学员提供继续学习和发挥作用的机会。这几年福建老年大学在游德馨校长的重视和倡导下,大力加强专业学会和研修班工作。已成立14个书画、诗词、经济研究学会(研究班)和一个艺术团,会员(团员)2640人。全省县级以上老年大学已创办348个专业学会(含艺术团),会员(团员)22150人,在全省初步形成学制班与学会(研修班)"两个轮子一起转"的办学格局。

5. 处理好教学实践与理论研究的关系

科学的理论,是老年教育健康发展的指南。从福建省来看,应该说积累了比较丰富的办学实践经验。但理论研究薄弱,滞后于老年教育发展的实践。为了改变这一状况,在福建老年大学游德馨校长、黄瑞霖执行校长的重视下,于2010年1月19日成立了福建省老年教育理论研究会,除了省校和各设区市校领导以及有关负责人参加外,还聘请了福建省高校专家教授作为研究会专家委员,大大提高了理论研究的规格和层次。研究会成立后,当即确定了研究课题,还深入基层开展调查研究。可以说,福建省老年教育理论研究已迈出坚实的一步,不久的将来一定会有可喜的收获。

6. 处理好校内教学和对外交流的关系

海峡名校需要大力开展对外交流,扩大在海内外的影响力。为此,在课程设置,学员骨干队伍的培养,尤其是第二、第三课堂活动和专业学会的建设方面,都要大力加强,以利于在交流中不断扩大名校的影响力,推动办学水平的提高。

三 福建省创建海峡老年教育名校的新举措、新成果

福建省提出创建海峡老年教育名校以来,在教育实践和理论研究方面

采取了多项新举措，取得了可喜的新成果。

（一）将"老年教育"纳入《国家中长期教育改革和发展规划纲要》的提议被采纳，这是我国老年教育取得的标志性成果

福建老年大学校长游德馨从国家教育发展规划的战略高度，提议将"老年教育"纳入《国家中长期教育改革和发展规划纲要》，其建议很快被采纳。这是我国老年教育经历长期实践和理论研究之后，取得的标志性成果。①

2010年7月29日，《国家中长期教育改革和发展规划纲要（2010—2020）》（以下简称《纲要》），全文正式发布，这是中国进入21世纪之后的第一个教育规划，是今后10年指导全国教育改革和发展的纲领性文件。《纲要》在关于加快发展继续教育中，指出要"重视老年教育"。这是我国首次在国家教育发展总体战略规划中，为我国老年教育的发展作了定位。这是我国老年教育发展的重要里程碑。

2010年8月，中国老年大学协会会长张文范在《宣传出版工作委员会第四次全体会议上的讲话（摘要）》中指出："《国家中长期教育改革和发展规划纲要》作为指导我国教育改革发展的纲领性文件，在正式出台前征求意见的过程中，中国老年大学协会和福建老年大学、福建省老年大学协会及部分省市10所老年大学的校长们，积极建言将老年教育纳入这个规划纲要中……《纲要》的宣传、贯彻和实施，将成为我国老年教育发展史上新的里程碑，具有划时代的伟大意义。"②

2010年10月17日至19日，中国老年大学协会第9次老年教育理论研讨会在沈阳召开。研讨会上，与会代表、中国老年大学协会的专家们对游德馨校长为发展福建老年教育和争取将"老年教育"纳入国家中长期教育改革和发展规划纲要所作出的贡献，给予高度评价，有力地扩大了福建省创建海峡老年教育名校的影响力。

（二）创建海峡老年教育名校的学术研究取得初步成果

老年教育是继续教育和终身教育的重要阶段，有着它的固有特点

---

① 福建老年大学校长游德馨以满腔热情投入老年教育事业，为我国老年教育的改革和发展，作出了突出贡献。2009年召开的全国老年教育"双先"评选、表彰活动是中国老年教育25年发展史上的第一次。游德馨校长荣获全国老年教育杰出贡献奖。

② 张文范：《张文范同志在宣传出版工作委员会第四次全体会议上的讲话（摘要）》，《老年教育》2010年9月号，第6页。

和规律，需要在实践中去探索和研究，找出规律和本质特征。福建省组建一支理论骨干队伍从事这方面的研究工作，显得十分必要，这是创建海峡名校的基础性工作。福建老年大学领导极为重视老年教育及创建海峡老年教育名校的学术研究和理论探索，并先后开展了几个方面的工作。

1. 成立福建省老年教育理论研究会

2010年1月19日，福建老年大学协会成立福建省老年教育理论研究会。在成立大会上，福建老年大学协会会长、福建老年大学执行校长黄瑞霖指出：福建省老年教育理论研究会成立，标志着福建省老年教育理论研究迈上了一个新台阶。他强调不仅要重视老年教育及创建海峡老年教育名校的实践，更要重视理论方面的探索和研究。他提出要把建设"中国老年大学协会老年教育理论研究基地"与构建海峡老年教育名校、推进精品专业建设、创建示范校工作有机地结合起来。建立一整套行之有效的科研奖励制度和规章制度，珍惜和调动老年教育工作者以及有关学者专家的积极性，培养和造就一批优秀老年教育科研人才，促进老年教育科研队伍不断壮大。

2. 游德馨校长对创建海峡老年教育名校工作作战略部署

2010年1月20日，游德馨校长在给福建老年大学校领导的信中，对如何开展老年教育及创建海峡老年教育名校的理论研究，作了具体而细致的指导。他指出："福建省老年教育理论研究会成立，标志着我国老年教育进入由理论指导实践阶段，应该说它将为办学提高一个档次。今后要充分发挥研究会的作用，多开展一些活动，用理论引领实践过程中需要解决的问题。"他要求理论工作者从理论的角度，研究以下问题：（1）福建老年大学作为省校如何定位？省校是否可以定位为：全省老年大学的教学示范中心、理论研究中心、老年教育培训中心、老年教育指导中心，即定位为"四个中心"？（2）如何发挥科学发展观在老年教育中的统领作用？（3）如何阐明老年教育在终身教育、学习型社会中的重要地位和作用？（4）福建省老年教育"十二五"规划如何制定？（5）什么标准才算是海峡老年教育名校，怎样创建海峡老年教育名校。（6）现有的老年大学省级示范校标准已经逐渐普及成为达标校的标准，如何进一步提高，标准如何修订？（7）如何开展远程老年教育？（8）省校任务明确之后，如何进一步明确市级老年大学及县级老年大学的任务？省委、省政府提出的"一级带一级"如何落实？游德馨校长明确指出："以上是从实践中提出的急需要理论指导的一部分问题，这些问题解决了，老年教育又可以前进一步。"显然，这封信体现了游德馨校长对福建老年教育的发展和创建海峡老年教育名校工作的关心和重视；对福建省老年教育今后的发展，以及海峡老年教育名校的创建，做了细致的工作部署。

3. 开展创建海峡老年教育名校调研工作

2010年6月，福建老年大学"创建海峡老年教育名校"课题组对福州、厦门、泉州、莆田、南平、三明、龙岩、漳州等八地市广泛开展课题调研。

（1）调查概况

2010年6月底前发放问卷163份，收回问卷149份，有效率达91.4%。其中男性学员77人，约占52%；女性学员72人，约占48%。被调查人基本信息见表1～表5。

表1 填表人性别和职业分布表

	性别			职业							
	男	女	小计	工人	农民	专业技术工作者	机关干部	教师	服务业工作者	医务工作者	文艺工作者	其他	合计
人数	77	72	149	15	4	32	47	26	6	7	1	11	149

表2 填表人文化程度分布表

	小学及以下	初中	中（职）专	高中	大专及以上	合计
人数	1	9	19	33	86	148

表3 填表人职称职务状况人数表

	职称				职务				
	未评	初级	中级	高级	职员	科级	处级	厅级	其他
人数	20	7	39	50	18	29	36	4	17

表4　在老年大学的学习年限人数表

	1年及以下	1—3年	3—5年	5年及以上	合计
人数	15	39	26	51	131

表5　填表人是否了解福建老年大学在创建海峡老年名校的分布表

	了解情况		具有政治意义和现实意义	
	了解	不了解	具有重大意义	具有一般意义
人数	98	50	126	13

问卷内容：

填表人是否了解福建老年大学（以下简称"省校"）在创建海峡老年教育名校？填表人回答结果见表6、表7。

表6　填表人对创建老年教育名校的信心和参与志愿情况表

	对创建名校的信心			参加创建名校的意愿		
	很有信心	较有信心	信心不足	愿意	尚在考虑	不能参加
人数	98	37	1	124	16	3

表7　填表人对创建海峡老年教育名校的条件评价表

	省校与名校的差距			教学设施是否达标			师资队伍的差距			课程教学质量是否达到		对所用教材质量评价		
	不大	较大	很大	已达到	尚未达到	不清楚	不大	较大	很大	多数课程已达到	少数课程已达到	均未达到	对多数教材满意	对少数教材满意
人数	9	38	7	37	69	37	88	39	6	73	46	5	100	33

（2）调查结果分析

从调查对象的基本情况看，男女比例合理；具有大专以上文化程度的学员约占58%，具有中级以上专业职称的学员约占76%；干部、教师及医务人员等专业技术人员约占76%；科级以上干部约占67%；在校学习年限超过3年的学员约占59%；约有64%的学员选修过或选修过两门（或两门以上）课程。总体上，调查对象文化素质较高，符合福建老年大学实际情况，抽样结果具有可信度。被调查人员中，了解福建在创建海峡老年教育名校的学员约占 66%；认识到创建海峡老年教育名校具有重大政治和现实意义的学员约占 91%；对创建海峡老年教育名校很有信心的学员约占 72%，没有信心的仅占 0.7%。

对福建创建海峡老年教育名校条件评价情况是：认为省校与名校差距不大的约占 17%，认为差距较大的约占 70%；认为差距很大的约占 13%；认为省校教学设施已达标的约占 26%，认为尚未达标的约占 48%，不清楚是否达标的约占 26%；认为师资队伍差距不大的约占 66%，认为差距较大的约占 29%，认为差距很大的约占 5%；认为课程质量达标的约占 59%，认为只有少数课程达标的约占 37%，认为尚未达标的约占 4%；对所用教材质量满意度的评价显示，表示满意的约占 75%，表示不够满意的约占 25%。

（3）小结

调查结果显示，多数学员了解福建省正在创建海峡老年教育名校；绝大多数学员认识到省校创建海峡老年教育名校具有重大政治意义和现实意义；99.3% 的学员对创建海峡老年教育名校很有信心或较有信心；绝大多数学员表示愿意参加创建海峡老年教育名校的工作；绝大多数学员认为师资队伍和教学质量能达到教学要求；大多数学员对所用教材表示满意。

调查结果也表明：有 44% 的学员不了解创建海峡老年教育名校活动；大多数学员认为与海峡老年教育名校的差距较大；48% 的学员认为教学设施尚未达到标准。

根据调查结果，我们认为，要继续加大创建海峡老年教育名校的宣传力度，加快教学设施的建设，继续做好规划，加快创建海峡老年教育名校的进程。

4. 组织课题组专家到全省老年大学考察、调研

福建老年大学协会、省老年教育理论研究会为了让高校的专家委员实地了解老年教育办学情况，更好地写成课题研究，施祖美会长带领专家委员和省校有关同志，于 2010 年 6 月 6 日至 10 日，先后到厦门、泉州、莆田、福州四个市校和思明区、石狮市、荔城区、长乐市 4 个县级校调研。通过调研，建立了联系渠道，收集了一批资料。12 月上中旬，省老年大学协会会长、执行校长黄瑞霖带队一行 5 人，分别对漳州老年大学、龙岩老年大学和福州老年大学，县（市、区）级的南靖老年大学、武平老年大学，就省级示范校标准修订进行调研。调研组参观了校园建设和教学设施,听取了教学情况汇报,对各校关于示范校标准修订所提出的意见和建议进行了梳理和汇总,为制定新的示范校评估指标体系打下了基础。同时,由省老年大学协会副会长、副校长施祖美带领,组织福州大学、福建农林大学、福建师大等高校专家委员,分别对南平、建瓯、三明、永安四地基层老年教育进行调研。通过听取情况介绍、座谈交流、查阅资料等多种形式,深入基层,对老年教育的办学条件、课堂教学、教学管理、教材建设、课外活动、理论研究等方面情况进行实地考察,旨在探讨基层老年教育发展的对策。

(三) 加强创建海峡老年教育名校的宣传工作

1. 认真学习贯彻全国"双先"表彰会议精神

为了更好地宣传我国老年教育事业的发展成就及老年大学的办学成果,中国老年大学协会在全国老年大学(学校)范围内开展"全国先进老年大学、先进老年教育工作者"的评选表彰活动,推动了老年教育工作的发展。福建老年大学认真组织学习中国老年大学协会张文范会长的讲话、学习兄弟省市老年大学的先进事迹;明确进一步抓好老年大学工作的意义和要求,统一思想,增强责任意识,激发工作动力,更加自觉地抓好学校的各项工作。

2. 通过承办"全国老年大学校长研修班",扩大福建老年大学在全国的影响力

"全国老年大学校长研修班"于 2009 年 7 月 21 日至 7 月 24 日,在福州召开。7 月 21 日上午举行开班式,出席会议的领导有:中共福建省委常委、副省长陈桦,中国老年大学协会会长张文范,福建省政协原主席、福建老年大学校长游德馨,中共福建省委原副书记、福建老年大学执行校长黄瑞霖,中国老年大学协会副会长、老年大学教育学术委员会主任陆剑杰,福建省委组织部副部长、省老干局局长李福生,福建省教育厅厅长鞠维强等。

陈桦副省长代表省委、省政府表示省委、省政府将一如既往地关心和支持老年教育事业。张文范会长作了"坚持坚定正确的办学方向,造就有鲜明教育思想的老年大学校长"的主题报告。游德馨校长作了"以科学发展观统领老年教育工作"报告。研修班既是学习会,又是经验交流会和宣传福建创建海峡老年教育名校的一次盛会。

3. 在全国老年大学中率先开展精品专业建设

2010年7月30日至31日，全省老年大学精品专业建设研讨会在福州举办。全省各地40多位老年大学教师、领导，和有关专家、学者出席研讨会。福建老年大学校长游德馨、福建省老年大学协会会长、福建老年大学执行校长黄瑞霖分别在会上作了重要讲话。黄高宪教授作了《浅谈老年大学精品专业建设》的专题学术讲座。12位代表就老年大学精品专业建设问题在大会上交流发言。与会代表围绕专题学术讲座，联系各自的实际，展开了热烈的讨论。

游德馨校长在讲话中指出，总结各地经验，互相取长补短，是建设精品专业的宝贵财富，并阐明了建设精品专业的深远意义，就如何进一步建设精品专业，提高老年教育的教学质量提出五点意见：一是各级学校领导应当重视精品专业建设；二是要有好的专业教师；三是精编专业教材；四是搞好精品专业建设，创新教学方法，完善教学手段；五是突出实践，实行开放式教学，开展对外交流。

黄瑞霖会长在讲话中对精品课程、精品专业是国家教育部的一项重要工作、高职高专的相关经验值得借鉴、要坚持老年教育的特殊性、建设精品课程是建设精品专业的基础、福建省精品专业建设已有一定的基础等五个方面作了精辟的阐述。

福建老年大学在全国老年大学中率先开展精品专业建设的探索工作，其实践意义和理论意义将在"十二五"老年大学教育改革和发展中逐步显现。

4. 在中国老年大学协会第九次老年教育理论研讨会上，展现福建省老年教育的新成果

2010年10月17~19日在沈阳召开中国老年大学协会第九次老年教育理论研讨会，福建老年大学游德馨校长作为大会特邀嘉宾，委派福建老年大学副校长施祖美出席，并在大会开幕式上作了题为《改革创新，办好人民满意的老年教育》的主题报告。施祖美的报告包含三个方面内容：一是介绍了游德馨校长带领大家积极争取将老年教育写入《国家中长期教育改革和发展规划纲要（2010—2020）》的有关情况；二是介绍福建老年大学以科学发展观为指导，以质的提高带动量的发展，两个轮子一起转，开展创建省级示范校和创建海峡老年教育名校的简要情况；三是代表学校申报中国老年大学协会第10次老年教育理论研讨会主办权。会议结束时，学术委员会陆剑杰主任宣布全国第 10 次老年教育理论研讨会 2012 年将在福建召开。这次研讨会展现了福建老年教育的新成果，提升了福建老年教育在全国的影响力。

为迎接即将于 2012 年在福建省举行的全国第 10 次老年教育理论研讨会，2011 年 4 月在福州召开了福建老年教育理论研究会首届年会，10 月还将召开两岸三地老年教育论坛，届时将邀请两岸三地老年教育工作者参会。

5. 精心组织福建老年大学 25 周年校庆暨全省老年教育 25 周年庆典

2010 年 10 月 27 日，福建老年大学举行以校庆暨全省老年教育发展 25 周年庆典为主题的文艺汇演。福建省委书记、省人大常委会主任孙春兰，省委副书记、原省长黄小晶，原省委副书记、组织部长于广洲，省人大常委会党组书记、副主任刘德章，省委常委、宣传部部长唐国忠，省委常委、秘书长杨岳，省委常委、副省长陈桦，省政协副主席叶家松，在省政协原主席、福建老年大学校长游德馨，省委原副书记、福建老年大学执行校长黄瑞霖等的陪同下，兴致勃勃地参观了校园和教学设施，并与学校领导和老年学员亲切交谈，参观了学校荣誉室和书画展，和 800 多位老年学员一同观看演出。孙书记对福建老年大学和全省的老年教育工作表示满意，对办学所取得的成绩给予充分肯定，表示省委、省政府要继续重视和支持老年教育工作，促进全省老年教育事业更好更快地发展。

省级老领导黄文麟、郑义正、谢先文以及省委办公厅主任张广敏、省政府办公厅主任刘明、省委组织部常务副部长李红、省委组织部副部长、老干部局局长李福生、教育厅厅长鞠维强、民政厅副厅长高雪玉、省总工会副主席江孝善、省老龄办常务副主任林守钦等有关部门领导，和省老年大学副校长施祖美、林其安、李宗明、陈作绁等领导参加了庆典活动，并观看了演出。

6. 开拓创新，促进专业学会工作的发展

（1）游德馨校长反复强调"办好老年大学，不仅要办好学制班，同时也要办好专业学会，这好比车子两个轮子，缺一不可，车子要前进必须两个轮子一齐滚动"。这是福建老年大学多年办学经验的总结，办好学会（研究班）、艺术团的经验和做法得到全国老年教育"双先"表彰大会及全国老年大学校长研修班的充分肯定。

（2）进一步制定并完善专业学会章程。为了有序有效求作为，提高效益，争取所有专业学会（研究班）、艺术团都争取尽快完善的章程。让各学会（艺术团）之间相互借鉴，搞好工作，促进发展。

（3）建立学会交流学习的平台，开展学会间的交流活动，互相取长补短。

7. 加强对外交流，促进海峡老年教育名校的创建工作

福建老年大学加强对外交流及开展创建海峡老年教育名校等工作受到全国老年教育"双先"表彰大会及全国老年大学校长研修班的称赞。福建老年大学积极加强与全国老年大学协会老年教育学术委员会的联系，同时开展与京、津、沪等地老年教育研究学术机构的学术交流活动。采取多种形式，调动老年教育办学单位参与老年教育的积极性。福建老年大学还发挥"东方老年教育福建培训中心"的职能，加强对台湾民间交流与相关学校来往、结为友好，几年来，福建老年大学接待了六批台湾老人社会大学游学团。这些为创建海峡名校打下了良好基础。

第四节 海峡老年教育名校的"十二五"建设规划

"十二五"时期，是全面建设小康社会的关键时期，是福建省深化改革开放、加快转变经济发展方式，推动跨越发展的关键时刻。老年大学工作要紧密联系全省推进海峡西岸经济区建设的实际，认真贯彻落实十七届五中全会精神，制定和实施适应形势新变化、顺应老年人新期待的海峡老年教育名校发展规划。

福建省委八届十次全会通过的《福建省"十二五"经济社会发展规划建议》要求，"到十二五末我省全民受教育程度明显提高，教育发展的主要指标进入全国前列，高度重视发展老年教育，加快教育强省建设，办人民满意的教育"。省委、省政府高度重视各级老年大学发展，把办好老年大学纳入老龄工作、老干部工作和教育事业发展的重要内容。我们要充分发挥省老年大学在全省老年大学教育的龙头、示范和带动作用，把省老年大学办成海峡老年教育名校，成为全省老年教育的典范。

一 办学规模

办学规模是学校所具有的格局、形式和范围。福建老年大学秉承"增长知识、丰富生活、陶冶情操、促进健康、提高素质、服务社会"的办学宗旨，围绕"老有所学、老有所乐、老有所为"的目标，积极进取，开拓前进，经过25年的发展，已形成多层次、多学科、多学制的开放教育体系。办学规模逐年扩大。

（一）办学规模与创建海峡老年教育名校的关系

1. 办学规模是创建海峡老年教育名校的基础

《国家中长期教育改革和发展规划纲要（2010—2020）》指出"发展老年教育"，由此，我们可以看到国家重视老年群体，发展老年教育的决心。由于老年教育是一项新兴的事业，从起步到今天，一路走来艰辛曲折，多是靠各地领导的支持和老年大学同志们的积极努力争取，才有了今天的初具规模。发展老年教育，有许多事需要老年教育工作者去做。老年大学必须认真贯彻《纲要》精神，把老年大学做大做强。没有一定规模，学校办学就没有坚实的土壤，"名校"更无从谈起。

2. 扩大办学规模是老年教育发展的需要

我国已进入老龄化社会，老年人学习的需求逐年提高，老年大学还有很大的发展空间，老年教育潜力巨大。老年大学有责任为更多的老年人提供服务，为老年人综合素质的提高、为构建"全民学习、终身学习的学习型社会"做出应有贡献。

3. 办学规模是老年大学办学质量的体现

福建老年大学从创办之初的多点租借教室上课，逐步发展到今天的规模办学，重要的一条经验就是以抓教学质量为纲，促进学校各项工作的全面开展；重视并优化课程设置、加强校园基本建设、严格教学管理、深化教学改革、确保正常稳定的教学秩序。优质的教学质量和规范的管理水平赢得了广大学员的普遍赞誉，也因此带动了学员数的逐年提高，促进办学规模的发展。

（二）福建老年大学办学条件

福建老年大学隶属于福建省委老干部局，下设办公室、教务处、联络处、协会秘书处。学校现有校舍17000多平方米，其中五四路老校区5000多平方米、工业路新校区12000多平方米，共有教室20间。各专业教室的设备可满足教学需要，多媒体、网络教学设施基本到位。

根据"两个轮子一起转"的办学理念，福建老年大学不仅抓教学班的建设，同时加强专业学会（研究班）和艺术团队的工作。教务处主要负责学制班的教学和管理工作，实行处、系、班三级管理体制。按学科类别分美术、保健、体育、舞蹈、声乐、器乐、语言文史、电脑等8个系13个专业，共有219个班级，学员6621人（学科9350人次）。专业学会（研究班）和艺术团队的工作由联络处负责。学校现有书法、国画、诗词、经济研究、摄影、钓鱼、人体生命工程、太极拳、交谊舞、象棋、足健会、心理健康、英语、中医养生等14个专业学会（研究班）和一个艺术团，目前有会员、团员2600多人。此外，在省直10个单位设有分校，共有67个班，学员数1658人（1884人次）。全校学员、会员总数超过10000人。分校由所属单位管理，省校负责业务指导和有关协调工作。

办学规模的不断扩大，既说明随着老龄化进程的加快，众多老年人对精神文化生活的渴求，也说明我们认真坚持了老年大学的办学宗旨和教育方针，开设的课程符合广大老同志的需求，并在提高教育质量上下了功夫，越办越兴旺。

（三）"十二五"期间的发展问题与对策

随着中国老龄化进程的加快，福建老年大学充分意识到自己肩负的历史使命，力求最大限度地满足老年人的学习需求，积极造就新时期有理想、有文化、有追求的老年人，提高办学质量，扩大办学规模和社会效益。

1. 福建老年大学要在创建海峡老年教育名校方面起表率推动作用

从近几年福建老年大学招生情况看，老年学员对老年大学的归属感日益增强，虽然我们已拥有近20000平方米的校舍、219个教学班和14个学会，仍满足不了老年人日益增长的学习需求。另一方面，按照《福建省"十二五"经济和社会发展规划纲要》提出的，"到2015年，全社会老年人入学率达到15%"的目标，福建老年大学的办学规模还有较大差距，工作任务十分艰巨。

进一步看，创办老年大学的难点在农村。最近，福建省人民政府办公厅转发省委老干部局等部门《关于扶持县级离退休干部活动学习场所建设方案的通知》，强调"老年大学校舍面积不小于1000平方米"，陈桦副省长在福建省老年大学协会第四次会员代表大会上的讲话中也要求各地"下气力抓好城市街道、农村乡镇和村（居）老年学校建校、管理等项工作，积极整合村级教育资源，发展老年学校，结合村级综合服务场所和村文化室、农家书屋建设，发展老年学校，要想方设法推动基层老年教育的发展，使得在十二五期间，基层老年教育有更大的发展，形成较为完善的老年教育体系"。省委领导的高度重视，从根本上解决了办学的硬件问题，增强了老年教育工作者的办学信心。我们将通过一级带一级，培训农村教学骨干；另一方面，通过远程教育这个现代化平台，推进城乡老年教育一体化。

2. 福建老年大学要起到中心校的作用，带动多点办学

福建老年大学作为省级老年大学要充分发挥自身的资源优势和经验优势，千方百计促成高校、企业、有条件的机关、社区举办老年大学或分校。省校在业务上予以指导，如培训骨干，帮助推荐教师、教材，创建远程教育收视点等。这不仅有助于省校的经验得以推广，优质资源得以共享，还方便了老年人就近入学，既降低了交通成本，也提高了安全系数。

3. 正确处理办学规模和教学质量的关系，实现学校工作的可持续发展

随着社会科学的进步、文化的繁荣发展，人们在精神方面的追求日趋提高。当今的老年人已不再满足于单调、低层次的学习，他们对课程有多样化、多层次的要求，对教师专业知识和教学能力的期许也越来越高。海峡老年教育名校也不能仅仅局限于有庞大的学员数，更要有实力、有较高的教学质量和办学特色。因此，必须坚定不移地走以提高质量为核心的内涵式发展道路，通过质的提高带动量的发展。要更加注重结构调整，更加注重质量提升。通过科学论证，调结构、定规模、重质量、讲效益，确定结构合理、数量适度的办学规模，使其符合学校发展目标的要求。在保证教学质量的前提下，到2015年，争取在校学员、会员数达到13000人，班级数达到260个。

二 课程建设

（一）课程建设与创建海峡老年教育名校的关系

1. 课程建设是创建海峡老年教育名校的重要内容

创建海峡老年教育名校，必须加强课程建设，进一步深化教学改革，推进教学创新，改革教学方式和管理方式，提高学校整体教学水平。遵循课程建设发展规律，与时俱进，开拓创新。重视基本理论和基础知识教育、素质教育和为社会服务的观念，体现专业、课程教学的科学性、思想性和先进性特点，使课程建设满足老年人日益增长的学习要求。全面提高教学水平和教学质量，逐步建立富有特色、水平先进、整体优化的课程体系和教学方式，形成独特的课程体系和教学风格，体现老年大学特色和时

代特征。

2. 课程建设是保证教育教学质量的核心工作之一

福建老年大学经过25年的发展,由外延发展模式逐步转向内涵发展模式,由经验型办学方式转向科学办学方式,提升教育质量和教学水平成为办学的基本要求,而课程建设是保证教育教学质量的核心工作之一,也是学校教学工作的重要内容之一。

3. 课程建设是提高教学质量和办学水平的重要保证

课程建设是一项系统工程,涉及教师、学生、教材、教学技术手段、教育思想和教学管理制度等多层面。学校通过课程建设,不断深化教学内容、课程体系、教学方法和教学手段的改革,及时将新知识、新理论和新技术充实到教学内容中。

(二)福建老年大学课程建设实践

1. 课程建设的原则

本着"以人为本"的原则,福建老年大学课程建设坚持实事求是、一切从老年人实际出发,根据老年人的生理和心理特点,尊重老年人学习的特殊规律,制定与之相适应的课程建设原则。

(1)课程设置层次分明,满足不同文化程度、不同学习需求人的要求。

(2)视教学硬件设施情况,尽可能使用现代化教学手段,加强直观效果,提高课堂教学质量。

(3)加强教师职业道德教育。聘请教师的首要条件就是要尊重老年人,热爱老年教育工作。

(4)教材的选择和开发重视考虑老年人学习的特点。

(5)教学管理人性化。教务处工作人员经常深入班级了解情况,倾听意见;坚持班主任随班听课制度,随时掌握班级和学员情况,教师精心选择适合老年人的教学方法,师生之间教学相长,亦师亦友。

2. 课程设置与安排

(1)现有课程设置情况

福建老年大学的课程设置本着"贴近时代、贴近老人、与时俱进"的原则,根据老年人的兴趣和身心特点,结合学校办学条件而设置。学校现有8个系219个教学班,详见表8。

表8 福建老年大学课程设置一览表

系别	专业	课程
美术系	书法专业	书法一至四年级、书法提高
	绘画专业	山水画一至四年级、山水画提高 花鸟画一至四年级、花鸟画提高 人物画、钢笔画、写生、篆刻
	摄影专业	摄影一、二年级、摄影提高
	工艺专业	钩织
声乐戏曲系	声乐专业	声乐基础一至四年级、声乐提高、合唱
	戏曲专业	京剧旦角唱腔、越剧唱腔、越剧身段、闽剧唱腔
器乐系	器乐专业	钢琴一至四年级、钢琴提高、电子琴一至四年级、电子琴提高、二胡一至四年级、二胡提高、古筝一至三年级、古筝提高
舞蹈系	舞蹈专业	民族民间舞一至三年级、民族民间舞提高、健身舞
体育系	体育专业	太极拳剑一、二年级、太极拳剑提高，太极扇、瑜伽、健美操、科学散步法、交谊舞基础、提高、技巧、国标华尔兹、国标狐步、国标拉丁舞、钓鱼
保健系	中医学专业	中医基础一至四年级、中医内科
	保健专业	老年保健、食疗、老年心理学
	推拿专业	按摩、按摩提高班
语言文史系	文史专业	诗词写作、诗词鉴赏、中外名著欣赏、写作、文史杂谈、易经、老子学说、经济研究
	英语专业	英语基础一至四年级、英语口语一至四年级、英语提高、英语研修、英语歌
计算机系	计算机专业	电脑入门、图文编排、网上冲浪、博客制作、电子相册制作、常用软件工具处理、图像处理

（2）坚持不断创新，拓展课程体系提高办学层次

伴随着现代科技发展的脚步，老年大学的课程建设也在不断丰富和发展。老年学员旺盛的求知欲要求我们要千方百计地满足学员的需求，只要学校条件许可，就尽可能地开设新课程，提高学科层次，丰富教学内容。如摄影课程，从20世纪90年代讲授胶片相机到后来的数码相机，再到数码照片处理。该课程很好地满足了老年人对新知识的渴望，要求学习的人越来越多，学员数一再被突破。

（3）注重开设具有福州地方特色的课程

福州是一座具有悠久的文明历史和厚重文化底蕴的古城，闽都文化源远流长，发掘、研究并使其发扬光大是我们的责任和义务。近年来福建老年大学陆续开设了"闽都文化"学制班和系列讲座、闽剧唱腔班等独具福

州地域特色的课程，让更多的人了解福州的历史文化，增强自豪感。

（4）课程设置的不足之处

现有课程设置门类丰富、层次清晰，教学班也很多，从本次收回的问卷调查结果看，学员们对福建老年大学现有课程设置是满意的。但是，作为海峡老年教育名校，还存在差距。表现在：文化内涵较高的科目，如中外名著欣赏、英语等课程，报名人数远不及跳舞班等娱乐休闲课程；具有地方特色的课程也难以引起学员的普遍关注。

3. 课程建设与管理

福建老年大学目前实行的是在教务处领导下的处、系、班三级管理体制。在教务处统一部署指导下，由系主任对本系的课程体系、教材选用、教学内容、教师人选以及教学研究、班级管理等负主要责任。班主任负责落实教务处和系主任布置的各项工作，上传下达、服务教学、服务学员。

（三）加强课程建设的对策建议

1. 加强精品专业建设

以精品课程建设为基础，加大精品专业建设力度，使学校教学质量向更高的层次迈进。5年内建成6个省级精品专业、10个校级精品专业、20个校级精品课程。学校定期组织专家进行精品专业、精品课程的评选，对评选出的精品专业和精品课程分别授予"福建老年大学精品专业"和"福建老年大学精品课程"荣誉称号，并给予相应的经费资助。鼓励教职工积极参加课程建设，学校把课程建设纳入教学工作考核、奖励范畴，作为教师年度考核、评选优秀教师的重要内容之一。并对通过评选的各类专业、课程进行检查、指导和评估。对在检查、评估中发现的后续建设工作不力、水平明显下降的专业和课程，将取消其相应的荣誉称号。被取消荣誉称号的课程两年内可以申请一次复查，复查合格的课程恢复其原有的荣誉称号。

2. 改善教学硬件设施，加大现代化教学设备投入

所有教室都要配齐多媒体教学设备，使用现代化教学手段。保障课程上网运行通畅，增加网络教学资源，提高网络教学资源质量。

3. 积极实行启发式、讨论式、开放式、探讨式教学模式

在教学方法和手段方面，形成文字教材、电子教材、辅助教材和参考资料相配套的教学图书和教学软件。包括参考书目、计算机多媒体课件。

因材施教，促进学员自主学习和研究性学习。加大教学沟通，促进教学相长。根据社会发展和老年人学习需要，上网的课程资源既要满足教学需要，又能服务社会。在教学实践方面，根据老年人生理和心理特点，加大实践教学课时，积极开展第二课堂活动，巩固第一课堂教学成果。积极创造条件，开辟课外实习基地。力求5年内编写出一套符合专业特点、为老年人喜爱的教材。在教材编写中注重科学性、逻辑性、趣味性，体现理论与实践的结合。重视教学研究工作，定期开展听课评课活动，不断提高教师及教学管理人员的业务素质，提高教学质量。强化教改立项研究内容与课程建设的有机结合，不断更新课程建设内容。

通过"以教学促教改，以教改促教学"的双促活动，加快课程建设步伐，使好的教学经验和教改成果及时融入课程建设之中，不断提高课程建设水平。

4. 加大课程建设的监控力度

加强课程教学内容的监督检查。教学大纲、教学进度、教材、教学内容一旦确定，就要尽可能按要求执行，系主任、教师、班主任要维护其严肃性，不得随意更改，努力确保按计划完成教学任务。

三 师资队伍建设

（一）师资队伍与创建海峡老年教育名校的关系

1. 办好教育，教师是关键

胡锦涛总书记指出："教师是人类文明的传承者。推动教育事业又好又快发展，培养高素质人才，教师是关键。没有高水平的教师队伍，就没有高质量的教育。"温家宝总理在2008年9月9日征求基层教师对制定《国家中长期教育改革和发展规划纲要》的意见时，指出"教师是阳光下最光辉的职业"，"教育大计，教师为本"，"办好教育，教师是关键"。从某种意义上说，一所学校成功的关键取决于它是否拥有一批高水平的知名专家学者和高素质的教师。有了这样一支师资队伍，学校才能培养出高水平的人才，提升学校的教育质量和学术水平就有了可靠的保障；反之，没有高水平的教师，就不可能培养出高质量的人才。

2. 加强师资队伍建设是建设海峡老年教育名校的紧迫任务

师资队伍建设是学校建设和发展的关键所在，也是衡量一所学校办学质量和办学水平的根本标准。创建海峡老年教育名校，就必须有名师，要建设一支高素质的教师队伍。当前,福建老年大学师资配置还不够均衡,高素质教师的比例还不够高,教师创新能力还不够强,教师队伍整体素质尚需提高。进一步加强教师队伍建设,加快提高教师队伍整体素质,为建设海峡老年教育名校提供人才保障和智力支持,是老年教育事业发展的当务之急。

3. 加强师资队伍建设是学科建设的必然要求,是推动老年教育事业科学发展的根本途径

师资队伍建设是教育改革的重要内容之一,它直接关系到教育事业的继承和发展、教育改革的成功与失败。老年大学教师承担着全面贯彻老年教育办学宗旨的重大职责,肩负着办好老年人满意教育的重要使命,是建设学习型社会的主力军,是教学的主导力量。建设一支德才兼备、富有创新精神的高素质教师队伍,对建设海峡老年教育名校、教好每一名学员,全面实施素质教育、全面提高老年教育质量具有重要意义。

(二)福建老年大学师资队伍现状分析

1. 师资队伍结构

福建老年大学现有教师113人,基本是外聘教师(本校编制内教师1名),其中具有高级专业技术职称的40人,中级职称的24人,其他(含各行业能工巧匠,但由于某些局限,未评上专业技术职称的)49人。年龄结构方面,40岁以下的41人,60岁以上的33人,40~60岁的39人;学历结构方面,大专及以上的96人,其中本科及硕士学历的69人。

2. 有较好的敬业精神和师德修养

老年大学的教师都热爱老年教育工作,有热衷为老年人服务的精神,对老年教育事业有坚定的职业信念,带着强烈的历史责任感去关爱老年朋友。能树立正确的世界观、人生观、价值观,自觉增强职业道德,不断提高思想政治素质和业务能力,教书育人,为人师表,诲人不倦。尊重学员、关心学员,与学员建立民主、平等、亲密、知己的和谐关系。真心助老,乐于奉献。

3. 有较好的专业知识和业务水平

福建老年大学教师大都具备比较广泛深厚的文化基础知识,扎实系统的专业学科知识和教育学心理学基础。能较好地驾驭教材内容,精心组织教学内容、实施教学目的;准确地把握重难点、制订切实可行的教学计划;了解老年人身心特点和学习需要,采取灵活多样的教学形式,因课而异、因人而异，不仅重视大部分学员的学习需要，也注意兼顾两头，使整个集体共同进步。老师们勤于学习，善于思考，不断加强自身理论知识的再学习，更新知识结构，跟上时代前进的步伐；更新教育理念，不断研究和积累适合老年人的教学方法，提升业务能力。

4. 存在的问题

（1）中、高级专业技术职称的教师偏少

中国老年大学协会《全国示范性老年大学评价标准（征求意见稿）》中，对师资队伍的要求之一是"结构合理，中级以上职称的要超过90%"。作为省级老年大学，要创建海峡老年教育名校，还有一定的差距。

（2）专业领军人物不足

建设海峡老年教育名校，除了要求师资队伍整体水平较高之外，各专业、学科的领军人物必不可少。按照规划要求，每个专业至少要有一名副教授以上职称的教师担任学科带头人。学校现有8个系15个专业，由于各种原因，4个专业暂无学科带头人，影响和制约了学校教学工作的整体发展。

（3）师资队伍的梯队层次尚未形成

以专家、教授为学科带头人，以退休老教师为骨干、以优秀中青年教师为生力军的教师队伍，基本满足了老年人学习文化、提高素质的要求。但是，教师的年龄结构、知识结构及健康状况仍不尽合理，影响了学校的师资队伍建设。

（三）加强师资队伍建设的对策与建议

以邓小平理论和"三个代表"重要思想以及党的十七大和十七届四中、五中精神为指导，以全面提高教师队伍素质为中心，充分认识全面提高师资队伍整体素质的重要性和迫切性，坚持深化改革，调整结构，提高发展，切实加大师资队伍建设工作的力度。

1. 以科学发展观和人才观统领师资队伍工作

科学发展观的核心是以人为本。作为学校科学发展观的价值内核，以人为本包括学校办学以人才为本；学校教育以学生为本。以人为本，就要关心人、尊重人，一切发展都要紧紧围绕人的发展来展开。牢固树立人才资源是第一资源的观念，切实把人才工作摆在学校改革发展的核心地位，大力实施人才强校战略。

实现老年教育可持续发展，师资队伍建设是重中之重，要把这项工作当作战略任务来抓。坚持以人为本，注重人文关怀，在全校范围内形成尊重知识、尊重教师的良好氛围，努力创设良好的工作环境，进一步激发广大教师的工作积极性和创造性，稳定教师队伍。以学科建设为基础，以全面提升教师队伍素质为中心，以培养中青年骨干教师为重点，形成老、中、青结合，传、帮、带促进的良好教学环境。全方位营造"事业留人、感情留人、待遇留人"的校内环境，吸引、凝聚人才。为建设高素质师资队伍提供充足的人才保障。

2. 实施"名师战略"，聘请知名专家、教授任课

游德馨校长在《关于精品专业建设的几点意见》中提出，要实施"名师战略"。福建老年大学要继续坚持聘请福建医科大学、福建中医学院、福建师范大学等高校的教师（大多为副教授以上职称）及福建省立医院、福建医大附属医院、南京军区福州总院等医院的专家来校任课。在课程建设等方面充分发挥他们的经验优势和带动、示范作用；积极发挥名师的传、帮、带作用，带动队伍素质整体提高，促进青年教师快速成长。为增强教学实力，提升办学水平，学校还将请省教育厅予以支持，推荐福州市相关学科的教授、专家来校上课。

3. 加强科学化管理，提高师资队伍素质

第一，要本着相对稳定、合理流动的原则。稳定有利于教师积累老年教育的工作经验，有利于培养教师的主人翁精神，有利于师生之间建立和发展友谊。但必须有合理的流动，对不适应教学要求，学员意见较大或年事已高、体力不支的教师，要适时进行调整，充实新生力量，保持教师队伍的生机和活力。第二，对教师的教学要有规范化的要求，要按照教学大纲的要求施教。教学大纲，是办学经验的总结，教学大纲既已形成，就必须认真执行。在课堂教学问题上，要求教师认真备课，规范讲课，并经常听取学员的意见和建议，采取适合老年人的最佳教学方法。第三，要建立健全教师考核制度，要求教师自觉遵守学校有关规定，做到有事提前请假，确保教学秩序有条不紊地进行。每年都要对教师的教学工作进行评估，采取学员评价教师、班主任评价教师、教务处测评教师等形式，通过评估对深受学员欢迎的教师予以表扬，每两年评选表彰一批优秀教师。第四，重视人才的储备和培养工作，努力打造一支素质精良、结构合理、富有活力、相对稳定的师资队伍。

四 科学研究工作

(一) 科学研究与创建海峡老年教育名校的关系

教育科学研究是一种运用科学的理论和方法,有意识、有目的、有计划地对教育领域里的现象、问题和规律进行研究的认识活动。教育科学研究的目的,就是要解决教育活动中的问题,探索教育发展的规律,进而为教育实践服务,为教育决策服务,为教育发展服务。

教育科学研究是学校发展的理论支撑,是提高办学质量,创建名校不可或缺的动力。许多著名高校,如北大、清华、复旦、浙大等都以建设综合性研究型大学为发展战略,近年在逐步缩减本科阶段招生,扩大招收研究生。浙江大学2008年招收的新生中,研究生首次超过本科生,标志其朝着综合性研究型大学的方向迈进了一步。一些著名中学也因教育科学研究而成为名校,比如北京四中以课程改革闻名,南京师大附中以分层次教学闻名,他们都依靠教育科研来推动学校的改革和发展。由此我们可以看出,名校的创建必须依托科学研究的支撑。

老年教育有别于基础教育和高等教育,其在发展中面临的问题不能套用其他类型的教育理论。老年教育中许多过去不曾遇到、不熟悉的问题需要我们去研究、去解决,许多我们熟悉又习以为常的问题,需要我们用新的观念、新的思想、新的角度去认识、去审视、去完善。

1. 科学研究是推动老年教育事业发展的需要

党的十六大提出"建设全民学习、终身学习的学习型社会",2010年颁布的《国家中长期教育改革和发展规划纲要(2010—2020)》提出"发展老年教育",正式将老年教育纳入国家中长期教育改革与发展规划。这些都表明老年教育事业正处于十分有利的发展时期,整个大环境要求老年教育事业进一步发展。

福建老年大学处于创建海峡老年教育名校初始阶段,名校该如何建设,名校的指标如何确定,如何解决所面临的各种新问题,如何重新审视习以为常的办学旧理念等等,都亟须从理论与实践的结合上给予正确的回答并提出有效的解决方案。

2. 教育研究是提高办学质量的需要

老年教育事业是新生事物,没有前车可鉴。老年学员的生理特点,他们接受教育的目的,合适的教学方法等等,都与基础教育和高等教育有很大的差异。加强老年教育科研，积极探索其发展规律，研究教学手段与方法，探索老年人的学习需求和生理心理特点，才能切实提高老年教育的办学质量。教育科研成果是教育规律的表现，一旦被广大老年教育工作者掌握，就会变成提高办学质量的巨大的现实力量，提高教育教学质量。

3. 教育研究是老年教育决策科学化的需要

决策科学化就是运用科学的方法和手段，遵循科学的程序进行决策。教育科研以其综合的知识体系和科学的研究方法，帮助人们观察分析教育现象和教育问题，并作出符合教育规律的鉴别、判断和预测，具有促进领导职能的转变和教育决策的科学化、民主化的功能。

教育科研对于创建名校意义十分重大。一个科学、实用的老年教育科研规划，能够为老年教育科研的发展提供有力保障，它能够让老年教育决策者掌握老年教育发展规律，科学决策，让老年教育工作者明白自己为什么这么做，要做什么，怎么做，做到什么程度。2010年7月，在全省老年大学精品专业建设研讨会上，首次邀请高校专家作关于课程与专业的学术报告，帮助与会的老年教育决策者们理清了专业与课程之间的区别与联系，纠正专业设置的偏差，促进学科体系建设的专业化，这是教育科研帮助教育决策科学化的一个生动例子。

（二）当前老年教育科学研究的现状与存在的问题

老年教育科研成果是引导和指导老年教育实践的指南。以下从中国老年大学协会的会刊《老年教育》杂志社出版的老年大学版2010年第1~7期上所发表的有关老年教育理论研究方面的文章来了解目前老年教育科研的现状与问题。

1. 样本分析

（1）样本选择的依据

《老年教育》杂志老年大学版创刊于2005年，它是目前唯一一本公开出版的以刊登老年教育理论文章为主的老年教育专业期刊，面向全国各级各类老年大学及老年教育领导和管理部门，在老年教育界具有广泛的受众面和一定的影响力。

（2）样本的相关数据

①发表时间：作为样本的论文均发表于《老年教育》老年大学版2010年第1~7期上。

②选取栏目：选择杂志中的"理论与研究"、"经验交流"、"教学研

究"、"教学管理"、"他山之石"以及"特稿"等栏目。

③论文篇数：115篇。其中福建省作者发表的论文篇数7篇。属于福建老年大学作者发表的论文仅1篇。

(3) 样本论文统计表

表9 作者情况分析

老年大学管理与工作人员	老年大学教师	老年大学正副校长	各级领导	协会负责人	专业理论工作者
56	20	17	5	9	8

表10 论文的主题与内容

学科教学经验交流	国内外各地区老年教育经验介绍和借鉴	老年教育发展的建议和对策	理论观点和学科体系建设	老年教育的意义、作用、目的	学校管理经验和管理方法	老年教育现状
47	6	17	0	5	37	3

表11 论文的研究方法

调查分析	简单的统计分析	定性分析	定量研究	实证研究
2	3	110	0	0

2. 老年教育研究存在的问题

从表9~表11可以看出我国老年教育科研存在以下问题：

(1) 从论文作者情况表来看，从事老年教育科研的力量过于薄弱。参与老年教育科研的三大主力是老年大学管理与工作人员、老年大学教师、老年大学正副校长。三者发表的文章数量和所占比例分别为：56篇，占总量的48.6%；20篇，占总量的17.3%；17篇，占总量的14.7%。三者之和为93篇，占总量的80.8%。

需要关注的是专业理论工作者的文章8篇，仅占总量的6.9%，说明从事老年教育科研的研究人员只占很小的比例。相比而言，从事基础教育、高等教育等领域的科研人员队伍是非常庞大的。

(2) 从样本论文的主题与内容表来看，论文的学术价值不够高。样本论文中，学科教学经验交流、国内外各地区老年教育经验介绍和借鉴、学校管理经验和管理方法等三项论文篇数有 90 篇，占总量 78.2%。表明样本论文大多为经验交流，虽有助于各地借鉴，但学术价值不太大。老年教育发展的建议和对策有 17 篇，占总量的 14.7%。没有理论观点和学科体系建设的论文。

(3) 研究方法单一。从研究方法看，除了少数几篇文章用了调查分析和简单的统计分析之外，115 篇样本论文中有 110 篇是用定性分析法，占总量的 95.6%。运用调查分析法有 2 篇，总体上缺少定量研究法和实证研究法。

(4) 缺少研究平台。专业的期刊和杂志是老年教育科研的重要渠道，对学术发展起着一个平台的作用。目前各地各级老年大学都办有自己的刊物，但几乎都是内部刊物，尚无全国范围内有影响的核心期刊、公认的权威刊物。

另外，学术会议也是一个平台，虽然全国各地区各类研讨会不少，但单从参加研讨会人员的组成来看，虽然有着丰富的老年教育工作实践经验，但专业素质不够，研讨会缺少理论工作者的参与，或者说专业理论研究人员的参与比例太小。

(5) 与《老年教育》杂志老年大学版 2005 年第 1~12 期的研究结果相比，进步不大。天津教育科学研究院专家岳瑛老师在《老年教育理论研究的现状与问题分析》一文对 2005 年第 1~12 期的《老年教育》杂志老年大学版进行研究，我们拿它与 2010 年第 1~7 期刊载的论文和 2005 年刊载的论文相比较，形成以下对比（见表 12）。

表 12 2010 年刊载的论文与 2005 年刊载的论文比较情况

项目 统计对象	2005 年 第 1~12 期 （%）	2010 年 第 1~7 期 （%）
从事科研的三大主力所占比例	81.85	80.8
专业理论工作者所占比例	4.03	6.9
学科教学经验交流、国内外各地区老年教育经验介绍和借鉴、学校管理经验和管理方法三项论文所占比例	80.2	78.2
理论观点和学科体系建设论文所占比例	10.9	0
采用定性研究法论文所占比例	大多数	95.6
采用定量分析法和实证研究法论文所占比例	极少	0

通过以上对比可知，数据差别不大，表明老年教育科学研究至今仍未获突破，老年教育理论研究水平亟待提高。

3. 制定老年教育科研规划

基于以上对老年教育科研现状与问题的分析，制定"海峡老年教育名校'十二五'建设规划"中老年教育科研规划的目标十分重要。

（1）加强老年教育科研队伍建设

从《老年教育》杂志老年大学版的2005年第1～12期和2010年第1～7期样本论文分析中，有这么一个现象，从事科研的专业理论工作者占的比例低，采用定量分析法和实证研究法所占的比例也很低，理论观点和学科体系建设论文所占比例也很低，而恰恰理论研究和学科建设论文又具有较高的学术价值。因此，要加强老年教育科研队伍建设，提高专业理论研究工作者的比例，提升学校管理人员及工作人员的科研水平。

（2）搭建研究平台

全国只有一本《老年教育》杂志作为为公开发行的老年教育科研交流期刊，而且还是中国老年大学协会会刊。《老年教育》提出新的办刊目标：办成全国领先，国际有影响，集思想性、理论性和学术性于一体的中文核心刊物。福建省至今没有公开发行的老年教育科研刊物，更没有学术交流的核心期刊。因此，在"十二五"期间，要力争创办一本老年教育科研核心刊物并争取申报中国老年大学理论研究基地。这两项工作对老年教育科研意义重大，有助于把建设成为海峡老年教育科研中心，服务于海峡老年教育名校的创建。

（3）运用科学的研究方法提升科研成果的学术价值

定性分析固然有其价值，但老年教育研究不应停留在经验交流上，而应大量地运用实证分析、定量分析等方法，使研究的内容向广度和深度推进。

4. 实现"十二五"科研规划目标的对策建议

（1）树立"科研兴校，人人有责"的观念

福建老年大学要建设成海峡老年教育名校，就要建设成为海峡老年教育科研中心，就要人人为科研兴校尽到职责，做出贡献，在思想上树立"科研兴校，人人有责"的观念。

（2）确立科研兴校的战略地位

科研兴校具有战略性和全局性，必须从学校发展的全局出发，把科研工作的落脚点放在学校整体内涵的发展上。福建老年大学成立25年来，开始进入特色发展阶段，面临许多战略性问题，比如规模发展与质量发展的关系、同质发展与特色发展的关系、模仿发展与创新发展的关系、粗放发展与精细发展学科体系建设的关系、发挥科学发展观在老年教育中的统领作用等等，需要深入研究。

（3）加强科研组织建设

福建省老年教育理论研究会于2010年1月19日成立，它的起点很高，聘请了部分在榕高校专家学者担任研究会的专家委员，这是我们的优势。但也有其劣势，就是高校的专家学者有很高的理论水平，但对老年教育实践接触较少，因此，①要持续保持高校专家对老年教育科研的热情，创造更多机会让专家深入基层调研，使其科研成果与老年教育实践结成一体，真正产生指导意义；②进一步提高学校工作人员中科研人员的比例，力争到2015年达到50%；③采取措施，鼓励学校外聘的教师参与老年教育科研工作；④加强理论研究会专家对学校科研力量的培训和引导，指导他们开展科研工作，提高科研水平。

（4）制定科研兴校的管理办法

现代管理学认为"管理是为了有效实现某项活动的最佳目标"。教育科研规划管理工作的任务就是要根据现代管理科学理论，健全和完善教育科研的管理体系，并通过有效的管理手段，掌握好系统的管理目标和科研工作方向，协调、组织有关人员及其他资源以达到高效率运行的目的。管理是实现科研兴校战略的前提，科研兴校管理办法和实施意见是实现科研兴校战略的制度保证。

（5）实施重点课题带动策略

课题研究是科研兴校的重要途径，实施重点课题带动是科研兴校的成功策略，这在高等教育及基础教育上已有成功经验。理论研究会积极申报福建省社科联、福建省教育厅等部门重大（重点）课题，推动老年教育理论与实践研究工作的开展。研究会还可以通过举办论坛等活动将科研推向深入，以凸显学校科研中心地位，扩大区域影响力。

5. 科学地评价老年教育科研成效

老年教育科研规划完成的同时，要运用教育评价的理论、方法、技术对科研规划的实施状况进行评估，继而对科研规划与工作进行调整和完善。为了保证评价的严肃性、连续性和权威性，就必须构建一种制度来保证，使评估的时间周期、内容形式、评价标准都能够落实和保证。为了有效地开展评估，可以借鉴其他教育成熟的评价机制，根据学校科研发展规划建立评价指标体系。要不断提高评价工作的针对性，使评价工作和学校工作有机紧密结合。对于评价结果要及时反馈和公开，评价过程中发现的问题应及时分析、总结、整改，真正发挥评估的作用，正确引导科研的健康有序发展。

第五节 创建海峡老年教育名校的对策与建议

一 创建海峡老年教育名校的对策建议

（一）深刻认识"名校"的内涵

既然是海峡老年教育名校，必须在海峡两岸有"名气"，尤其是在海西地域内能起示范作用。给老年教育同行感到有"看点"，确实具有办学特色，可供同行借鉴。作为海峡老年教育名校，还必然要更多地开展海峡两岸的交流。对照福建省老年教育理论研究会提出的创建海峡老年教育名校必须在海峡两岸出名，必须在"名"字上下功夫的要求，就学校自身来说，必须从十个方面做到在海峡两岸有名气。即：一要有名校长。这一点应该说我们已经做到了。二要有适应教学需要的办学场所。这一点也基本实现了，但要在增加内涵上下功夫，要继续完善教学设备，营造浓厚的校园文化氛围。三要有一批精品专业。这方面通过全省老年大学精品专业建设，正在有计划地逐步推进中。四要有一批名师。这一点省校已有较好基础，但要在如何扩大名师队伍，如何留住名师，以及名师待遇及教师的动态管理上下功夫。五要有一批名教材。目前学校有一些好教材，但数量不多。要下气力组织力量对全省现有教材进行一次评审，推广好教材。在此基础上，组织统编一批有影响的公共教材。六要有一套规范、科学的管理办法。除了制定切实可行的管理制度外，要应用现代科技手段规范管理。七要在海内外有名气。要大力加强第二、第三课堂活动，发挥专业学会的作用，开展国内和海外交流，扩大影响。八要有一批有影响的学术研究成果以指导办学实践，不断提高办学水平。这一点，在校领导的高度重视下，通过一年的努力，已经大有起色。九要加强宣传工作，尽可能多参加国内国际有关会议，包括学术交流会议。十要发挥福建老年大学教学示范中心、理论研究中心、老年教育培训中心、老年教育指导中心的作用，特别是在教材的编写、推广和发展远程老年教育方面要大有作为。

（二）理顺管理体制

2010年国家颁布实施的中长期教育规划，将"发展老年教育"写入其中，这是历史性的突破，但老年教育毕竟没有纳入教育部门的管理范畴，因此，"没有户口"的状况仍无法根本改变；管理体制不顺的问题仍无法解决。福建省的老年大学目前是三种管理体制。一种是党政领导兼任校长，比如组织部长、常委当校长，实际工作由常务副校长或第一副校长抓；一种是成立老教委，像泉州、莆田等；还有一种是退下来的老领导当校长。目前，这三种模式都在运作中。三种模式虽然对老年教育都起推动作用，在办学初期可以探索，从长远发展看，应当逐步规范。建议国家和省级有关部门尽快理顺和完善老年教育与老年大学的领导体制，从根本上解决这一制约老年大学和老年教育发展重要问题，促进创建海峡老年教育名校的建设。

发达国家的成功经验证明，管理体制明晰是老年教育可持续发展的制度保证。我们高兴地看到，福建省委、省政府领导高度重视老年教育和老年大学工作。省委书记孙春兰亲自视察学校；陈桦副省长在省老年大学协会第四次会员代表大会上的讲话中明确提出，要"形成以各级老年大学（学校）为骨干、社区教育机构为依托、老龄协会等老年组织为纽带、远程网络教育为重要形式的老年教育体系"，"切实办好老年大学，建设海峡老年教育名校"。应该说，党和政府对老年教育的不断重视，必将为我们理顺老年教育管理体制，从根本上解决这一制约老年大学和老年教育发展问题指明方向。

（三）以"名师战略"为重点，着力加强师资队伍建设

注重专业课程的"名师效应"，加大名师队伍培育的力度。根据专业建设的需要，强化教师队伍建设，建设一支专业结构、职称结构和年龄结构相对合理、高素质的师资队伍。根据福建老年大学教师多为聘请的兼职老师、流动性大的特点，要建立和完善教师信息库，储备备聘教师信息，确保教学活动正常进行。

（四）加强老年教育理论研究

要在现有基础上，围绕中国老年大学协会学术基地的申报工作，利用筹备召开2011年下半年的首届"海峡两岸老年教育论坛"，筹办2012年

中国老年大学协会第十次理论研讨会的有利契机,组织撰写一批在全国有影响的学术论文。

(五) 加强对外交流

要制定对外交流的计划。要加强与全国老年大学协会老年教育学术委员会的联系,同时开展与京、津、沪等地老年教育研究学术机构的学术交流活动。采取多种形式,调动老年教育办学单位参与老年教育研究的积极性。随着海峡两岸经济、文化、社会等各个领域交流与合作的进一步深入,福建老年大学要加大对台交流的步伐和互动的频率,争取每年接待2~3批台湾老年学员;同时学校也要组织学员走出去,展现老年人的精神风貌和良好才艺,为促进海峡两岸交往,发展两岸关系,促进祖国和平统一做贡献。

(六) 大力发展远程老年教育

远程教育方面要有新作为、新突破,切实发挥指导、培训等"四个中心"的作用。目前,从省老年大学到设区市老年大学、县及县以下老年大学还没有一个完整系统的远程老年教育网络。福建老年大学目前所开展的远程老年教育主要是组织部分学员通过点播收看北京或上海制作的少数视频,但这并非严格意义上的远程老年教育。远程教育网络一个突出特点是扩大教育面,使更多的人接受高等教育和得到再深造的机会。这些可资借鉴和利用。

远程老年教育网络包含软件系统建设、设备购置、带宽租用、教学资源开发费用等,需要有足够的资金给予支持。同时,在人员配备上给予倾斜。在教学资源(课件)开发上,要加强合作,形成全省各级老年大学,尤其是县以上老年大学合力开发的势头。

参考文献

[1] 红艳:《21世纪初期我国老年大学教育目标研究》,华中科技大学,2004。
[2] 高立武:《北京市老年大学发展、现状与对策研究》,中国农业大学,2005。
[3] 黄剑敏:《"游戏精神"与老年大学音乐教育》,福建师范大学,2006。
[4] 刁立德:《我对办好老年大学的几点体会》,《围绕全面小康社会目标加快老年教育事业发展——省老年教育研讨会暨省老年大学协会第十三次年会交流

材料选编》，2003。
[5] 靳振中：《构建老年大学和谐校园的思考》，《2006 年老年学学术高峰论坛论文集》，中国老年学学会，2006。
[6] 许伟宏：《推动老年大学基础设施建设》，《闽南日报》，2008。
[7] 福建省社会科学界联合会：《国务院关于支持福建省加快建设海峡西岸经济区的若干意见》（福州），学习读本，福建人民出版社，2009。
[8] 黄鸿鸿：《中国高等职业教育发展道路研》，辽宁师范大学出版社，2004。
[9] 张文范：《张文范同志在宣传出版工作委员会第四次全体会议上的讲话（摘要）》，《老年教育》，2010。
[10] 郑金洲：《什么是学校内涵发展》，《教育时报》2007 年第 11 期。
[11] 吴声远：《学校发展规划存在的问题和思考》，《教学与管理》2008 年第 3 期。
[12] 岳瑛：《老年教育理论研究的现状与问题分析》，《老年大学》2006 年第 1 期。
[13] 胡晓玲、杨改学：《现代远程教育发展趋势探讨》，《中国远程教育》2001 年第 5 期。
[14] 熊必俊：《老有所为的理论与实践》，经济管理出版社，1993。
[15] 福建社会科学院：《2009—2010 年福建经济社会发展与预测蓝皮书》，福建人民出版社，2009。
[16] 田雪原：《中国老年人口经济》，中国经济出版社，1991。

福建省老年人才开发与继续教育研究

吴宏洛　钟洪亮等[*]

一　引论

(一) 研究背景和意义

老年人才开发与继续教育研究以福建省低龄老年人才为研究对象。海西发展关键在人才。当前，福建省人才数量不足，人才结构不尽合理，特别是高层次人才严重不足。据统计，目前，福建省高级人才占人口的比例只有0.51%，而离退休专业技术人员不仅数量多，且素质上乘，他们在长期的专业技术工作中积累了丰富的经验，有着很高的专业技术和学术造诣。他们有的是某一研究领域的学科带头人，有的是蜚声海内外的高层次专家，有的是"非物质文化遗产"技艺的嫡传人，大多具有一技之长；他们中的许多人是"低龄"老人，身体健康状况良好，有为社会再作贡献的强烈愿望。他们所拥有的文化知识、专业理论、实践经验和技术业务能力，是一份十分珍贵的人才资源，蕴涵着极大的开发价值，是构筑福建人才高地不可或缺的一支重要力量。因此，如何充分挖掘和发挥这支老年人才队伍的优势，大力开发第二次人才资源，走一条积极老龄化的道路，在落实科学人才观，深入实施人才强省战略的今天显得尤为重要和迫切。

---

[*] 吴宏洛，经济学博士，福建师范大学公共管理学院教授，福建老年教育理论研究会副会长；钟洪亮，福建省高等商业专科学校教师；郭淑贞，福建师范大学公共管理学院2009级硕士生；谢漫丽，福建师范大学公共管理学院2009级硕士生。

(二) 基本概念与内涵

1. 老年人才

老年人才指离退休人员中具有副高以上职称的专业技术人员，以及国家、省市有关部门认定的专门性技艺传承人。

按人口学划分，老龄人口分为 60~69 岁的低龄，70~79 岁的中龄和 80 岁以上的高龄 3 个层次。分性别而言，低龄老年人才指女性年龄一般在 50~65 岁，男性年龄一般在 55~69 岁之间，身体健康状况良好，能胜任工作的老年人才。

2. 非物质文化遗产

非物质文化遗产是指"人类口头的、无形的遗产"，是各族人民世代相承，与群众生活密切相关的各种传统文化表现形式和文化空间，包括作为文化载体的语言；传统表现艺术；传统手工技能以及与上述表现形式相关的文化空间等。

(三) 研究现状与评述

老年人才不仅指我国老年人口中文化层次和职称双高的专业技术人群，也包括各类专门性技艺人群，如非物质文化遗产传承人等。据有关资料统计，我国现有离退休老教授、老专家近 100 万人，约占全国高级专业技术职称人才总量的 50%。初步预测，今后 5 年内，还将有 20 万~25 万名老教授、老专家退休。这批老年高智力人才群体有 70% 在 70 岁以下，约 70% 身体状况较好，有继续工作的能力，并且有近 70% 的人愿意继续发挥余热。然而，由于种种原因，我国低龄老年人才资源的利用率偏低。[①] 低龄老年人仍在从事工作的人数仅占低龄老年人口总数的 35% 左右，特别是城镇低龄老年人的再就业率仅为 22%，远低于同时期的日本低龄老年就业率 60% 和印度低龄老年就业率 58%。早在 20 世纪 90 年代初，原国家人事部就提出必须狠抓整体性人才资源开发，同时明确离退休人员是其整体性人才资源开发的一个重要组成部分，强调要重视"第二次人才资源"开发工作。

[①] 据 1993 年国际劳工局关于全世界老年人口就业情况研究报告表明：在社会保障制度完善、经济较为发达的国家，希望继续工作或因经济原因被迫工作到 65 岁以后的老年人相对较少，一般在 20% 左右。而不发达地区这一比例较高，如巴基斯坦和印度分别为 57% 和 58%，尼泊尔和孟加拉国分别为 68% 和 73%，在非洲，大多数 65 岁以上的老年人口仍在继续他们的工作，就业率一般都在 74%~91%，中国老年人口就业率 1982 年、1990 年、1995 年分别为 23.65%、31.36%、29.21%。

1. 国外主要研究成果与实践

早已步入人口老龄化社会的发达国家，为弥补劳动力资源不足以及缓解社会的养老负担，大都十分重视老年人才资源的开发，尤其对于高文化程度、高技术和技能的专门人才更是加倍珍惜。美国《老年法》规定："就业机会，不因年龄受歧视。"在美国，提倡身体健康、不甘寂寞的退休者，可在原单位做些辅助性或临时性工作，也可以到其他单位或公司做部分时间的咨询服务，以充分利用经验优势，发挥专业智能。日本《老人福利法》规定："应按照老年人的希望和能力，为其提供从事工作以及参与社会活动的机会。"近二三十年来各国老年人力资源开发的积极意义逐渐显现：它降低了国家对养老金的支付，节约资金，开辟就业渠道；有效利用老年人力资源和智力资源，增加国民财富，间接为年轻人创造就业机会；降低劳动力成本；在劳动力资源整合中形成优势互补，有助于年轻人成长，促进代际融洽，减轻年轻人供养负担，并对老年人的身心健康和延寿产生积极影响。目前，年龄在55~64岁之间的男性有工作的，在日本占80%，在瑞典和美国占到70%，其中美国60~64岁的老年人就业率为49%，2003年和2004年美国医院招收的18.5万名护士中，年龄在50岁以上的达到13万人，占招收总数的70%以上。

2. 国内主要研究成果与实践

1983年，我国成立了老龄问题全国委员会。其主要任务是对有关老龄事务的一些重大问题进行调查研究，综合规划，组织协调，督促检查，召开老龄问题的会议，开展国际合作等，由此开启了老年事业发展的新篇章。1996年10月，我国颁布实施了《中华人民共和国老年人权益保障法》，对老年人的政治权利给予法律保障。2000年国务院《关于加强老龄工作的决定》提出了今后一个时期我国老龄事业发展的主要目标是基本实现"老有所养、老有所医、老有所教、老有所学、老有所为、老有所乐"。

尽管中央高度重视老年人才的开发工作，但学术界对人才开发的研究仍较多集中在适龄人才的开发利用上，对老年人才的研究与关注甚少；各类非物质文化遗产专门性技艺高龄传承人的保护和技艺开发更是被忽略了。老教授、老专家、老艺人群体是一个集聚着各类人才、蕴藏着巨大财富和创造力的高智力人才资源库，是亟待开发的人才宝藏。

二 调查结果一：老年人才开发状况及其分析

通过对低龄老年人才的再开发，把老年人从纯粹消费者转化为社会生产者和物质财富的创造者，不仅意味着同一时间内劳动力资源的相对增多，而且由于个人生命期劳动时间的延长，可以使个人的劳动释放期延长，增加整个社会的有效劳动供给，提高人力资本投资的产出效益，为社会提供第二人口红利。[①] 老年人才再就业，有利于劳动力结构和产业结构的合理调整，也有利于降低劳动力成本；同时也能增加老年人自身收入，提升其"老有所养"、"老有所为"的能力。

近年来，福建省在中共中央组织部、人力资源和社会保障部《关于进一步加强新形势下离退休干部工作的意见的通知》等文件指导下，出台了一系列的政策，老年人才开发逐步变自发性求职为组织领导开发，取得了一定的成效，但仍存在不少问题。为客观审视福建省老年人才开发状况，本课题组在福建老年大学、福建省老干局、省老龄委、省老科协等部门的支持下，开展了老年人才开发状况调查，并分别在福建省老科协、福州市老年大学、长乐老年大学召开了 5 场调研座谈会。

（一）调查概况

从调查情况看，福建省广大离退休专业技术人员，通过各种渠道和途径，仍积极参与社会活动，当然，不同行业间离退休专业技术人员发挥作用的比例差异较大，如图 1 所示。调查表明，受行业特点与市场需求影响，医疗卫生和教育领域离退休专业技术人员发挥作用分别达到 15.4% 和 41.2%，其中民营医院老医生平均年龄超过 70 岁。调查显示，2008 年福建省离退休人员重返工作岗位的 50~59 岁占 25%，60~69 岁占 49%，70 岁以上占 26%；其中高级职称占 17%，中级职称占 41%，初级职称占

---

① 第二人口红利相对于第一人口红利而言，一国人口生育率的迅速下降在造成人口老龄化加速的同时，少儿抚养比亦迅速下降，劳动年龄人口比例上升，在老年人口比例达到较高水平之前，将形成一个劳动力资源相对丰富、抚养负担轻、于经济发展十分有利的"黄金时期"，人口学家称为"人口红利"。中国目前的人口年龄结构就处在人口红利的阶段，每年供给的劳动力总量约为 1000 万，劳动人口比例较高，保证了经济增长中的劳动力需求。随着人口老龄化的到来，社会保障支出负担加重，财富积累速度放缓，第一人口红利窗口将关闭。第二人口红利指由老龄人口的就业能力、纳税能力、消费能力和投资能力组成的经济贡献率，以及其对调整产业结构、拉动消费和市场发展后劲，乃至社会和谐与文明的经济影响，构成未来经济增长的新的人口红利。

33%，其他占9%。他们中身体状况属于健康和基本健康的达到81%。通过朋友介绍、原单位返聘、老科协组织以及人才市场应聘等渠道，重返职场的占离退休人员总数的32%。仍有相当一部分老年人希望寻找合适的工作。

(二) 福建省老年人才需求状况分析

"十二五"时期海西产业结构转型升级与经济社会跨越发展的内驱力，使劳动技术市场、社会公益事业以及非物质文化遗产保护与开发等领域，对老年人才的需求呈上升趋势。

1. 劳动技术市场对高端老年人才的需求分析

从全国看，劳动技术市场对高端老年人才需求大。研究表明，人才技术等级与年龄结构显著相关，呈同向正态分布。2010年第二季度全国各技术等级的求人倍率均大于1，其中高级技师、技师和高级工程师分别为1.83、1.88、1.81。[①] 从存量看，目前我国已退休的高级专业技术人员达80多万，占在职高级专业技术人员的40%，其中70岁以下的低龄老年人占90%，大多数有继续工作的能力和动机，这为许多领域对技术和管理人才的需求提供了有力的保障。

福建人才发展主要指标与全国相比较，优势不明显。以2008年为例，全省人才资源总量占总人口（3604万）的比例为10.7%，而全国人才资源总量占总人口（13.28亿）的比例为8.6%，福建比全国平均数仅高出2.1个百分点，人才密度未达到经济腾飞所需的比重。虽说近两年福建人才事业发展迅速，但总体状况仍没得到根本改观，全省人才密度与加快海峡西岸经济区建设的实际需要还不相适应。衡量人才素质以及竞争力的指标中，每万个劳动力中研发人员、主要劳动年龄人口受高等教育比例两个指标比全国平均水平还低，高技能人才在技能劳动者中的比例这一指标勉强与全国平均水平持平，显示出福建人才资源竞争力不强。衡量人才使用效能、人才发展体制创新的主要指标——人力资本投资占国内生产总值比例，福建为9%，显著低于全国平均水平（10.75%），表明福建人才开发投入不足。[②] 城镇劳动力人口的整体素质存在着"三多三少"的情况，即城镇劳动力文化程度低的多，高的少；技术等级低的多，高的少；高等级

[①] 2010年第二季度部分城市公共就业服务机构市场供求状况分析。
[②] 福建社会科学院编著《福建经济社会发展与预测蓝皮书（2010—2011年）》，福建人民出版社，2011，第202~204页。

技术工人年龄大的多,年轻的少。具体从供方看,2005 年全省九个设区市及主要县级城市劳动力市场供求登记数显示,在 44.47 万求职人员中,无技术等级或职称的人员占 73.3%,有初级技能或初级职称的占 16.3%,具有高级技能或高级技师的求职者所占比重仅为 2.1%。高级技师和技师的求职倍率高达 14.21 和 15.47。[①] 从需方看,2008 年全省共有企业法人单位 15.97 万个,其中私营企业 10.76 万个,占 67.37%。[②] 中小民营企业对高端技术人才需求迫切,使一些拥有技术专长的离退休老年人才成了企业的最爱。

2. 社会公益性服务工作对老年人才的需求

社会公益性服务收入较低、工作量大、耗时较长且不固定,对年轻人就业的吸引力小,但又为社会所亟须。[③] 老年人在这个领域任职,既满足社会的需要,又为老年人实现自我价值提供了舞台。当前,社会管理工作得到各级政府的高度重视。让老年人为社会提供公益性服务,让"老龄事业老人办",让"老年人服务老年人",既是人口红利二次深度开发的既有内涵,更是实现老有所为的重要策略。

(1) 社区管理和建设对老年人才的需求

社区是家庭(私领域)和社会(公领域)的交融之地,对个人生活和社会运行有着很大的影响和作用。社区管理和社区建设涉及居民生活的各个方面,包括法律维权救助、职业介绍、创业扶持、扶贫助残、助学活动、助老养老服务、家政服务、家教指导、婚恋服务、纠纷调解、医疗卫生健康和心理咨询、文体娱乐、志愿者等内容和形式都十分庞大的活动。

早在 2001 年,福建省已建有社区服务中心 158 个,各类服务设施 7027 个,社区服务志愿组织 1019 个,志愿者人数 8 万多人,[④] 但总体上社区工作仍然存在许多薄弱环节:整体水平比较低,发展不平衡;服务范围、内容不够广泛;服务队伍数量不足,整体素质不高等。研究表明,社区服务需求的灵活性、地域的就近性、服务对象的群众性等都与老年人的

---

① 陈仁毅:《全面提高劳动者素质,为海峡西岸经济区建设提供人力资源》,《就业与保障》2006 年第 8 期,第 4~17 页。
② 福建省第二次全国经济普查主要数据公报(第一号)。
③ 公益性服务包括参与环境保护、社区服务、义诊支教、科普宣传、科技咨询、维系民族文化、指导开展社会文体活动、指导青少年成长、宣传党和国家方针政策、国际交流等。
④ 福建省关于加快发展社区服务业的意见(闽民建 [2002] 39 号)。

胜任能力（工作时间、知识、技能、经验和耐心等）相匹配，供需高匹配性有助于实现人才资源优化配置效应最大化。

（2）科普宣传、科技咨询对老年人才的需求

《全民科学素质行动计划纲要》指出，公民科学素质水平低下，已成为制约我国经济发展和社会进步的瓶颈之一。提高未成年人、农民和城市劳动者等重点人群的科学素养，加大科普宣传力度是关键。调查表明，我国各类人群对与自身发展相关的科普知识需求强烈。

从科普宣传、科技咨询推广情况看，专业造诣深、工作时间灵活、经验丰富的高知老年具有明显优势。开展社会科普教育，关心下一代是老科技人员大有作为的舞台。从福建省情况看，有大量的老科技人员长期奋斗在教育、科研、文化、卫生和工农业生产等各个领域，他们不仅有丰富的实践经验，更有较高的专业技术水平，为福建省的科技进步、经济社会发展作出了重要贡献，是福建省人才队伍中一支可信赖的重要力量。

目前，全省各级老科协组建了各种形式的科普讲师团、老科技工作者志愿队等，深入街道、社区、学校、老人大学等基层进行科普宣传，提高公众的科学素养。据不完全统计，近4年来全省各地老科技人员共举行科普讲座3364场，听众达18.9万人；组织下基层义诊689次，受诊人数达7.83万人次；开展关心下一代教育1629次，受教育者22.18万人；科技咨询服务2448次；技能培训1813次，受训者7.72万人次。

一些老科技人员退休后潜心学术研究，著书立说，把自己长期积累的知识、经验进行梳理总结，把多年科技成果和知识财富留给后人，留给社会。如古田县老科协副会长、高级农艺师丁湖广，从事食用菌科研50年，担任TCDC国际食用菌技术培训班教授，先后到过18个省区传授种菇技术，还在中央人民广播电台为农民授课，退休6年，还编著科普文章236万字，荣获福建省首届"哈曼尼"科普奖。南平市老科协副会长石兆源2006年就编写社会主义荣辱观讲稿73份，举办讲座21期，宣传活动400多场，受到教育青少年20多万人次，被南平市委宣传部讲师团授予"南平市理论教育业务讲师团先进集体"称号。

3. 非物质文化遗产保护催生对老年专用型人才的需求

非物质文化遗产与人相互依存，口传心授是抢救保护传承非物质文化

遗产的关键,而传承人的培养则是传承的先决条件。福建省历史悠久,有着极为丰富的非物质文化遗产资源,已入选的各级非遗产名录数量居全国前列。首批省级"非遗"项目代表性传承人共计232人(含国家级55人),涉及10大类126项。项目中传统戏剧(75人)与民间工艺(69人,包括民间美术、手工技艺)人数最多。调查表明,传承人中最高年龄90岁,最低年龄24岁,平均年龄59岁。其中40岁以下19人,约占8%;41~60岁104人,约占45%;61岁以上109人,约占47%。[①] 许多技艺已后继乏人,传承问题堪忧,详见表1。

表1　福建省部分非物质文化遗产项目传承人名录

项目名称	传承人	出生年份	技艺现况
寿宁木拱廊桥制作工艺	郑多金	1928	唯一能独立主持建造大拱跨木拱桥,已78岁,抢救工作迫在眉睫。
延宁宫妈祖蔗塔传统制作工艺	谢玉章	1940	妈祖蔗塔全国绝无仅有,只有谢玉章一个传人。
晋江水密隔舱海船制造技艺	陈芳财	1948	陈芳财的好几个学徒中途转行了,目前只剩一人。
泉州传统竹编工艺	凌文彬	1948	福建20多年来没有竹编精品展出了,在《福建文艺家辞典》里,只有凌文彬是竹编艺术家,后继无人。
泉州十音铜锣锻制技艺	黄平水	不详	黄氏后裔尚有11人会制作铜器乐,但仅有3人会制作十音铜锣。
东山黄金漆画技艺	谢少艺	不详	谢少艺虽有几个学徒,但尚无好的传承人。
东山剪瓷雕工艺	孙丽强	1965	东山剪瓷雕的艺人,仅孙丽强和十来个师兄弟。专职从事剪瓷雕的,只剩四五人。
将乐民间龙池古砚制作工艺	张旺金	1947	龙池砚的传人仅张旺金一人。

数据来源:课题组研究整理。

以首批国家级非物质文化遗产武夷岩茶(大红袍)制作传统工艺技能及习俗的保护为例。武夷岩茶的历史十分悠久,是中国茶叶大观园中的一枝奇葩。早在南朝时期就以"晚甘侯"之名著称,"晚甘"是指茶汤入口很久还有余甘,"侯"是尊称。武夷岩茶在宋代已有名声,元朝至元十四年(1277)福建的一位官员在游览武夷山、品饮了武夷岩茶后,悟到了武

[①] 陈秀梅:《福建省非物质文化遗产项目代表性传承人现状分析与保护对策》,《福建艺术》2008年第5期,第37~39页。

夷岩茶高雅的韵味，便采制岩茶，以作皇家贡品。元朝大德五年（1301）创皇家焙局于武夷四曲溪畔，不久改名为"御茶园"，武夷岩茶因此扬名天下。17世纪初，武夷茶被销往欧洲，受到追捧，武夷茶成为中国茶的代名词。在2006年6月国务院办公厅公布的首批国家级非物质文化遗产名录中，武夷岩茶（大红袍）制作技艺是手工技艺中唯一的制茶工艺。[①]

武夷岩茶（大红袍）制作技艺独特，从名传一方的蜡面、研膏、龙团凤饼、石乳、先春、武夷松萝直到清初，独特的制作工艺一直传善至今。其传统工序包括：采摘——萎凋——做青——炒青——揉捻——烘焙——拣剔——归堆——复焙，特别是武夷岩茶大红袍做青、烘焙工艺，变化因素众多，掌控复杂、极其深奥。茶界泰斗陈橼教授说："武夷岩茶，制作技术独一无二，为全世界最先进的技术，无以伦比，值得中国人民雄视世界。"[②]

非物质文化遗产的保护原则是对技艺体系和核心技艺的保护。武夷岩茶制作技艺作为国家级非物质文化遗产，需要多种形式的保护措施。为使武夷岩茶（大红袍）传统制作技艺不至于消失，近年来，武夷山市委、市政府多措并举，多管齐下，从方方面面予以保护。除了加强生产性保护，即在生产中发展制作技艺，让其生命力依附于实际操作，近20年来，武夷山举办了七届"武夷岩茶节"、三届"国际无我茶会"，五届"武夷岩茶茶王赛"，通过茶文化节等活动和赛事，促进岩茶手工制作工艺的传承与发展。1990年，武夷山有关人士根据历史典籍、传统故事、民间习俗和传统技法，归纳提炼出一套武夷茶艺，把品茶、观景和赏艺融为一体，共有27道程序，合三九之道，随后，有关文艺人员还编写排演很多岩茶采制品饮的歌舞，进一步丰富了武夷茶文化艺术。

武夷岩茶传统制作技艺的形成，并非某个人、某个团体、帮派所能为之，而是武夷山历代茶人集体智慧的结晶。2007年，武夷山市公布了张天福、姚月明、陈德华等20多位传承人，[③] 使武夷岩茶传统制作技艺后继有

---

① 叶启桐：《当代历史情境中的武夷岩茶（大红袍）》，《传统制作技艺的生产性方式保护》，http://www.wuyishan.gov.cn/Articles/20090413/20090413114224674.html。
② 首批国家级非物质文化遗产名录武夷岩茶（大红袍）制作技艺传承人，http://www.lincha.com/Chinese-Tea/non-material-cultural-heritage-dahongpao-people-438.shtml。
③ 2010年，在已公布的首批国家级非物质文化遗产传承人名录中，刘宝顺、陈孝文、王国兴、刘峰、陈德华、叶启桐、王顺明、吴宗燕、黄圣亮、游玉琼、刘国英、苏炳溪等12位技师被授予"武夷岩茶传承人"称号。

人，并制定实施了《武夷岩茶大红袍制作技艺传承人管理办法》，在实行国家原产地域产品保护的同时，对具有丰富经验、身怀"绝技"的老制茶师进行专访，建立个人档案，对他们的健康状况采取相应的保健措施。对武夷岩茶制作工艺以及相关历史，当代资料文献进行收集、整理、保存，通过进一步挖掘与传统技艺相关的茶艺、喊山、祭茶、斗茶、茶王赛等习俗活动，实施对武夷山"中国茶文化艺术之乡"原生态文化景观和武夷岩茶传统制作工艺的保护。①

当然，武夷岩茶制作传统工艺技能及习俗的保护同其他非物质文化遗产一样存在技艺失传问题。武夷岩茶的采摘要求极其严格，焙制技术相当细致。在工艺上，一些传统特技正濒危失传状态，譬如：（1）"低温久烘"技术。如何控制、调节不断变化的温度，使之在各个时段恰到好处。目前能掌握这一动态温度绝技的人已寥寥无几；（2）"复式萎凋"、"两晒两晾"，"双炒双揉"等技艺也已被简化而走向单一、衰微，濒临失传；（3）做青中如何使温、湿度达到最佳状态，摇青时如何掌握青叶与气候的变化，随机应变。这些现代工艺无法替代的、完全有赖于经验型老茶师言传身教的技艺，如不能找到有效的传承和保护办法，将面临失传的危险。

（三）老年人才供给状况分析

老年人才作为社会人力资源的组成部分，它的重要性取决于其质量、数量以及占社会人力资源总量的比例。中国伴随着人口老龄化程度的提高和人口预期寿命的延长，老年人才供给将呈上升趋势，必须重视对这个群体的开发。

1. 老年人才供给现状分析

据第六次全国人口普查1号公报显示，我国60岁及以上人口占13.26%，比2000年人口普查上升了2.93个百分点，其中65岁及以上人口占8.87%，比2000年人口普查上升了1.91个百分点。② 从表2可以看出，我国65岁以上老年人呈递增趋势，据测算未来十年，每年新增老龄人口将达800万~900万，2020年老年人口将达2.48亿。这些老年人中的低龄老人不乏市场上急需的高层次人才。以工程院院士为例，在2001年的613名院士中，65岁以下的院士215人，占总数的35.1%；66~75岁的院

---

① 熊慎端：《武夷山：多措并举保护大红袍传统制作技艺》，http://tieba.baidu.com/f?kz=563038492。
② 2011年第六次全国人口普查1号公报。

士296人，占总数的48.3%；76~79岁54人，占总数的8.79%；80岁（含）以上48人，占总数的7.9%。①

表2　中国65岁以上老年人口构成变动趋势（2000~2009）

单位：万人

年　份	总人口	老年人	所占比例
2001	127627	9062	7.10%
2002	128453	9377	7.30%
2003	129227	9692	7.50%
2004	129988	9857	7.58%
2005	130756	10045	7.68%
2006	131448	10419	7.93%
2007	132129	10636	8.05%
2008	132802	10956	8.25%
2009	133474	11309	8.47%
2010	133972	11892	8.87%

数据来源：由中华人民共和国2000—2010年国民经济和社会发展统计公报整理。

就福建省而言，老年人才供给具有以下特点：一是老年人才队伍不断壮大，每年都有上万名离退休科技人员和干部加入其中。在省老科协万人抽样调查中，老年科技人员55~59岁占25%；60~69岁占49%；70岁以上占26%。表3显示福建省离退休老年人才主要集中在69岁以下，50~60岁占了相当大的比例。二是人才的品种门类齐全，各行各业都有。2008年福建省2.5万老科技人员范围涵盖农林水、文教卫生、科研金融、建筑交通等诸多领域，② 涉及国家专业技术职称中的26个系列。三是老年人才的知识和科技含量高，人力资本附加值大。离退休老年科技人员中，高级职称占17%，中级职称占41%，其他占42%。近年来，老专家、老教授、老科技人员、老干部积极参与经济与社会建设，取得了重要成果。四是投入少，成本低，不需要更多的培训。人力资本的释放在老年阶段会保持一

---

① 《中国人才发展报告》NO.3。
② 其行业分布概况为：工程建筑类占13.4%，医疗卫生类占15%，农林类占9.1%，教育类占41%，科研类占3.9%，经济类占11.9%，其他类占5.7%。

种惯性,尤其在知识资本、社会资本等方面独具优势。

表3 福建省50岁以上人口年龄构成

单位:%

年龄组	2000 合计	2000 男	2000 女	2005 合计	2005 男	2005 女	2009 合计	2009 男	2009 女
50~54岁	4.13	2.21	1.92	6.58	3.32	3.26	4.29	2.18	2.11
55~59岁	3.02	1.63	1.39	4.41	2.31	2.1	3.13	1.61	1.52
60~64岁	2.87	1.52	1.35	3.23	1.72	1.51	2.98	1.35	1.63
65~69岁	2.49	1.26	1.23	2.96	1.55	1.41	2.92	1.29	1.63
70~74岁	1.99	0.96	1.03	2.53	1.27	1.26	2.7	1.21	1.49
75~79岁	1.23	0.53	0.7	1.8	0.82	0.98	1.94	0.81	1.13
80岁~	0.97	0.33	0.64	1.52	0.57	0.95	1.72	0.59	1.13

资料来源:《福建统计年鉴(2010)》。

2. 老年人才服务社会的价值分析

随着国家经济和社会的发展,人们生活水平的提高,绝大多数老年人才身体健康,精力充沛,有继续为社会做贡献的意愿。许多怀有专长的老年人凭着自己的知识、技能和经验依然活跃于生产第一线,社会价值大。

首先,低龄老人对劳动生产率的影响不明显,所以许多老人退休后,仍有余力再就业。对社会而言,如果能让低龄老年人才再就业,不仅可以发挥他们的个人专长,而且增加了他们的经济收入,对持续增长的养老金支付压力有较好的释放作用。

其次,从社会价值看,出生于新中国成立前后的这一代老年人,信奉"生命不息,奉献不止"和"全心全意为人民服务"的价值理念,他们在专业技术岗位上,积累了丰富经验,有着强烈的事业心和责任感。调查显示,有31.8%的老科技人员仍在继续发挥余热,21.8%的人表示愿意发挥作用,仅有16%的人不想再工作,合计有53.6%的老科技人员对继续工作持积极态度。

最后，从自我认同看，离退休人员工作绩效评价显示，有33%的人对自己的工作状态表示满意，42.5%表示较为满意，仅有24.5%对自己工作绩效不满意。[①] 一般来说，老年人在衣食住行等基本需求得到解决后，物质消费的边际意愿相对变小，精神生活的重要性随之彰显。[②] 老年人参与社会经济活动，发挥其主体性和创造性，不仅增加收入，更满足了老年人的尊重需要、成就需要和奉献需要，一定意义上实现了马克思所说的"我在劳动中肯定了自己的个人生命，从而也就肯定了我的个性的特点。劳动是我真正的、活动的财产。"[③]

（四）老年人才开发的成就与存在的问题

1. 老年人才开发的主要成就

老年人才是具有较高综合素养的群体，是全社会不可多得的宝贵财富，是海西人才建设中一支不可忽视的重要力量。创造条件让低龄老年人才再就业，不仅意味着同一时期内劳动力资源供给的相对增多，而且由于生命期劳动时间的延长，使个人的劳动释放时间延长，增加了整个社会的人口红利，提高了人力资本投资的产出效益。通过老年人才再就业，既促进劳动力结构和产业结构的合理调整，也有利于降低劳动力成本；同时还增加了老年人的收入，提升其"老有所养"、"老有所为"的能力。

（1）助推海西经济跨越发展

服务社会发挥余热。福建省开通了全国首个规模最大的省级老年人才专业网站——"福建银色人才网"，老年人才市场专业化、产业化雏形逐渐形成。早在1994年福建省就有老年经济实体181个，营业额达4910万元，实现税金166.7万元，利润达261.8万元。[④] 建阳古稀老人戴造成，2005年创办"龙翔公司"，其自主研发的巨型全钢工程子午线轮胎成型机械技术处于世界领先水平，并填补了国内空白。2006年通过欧盟CE认证，"龙翔商标"获福建著名商标，产品远销欧美。此外，离退休专业人员积极参与科技成果转化活动，2008年、2009年福建省老科

---

① 2008年福建省离退休专业技术人员发挥作用专题调查〔R〕. 内部资料。
② 程馨、徐建培：《论中国老年人力资源开发》，《商场现代化》2007年第8期，第283~285页。
③ 《马克思恩格斯全集》（第42卷），北京，人民出版社，1979，第38页。
④ 《中国人才发展报告》NO.3。

技人员分别有 124 项和 70 项成果参加了"6·18"海峡成果交易会，其中各有 10 项科技成果上了大会展板，部分成果已经对接成功，转化为社会生产力。

　　大力服务"三农"，推进社会主义新农村建设。福建省老年人才服务三农的工作从传统的科技培训，建设示范基地，推广新技术，科技扶贫，开展医疗服务等，逐步扩展到针对农民、农村发展的需求，开展多种内容和形式的科技服务活动，帮助农村制定发展规划，协助进行产业结构调整，建立节水灌溉工程示范点，建立新能源示范村等，为新农村建设发挥了积极作用。福安市老科协推动建立农业示范基地，大力推广葡萄避雨栽培新技术，使葡萄年亩产值从 8000 多元提高到近 2 万元。另据中国老科协对湖南、辽宁、河南、江苏、山东、江西、黑龙江、福建、湖北等 27 省的统计显示，2004~2009 年间在服务三农工作中，开展科技培训 7.7 万多次，受益人群达 914 万多人次；举办示范基地（点、园）7400 多个，推广新技术 8700 多项；科技扶贫 35.4 万多户，脱贫 22.6 万多户；开展农村医疗服务 1.4 万多次，受益面达 99 万多人。[①]

　　（2）推进社会发展与科技进步

　　离退休老科技工作者、老教授和有技术专长的离退休职工，是老年人口中的一支智力大军，通过技术研发、推广、咨询服务、著书立说，为促进社会进步发挥了重要作用。[②] 调查显示，部分老科技人员退休后仍潜心学术研究，把长期积累的知识、经验进行梳理总结，著书立说。如福建古田县老科协副会长、高级农艺师丁湖广，退休 6 年来，编著科普文章 236 万字，担任 TCDC 国际食用菌技术培训班教授期间，先后到过 18 个省区传授种菇技术，还在中央人民广播电台为农民授课，荣获福建省首届"哈曼尼"科普奖。南平市老科协副会长石兆源，2006 年编写了社会主义荣辱观讲稿 73 份，举办讲座 21 期；宣传活动 400 多场，受教育青少年达 20 多万人次。从福建省第七、八届社会科学优秀成果获奖者年龄与获奖等级，可管窥老专家老学者对繁荣哲学社会科学的影响力和作用。详见表 4、表 5。

---

① 程连昌：《中国老科协第四届理事会工作报告》2009 年 12 月 24 日。
② 《中国人才发展报告》NO.3。

表4 福建省第八届社会科学优秀成果获奖名单（老专家）

作者	获奖年龄	作品名称	成果形式	获奖类别	获奖比例
潘懋元	89岁	现代高等教育思想的演变——从20世纪到21世纪初期	专著	荣誉奖（视同一等奖）	0.3%
邓子基	86岁	邓子基财经文选（1~4卷）	专著	荣誉奖（视同一等奖）	0.3%
陈安	80岁	陈安论国际经济法学（五卷本）	专著	荣誉奖（视同一等奖）	0.3%
张亦春	76岁	开放进程中的中国货币政策研究——基于"入世"背景	专著	荣誉奖（视同一等奖）	0.3%
孙绍振	73岁	论新诗第一个十年	论文	荣誉奖（视同一等奖）	0.3%
杨仁敬	72岁	剑桥美国文学史（第八卷）	译著	一等奖	2.2%
王耀华	67岁	中国民族音乐	教材	一等奖	2.2%
吴在庆	63岁	杜牧集系年校注	古籍	一等奖	2.2%
庄钟庆	77岁	东南亚华文新文学史	专著	二等奖	10%
郑颐寿	73岁	辞章体裁风格学	专著	二等奖	10%
连淑能	68岁	英译汉教程	教材	二等奖	10%

资料来源：根据获奖名单研究整理。

表5 福建省第七届社会科学优秀成果获奖名单（老专家）

作者	获奖年龄	作品名称	成果形式	获奖类别	获奖比例
高时良	95岁	学记研究	专著	一等奖	3%
葛家澍	86岁	会计理论	专著	一等奖	3%
陈安	78岁	南南联合自强五十年的国际经济立法反思	论文	一等奖	3%
胡培兆	70岁	经济学本质论——三论三别	专著	一等奖	3%
邓子基	84岁	国有资本财政研究	专著	二等奖	10%
陈安	78岁	国际经济法学刍言（上、下）	专著	二等奖	10%
吴宣恭	77岁	"人力资本"概念悖论分析	论文	二等奖	10%
郑颐寿	71岁	辞章学发凡	专著	二等奖	10%
庄明水	70岁	日本侵华教育史（第四卷）	专著	二等奖	10%
郑学檬	70岁	简明中国经济通史	专著	二等奖	10%
杨仁敬	70岁	海明威在中国（增订本）	专著	二等奖	10%
王耀华	65岁	中国传统音乐乐谱学	专著	二等奖	10%
林继中	63岁	文化建构文学史纲	专著	二等奖	10%

资料来源：根据获奖名单研究整理。

近年来，福建省老年人才围绕国家和地方的经济发展计划和长远规划的制定与实施，围绕农业、能源与资源环境、产业结构调整等影响海西经济社会发展的关键领域问题，通过调查研究，举办专题论坛等进行建言献策活动，许多建议得到了省、市领导的批示和有关部门的采纳实施，为领导科学决策和推动相关产业发展发挥了重要作用。以省老科协为例，通过调研全面了解福建省油茶产业发展的现状及存在的主要问题，提出发展福建省油茶产业的可行思路和发展战略，得到黄小晶省长的批示，为省委、省政府决策提供了重要依据。2009 年 4～5 月，省老科协又对农村沼气建设开展调研，得到省委、省政府及相关部门的高度重视，加大了用于农村沼气建设的投资。目前，福建省农村沼气建设项目已列入 2010 年中央基本建设投资计划，并获中央补助资金 7000 多万元，比 2006 年增加近一倍。从各地市情况看，泉州市及所属县（市）老科协近三年来共向党政机关提交调研报告 150 多份，所提建议内容涵盖化工、机械、纺织、交通、城建、医卫、地矿、防震减灾等诸多方面，收到了良好的社会效果。莆田市老科协向市委、市政府呈送《"节能减排"调研报告》，受到市领导的高度重视，为企业节能降耗做出了贡献。

（3）普及科普知识

老科技人员是开展科普教育的一支重要力量。全福建省各级老科协近年来组建各种形式的科普讲师团、老科技工作者志愿队等，深入街道、社区、学校、老年大学等基层开展科普宣传，为提高公众的科学素养发挥了积极作用。据不完全统计，2005 年以来全省各地老科技人员共举办科普讲座 3364 场，听众达 18.9 万人；组织下基层义诊 689 次，受诊人数达 7.83 万人次；开展关心下一代教育 1629 次，受教育者 22.18 万人；科技咨询服务 2448 次；技能培训 1813 次，受训者 7.72 万人次。

2. 老年人才开发存在的问题

尽管老年人才开发取得了一定的成效，但现实中老年人才并未得到有效的开发与利用。其问题可归结为以下四个方面：

（1）对老年人才开发的认知障碍

传统社会观念是制约老年人才科学开发的瓶颈。一则，"退休＝完全休息"的退休观，既未看到老年人才的独特优势，也没有立足我国"未富先老"的国情。从生理上看，人进入老年期大脑总体上是要衰退的。但人脑和其他器官一样，也具有"用进废退"的特性，身体健康的老年人才仍然具有创新潜能，仍然可以创造新的业绩。人才学专家提出的"双峰曲线"理论印证了这一点。该理论认为，科技人才的最佳年龄区间是 25～45 岁，峰值年龄为 45 岁。但是，人与人之间并不一样，有些人创造力双峰曲线的第一峰出现在 42 岁左右，而到 56 岁左右，创造力再度高涨，出现第二峰。这表明，许多人 60 岁以后仍具有相当的创造力。老年人才中蕴藏着极大的智力财富，开发使用好这批人才往往会得到意想不到的收获。① 另外，按照价值工程原理推论，资源的开发价值与效用成正比，与开发成本成反比。效用越大，开发成本越低，开发价值越大。老年人才在长期的社会实践中积累了丰富的知识、经验和技能，练就了精深的专门才能，是一笔能够带来高附加值的人才资本，资源效用很大。而他们无需培训，所需投入少，开发成本低。随着老年人口的不断增加，老年人才的价值将更加显现。

二则，"开发银发人才 = 抢走黑发人才饭碗"的误判，将人力资源等同于人才资源，混淆了老年人才与老年人的区别。实际上，合理利用老年人才资源不仅不影响年轻人就业，而且能为其创造条件。福建省人才资源特别是高级专业技术人才资源严重不足，开发老年人才资源使老年人和年轻人之间产生优势互补效应，即特长互补、职业互补、阅历互补、知识互补、经验互补。同时老年人对年轻人通过传帮带可以引领年轻人更快成长，更好地掌握管理经验，提高管理水平，提升技艺能力，有助于缓解因人才短缺、人才断层的负面影响，实现人才资源的优化配置。

（2）相关政策亟待完善

目前所实行的法定退休年龄政策和非弹性退休政策，忽视了老年人寿命延长、身体健康、晚年不老的现实，客观上漠视了老年人才的社会价值，造成老年人才资源的无谓闲置和浪费。尤其是女性的预期寿命比男性高，而其退休年龄却比男性早 5～10 年，这不仅大大加重了养老金的支付负担，也导致女性人才的浪费。在现代社会中，女性的地位和受教育水平都得到了改善，其工作能力也得到了普遍认可。随着预期寿命延长和家庭人口小型化，50～55 岁正是女性第二春的开始，她们没有家庭负担，更能全身心地投入工作。

---

① 王刚：《高校老年人才资源开发和利用探析》，《中国高教研究》2006 年第 9 期，第 91～92 页。

此外，对离退休专业技术人才开发利用的配套管理政策不到位。如缺乏合理有效的报酬和分配机制，职称评聘政策缺乏灵活性，对做出突出贡献的老年人才没有相应的激励措施，尚未形成老年人才开发的管理体制。调查发现，在各年龄段中老年人才对人才开发政策的满意度最低，见图1。

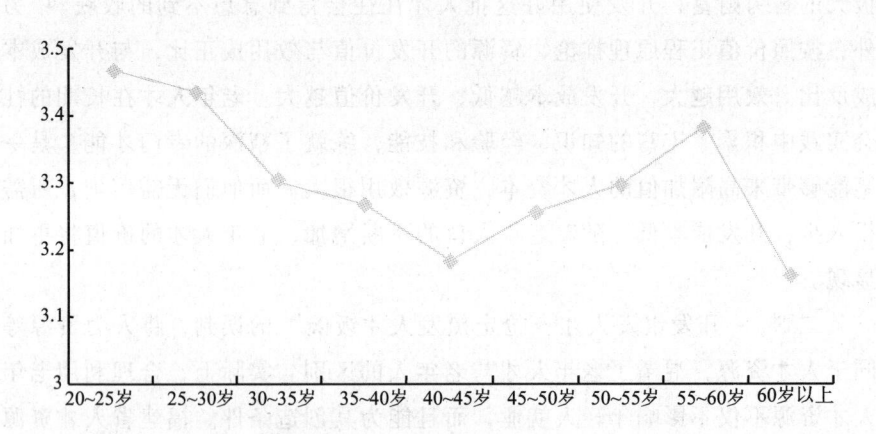

图1　不同年龄人才对企业人才开发政策满意度

数据来源：《不同年龄人才对企业人才开发政策评价》，国务院发展研究中心人力资源研究培训中心调查，2006。

（3）技术研发与市场对接问题

当前我国专利成果转化率平均为15%，实现产业化不足5%，专利技术交易率只有5%，远低于发达国家50%以上水平。① 2003年吉林省非职务发明人中20~40岁占25%，40~50岁占35%，50~60岁占33%，60岁以上占27%，② 数据表明我国老年人才的技术发明有一定的比重。但是作为非职务发明人，目前存在比较突出的问题：一是研发推广缺乏资金的支持；二是成果转化率低；三是与市场对接困难，制约了老年人才创造发明的积极性。

---

① 杜秋丽、杜伟涛、曹强：《规划专利成果转化公共服务平台的建议》，《价值工程》2010年第2期，第132~133页。
② 杨华：《吉林省非职务发明人生存现状调查》，《农业与技术》2009年第5期，第21~23页。

个案 1　离退休发明人沦为"新丐帮"①

曾获"空军先进个人"的 63 岁老人孟宪昌，尽管手持 21 项国家专利，但是这些专利带给他的不是金钱和地位，而是贫困和社会"不解"的目光。在完成发明、申请专利授权之后，孟宪昌没有资金做市场推广，他试着向银行贷款，但每次得到的回复都是拒绝。由于国家没有具体政策支持非职务发明人，他们既得不到科技部的资金扶持，也得不到创建中小企业的科技扶持资金，就连申请贷款得到的答复通常也是否定的。孟宪昌也曾尝试和企业合作，但几经碰壁。之后，他开始自筹资金 300 万元，成立了转化自己专利产品的康鹰公司。为了这家科技型企业，孟宪昌花光了所有的积蓄，却仍不足以支撑起公司的运营。遇到资金困难时，孟宪昌甚至借了高利贷。

(4) 老年人才的劳动保护缺乏法律依据

由于老年人就业不在劳动法保护的范围之内。现实中，部分用人单位存在侵犯老年人劳动权益的现象。聘用离退休人员不签订劳动合同，致使他们的合法权益得不到保障；有的企业为了商业利益，强行扣押老年人的执业资格证书。

个案 2　返聘期间受伤无法适用工伤赔偿条款②

王先生退休后，被一家汽车修理公司聘用。双方没有办理任何聘用手续，只是口头约定公司每月给 800 元工资。随后，受公司指派，搭乘公司工具车前往某客户处检修车辆。途中，因对面一辆货车违章发生车祸，王先生左脚被压断。事故经交警部门认定为货车司机负主要责任。王先生出院后，向汽车修理公司提出申请劳动鉴定伤残等级，并要求享受工伤事故待遇，遭公司拒绝，理由是王先生虽被公司聘用，但与公司不存在劳动关系，因此不能享受正式员工的保险待遇。

---

① 雷蕾：《他们的发明路为何如此坎坷》，《发明与创新》2006 年第 12 期，第 32~33 页。
② 邵国庆：《离退休人员返聘也要法律维权》，《新天地》2007 年第 6 期，第 40~41 页。

(5) 对老年专用性人才保护不到位

对非物质文化遗产的传承人等专用性人才缺乏有效的保护措施。调查发现，至 2008 年福建省有 28% 的传承人已无法正常开展传习活动，34.5% 的传承人年收入在 1 万元以下，44.5% 的传承人没有社保，28% 的传承人没有医保。[①] 以泉州传统竹编工艺的唯一传承人凌文彬为例，老人至今住在不足 9 平方米的老屋子里，靠每月 120 元的低保生活，由于市场对竹编的认可度不高，竹编工艺品并没有给凌文彬带来好收益。能够保存这门泉州传统工艺绝活，靠的是他执著的追求。

综上，由于退休老人属于非在职人员，不在《劳动法》、《劳动合同法》等法律的调处范围之列，劳动权益难以得到有效维护，制度上的缺失也使老年人的劳动安全无保障。

三　调查结果二：老年教育状况分析

研究表明，老年教育不仅是"老有所教、老有所学"的基本内容，更是"老有所乐、老有所为"的重要途径。福建老年教育可以追溯到 1985 年福建老年大学成立。"十二五"期间，通过对办学形式和内容的大胆探索，全省老年教育还将有更大的发展。基于此，课题组从福建省福州、厦门、泉州、莆田等老年教育事业发展较为成熟的城市入手，总结老年教育发展成果，深入剖析老年人才开发与老年教育发展的关系，探寻为老年人才开发提供教育支持的有效路径。

（一）调查的样本概况

本研究以福州、厦门、泉州、莆田等四城市老年大学学员为对象，通过问卷调查和专题访谈形式收集资料，研究方法以定量分析为主，结合定性分析与质性研究。课题组于 2010 年 6 月至 11 月就"老年人才继续教育状况"展开问卷调查。本次调查共发放问卷 190 份，回收有效问卷 182 份，有效率为 95.80%。同时，课题组结合问卷调查，就有关问题进行专题访谈和入户数据采集，获得个案资料。

调查内容涉及学员的基本背景信息（包括年龄、文化程度、就业状况、职称职务状况等），在老年大学的学习年限及所学专业，退休后

[①] 陈秀梅：《福建省非物质文化遗产项目代表性传承人现状分析与保护对策》，《福建艺术》2008 年第 5 期，第 37~39 页。

再就业情况（包括就业形式、所从事的工作等），退休后再就业与在老年大学学习的关系，对再就业的看法（包括工资、福利待遇、工作满意度以及再就业意愿），对老年大学课程的认可度及对开发老年人才的建议，在此基础上分析了老年教育的社会经济效益，受教育者的社会服务效能、老年教育对老年人才开发的影响，并提出相应的对策建议。

（二）老年人才接受继续教育的意愿

调查表明，老年人才接受继续教育的意愿相对较高，老年大学的学习经历对老年人才再就业有正向影响。

1. 调查对象的基本情况

本次调查以低龄老年人才为调查主体，有182人接受调查。其中女性111人，占总数的60.1%，比男性高10.1%。从年龄段看，50岁以下占3.8%，50~60岁占26.4%，60~70岁占48.9%，70岁以上占18.1%；从学历看，一般在高中、大专及以上，总体水平较高；从职业身份看，退休前主要是机关干部、教师和专业技术工作者；从职称看，初级占9.9%、中级占30.2%、高级占20.9%，中高职称者超过半数；老年大学学习年限1年及以下的占17.1%，1~3年的占37.8%，3~5年的占18.3%，5年及以上的占26.8%。

2. 老年人对老年教育的认可度

调查显示，44.7%的被调查者继续从事的职业与退休前相关联，34%的被调查者认为老年大学的学习经历对新职业有帮助（见表6）。对退休后的工资福利待遇、用工满意度，绝大多数人表示"并不在意"。上海老年大学的一些老年学员在Authorware和Firewok电脑班顺利结业后，不仅将课堂上学习到的知识应用到生活中，而且自己动手编写了《老年人制作FLASH动画》讲义，自己举办Flash系列讲座，吸引了更多的老年电脑爱好者参与其中。[①] 由此可知，老年人接受再教育和实现再就业精神方面的满足感强于物质追求。

[①] 潘澜：《我国老年教育的功能及其实现机制新探》，《成人教育》2010年第2期，第78~80页。

表 6　老年人退休后再就业与在老年大学学习关系表

	目前就业与退休前就业有否关联（频数）	在老年大学学习对新职业有否帮助（频数）	百分比（%）
是	21	19	44
否	3	4	34

注：频数是对总数据按某种标准进行分组，统计出各个组内个体的个数。百分比是指每个小组的频数与数据总数的比值。本文表中数据均做过缺失处理，为有效百分比。

课题组对各类人群（含老年学员、教育机构、年龄教育工作者）的深度访谈发现，教育不仅有助于老年人适应新职业，更通过健康状况改善从根本上提升了工作胜任力。周森、张丽辉对天津市老年大学学员入学前后身心状况比较研究认为，老年人健康自评良好者由入学前的 19.9% 上升到 75.6%，心理障碍者各种问题的平均比例减少了 49.36%。平均每人每月就诊次数较入学前减少 3.3 次、因病卧床休息时间减少了 1.8 天。

3. 老年人对所学课程的认可度及继续教育意愿

我们着重从老年大学所开设课程与老年人希望开设的课程进行分析对比，从中了解老年人的教育意愿。

（1）老年人在老年大学所学课程情况

调查表明，目前老年大学开课中占比最大为艺术类课程（美术和音乐），占 41.7%；居第二位的是医疗卫生保健，占 16.6%；应用技术类课程基本空白。我们认为，这可能与老年大学重"康乐"、轻"有为"的传统办学理念有关，也可能与老年人的个人兴趣取向有关。

表 7　老年人在老年大学所学专业分布情况

	音乐	医疗卫生保健	美术	计算机	语言文史	经济法律	生物食品	机械电子	轻纺	工程技术	其他
频数	89	49	34	31	22	6	10	0	0	0	63
百分比（%）	30.2	16.6	11.5	10.5	7.5	2.0	0.03	0	0	0	21.4

（2）希望增加开设的课程

调查表明，老年人对电脑等技能类课程的学习兴趣明显增加，王英、谭琳 2010 年对全国五省市老年教育的问卷调查和访谈亦得出类似结论。课题组追踪访谈发现，卫生保健类课程有助于改善老年人的健康状况，为老年人继续工作储备体能。而电脑、外语等技能类课程的学习，能帮助老年人实现再就业并提升老年人的工作绩效。

表8 希望老年大学提供的课程

	卫生保健	音乐	计算机	美术	外语文史哲类	经济法律	食品安全	工程技术	机械电子	轻纺	其他
频数	55	53	34	29	28	16	15	6	4	4	34
百分比（%）	19.8	19.1	12.2	10.4	10.1	5.6	5.4	2.2	1.4	1.4	12.2

通过访谈，我们深切感受到老年教育给老年人带来的新改变。当我们要求受访者谈感受时，绝大多数老年人都提到了"生活面貌改变"、"开阔眼界"、"增进交往"、"朋友增多"、"学习到感兴趣的知识"、"参加社区管理和服务"、"能力增长"、"社会参与"、"有价值"等。可见，老年教育不同程度地提升了老年人的生存和发展能力，不仅改善了老年人自身的生活质量，也促进了家庭、社区和社会的和谐发展。

（三）老年教育的社会经济效益分析

随着人口老龄化和人口预期寿命的不断延长，老年教育的社会经济效益愈加显现。老年教育使老年人不断更新知识，适应时代变化，为参与社会创造条件。

1. 促进老年人才资源的再开发和再利用

通过老年教育，提升了老专家、老教授、老艺术家们继续贡献社会的能力；通过老年教育，让那些懂技术有专长的知识老人在更新知识后重新回到工作岗位，不仅能够更好地发挥技术特长，还以传帮带形式培养了年轻人，有效缓解了当前技术人才结构失衡的局面；通过鼓励老年人才服务中小企业，解决了中小企业技术瓶颈问题，促进了人力资本的优化配置。

2. 有利于传统技术和传统文化的传承与保护

传统技艺与传统文化的独特性，决定了它的保护和代际传承有其特殊要求。以非物质文化遗产的传承和保护为例，老艺人、老艺术家的言传身教尤为重要。① 福建省地方老年大学在非物质文化遗产保护传承方面做了很好的探索。

表9 福建省部分面临后继无人非物质文化遗产目录

项目名称	传承人	出生年份	技艺现况
泉州无骨花灯	蔡炳汉	1929	后继无人
泉州花灯	李珠琴	1954	女承母业
答嘴鼓（厦门）	陈清平	1935	后继无人
永安大腔戏	熊得钦	1954	后继无人
东山歌册	蔡婉香	1943	后继无人
福州软木画工艺	吴学宝	1940	无出色学徒
福州金箔制作工艺	陈祥利	1948	后继无人

数据来源：课题组研究整理。

以福州市的"十番音乐"为例。作为有地方特色的民间趣味音乐，2005年获评福建省首批省级非物质文化遗产。② 为了抢救这个具有浓厚民间特色的艺术奇葩，长乐市老年大学于2009年成立了"十番音乐"研究会和"十番音乐"培训班，聘请已近八十高龄的"十番音乐"传人陈英木先生（别号"茶亭木"）为导师。通过老艺人亲自授课、表演，带领老年大学的学员学习"十番音乐"的技艺，并与学员一起系统整理"十番音乐"的乐谱，深入社区开展"十番音乐"公益演出活动。

长乐市老年大学希望借此探索一条抢救濒危"十番音乐"的路子。

在福建省，像陈英木这样被认定为非物质文化遗产传承人的老艺人、老艺术家不在少数，政府有关部门对他们及他们所承载的非物质文化遗产的保护力度正在加大，但是大量的非物质文化遗产根植于民间，仅靠政府

---

① 非物质文化遗产保护目前采取的主要方式是生产性保护。指通过生产、流通、销售等方式，将非物质文化遗产及其资源转化为生产力和产品，产生经济效益，并促进相关产业发展，使非物质文化遗产在生产实践中得到积极保护，实现非物质文化遗产保护与经济社会协调发展的良性互动。
② 十番音乐系福州的民间趣味音乐，2005年成为福建省首批省级非物质文化遗产，十番音乐究竟产生于哪个年代，目前还无法考证。据传，在清乾隆四十四年，就有"十番"赛会，这时期十番音乐已经是一种十分成熟的民乐了，乐器主要有笛子、逗管、椰胡、云锣、狼串、大小锣、大小钹、清鼓等十种，体现了福州厚重的闽族文化积淀。然而深深根植于"老福州"记忆深处的十番而今濒临消迹，缺乏传承人。

的保护是远远不够的。长乐市老年大学探索性办学经验给我们于启示：老年人对传统民族文化有着深厚的感情，借助老年大学这个大舞台，鼓励各级老年大学开设具有地方特色的非物质文化遗产资源课程，通过非遗传人走进老年大学的课堂，讲授相关知识，让热衷非遗事业的老年学员参与发掘、整理、保护和宣传非物质文化遗产，并把学习成果广泛传播到各个社区，不失为保护和抢救非遗的一种尝试，也可以成为海峡老年教育名校的办学特色。我们认为这种多赢的教育模式，既丰富了老年人的精神文化生活，又保护了传统文化遗产。近年来福建老年大学相继开设了"闽都文化"学制班等系列讲座、闽剧唱腔班等独具福州地域特色的课程，让老年学员了解闽人的历史文化，就是很好的尝试。

个案3　南音老人吴彦造[①]

吴彦造，艺名吴造，1926年出生于福建石狮市，精通南音的词牌及各种乐器，整理大、中、小型地方戏剧并配曲数十部，创作南音乐曲百余首。从20世纪50年代起就开始灌制唱片，其作品在闽南地区广为流传。1972年调到泉州市文化馆工作，负责民间音乐及泉州南音的保护与传承，培育了众多南音人才。吴老退休后还坚持传播、抢救南音，积极参与《中国泉州南音集成》的编修出版工作。今年已经八十五高龄的吴老，仍然耳聪明目、精神抖擞，在泉州几所学校的南音兴趣班，我们常能看到正在教授学生弹奏南音乐器的他。老人在采访中最常说的便是：南音事业是他现在的生命之源，是他保持年轻心态的秘诀。

表10　老年人与青年人在弘扬传统文化的优势比较

项　　目	老年人	青年人
经验积累	更优	较次
基础知识积累	更优	较次
时间	更充足	相对缺乏
满足感	更容易满足	较不容易满足
耐心	更有耐心	相对较差
开发成本	更低	相对投入更多

---

① 张盛悦：《吴彦造—泉州南音国家级传承人》[EB/OL].2009-12-10. http://www.nanyin.cn/yishurensheng/nanyinchuanchengren/2009-12-10/459.php.

3. 有利于老年人才更好地服务社会

通过电子信息技术等课程的学习，提高了老年人对科学技术的应用能力，促进老年人更好地适应现代工作需要。同时，新知识的培训，提高了老年人继续工作的质量，拓宽了再就业渠道。

（四）老年人才的终身教育问题

1. 对老年人才继续教育的意义认识不足

党的十六大以来，中央提出了"构建终身教育体系"、"形成学习型社会"、"提高人的素质"、"促进人的全面发展"等一系列战略构想，老年教育得到很大的重视，但对作为终身教育体系最后阶段的老年教育的定位，至今仍然有很多的争论。"老年教育是积极休闲教育"的传统认知，影响了老年教育的战略定位。

2. 教育体系和管理机制不健全

首先，从课程设置看，主要以娱乐休闲类为主，教育体系不完整。福州老年大学已开设的52个专业课程，124个班级中，活动类课程占了绝大部分。虽然从2011年起增设了应用技能类（如中医学、电脑入门、图像处理等）和自我发展类课程（如摄影、绘画、英语等），但总体上课程涉及范围窄，开班数少，详见表11。

表11 福州老年大学2010年课程设置

课程系别	开设班级数（个）	所占百分比（%）
器乐一系	14	11.29
器乐二系	17	13.71
舞蹈系	13	10.48
国标交谊舞系	8	6.45
声乐系	15	12.10
体育系	14	11.29
综合系	14	11.29
书画系	12	9.68
计算机系	8	6.45
中英文系	9	7.26
总计	124	100

数据来源：根据福州老年大学2010年春季招生简章整理。

其次，统一协调的管理运行机制尚未形成，老年人才开发尚未列入人才强省战略中。虽然各级科协、老科协等群团组织已积极开展老有所为工作，福建省人事厅也牵头组织召开了联席会议，文化部门以政策的形式对老年大学的发展提出了较为具体的规划；老龄委对发展老年教育进行了倡导；教育部门把老年教育纳入社区教育体系；民政部门把老年教育作为"为老"服务政策之一，但总体上缺乏明确、统一的定位，多头管理也不利于老年教育事业的发展。

3. 老有所为、人尽其才的内涵建设不足

从福建省已出台的相关政策看，多局限于"老有所乐"、"老有所学"，而"老有所为、人尽其才"的内涵建设明显不足。从老科协的主要工作内容看，目前福建省的老科技人员继续发挥作用的形式主要有四个方面：一是开展调查研究，建言献策；二是项目技术攻关，发明创造；三是科技成果转化，项目咨询；四是开展科普教育，著书立说。[①] 对老年人才的再利用，主要还是常规性和事务性的，尚未提升到"人才再开发"、"老有所为"的人力资源可持续发展层面上。

四 深化老年教育促进人才开发的对策建议

（一）老年人才开发的对策建议

国际经验表明，人口老龄化过程中重视老年人才潜在的社会经济价值，强化对老年人才的开发利用，是在未来挑战中赢得更多自信和回旋余地的关键。[②] 从福建省情况看，加强老年人才资源的开发和利用是建设海西人才高地重要的战略举措。

1. 要从战略高度认识老年人才开发的重要意义

高素质的老年人才资源是海西建设的一支重要力量。按照人口学划分，老龄人口分为60~69岁的低龄，70~79岁的中龄和80岁以上的高龄老人3个层次。中低龄老人，特别是城市的低龄老人，相当一部分受过良好的教育，在长期的工作实践中积累起来知识能量和技术专长即使到了退休年龄，其边际收益仍然没有结束。目前这部分人在福建省老年人口中约占60%。深入挖掘这部分人的潜能，有助于人才强省战略的实施。应该在

---

① 2008年福建省离退休专业技术人员发挥作用专题调查（老科协内部资料）。
② 万克德：《中国老年人力资源开发利用程度分析》，《人口学刊》1998年第3期，第31~35页。

全社会营造"人才没有年龄界限"的氛围，为老年人创造发挥余热的良好社会环境。

2. 实行弹性退休制度，为老年人才服务社会提供制度保障

我国现行的退休年龄仍沿用 20 世纪 50 年代职工退休制度的规定，①对此，学术界有不同的意见和观点：第一种观点认为，必须实行弹性退休政策。第二种观点认为，可推行综合性的退休政策，逐步提高法定退休年龄并推行弹性退休政策。② 在某些领域先试行"身体健康、能适应工作要求的女性，在个人自愿的情况下也可以适当推迟退休年龄"的做法，以提高老年人才的社会参与率。第三种观点强调逐步提高退休年龄。③

我们认为，国家统一设定退休年龄标准，无法满足不同职业人员的实际需求。应该在设定退休年龄的基准线上，根据劳动者所从事行业以及自身的情况，调整制定退休年龄上下限，视情况在一定的年龄范围内允许弹性退休；对专业技术人员中的高职称者，以自愿为原则，放宽退休年龄限制。同时建立法定养老保障年龄，完善社会保障体系，维护劳动者的养老保障权益。表 12 给出了教育因素影响下个体的工作年限。由表中数值可知，在现有的退休制度下，女性博士学历者的工作时间最高只能达到 31 年，甚至赶不上 55 岁退休的男性初中毕业生的工作时限，从人力资源的角度看，这是一种人才的过度折旧和浪费。因此，在现有退休政策的框架下，应当引导低龄老人通过老年大学的再学习和再培训，"各尽所能、服务社会"，同时鼓励社会"量才而取，量才为用"。

3. 创新社会管理，更好地为老年人才服务

在西方，劳动力市场中介组织非常发达，对老年人就业提供重要帮助。日本有 600 多个社团性质的具有严密组织网络体系的"银色人才中心"，帮助老年人寻求再工作的机会。借鉴外国经验，可通过创新社会管理，为老年人再就业提供帮助。

---

① 我国现行的退休年龄为男 60 岁、女 50 岁（干部身份 55 岁）。
② 林义：《关于我国退休制度的经济思考》，《当代财经》1994 年第 1 期，第 9~13 页。
③ 邓大松、刘昌平：《中国养老社会保险基金敏感性实证研究》，《经济科学》2001 年第 6 期，第 13~20 页；林宝：《中国退休年龄改革的时机和方案选择》，《中国人口科学》2001 年第 1 期，第 25~31 页。

表 12　不同教育水平下劳动者的工作年限

文化水平	毕业年龄（岁）	受教育年限（年）	50 岁退休	55 岁退休	60 岁退休	65 岁退休
小学	13	6	37			
初中	16	9	34	39		
高中	19	12	31	36	41	
大学	23	16		32	37	42
研究生	26	19		29	34	39
博士	29	22		26	31	36
博士后	31	24		24	29	34

数据来源：杨彦：《北京市老年人力资源开发研究》，首都师范大学博士论文，2004，第33页。

人口老龄化背景下，必然需要加强对老年人的社会管理。"社会管理"的概念最早出现在 2004 年党的十六届四中全会上，是与"社会建设"并重的一个概念。在《国民经济和社会发展"十一五"规划纲要》中，再次出现"社会管理"，具体内容包括"加强基层自治组织建设"、"规范引导民间组织有序发展"和"正确处理人民内部矛盾"三个部分。十六届六中全会《关于加强社会主义和谐社会建设的决定》进一步丰富了社会管理的内容，即"建设服务型政府，强化社会管理和公共服务职能"，"推进社区建设，完善基层服务和管理网络"，"健全社会组织，增强服务社会功能"，"统筹协调各方面利益关系，妥善处理社会矛盾"，"完善应急管理体制机制，有效应对各种风险"，"加强社会治安综合治理，增强人民群众安全感"等内容。由此可见，"社会管理"在中央文件中出现之后，其含义一直处于变动的过程中，给"老年人社会管理"这一概念的界定带来一定的困难。但是从上述关于社会管理内容的表述中，可以明确的是：对"社会组织"的管理是社会管理的核心内容。

所谓社会管理，就是政府通过制定专门的、系统的、规范的社会政策和法规，管理和规范社会组织、社会事务、培育合理的现代社会结构、调整社会利益关系、回应社会诉求、化解社会矛盾、维护社会公正、社会秩序和社会稳定、孕育理性、宽容、和谐、文明的社会氛围。比照社会管理的有关定义，本文把老年人社会管理界定为：政府老龄工作机构通过制定实施老龄政策法规，规制老年群众组织、管理老年社会事务，回应老年群体的利益诉求、化解涉老纠纷和矛盾、调整代际利益关系，培育敬老、养老、助老的社会氛围。其中，老年社会事务是老年社会管理的核心内容，包括老年迁徙与流动、老年教育、老年文化、老年体育、老年再就业、老年社会参与、老年福利等领域。加强老年人社会管理，是增强政府对老年群众组织和老年人的控制力；二是获得来自老年群众组织和老年人对政府政务的参与和支持。

从创新老年人社会管理、服务老年人才的角度，应当将老年人才组织起来，充分发挥其在老龄事业中的桥梁、参谋和自我服务作用。政府开展的有关人才培养、项目开发、服务咨询等活动，可邀请离退休专业技术人员社团组织参加或承办。

4. 保护老年人才的合法权益和专业技能，为老年人才开发创设条件

各企事业单位聘用老年人才要按照平等协商、报酬合理的原则，通过合同方式明确双方的权利和义务，保障其合法权益。同时，老年人才按照国家有关法律规定享有其科研成果转化的收益。因工作发生职业伤害的，可根据实际情况，由聘用方参照工伤保险的相关待遇标准妥善处理，并通过民事诉讼、人事或劳动仲裁渠道解决老年人才因工作发生职业伤害、因履行聘用合同与聘用方发生的争议；有条件的聘用方在符合有关规定的情况下，可为离退休专业技术人员购买聘期内的人身意外伤害保险。对国家、省市有关部门认定的专门性技艺传承人，给予相应的物质保障和荣誉，如福建省财政每年对省级"非遗"项目代表性传承人颁发政府特殊津贴（免征个人所得税），各级文化主管部门依传承人的具体情况，酌情调配特殊津贴的拨付；经济特别困难者，可提出申请，由省非物质文化遗产保护中心牵头组织专家评审委员会进行评审，通过后报请上级批准予以补助。

5. 建立和完善老年人才开发管理机制，构建老年人才就业信息交流平台

为切实做好老年人才资源的开发利用，各涉老单位应尽快设立老年人才资源信息库，建立老年人才信息网络，实现老年人才资源共享，为老年人才资源开发的市场化运作提供平台。目前经济发达地区已有相应的具体操作，参考目前市场上的可行做法，我们建议成立省一级的老年人才开发协调机构，对全省老年人才开发统一规划、协调和管理，各条块建立相应的分支机构，供需中介、推荐、咨询工作采取市场化运作方式，由市、区二级人才市场操作。具体可参考目前的人才中介机构的网上运作模式，通过网络技术提高老年人才资源开发的效率和进程，构建多渠道、多层次、多形式的老年人才开发体系。另外，要适时组建老年人才市场，定期或不定期地举办老年人才交流活动，鼓励老年人才为地方经济发展做贡献。亦可通过筹建老年人才市场，召开老年人才招聘会等活动来开发老年人才资源。通过这种面对面的交流方式，更好地推进老年人才与用人单位之间的沟通与联系，使老年人才"人尽其用"。

（二）提升老年人才竞争力的教育策略

老年教育是提高生命质量、提升生命价值、美化生命体验的教育活动，是形成学习型社会的重要环节，是开发老年人才资源的重要举措。要紧紧围绕海西建设的中心任务，把老年教育同老年人才开发紧密结合，以科学发展观为指导，促进福建省老年教育事业的新发展。

1. 重视老年教育的人才战略意义

正确认识老年教育的战略意义，把老年教育列入整体教育规划体系，作为"十二五"教育规划的重要组成部分。明确政府主管部门的组织管理责任，强化资金保障，引导和扶持老年教育迈入标准化、规范化的发展轨道。深化学校改革，采用灵活多样的教育模式，保证教学的正常秩序和教学质量的不断提高，满足老年人获取知识、开发潜能、实现价值和服务社会的多层次需求。

2. 整合资源，强化涉老机构政策协同

涉老部门应各负其责，紧密配合。各老年学校应积极配合老干局、老龄委等相关部门，有计划地开展老年教育工作。充分发挥老科协组织的桥梁和纽带作用。同时，人事退管部门、人才服务中心、专家服务机构等可以在老年学校设立老年人才服务窗口，实现项目对接与交流常态化。同时，建立老年人才信息库，加强与外地老年人才信息库的联络，促进沟通与交流。

3. 加强老年教育对老年人才的培养

老年大学需要抓好学术研究，以促进老年教育学科的建设，使老年人才教育教学实践有更高的自觉性和科学化水平。老年人才教育的理论研究，既要重视老年人才教育的实践性研究，又要进行以构建老年人才教育为目标的理论研究和学术研究。

首先，积极探索老年人才教育规律，吸收和借鉴先进的工作经验和优秀成果，不断拓宽福建省老年人才教育事业的工作思路，为老年学校办学和教学改革、创新、发展提供理论支援，为政府有关部门决策老年教育工作提供科学依据，探索福建省老年人才教育发展的方向。

其次，深化"老有所为"内涵。强调在"老有所乐"和"老有所学"基础上内涵更加丰富的"老有所为"。要适应老年学员学习需求的变化性，把握住课程设置的创新原则，平衡好"本质性需要"课程的开设和深化要求的高级课程的开设。既要给予老年人获取知识，共享社会教育资源的权利，更要把老年教育同国家的经济、社会、文化和政治发展以及人口老龄化紧密联系起来。

4. 促进闽台老年人才的交流与合作

首先，建立海峡两岸老年教育与人才交流的平台，打造两岸老年人才开发交流合作机制。以交流促发展，提升两岸老年教育水平。借鉴港澳台社会工作者介入老年教育的经验，完善老年教育体系。充分利用福建省独特的区位优势，加快老年教育对外开放步伐。

其次，依托"先行先试"的政策优势，推动"海峡老年教育名校"的建设。鼓励和支持社会机构、民间组织多层次多渠道地参与老年人才教育事业，推动老年教育持续、健康、有序、规范、多元化发展。

参考文献

[1] 唐文光：《老年人才资源开发与研究》，厦门大学出版社，1992。

[2] 潘晨光：《2006年中国人才发展报告》，社会科学文献出版社，2006。

[3] 姚远：《从财富论到资源论：对老年人力资源问题的再认识》，《学海》2004年第1期。

[4] 王树新、杨彦：《老年人力资源开发的策略构想》，《人口研究》2005年第3期。

[5] 张存才、李放、潘永光、樊青翠、陆萍：《老年人才资源开发利用的调查研究》，《科技与经济》2005年第5期。

［6］吴晓巍、刘烨林：《论新形势下的人才资源二次开发》，《东北财经大学学报》2005年第6期。

［7］熊斌：《试论我国老年人才资源的开发利用》，《人口与经济》2002年第S1期。

［8］原新：《21世纪我国老年人口规模与老年人力资源开发》，《南方人口》2000年第1期。

［9］陶思敏、孙宏英：《试析我国老年人力资源的开发与利用》，《南京人口管理干部学院学报》2000年第1期。

［10］杨新科、金文俊、李硕：《兰州市老年人力资源开发的现状与思考》，《西北人口》2001年第1期。

［11］熊必俊：《老龄社会可持续发展与老年人才再资源化》，《市场与人析》2005年第S1期。

［12］吴德贵：《第二次人才资源开发是我国经济与社会发展的必然选择》，《中国人才》1996年第9期。

［13］万克德、夏国强：《中国老龄在业人口状况分析》，《山东教育学院学报》2002年第4期。

［14］马竹书：《甘肃老年人才资源开发的分析及对策建议》，《西北人口》2008年第3期。

［15］樊嘉禄、贾靓：《非物质文化遗产保护的几点建议》，《安徽农业大学学报（社会科学版）》2007年第1期。

［16］蔡丰明：《上海城市民俗文化遗产的传承机制及主要形式》，《徐州工程学院学报（社会科学版）》2009年第5期。

［17］陈兴贵：《再论非物质文化遗产保护的几种方式》，《传承》2009年第8期。

［18］程馨、徐建培：《论中国老年人力资源开发》，《商场现代化》2007年第8期。

［19］司美润、史淑云：《开发老年人才的几点思考》，《中国水利》1999年第11期。

［20］李德明、陈天勇、李贵芸、刘昌：《老年人才开发的心理学依据》，《中国老年学杂志》2004年第8期。

［21］崔明、王春明：《论人口老龄化与我国银色人力资源开发管理》，《科技管理研究》2008年第4期。

［22］王刚、郑生权：《高校老年人才资源开发和利用探析》，《中国高教研究》2006年第9期。

［23］谭宏：《对非物质文化遗产生产性方式保护的几点理解》，《江汉论坛》2010年第3期。

[24] 张红英：《略论非物质文化遗产保护与公共文化服务》，《图书馆理论和实践》2009 年第 12 期。

[25] 周丽洁：《现代化视野中的非物质文化遗产保护》，《社会科学》2009 年第 6 期。

[26] 鲍志伦、石云平：《河北省离退休人才资源的二次开发利用研究》，《经济论坛》2008 年第 24 期。

[27] 廖力贤：《对城市低龄老年人的人力资源开发》，《中国商界》2008 年第 11 期。

新农村建设中的老年教育探微

黄建新　许丽英[*]

　　老年教育是贯彻党的十六大提出的"发展继续教育、构建终身教育体系"、"形成全民学习、终身学习的学习型社会"要求的重要组成部分，也是福建省实施"人才发展战略"的重要内容。为了全面落实"六个老有"的工作目标，促进老年教育工作又好又快发展，2004年省委办公厅、省政府办公厅下发了《关于进一步加强老年教育工作的意见》（闽委办［2004］79号），提出到2010年，省、市、县、乡四级老年大学（学校）进一步巩固完善，提高办学水平，村（居）建校率达100%，全社会老年人入学率13%以上。《福建省2010～2012年教育改革和发展的重点实施意见》内容文件明确提出：要在2012年之前完成省政府提出的在全省实现老年人入学人数占全省老龄人口15%的目标。

　　农村老年教育是老年教育的一个重要内容。目前，农村老年教育的状况如何，与目标还有多大的差距，农村老年教育有哪些经验可以汲取，这些都是亟待解决的问题。为此，福建老年大学根据福建省委、省政府的文件精神，组成课题组先后对福州、厦门、泉州、莆田沿海地区，以及南平、建瓯、三明、永安、龙岩等八地市进行调研，获得了大量的一手资料。本课题主要围绕新农村建设中的老年教育状况进行实地调研，在此基础上形成了研究报告。

---

[*] 黄建新，福建农林大学人文社会科学学院副教授；许丽英，福建农林大学教务处副处长，研究员。

一　引言

老年教育是终身教育的重要组成部分，是老年人社会化的过程，是提高老年人生活质量的途径。老年人生活质量的高低是社会是否和谐的重要指标。正所谓"老人安则家庭安，老人乐则社会乐"，就是强调老年人在社会稳定中的重要作用。

（一）农村老年教育的基本含义

广义的老年教育是指社会老年教育，指一切以老年人为主体的教育和活动，包括增进老年人知识、技能、健康以及改变老年人思想的活动。狭义的老年教育是指学校老年教育，是指教育者根据老年群体自身以及社会的要求，进行有目的、有计划、有组织的教育活动，其载体包括各级行政部门、企事业单位、社会团体、社区和其他组织举办的老年大学、老年学校以及其他吸收老年人学习的教育机构。"所谓农村老年教育，广义上是指影响农村老年人的知识、技能、身心健康、思想品德的形成和发展的各种活动；狭义上是指以农村老年人为对象，实施有组织、有目的、有计划的教育活动，即学校教育。概括地讲农村老年教育就是以农村老年人为对象实施的教育活动和农村老年人自行学习的活动。"[1]

随着社会的发展，老年教育的对象也在逐步延伸，老年教育的开始阶段主要是为了解决老干部问题，而后来老年教育的对象有所发展，逐步向高校、企业、社区延伸，向农村延伸。从农村老年教育的对象来看，包括农民的教育与农村基层干部的教育，其载体主要是乡、镇、村或者是社区。我国第一所农村老年学校是1987年在山东青岛市城阳区诞生的。后来的发展一直比较慢。2002年党的十六大以后，农村老年学校的发展速度加快，尤其是2005年中央提出"建设社会主义新农村"的战略任务后，农村老年教育学校在量上得到扩展、质上得到提高。

农村老年教育是提高农村老年人生活质量的途径，也是构建社会主义新农村的重要指标之一。根据农村老年人不同层次的需求，老年教育的内容可以有所侧重：以农业生产为主的地区，以农业科技培训为主；对于不需要参加农业生产劳动的老年人，则有计划地开设时事政治、医疗保健、

---

[1] 常美玲、楼世洲：《审视农村老年教育的社会意义》，《继续教育研究》2008年第3期，第31页。

文化娱乐为主的课程。目前我国农村老年教育很不平衡，有的地区已逐步形成多层次的老年教育网络，而有些地区还是一个盲点。因此，因地制宜，采取多种形式开办镇乡级、村级、社区老年学校应该成为推进农村老年教育的重点。

（二）农村老年教育的现实意义及其实现途径

1. 现实意义

（1）农村老年教育是"积极老龄化"的中国实践

老年教育是实现积极老龄化，解决老年问题的重要途径。随着日趋明显的人口结构老龄化，老年人的教育逐渐成为重要议题。1999年世界卫生组织提出"积极老龄化"的倡议，积极老龄化就是"尽可能增加健康、参与和保障机会的过程，以提高人们老年时的生活质量"。积极老龄化的政策框架主要有三个支柱：健康、参与、保障。2002年马德里第二届世界老龄会议发表的《政治宣言》指出："力求使老年人充分融入和参与社会；使老年人能够更有效地为其社区和社会发展作出贡献，并且不断改善老年人所需要的照顾和支持。"

我国一系列法律法规、政策导向也充分体现了积极老龄化的发展思路。1994年《中国老龄工作七年发展纲要（1994—2000年）》首次提出"五个老有"的老龄工作总目标，指出："实现老有所为，发挥老年人的作用。鼓励、支持低龄和健康老人在自愿量力的前提下，参与社会发展，推动社会精神文明和物质文明建设"。"老有所为"强调老年人力资源的开发和利用。1996年公布的《中华人民共和国老年人权益保护法》专门设"参与社会发展"一章，明确规定"国家应当为老年人参与社会主义物质文明建设创造条件"。2006年《中国老龄事业发展"十一五"计划纲要（2006—2010年）》提出："大力发展老年教育，到2010年，老年大学和老年学校在现有基础上增加1万所。各级政府要继续加大对老年教育的投入，同时动员社会力量，因地制宜办好老年教育。积极发展老年远程教育，开办老年电视大学、老年网上学校，倡导社区办学等多种形式的老年教育。"《纲要》还突出强调农村老年教育问题，老年教育对象从城市拓展到乡村。

温家宝总理指出："老年人的生存和质量是尊严问题。"如何提高老年人的生存质量老年教育起着关键作用。老年教育的目标归根结底必须符合老年人的需求、提高老年人的素质，使老年人积极参与社会、经济、文化活动，这是社会发展的客观、现实、全面的反映。由此应该重视老年教育，注重老年人的"健康"、"参与"、"保障"。可见，积极老龄化这一主张，不仅强调老年人的需要，还突出了老年人的权利。

老年教育的对象必须面向全社会，从离休到退休，从城市到农村，这就要求多渠道、多措施、多层次的办学，使农村老年群体的教育与其他群体一样得到共同发展。"农村老年人口众多，占全国老年人口的65.82%，人口老龄化水平高于城镇1.24个百分点。"[①] 老年教育必须满足不同层次、不同年龄、不同文化程度的老年人"求知、求乐、求健、求为"的要求，要在更高层次上满足城乡不同的老年群体的教育需求。

（2）农村老年教育是推进新农村建设中老年人身心健康的根本

开展农村老年教育，是农村老年人的自身需求，也是社会发展的应然。根据中国老龄科学研究中心的调查，"我国农村有10%的老人感到不幸福，有35.1%的老人经常感到孤独，独居的和没有配偶的老人感到孤寂的比例更高"。农村老年教育对农村社会稳定、家庭和谐起了积极作用。有一个农村学员曾发出这样的感慨："对健康的要求是社会的进步，读老年大学医药费都减少了，家庭矛盾也少了。"

（3）农村老年教育成为传承传统文化、弘扬农村文明的基地

农村老年教育为建设乡风文明的新农村起了积极作用。中国传统文化课程是老年大学建设和发展的重要环节，老年大学课程基本是以中国传统文化课程为主线的，其中包含了众多中国传统文化的内涵。老年人学习传统文化，对于传统文化的传承、民族精神的培养发挥了独特作用。如泉州地区是福建主要侨区之一，又是台胞主籍地之一，老年教育为加强海外联谊工作做了大量工作，更好地推动老年教育的发展，同时为两岸经济社会发展作出了重要的贡献。

2. 实现途径

（1）农村老年教育必须遵循教育的一般规律，同时也有自身的特殊规律

认识老年教育特点，遵循老年教育规律，是办好老年大学的前提。老年教育与普通教育有着许多共性，也具有自身的特殊性，因为老年教育效果主要是根据老年人自我心理感觉及身体健康状况来衡量的。从全国各地

---

① 罗炳权、罗淑芳、周成锡：《发展农村老年教育与建设社会主义新农村》，老年教育杂志社，2008，第1页。

的实践来看,各个地方在领导体制、办学模式、经费、课程设置、师资来源、教材、教学方式等,都有不同的做法。事实证明,只要从各自实际情况出发,经济发达、中等发达以及欠发达地区都可以办好老年教育。福建省倡导社会化的老年教育和教育化的老年生活,树立学制、学会"两个轮子"驱动的办学理念,做到专业学会与老年教育"两个轮子"一起转,老年教育有了长足的发展。

(2) 注重城乡老年教育协调同步发展,积极发展农村老年教育

离开了农村老年人的教育,是不完整的老年教育。我国农村老年人口占全国老年人口的大多数,但是由于历史和客观原因,农村老年人的文化程度和科学知识的掌握与城市老年人相比有很大的差距。农村老年教育没有现成的模式,农村老年教育的课程设置、教材开发、师资调集、教学方式等方面都要根据不同的需求设计。就资源整合方面,通过资源整合的途径得到解决,可利用农村闲置的校舍和教学设备,通过送教下乡、提供教学材料、培养和培训农村教师等形式,为农村老年学校提供直接帮助。

(3) 农村老年教育必须与当地经济社会文化建设相结合

农村老年人也要适应新时代发展的要求,参与农村的经济、文化和社会活动,做到学、康、乐、为的结合。农村老年学校致力于农村的经济建设和社会发展,为新农村建设奠定基础,这就是农村老年学校功能的主要体现。新农村建设的提出与开展,为当前以及今后的农村老年教育工作指明了方向,也给农村老年教育带来了难得的机遇。

二 老年教育理论与农村老年教育

老年教育的理论取向是老年教育发展的价值定位和根本方向。明确和把握老年教育的理论取向是促进老年教育发展的前提和关键。从理论上思考老年教育问题与积极老龄化社会构建的关系,农村老年教育才能获得发展的理论支撑。[①]

---

① 老年教育的理论阐述部分参照王英《中外老年教育比较研究》,《学术论坛》2009年第1期,第200~205页;段世江、张辉《老年人社会参与的概念和理论基础研究》,河北大学经济学院,2008年第3期,第82~84页;李宗华《近30年来关于老年人社会参与研究的综述》,《东岳论丛》2009年第8期,第60~64页。

(一) 权利理论

权利理论（theory of rights）是源远流长的经典学说，为人权观念和制度建设奠定了基础。权利理论认为，每个人都享有某些权利，这些权利与生俱来、不可转让、不可剥夺。T. H. 马歇尔从公民身份理论出发，认为社会权利是内嵌于公民身份的一种权利，"社会权利指的是从某种程度的经济福利与安全到充分享有社会遗产并依据社会通行标准享受文明生活的权利等一系列权利"。马歇尔的公民身份理论也可以说明权利对于身份与资格的意义。

权利归根结底是由社会经济关系所决定的，是人们在相应的社会关系中应该得到的价值回报，而这种权利通常又是以法律形式来保障的。第二次世界大战以后，世界人权运动的发展，引起了包括老年人受教育权在内的老年人权的广泛关注，并将开展各种老年教育活动作为实现老年人受教育的基本权利。特别是 19 世纪 80 年代以来，西方社会老年教育对老年人的"赋权"（empowerment）以及"解放"（e‐mancipation）作用越来越强调。如学者 Gibson 就指出："'解放'是教育的核心所在，因为这意味着获得控制自己生活的权利。"①

社会学对于权利问题的关注更多的是人们实际享有权利的状况。从教育的公平性来说，社会成员不分性别、年龄、地域、民族，每个人都具有平等地拥有教育资源的权利和机会。终身教育权明确了终身教育的宗旨是实现国家对每个公民（特别是社会弱者）个人学习权利的切实保障。而终身教育权的提出就是强调通过保障全体社会成员在不同阶段和不同层次的各种学习需求，让不同年龄阶段的人都应有享受教育的权利和机会，以保证教育机会的连贯性、持续性。② 基于权利的终身教育也就是为社会成员提供平等的接受教育机会和保障。我国老年教育的发展在很多方面也体现了终身教育的理论取向，保障了老年人的受教育权。《中华人民共和国教育法》第 11 条规定，国家适应社会主义市场经济发展和社会进步的需要，推进教育改革，促进各级各类教育协调发展，建立和完善终身教育体系。《教育法》和《老年人权益保障法》规定的保障中国公民和老年人的受教育权是权利理论的体现。发展老年教育是构建终身学习的重要措施，老年

---

① Gibson, S. Critical Theory and Education [M]. London: Hodder and Stoughton, 1986: 6.
② "终身教育权"的概念最早出自 1985 年联合国教科文组织在巴黎召开的第四次世界成人教育大会的会议。

人能够共享社会教育资源,这是积极老龄化的战略选择。国家和政府在全国各地创办老年大学,并不断改善老年教育的基础设施和师资环境是终身教育理论的直接体现。

权利理论从老年人个体角度强调老年人的需求与满足,强调老年人的受教育权。当前,大多数老年人,尤其是农村老年人,缺少生理、心理、健康、社会角色适应等方面的知识。在建设社会主义新农村建设中,大力发展农村老年教育事业,应该是老年教育的重点和关键。

(二) 自我完善理论

"自我完善"是一个综合性的概念,包含着丰富的内容。自我完善包括生理、心理和社会三个方面。老年教育实践领域主要体现为注重老年人的参与教育、自我教育和互助教育,通过这一途径获得自我完善。这样,老年教育使老年人作为社会资源得到进一步开发、利用。这一理论强调老年人的人生观、价值观应与社会发展相吻合,因此,对于社会以及老年人自身来说,都要建立一种全新的价值观,即老年资源价值观。"老年人的价值取向随之发生变化,不仅要适应生存需要,而且还要适应发展需要。仅仅靠自身的生产和生活经验已难以适应现代化社会发展的需要,活到老学到老的价值观有了新的发展……老年人在创造和培育更为和谐的晚年物质生活和精神生活方式时,生存需要与发展需要的统一,生存价值与发展价值的统一是与教育年龄、教育内容和教育结构的选择密不可分的。"[①] 老年教育就是老年人自我实现价值的需要,老年教育目的则更为具体明确,它是适合老年特点,多层次、多形式的教育,满足老年人生存与发展的需要,是促进老年人独立性人格形成,实现健康老龄化、积极老龄化的重要举措。

自我完善理论遵循"以人为本"的教育原则和发展目标,强调增强适应现代生活的能力,挖掘与开发蕴藏个体身上的潜能以参与社会发展,使农村老年人也真正做到老有所乐、所为,成为推动新农村建设的不可忽视的力量。

(三) 社会参与理论

20世纪美国著名社会学家、芝加哥大学的欧内斯特·W. 伯吉斯

---

① 董之鹰:《新世纪的老年教育与资源价值观》,《中国人口·资源与环境》2001年第1期,第70~71页。

(Ernestw Burgess）将社会参与概念引入老年研究领域。[1] 综观国外学者的阐述，主要是从四个角度展开的：社会参与指人们对各种社会活动、社会团体的介入程度；社会参与是一个由正式的和非正式的社会角色所组成的多维建构；社会参与是指个人和他人一起参加的活动；社会参与是指在社会层面对个人资源的分享。"社会参与可以划分为集体性社会参与、生产性社会参与和政治性社会参与等类型。集体社会参与指参与团体成员的共同活动，团体内部分享的主要资源是时间。生产性社会参与是指为他人提供劳务、商品及其它利益。除了时间，被分享的资源还有特殊才能和资历等。政治性参与包括关于社会团体和资源分配的决策行为。除了时间和特殊技能，还有社会知识和社交能力等资源被分享。"[2] 关于社会参与的概念，国内外学者并未给出一致的概念，有学者认为："社会参与是指参与者在社会互动过程中，通过对各种角色的扮演和介入，在社会层面上实现资源共享，满足自身需要并因应社会期待。"[3]

社会参与理论认为社会活动是社会生活的基础，是积极老龄化目标的核心内容，也是人口老龄化背景下老年教育实践最重要的理论。社会参与是衡量老年人生活质量的一个重要标准，社会参与理论从人与社会共同发展的角度强调老年人是社会的一员，是社会成果的分享者和社会发展的参与者。老年人社会参与包括社区管理、社会服务等社会管理方面，也包括参与经济、文化、精神和其他公共事务。老年人也有融入社会、参与社会管理的需求与能力，因此，应把老年人的社会参与置于整个社会环境中进行考量。《老年人权益保障法》提出的"老有所为"是社会参与理论的体现，社会参与是实现老年人自身发展的根本途径，老年社会参与就体现了"老有所为"。老年人只有参与社会活动、社会管理，才会更体现出自身的社会价值。

促进老年社会参与已经成为国际上普遍接受的观点，通过教育促进老年人的社会参与，提高其生活质量也将成为国家老龄政策的重要组成部分，是未来老年教育发展的基本方向。社会参与理论的提出，既关注老年

---

[1] 戴维·L. 德克尔：《老年社会学》，天津人民出版社，1986，第5页。
[2] 段世江、张辉：《老年人社会参与的概念和理论基础研究》，河北大学经济学院，2008年第3期，第82页。
[3] 段世江、张辉：《老年人社会参与的概念和理论基础研究》，河北大学经济学院，2008年第3期，第83页。

人需求的满足，又注重老年人在满足自身需求的过程中体现其社会价值。"老年人社会参与主体范围所经历的由'特权'到'普惠'，即由最初的参与主体仅为离休老干部，随后扩大到科技工作者，最后'惠及全体'的变化，更加凸显了'挖潜'取向。20世纪末21世纪初，则更加彰显人本主义价值观。"① 在构建积极老龄化社会的过程中，把老年教育与社会参与相结合，能有效实现老年人自身的发展。由此，促进农村老年人的社会参与理应成为提高农村老年人口生活质量的重要内容。

老年教育理论是随着老年教育实践的不断深入而丰富完善的。毋庸置疑，老年教育经历了从注重老年人的个体发展到注重老年人自身与社会共同发展的演变过程。这些理论的阐述，从注重老年人生活的丰富，到更强调老年人的社会参与。农村老年人的社会参与也是实现积极老龄化的重要内容，认识和把握中国农村老年人口特点和教育需求，探索能够促进中国农村老年人有效的社会参与，是实现积极老龄化的必然要求。

三 福建省农村老年教育发展的基本现状

2006年6月16日，福建省民政厅的数据中显示，中国在1999年就已进入老龄化社会，而福建省的老年人口比重则高于全国平均水平。福建省老年人口已达407万，约占全省总人口的11.6%。福建省委办公厅、省人民政府提出："大力发展农村老年学校。城市街道和农村乡（镇）都要建立老年学校或老年大学分校。尤其要加大城市社区居委会和农村村委会的建校办学步伐。有条件的街道、乡（镇）和村（居）要建立固定、独立的学校，条件一时不具备的，也要结合实际，因地制宜、因陋就简，积极建立老年学校或分校（教学点）。"②

（一）调研说明

1. 样本的选择

样本量说明：因为条件所限，在问卷发放的过程中，主要是针对福州、厦门、泉州、莆田等地区。填表人地区和年龄分布、填表人个人文化，身份及从事工作状况可参见表1、表2。

---

① 李宗华：《近30年来关于老年人社会参与研究的综述》，《东岳论丛》2009年第8期，第61页。
② 中共福建省委办公厅、省人民政府办公厅，《关于进一步加强老年教育工作的意见》，闽委办〔2004〕79号。

表 1　填表人地区和年龄分布表

地　区	合　计	男	女	50岁以下	50~60岁	60~70岁	70岁以上
福州	46	17	29	1	8	15	9
厦门	44	13	31	14	17	12	1
泉州	40	28	12	2	0	21	13
莆田	38	12	26	3	13	13	5
合计	168	70	98	20	38	61	28

表 2　填表人个人文化、身份及从事工作状况表

地区	文化程度 小学及以下	初中	中专职高	高中	大专及以上	合计	本人身份 村干部	村民	农转居	其他	目前从事工作 农业	做生意	本村打工	城镇打工	不工作
福州	3	10	4	10	10	37	3	3	0	9	0	3	0	6	0
厦门	6	24	6	6	2	44	1	14	8	6	3	14	0	4	0
泉州	3	8	2	9	17	39	6	5	4	19	4	4	1	8	0
莆田	2	10	9	11	6	38	4	5	8	2	0	10	7		
合计	14	52	21	36	35	158	14	27	20	42	9	21	1	28	7

为全面掌握了解福建省老年教育办学情况，在 2010 年 6 月 6 日至 10 日，课题组对福州、厦门、泉州、石狮、莆田市老年大学进行了实地调研；在 2010 年 12 月 14 日至 18 日，课题组又对南平、建瓯、三明、永安市（区）老年大学办学情况进行了调研。课题组首先听取了老年大学（学校）的综合情况汇报，然后实地察看了各地的办学情况，还召开座谈会，认真听取了教师、学员对办好老年大学（学校）的想法、意见和建议。最后，课题组向市、区、县领导反馈了调研情况并提出了意见。

2. 研究方法

（1）文献综述法。通过大量的文献资料检索，对老年教育问题以及农村老年教育的特殊性进行总结和分析。

（2）比较研究法。通过比较、选择，分析福建省农村老年教育的经典案例，对其进行经验与教训的总结和比较。

（3）实地调研法。以福建省老年教育发展（尤其是农村老年教育发展状况）为对象，深入实地调研，分析农村老年教育的特点及其与新农村建

设的相互作用,以揭示农村老年教育的发展机理。

（4）统计分析。通过对不同地区农村老年教育的影响因素的差异比较与分析,提出促进农村老年教育的对策。

(二) 福建省农村老年教育状况分析

1. 农村老年学校的发展比较快

福建省老年教育从无到有,发展壮大,现已形成省、市、县（区）、乡镇（街道）、村（居）五级老年教育网络,发展速度居全国前列。福建省以"积极的老年教育观"为引导,调动老年教育的办学、老年学员入学的积极性,老年教育的建设、发展始终走在全国前列。福建省从1985年4月创办省老年大学,1986年各设区市都办起了老年大学,1991年普及到县（区、市）办校。1991年以前先在乡、村两级试办老年学校,从而获得了一定的经验。1996年以后,农村老年教育蓬勃发展。根据2009年福建省老年大学（学校）发展情况统计,"截止2009年12月,全省已办各级各类老年大学（学校）8183所,其中:省级1所,设区市级9所,县（市、区）级85所,乡镇（街道）级962所,村（居）级7105所,部队办2所,企事业办19所。在校学员570173人,占省老年人口总数的12.1%。"[①]

从农村老年学校分布情况来看,在农村老年教育方面发展比较快。福建省已形成省、市（州、地）、县（市、区）、乡镇（村）四级老年教育办学网络,其中农村老年学校达80%,市区级占20%左右。厦门市基本形成了以市、区老年大学为核心,以街（镇）、社区（村）老年学校为基础的四级老年教育网络。其中,街（镇）、村（居）等基层老年学校260所,建校率51%。南平市从2007年以来老年教育发展更加迅速,2007年南平市有老年大学（学校）497所,学员30355人,占全市老年人口总数的10.2%,比2006年增加了5597人;其中市本级和县（市、区）老年大学13所,在校学员3240名;乡（镇）、街道老年学校103所,占全市140个乡镇的74%,学员有5492人;村居老年学校381所,占全市1806个村（居）的21%,学员有21623人。各老年大学有一定面积的活动场所及相应的工作经费,除市本级外,还有7个县（市）:延平、光泽、建阳、顺

---

① 福建省老年大学秘书处:《2009年福建省老年大学（学校）发展情况统计》,2009年12月7日。

昌、建瓯、政和、浦城将工作经费纳入财政预算。而到2010年12月，南平全市老年学校发展迅速，南平市全市有老年大学（学校）837所，在校学员40689名，老年人入学率占全市老年人口总数的9.4%。市、县（市、区）级老年大学11所，在校学员6869名；乡（镇）、街道老年学校116所，占全市140个乡镇的82.8%，老年学员7515名；村居老年学校710所，占全市1820个村（居）的39%，老年学员26305名，形成了市、县、乡（街）、村（居）四级老年教育网络。在办学实践中，不断摸索山区老年教育发展的新办法和途径。

表3　2009年福建省福州、南平、泉州三个地区农村老年学校情况

市、州、地	乡、镇老年学校数（所）	村老年学校数（所）	乡（镇）、村老年学校学员数（人）
福州市	165	691	61083
南平市	116	710	26305
泉州市	165	1931	

总的来看，基层老年教育存在不少薄弱校和薄弱环节。根据泉州市普查资料，乡镇（街道）老校较差校占29%，村级（社区）占31%，主要因素是受资金、场所、师资力量等制约，仍需下大力气，逐步解决。

2. 各地发展不平衡，办校水平参差不齐

根据2009年10月27日福建省基层老年教育专题调研组的调研数据显示："福州市已创办老年大学（学校）691所，建校率88.9%，村（居）2870个，已创办老年学校691所，建校率为24%，全市在校学员67637余人，入学率8%。泉州市已创办农村老年学校2096所，其中乡镇（街道）老年学校165所，村（社区）老年学校1931所，乡镇建校率100%，村级建校率78.8%，全市在校学员16万多人，约占老年人总数26.4%。莆田市已创办老年大学（学校）827所，乡镇以上建校率100%，村（社区）建校率80%，在校学员达50705人，占全市老年人总数的13.8%。龙岩市现有各级老年大学（学校）880所，其中市级1所，县级7所，乡镇级老年学校114所，村（居）级758所，建校率分别为85.7%和39.3%，在校学员40714人，占全市老年人口总数的10.79%，初步形成了市、县、乡

（街）、村（居）四级老年教育网络。"① 农村老年教育办学的情况比较复杂，有办学相对规范的，但也有有名无实的，场所、经费、师资、教材无保证。

"基层老年教育各地发展不平衡，办学水平也参差不齐。如德化县已经实现镇、村100%办校，而个别地方还不到50%。同时，在已办的农村老校中办得好的只占30%，差的占25.7%。"② 由于农村老年教育在运作机制、支持系统的构建，导致经费筹措、师资调集、课程建设等方面存在一定差异。即使在同一个地区，由于重视程度、管理体制、办学条件、师资力量等诸多因素的不同，也会呈现发展的不平衡。在入学人数、办学经费方面会存在比较大的差异。如何创新工作，推动农村老年教育深入发展，因此，我们有必要对此进行分析。

四 福建省农村老年教育的探索与实践

坚持分类指导、因地制宜地发展农村老年教育，坚持普及与提高并重的方针，以发展社区和农村老年教育为重点，坚持"增长知识、丰富生活、陶冶情操、提高素质、增进健康、服务社会"的办学宗旨，在提高农村老年教育覆盖面的同时，提高农村老年教育质量和水平，福建省在这些方面进行了积极的探索与实践。

（一）经济相对发达地区类型

1. 案例来源

2010年6月，课题组赴泉州市老年大学调研，根据德化县老年大学调研资料整理。

2. 实践背景

德化县位于闽中，全县面积2232平方公里，辖18个乡镇，202个村（社区），1621个自然村，总人口31.6万，其中60岁以上的老年人3.15万，占总人口9.97%。1990年6月，德化县老年学校成立。在县老年学校带动下，1992年三班镇的龙阙村，创办了第一所村级老年学校。在县老教委及其视导组深入农村调查研究的基础上，采取整合资源、因地制宜办老

---

① 福建省基层老年教育专题调研组：《关于基层老年教育专题调研报告》，2009年10月27日（福建省老年大学内部资料）。

② 福建省基层老年教育专题调研组：《关于基层老年教育专题调研报告》，2009年10月27日（福建省老年大学内部资料）。

校的办法，创新办学模式，各级老年大学（学校）通过开展老年教育"十有达标"、老年教育强县和创建规范化示范校活动。德化县已经形成了县、乡（镇）、村（居）四级老年办学体系。至 2009 年底，县、乡（镇）、村（社区）三级老年学校 221 所，在校学员已达 14689 人，占全县老年人口的 46.48%，已有校舍 25613 平方米，生均达 1.86 平方米，年办学经费 175.45 万元，年生均 119.44 元，专兼职教师 665 名，校均 3 名。目前，县老年大学开设 30 个教学班和 12 个学科学会，18 所乡镇老校分别开设 3~8 个教学班（会），202 所村（社区）老校分别开设 1~7 个教学班（会）。2007 年，县老年大学被评为"首批省级老年大学示范校"。2009 年，县老年大学荣获"全国先进老年大学"、连续二轮荣获福建省"省级示范校"，4 所乡镇老校荣获市级示范校（即龙浔镇、浔中镇、上涌镇、美湖乡），58 所基层老校获得县级示范校，三级示范校占总校数的 28.5%。五所老年学校被评为第四轮"市级示范校"。德化虽然处在沿海地区，但是与泉州市其他县比较起来，是不富裕的山区县，然而他们能够从实际出发，因地制宜，因陋就简，因需施教，根据农村特点办学，从而建立健全了老年教育领导体制、运行机制、保障机制、激励机制，农村老年教育工作引起了广泛的关注。

3. 具体做法

（1）创新领导管理体制、办学模式。德化县率先在全省成立老年教育委员会，各乡镇也相应成立老年教育委员会，建立起条块结合的领导体制，确保了老年教育事业的顺利发展，成为全国老年教育的三种办学模式之一。第一，乡镇与所在地的村联办。既扩大办学规模，又整合领导、师资、经费等人、财、物资源。第二，乡镇校与所在地的村（社区）校各自独办，学员交错，双重学籍。第三，以行政村独立办学。第四，乡镇校带小村小校和后进村校。第五，人口多或地形分散的村，以村办校，角落设分班。第六，乡镇校在城关办分班，采取了"飞地"办校模式。有些乡镇由于老年人进城较多因而采取在城关办分校或分班。

（2）解决农村老年学校教师队伍老化、资金问题。加强三支队伍（领导班子、工作人员、教师队伍）建设，特别是建立一支具有奉献精神和专业特长且又相对稳定的教师队伍是德化县办好老年大学的根本保证。为了解决农村校师资困难问题，采取了以下办法：第一，县老年学校成立了讲师团，经常派人下去讲课和编写适合农村老年学员需要的教材，印发给农村校使用；村校经常到镇校听课，然后回村传授。在职与退休结合的讲师团成为德化县老年教育师资队伍的骨干。第二，坚持选派优秀支教教师。2006年经德化县委县政府同意，从中小学教师中抽调30名高职称、优秀的教师到县、乡镇老校支教。2009年，把老年学校的支教教师列为教育系统内部转岗对象的同等待遇，继续从中小学教师中选派30名高职称、优秀的教师担任县、乡镇校专职教师，解决农村老校没专职教师和教师不足等问题。

办学经费是发展老年教育的保障。具体来看，主要从以下三个方面争取经费：一是加大政府投入。乡镇老年教育的办公、办学经费都列入乡镇财政预算，并随着经济和社会事业的发展，逐年加大对老年教育的投入。南埕镇党委、政府提出：从2010年开始，老校经费投入要高于本级财政增长速度，提交镇人大会议通过，形成制度。目前，18所乡镇老校均达到年生均200元以上。二是加大老年学校办学经费扶持力度。结合乡镇的实际情况，对经济薄弱村校的办学经费给予适当扶持。如浔中镇对经济薄弱的石山、龙岸、祖厝村老年学校各给予倾斜扶持每校每年1000元；国宝乡针对村财较为薄弱的村校采取由村自筹一半、乡财拨补一半的办法，并形成制度。三是建立老年教育基金（地）。全县已建立基金（地）9个，年收益13.28万元。如杨梅乡从投入雷潭一级电站股金中划拨12万元作为乡村老年教育基金，其中乡校5万元、村校各1万元，教学业务、办公、活动经费给予实报实销。四是因地制宜建立创收基地。据2009年统计，全县18个乡镇老校均达到年生均200元以上。村、社区老校达到或接近年生均100元的有132所；在50元以下的有70所。基层两级老校共有办学经费188万多元，生均137元。其中政府拨款占64.4%，社会赞助占27.7%，基地基金创收占7.9%。

（3）以建设示范校为契机，抓典型、带全面。2002年，在抓"达标校"、"先进校"的基础上开展创建示范校活动。2006年德化县老年教育"十一五"发展规划提出：在巩固、提高、发展现有老年学校的基础上，着力创建县级"先进校"和"示范校"。在巩固、提高、发展现有223所老年大学（学校）的基础上，五年内把乡镇县级"先进校"、县级"示范校"的比率提高到100%和55%以上；创建两所乡镇老年学校为"市级示范校"，并把县老年大学创建成"省级示范校"。同时，把村（居）县级"先进校"、县级"示范校"的比率提高到50%和20%以上。同时，突出重点，抓典型、分层次办学。第一，县校突出抓完善优化。县老年大学现有校舍面积2767平方米，生均3.62平方米，2009年8月投入5万多元进行多功能教学楼文艺厅进行隔、消音装修，县政府2009年12月再拨8万元，对县老校进行室内装修。投入2万元加强校园文化长廊建设，增设文化长廊80多米。进一步完善德化县老年大学网站。第二，乡镇校侧重抓改善配套。18所乡镇老年学校校舍面积共有3842平方米，比2007年增加960平方米；学员1363人，生均2.81平方米。18所乡镇老年学校都达到县规定的生均2平方米以上的要求。至2009年11月，各乡镇老年学校全部配置电脑及办公设备。第三，村社区校着重抓达标。202所村（社区）老年学校校舍面积26864平方米，比2007年增加5641平方米，学员13198人，生均2.04平方米，生均达到县规定1平方米以上的有181所，占89.6%。

（4）根据城乡老年人对不同层次学习的需要设置课程。鉴于农村老年人的特殊性，在课程设置方面，设立特色课程，主要开设时政、法律、保健、科技、文体等课程。村级以农村科技、老人保健、农村普法、民间传统文艺为特色课程；社区老校则以文化艺术、体育健身为特色，适应城镇居民老人的需求。在教育内容、形式上满足农村老年人需求，各乡村老年学校均把农村实用科技列为主课，这对科技兴农、兴林、兴果、兴牧、兴瓷等经济发展都产生了明显成效。

4. 主要启示

如何发扬创新精神，开拓适合山区特点的老年教育发展新路，德化县的老年教育其经验具有借鉴意义：（1）创新办校模式，提高趣味性。乡镇老校则设骨干班（各村老校校长、教师组成）和专业班，骨干班为村级老校培训骨干，培养师资，取得良好效果。鉴于老年教育的特殊性，没有统编的教材，县老教委、老年大学编写10多本教材，印发到农村老校，缓解教材紧缺。（2）各县（市、区）建立乡、村老年学校示范点，以典型推动乡村老年学校的发展是很好的举措。办好农村老年教育不仅要在教学内容、教学方法上下功夫，还必须在开展评比上下功夫。

（二）经济相对落后地区类型

1. 案例来源

2010年12月，课题组赴南平市、建瓯市调研。

2. 实践背景

建瓯老年教育因经济、历史等方面原因在农村老年教育方面与其他地区存在一定差距。为改变这一状况，建瓯立足实际，转变观念，全面推进老年教育的全面发展。2007年6月21日，南平市委、市政府《关于进一步加强农村老年教育工作的意见》提出在5年内实现乡镇、村和街道、社区普及办校，逐步建立起与现实需要相适应的老年教育格局和教育模式，乡镇、街道和社区老年学校要按照当地实际和农民、居民的需求创办，形式可以多样、做到有领导（与当地老龄办可一套人马），有场所、有阵地、有活动、有基本的设备、有办学经费。建瓯市以此为契机，按照这一要求，因地制宜，推进农村老年学校的发展。目前，建瓯市18个乡镇（街道）都已办起了老年学校，217个行政村已办校133所，办校率达到61.3%。学员5937人占农村老人人数的9.75%。经济社会相对落后的地区如何做好老年教育，如何整合社会资源做好老年教育，促进农村老年人积极参与社会建设，建瓯市提供了一个很好的实例。

3. 具体做法

（1）以点带面，大力推进示范校建设。2007年提出县（市、区）建立老年学校示范点，以典型推动老年教育的发展。南平、建瓯、顺昌、建阳四所老年大学先后被评为省级示范校。建瓯市各级老年大学根据当地实际，对照关于创建示范校的要求发展。2007年建瓯市确定5个点，作为首批乡镇示范点，村一级6个村示范点，由点到面铺开。目前各农村学校都认真按照我们提出的"十有"要求，即有牌子、有班子、有经费、有场所、有设备（桌椅、黑板等）、有教师、有学员、有制度、有教学、有成效进行整顿提高，有力地促进了村老年学校工作的常规化、规范化和社会化。

建瓯市在镇村一级设立示范校成效显著。建瓯市小桥镇现有镇老年学校一所，村级老年学校13所，在校学员345人。吉阳镇有12个行政村，全镇总人口32445人，60岁以上老年人4063人，占12.52%，结合农民素质培训工程，聘请市农业科技专家、镇农技人员和镇科协人员为教师。吉阳镇玉溪村总人口4634人，老年人口599人，占总人口12.9%。2006年在原从农民夜校基础上办起老年学校，由村支部书记任校长，制定了有关制度和教学计划，在村小学建立了老年学校课堂，依据老年人的兴趣和需求开设课程，教学效果良好。

（2）协调社会力量加以推动。整合现有资源，整合各级涉老部门的力量，对乡镇（村、居）采取因地制宜、因陋就简、由近及远、分步实施的办法，充分利用当地中小学校、农民培训中心、人口学校、文化中心、技校等的力量，实现资源共享，共同发展。结合建瓯实际，以市委组织部为主，老干局、人事局、老龄委、教育局、文体局、卫生局都是老年大学的主要依托，共同发挥作用。

（3）抓好农村老年大学党组织建设工作，是办好老年学校的坚实堡垒。建瓯市积极落实中央关于加强离退休干部党支部建设的有关文件精神，针对老年教育事业蓬勃发展、老年大学党员学员人数不断增多的实际，创新思路，扎实推进老年大学学员党组织建设。老年大学党总支定期组织开展各类主题学习活动，及时学习各级最新指示精神，保证老干部队伍思想统一。结合农村党员培训工程，请市党校、老干部进行时事政治教育，党的理论知识培训。通过老年学校组织的活动进行宣传党的惠民政策（如宣传义务教育、新农合等）。

4. 主要启示

各地有各地的经验，山区、沿海有不同的办法。欠发达地区也应该能够办好老年教育，建瓯是一个很好的例子。建瓯以资源整合来办老年教育，通过抓好老年大学党组织建设提升老年学员理论素养，对于如何办好农村老年学校是一个启示。

五 福建省农村老年教育的基本经验与存在的问题

农村老年学校如何逐步充实和完善是搞好农村老年教育的关键。这就必须明确新时期农村老年教育的重点和难点，不仅要提炼办学的经验，还必须找出存在的问题，这需要我们在实践中探索，在探索中创新，在创新中发展。

（一）基本经验

1. 发挥各地区位优势、提倡特色办学

由于各地的经济基础和发展水平、人文环境和文化底蕴存在很大差异，在老年教育办学过程中，在承认差异的同时，更注重发挥区位优势，办出地方特色。在课程设置上，适合老年人的需求，同时努力凸显地方特色。莆田老年大学借助传统文化优势，开设特色课程。如："妈祖宴菜烹饪班"、"莆仙民俗民间文化班"、"莆仙戏曲班"、"十音八乐班"等，为莆田市申报莆仙戏和妈祖文化"世遗"做出积极努力。

在解决农村老年教育师资问题方面，泉州市的经验值得推广：一是就地寻找、能者为师；二是层层培训，县校为乡镇校、镇校为村校培训师资。三是组成讲师团。"泉州市2096所基层老年学校中在服务中心工作、服务社会等方面取得了比较好的效益有1591所，占76%。165所乡镇（街道）老校中有成立讲师团为112所，占68%。讲师团的组建较好地解决了基层办学的师资难题。"① 讲师团既下乡巡回授课，编写教材，又协助教委开展调研，促进了农村老年教育发展。不少乡镇、村老年学校利用远程教育设备及相关课件进行教学，以解决教师缺乏和无教材的困难。厦门市集美区采取街区组织生源、提供场所和教学基础设施，市县校派教师，带教材到社区上课的做法也有一定的启发意义。

2. 以示范校为抓手，推动农村老年学校的发展

以示范校为动力，深入开展创建示范校活动是推动农村老年教育的重要抓手。农村老年学校也必须有起码的标准，南平市从整体推进农村老年大学（学校）的发展，根据县市老年大学的特点，首先，着力推动条件比较好的建瓯、顺昌、建阳等老年大学开展第一批、第二批省级示范校创建。经过积极创建，南平、建瓯、顺昌、建阳四所老年大学已先后被评为省级示范校。其次，按照广泛创建、分批申报的思路，推动其他县市的共同发展，争取实现共同达标。三明市在基层老年教育方面，主要抓了三项工作，一是注重典型引路。要求每个县抓好1~3个乡镇、村的典型，树立榜样，典型引路。二是创造条件，就地就近办好老年学校，吸引更多的老年人入学。三是规范办学。到目前为止，三明市已办各类老年大学（学校）953所，在校学员达41380人，基本形成了市、县、乡（镇）、村四级老年教育网络。

3. 加强规范化建设、增强办学的科学性

系统化、规范化是老年教育事业发展进程中的必然要求。提升老年教育整体质量，要不断创新、推进课程建设系列化、专业教学层次化、教学管理人性化。建立起相对稳定的而又能与时俱进的课程内容体系，是提高农村老年教育质量必不可少的条件。老年教育的专业设置是依据老年人的

---

① 福建省基层老年教育专题调研组：《关于基层老年教育专题调研报告》，2009年10月27日（福建省老年大学内部资料）。

兴趣与爱好。根据老年人的特点需求设计进行课程设置，在教材建设上，鼓励、支持既有理论又有实践经验的专业人员和教师撰写教材。石狮老年大学编写的教材有：《南音》、《灯谜常识》、《中华诗词灯谜》。厦门思明区老年大学推荐、使用全国统一制定的老年大学教材，目前，学校已有"书法"、"音乐"、"电脑基础"、"电脑提高"、"中医养生"等较成熟的校本教材。

（二）存在的问题

1. 农村老年学校仍然没有做到合理定位

农村基层老年教育工作制度与运行机制有待进一步完善，主要体现在现有的农村老年学校普遍没有得到合理的定位。按照科学发展观的要求统领老年教育的发展，农村老年教育必须不断巩固、提高、扩大。农村老年教育也要与时俱进，要有创新精神，在专业设置、教材建设、教学内容和教学手段、教学方法和教育管理上，都需要改进和提高。

2. 农村老年学校的软、硬件投入不足

缺乏教师、教材，没有科学管理是农村老年教育普遍的问题。目前在镇、村一级农村老年教育办学经费比较困难，大多数镇、村财政拨款都不能满足当地老年教育办学需要，主要是以社会赞助为主，个别老年学校办学经费为零。在一定程度上存在"五有五无"[①]的情况。目前有许多乡镇老年学校既没有校名，也没有校舍，与老年活动中心共用。参与人数少，内容不丰富，教育形式单一，教育设施、设备不完善等方面的存在是农村老年教育普遍存在的问题，应从制度层面，应解决农村老年在师资、场所、设备问题，资源共享问题。

农村老年教育的课程设置、教材开发、师资调集都要以教育内容的构建为前提。建立起相对稳定的而又能与时俱进的课程内容体系，是提高农村老年人教育质量所必不可少的条件。根据2007年南平市的调研情况显示：乡镇（街道）、村（居）老年学校发展相对薄弱，还没做到100%覆盖，全市还有79%的村（居）尚未建立老年学校，已成立的老年学校由于受经费、师资、场地、学员文化水平等条件限制，开展活动较少，甚至没活动。

---

① 在基层老年教育调研过程中，曾有一个基层领导提出"五有五无"即有校名、有印章、没有户口；有人员，没有编制；有经费没有预算，有上课，没有教材；有学员，没有证书。在其中，最突出的问题是教材问题，这反映一个基层老年学校办学过程中一个不可忽视的问题。

表4 当前农村老年教育存在的主要问题

地 区	缺少趣味实用，实效	个别领导不重视	办学经费较困难	教学场所不足，设备简陋	师资力量不足	各地发展不平衡	没有合理定位	多数农民缺乏主动性	其 他
福州	10	17	25	13	13	11	12	6	0
厦门	3	15	37	21	22	12	5	12	1
泉州	12	24	29	20	16	15	14	14	0
莆田	15	6	29	25	19	9	5	15	1
合计	40	62	120	79	70	47	36	47	2

3. 农村老年教育面临发展瓶颈

目前县以上老年大学规范化建设成果明显，但我国目前的农村老年教育还处于一种无序化的阶段，没有统一的教学大纲、教材、学制以及评估标准等。农村老年学校总体水平较低，主要面临以下发展瓶颈：（1）村财政紧张，无法满足老年学校基础设施的进一步更新和完善。有的办学场所和经费不足，影响教学质量提高。（2）没有整合农村老年教育的办学力量。农村老年教育的影响因素主要是在领导、班子、经费、场所、师资、教材六个方面。对乡镇（村、居）采取因地制宜、因陋就简、由近及远、分步实施的办法，整合各涉老部门的力量，充分利用当地中小学校、农民培训中心、人口学校、文化中心、文技校等的力量，实现资源共享，共同发展，促进农村老年学校加快发展。

六 提升农村老年教育水平的对策建议

（一）为农村老年教育的发展提供法律制度保障

为老年教育的发展提供法律支持是办好老年教育的重要保障。把老年教育纳入法制管理轨道，老年教育才能从无序走向有序。1996年8月29日第八届全国人民代表大会第21次会议通过，同年10月1日实施的《老年人权益保障法》明确规定："老年教育事业是国家的事业并给予国家的法律保障。"2000年8月，中共中央、国务院颁发了《关于加强老龄工作的决定》。《决定》要求，"各地要重视发展老年教育事业，发展广播、电视、网络和函授教育，鼓励和指导社会力量按照有关规定兴办各类老年学校。各种老年教育主要为老年人提供物质文化生活所需要的知识和技能，使更多的老年人能就近参加学习。"2005 年福建省出台了《福建省终身教育促进条例》，其中第 16 条要求县级以上政府，要支持老年教育工作。这些法律规定，为老年教育的发展提供了相应的保证。日前，福建省老年大学协会下发《关于将老年教育纳入国家中长期教育改革和发展规划纲要的倡议书》，从国家建立终身教育体系、形成学习型社会的目标出发，对于国家未来十年教育改革与发展的路线予以关心，以期规范老年教育的可持续发展。国家应首先从立法上确立终身教育的地位，应以《教育法》和《老年人权益保护法》为依据，制定《老年教育法》，使法律条文更具体、更充实、更具操作性。

　　鉴于我国老年教育处于发展的关键时期，必须将老年教育作为社会福利政策和社会发展战略，将老年教育纳入正规教育体系，加强制度支持、资金保障。进一步加强政府在推进老年教育发展中的影响力是推进我国老年教育跨越式发展的关键。

（二） 加强基层老年学校的定位与管理

　　思路决定出路，要制定基层老年教育长远规划。管理到位是办好老年学校的基础，这需要管理制度的创新。创新管理就是要通过工作制度化、规范化，使所有从事教学和管理的人员明确责任，共同努力。农村老年教育科学、高效的组织实施是老年教育持续、快速发展的保证。在教学和管理方面要坚持以人为本，充分满足老年学员被尊重的心理需求。

　　同时要突破依赖政府资源供给的单一的老年教育体制，必须整合社会资源，借助高等院校的资源优势，推动老年教育的专业化、科学化发展，吸纳非政府组织、公益机构、志愿者团体、社会工作者等各种社会力量参与老年教育的发展，推动老年教育多元化发展。各级财政应将农村老年教育经费纳入财政预算，在各级政府财政中拿出一定比例的资金专项用于发展农村老年教育，同时依托社会力量办学。2008 年厦门思明区老龄办就街道老年学校办学经费调研后向区委、区政府提出建议，将农村老年学校经费已纳入区和街道财政预算。全区街道老年学校经费由以往每年几万元增长至 2009 年近 50 万元。在教育资源上为农村老年学校提供帮助。德化县委、县政府坚持"四个列入"即列入总体规划、列入财政预算、列入工作职责、列入干部考核。选派到德化老年大学工作的年轻在职干部得到锻炼和培养，优秀人才脱颖而出，将德化县老年大学作为"培养年轻干部的基地"。

(三) 规范化建设

抓规范是搞好老年教育的基础性工作。一要争创示范，首先要规范。建议各县（市、区）建立乡、村老年学校示范点，以典型推动乡村老年学校的发展。二要规范化、标准化。以老年教育要办好，要按标准的要求来实施规范化管理，引导老年学校高品位发展。质量提升带动量的发展，以真正发挥老年教育的本质和功能。制定评估体系，把农村老年教育纳入目标管理。尽快理顺老年教育管理体制中不完善部分。三要考虑供需关系，解决机构、经费、组织机构、场所问题，政府必须在政策、组织机构、财政上提供保障。加强农村老年学校干部师资队伍建设，逐步规范课程设置。农村老年学校要紧紧围绕科技兴农，发展农业经济来进行，通过学习农业科技知识，每个学员能掌握一项至两项农业实用技术（建议在省级层面开展老年教育优秀教材评选）。并且要建立人才激励机制，通过老年学校办学培养人才、锻炼人才。

七 结语

近年来，农村老年教育在我国有了较快的发展，但从组织形式、管理模式等方面还不成熟。各级老年大学应因地制宜，改善办学条件，加快农村老年学校的发展。从各地的实践来看，在解决领导体制、办学模式、校舍、经费、课程设置、师资来源、教材、教学法等都有不同的经验，都强调从实际出发、因地制宜、注重实效。福建省对于农村老年教育进行了本土化探索与实践，并以创建示范校为品牌与抓手，注重成效，办出了特色。通过了解基层老年教育的经验、途径和方法，将对我国农村老年教育事业的发展起到有益的推动作用。目前，我国的城乡老年教育，也越来越呈现出它的社会性、平等性、开放性，这是社会进步、经济发展的必然，也是我国老年教育坚持科学发展、与时俱进的具体体现。

参考文献

[1] 郑之良：《可持续发展背景下我国老年人力资源开发研究》，《人口与经济》2010年第S1期。

［2］戴维·L. 德克尔：《老年社会学》，天津人民出版社，1986。

［3］常美玲、楼世洲：《审视农村老年教育的社会意义》，《继续教育研究》2008年第3期。

［4］罗炳权、罗淑芳、周成锡：《发展农村老年教育与建设社会主义新农村》，老年教育杂志社，2008，第1页。

［5］王英：《中外老年教育比较研究》，《学术论坛》2009年第1期。

［6］段世江、张辉：《老年人社会参与的概念和理论基础研究》，河北大学经济学院，2008年第3期。

［7］李宗华：《近30年来关于老年人社会参与研究的综述》，《东岳论丛》2009年第8期。

［8］董之鹰：《新世纪的老年教育与资源价值观》，《中国人口·资源与环境》2001年第1期。

［9］马德里：《联合国第二次老龄问题世界大会的报告》，2002年4月8日至12日。

［10］丁志宏：《发达国家的老年教育发展及其对我国的启示——以英、美、日三国为例》，《高等函授学报（哲学社会科学版）》2008年第9期。

［11］应方淦：《美国老年教育：动力、现状与趋势》，《河北师范大学学报（教育科学版）》2007年第3期。

现代信息技术促进福建老年教育发展

程思岳　黄宜梁[*]

我国已进入一个十分关键的历史发展时期。一方面是经济的可持续发展和建设社会主义和谐社会；另一方面是人口老龄化的快速到来。与其他国家相比，中国的人口老龄化具有以下主要特征：一是老年人口规模巨大。根据联合国预测，21世纪上半叶，中国一直是世界上老年人口最多的国家，占世界老年人口总量的1/5。

二是老龄化发展迅速。65岁以上老年人占总人口的比例从7%提升到14%，发达国家大多用了45年以上的时间而中国只用27年就可以完成这个历程，并且在今后一个很长的时期内都保持着很高的递增速度，属于老龄化速度最快国家之列。

三是地区发展不平衡。中国人口老龄化发展具有明显的由东向西区域梯次特征，东部沿海经济发达地区明显快于西部经济欠发达地区，以最早进入人口老年型行列的上海（1979年）和最迟进入人口老年型行列的宁夏（2012年）比较，时间跨度长达33年。

四是老龄化超前于现代化。发达国家是在基本实现现代化的条件下进入老龄社会的，属于先富后老或者富老同步，而中国则是在尚未实现现代化，经济尚不发达的情况下提前进入老龄社会的，属于未富先老，应对人

---

[*] 程思岳，福建师范大学网络教育学院院长、高级实验师；黄宜梁，福建师范大学网络教育学院研究员。

口老龄化的经济实力还比较薄弱。

五是人口结构与教育结构不相称。我国计划生育政策执行以来，社会的人口结构发生了巨大变化。在人口迅速老龄花的同时，4－2－1家庭结构迅速形成。在国家构建"人人学习、终身学习"的学习型社会进程中，全社会的教育结构乃至老年教育的自身结构都面临着严峻的挑战。

与4－2－1倒金字塔型家庭人口发展趋势相比较，老年教育的教学体系、设备、设施与目前整个社会的传统教育教学体系、设备、设施相比较显得十分薄弱。人口发展、家庭成员结构趋势的变化迫使整个社会不得不对老年教育教学体系实施大规模的改革。而单一地依靠发展传统老年大学学校教育已难于满足全社会对老年教育的迫切需求。广覆盖、大众化的现代远程老年教育形式，伴随着"人人学习、事事学习、时时学习、处处学习"的终身学习理念的建树在全国各地蓬勃兴起。采用现代信息技术，大力推展老年教育成为21世纪我国老年教育发展的一股强劲潮流。

　　四个老人……※※※※　　　　老年大学（学校）设施
　　两个大人……　※※　　　　　中、高等教育设施
　　一个孩子……　※　　　　　　幼儿、基础教育设施

福建省人民政府《关于福建省2010～2012年教育改革和发展的重点实施意见》加快构建终身教育体系中指出：要"整合各类资源，支持省、市、县、乡、村五级老年大学（学校）建设，进一步加强基层老年教育工作，到2012年，实现乡镇（街道）、村（居）全面建立老年大学（学校），全社会老年人入学率达15%以上。"这既反映了政府在"十二五"期间对老年教育、教学、体制改革的决心，也反映了目前全社会对老年教育的迫切需求；同时，它还是新形势下老年教育新体系和老年教育新任务的具体描述，是新时期老年教育面临的一项巨大的系统工程。这就是：一要构建覆盖全省的老年教育新体系，二是要把老年教育向广大农村和边远山区延伸。

如何在有限的时间内实现这一规划？我们提出要通过"现代信息技术，促进福建老年教育发展"的观点，构建老年远程教育公共服务平台，组织全省自上而下的老年教育体系，调动、整合全社会各部门的老年教育资源，为老年教育服务，从而进一步加快福建省老年教育全面、全方位发展。

一 我国现代远程老年教育的实践性探索

我国属于未富先老的老龄化社会，全社会的老年教育资源十分缺乏，大众化的老年教育活动场所十分欠缺。传统的老年教育普遍采用面授的方式，这样直接的、面对面的讲授，比较直观、灵活，师生双方可以相互交流，有它很大的优越性，这仍是今后老年教育的一个重要方式。但随着老年人群体的增加，年龄和身体素质差异的情况下，传统教育形式的局限性就逐渐暴露出来：老年人有的身体残弱、地域偏远、硬件设施不能到位，这就需要开创老年教育的新途径。充分利用现代信息技术手段，诸如广播、电视、计算机网络、多媒体教材、网络视频交互等，积极开展远程的、个体化的教育，最大限度地扩大老年教育的空间，是未来老年教育发展的一条新路径。现代远程教育的优越性在于五个有利于：

一是有利于全社会的老年人参与老年教育，特别是偏远地区及广大农村老年人的学习，扩大老年教育的覆盖面，提高老年教育的参与率。

二是有利于提高老年教育办学的效益，提高老年教学质量，节约国家对老年教育的投资，用有限的资金办更多的老年教育。

三是有利于协调、统筹全社会的老年教育教学资源，实现老年教育的资源共享。

四是有利于老年人根据自己的需求、特点，自主选择学习的内容，实现自我完善与提高，同时还可以通过技术手段及时与教学人员或远方的同学沟通、讨论。

五是有利于适应各类老人的需求，特别是身体虚弱或者残疾的老年人参加学习，实现人人学习，处处学习，时时学习。

随着我国现代远程开放教育的蓬勃发展，许多地方都运用现代信息技术开设"空中老年大学"、"老年广播电视网络大学"等更直接、更具体地为全社会老年人服务的现代教育方式。

1995年10月，上海市老龄委、上海老年大学、上海电视大学共同创办了"空中老年人大学"，当时播出课程10多门，收视总数达到150多万人次。1997年4月，北京广播电视大学成立北京老年电视大学，作为二级学院，学校通过北京电视台教育频道播出课程，并配有相应的文字教材，老年人可在家里收看，每学期期末，老年学员可自愿参加由北京老年电视大学组织的考试，每门课程考试合格即可获得10学分，积满60学分则可获得北京老年电视大学颁发的老年教育学业证书。

江苏省老年广播电视大学在江苏电视台教育频道播出的"空中老年大学"课程有：书法技法、禽鸟画法、山水构图法、老年人学用电脑、日常英语口语等 10 多门课程；每半年为一学期，滚动播出，收视学员达 28 万人。想要成为"空中老年大学"的正式学员，只要电话报名，学校寄发相应的教材、光盘等学习资料，每学完一门课学校颁发课程结业证。每年注册的学员有 2 万多人。

陕西广播电视大学与陕西老年大学运用各自的系统办学，采用远程教学手段，开办"书画、书法"课远程辅导班，旨在推动全省老年教育工作的发展。在网络上采用并网的办法，把老年大学的课程放在各自的网页上，初步实现了"你中有我，我中有你"。他们还积极筹办老年高级研修班，从"老年健康保健、心理咨询、书法文化"等方面开设课程，采用名家讲授直播课堂的形式，全省各地都可以通过网络视频形式收看；同时在授课时录像并制作成光盘向有关单位发送。采用现代远程教育手段发展老年教育将会成为老年教育越来越重要的形式之一。

另据光明网 2007 年 9 月 6 日发布的信息：由中国老龄事业发展基金会创办的东方银龄远程教育平台，经过一年的精心筹办和两个月的试运行，正式面向全国开通授课。该平台借助技术性能高端的视频系统和成熟的信息网络，与全国各地的网点对接，老年教学信息传递方面迈上了更高的层次，成为我国老年教育史上的一次新跨越。

东方银龄远程教育平台，是在中国老龄人口急速增长，老年教育资源供不应求的局面下，适时兴办的直接面向全国老年人的远程教育专业平台。这个平台全面运用现代化的互动式视频会议系统，充分借助首都各类丰富的高端教育资源，广泛依托全国各地的"东方银龄学习中心"，以公益性、广覆盖、重实用、易操作为特点，向广大老年人传授科学生活知识和最新实用信息。目前，辽宁、新疆、海南、内蒙古以及山西、山东、河北、安徽、浙江、江苏等省都陆续开启了老年远程教育平台。

实践中，我们发现采用现代信息技术推进老年远程教育发展需要解决以下几个问题：

一要建立健全与老年远程教育相适应的管理机构。要充分发挥老龄委的作用，积极创设"党政统筹领导、教育部门主管、相关部门配合、全社会积极支持、群众广泛参与"的老年教育管理模式和运行机制。

二要组织吸纳多专业、高水平教师任教。要聘请全社会热衷老年教育、有相关专业特长的教师，要充分发挥老年人自身队伍中的潜在人才，发挥他们的余热，为老年教育事业服务，要调动全社会志愿者的积极性，鼓励他们为老年教育事业多作贡献。

三要编写、制作、整合多种类型的、多种形式的、丰富多彩的远程教学资源。要适应全社会多层次、多形式、多样化的老年教育的需求。

四要构建老年远程教育公共服务体系（包含地方的各种老年教育学习中心），把远程教学服务与管理真正落到老人群体中，切实为他们服务。

五要跳出传统老年教育的框架，创设与老年人远程教育相适应的传统教育和远程教育相结合的远程教学模式和教学方法，从而提高老年教学的效果。

二 有效运用现代信息技术，搭建远程老年教育公共服务平台

与其他国家相比，中国的人口老龄化具有老年人口规模巨大、人口老龄化发展迅速、老龄人口地区发展不平衡、老龄化超前于现代化和人口结构与传统教育结构不相称的显著特点。传统的教育发展思路（包括老年教育发展）已适应不了老年教育的迫切需求。中国老龄事业发展"十一五"规划（2006~2010年）指出：要"完善老年教育网络，各级政府要继续加大对老年教育的投入，同时动员社会力量，因地制宜办好老年教育。积极发展老年远程教育，开办老年电视大学、老年网上学校，倡导社区办学等多种形式的老年教育"。采用现代信息技术，构建老年远程教育公共服务平台，创新老年教育的模式、改革老年教学的方法、扩大老年教育的社会覆盖面、实现老年教育的平等共享，填平城乡老年教育的鸿沟已成为21世纪老年教育改革势在必行的重大举措。

（一）构建基于网络的远程老年教育支持服务平台的建设原则

老年教育是一项社会公益性事业，远程老年教育是老年教育重要的一个板块，也是建设学习型社会的一个重要内容，构建基于网络的远程老年教育支持服务平台是一项复杂的系统工程，需要具有政策、设备、技术、资金、管理和人员等诸多前提条件，这项工作在全国的某些经济发达地区也是刚刚进行试点不久，因此，在现阶段构建基于网络的远程老年教育支持服务平台必须遵循以下几项基本原则。

1. 开放性原则

为了整合老年教育资源，推动老年教育发展，既要考虑现有各类老年教育软硬件资源的共建共享，也要充分利用其他各类学校教育、继续教育和社会办学机构、公司企业和个人的办学与教育资源，充分调动社会各阶层参与老年远程教育的积极性。

2. 先易后难、先简后繁原则

先易后难，是指在老年远程教育的起步阶段，可以根据办学领域和办学特色，率先选择在经济条件较好的中心城市，利用现有的老年教育办学体系，基于城市电视大学的网络系统，在各级老年大学校区和社区开展老年远程教育试点，再逐步向城乡结合部、乡镇、农村推进。在老年远程教育课程上，先选择大多数老年都喜欢、师资力量较强、教育资源积累较丰富的若干门课程内容进行开发，升级为适合互联网传播学习的老年远程教育网络课程，在取得经验的基础上，再逐步建设系列课程，开展老年远程教育的自由选课、自主点播学习等。

3. 注重采用成熟信息技术原则

平台的设计要采用成熟的计算机网络技术、通信技术和多媒体技术，构建稳定、可扩展的系统构架，兼容国内和国际的相关标准，支持系统的二次开发和横向拓展与集成，尽快建立起远程老年教育支持服务平台和门户网站。例如，在平台的设计实现上可采用基于 Browser/Server 的三层结构以及组件化的设计；采用数据库隔离技术，实现平台业务操作与数据库的无关性，利于用户数据库的迁移，保护投资；兼容第三方标准课程资源产品。

（二）基于网络的远程老年教育支持服务平台的主要职能

基于网络的远程老年教育支持服务平台构建主体包括老龄委、老年大学教育系统、电大系统、高校网络教育体系、社区教育体系、农村党员干部教育体系、行业企业继续教育体系以及社会教育机构和个人，其参与者包括不同地域、不同教学环境下的教师、学员和各类教学管理及学习支持服务人员。基于网络的远程老年教育支持服务平台构建模式可简要表述如图1。

1. 老龄委的主要职能

（1）老龄委作为政府直属单位，应发挥其对老年教育工作的领导、组织、实施的行政职能，承担政府与老年远程教育体系之间的领导、组织、协调作用。

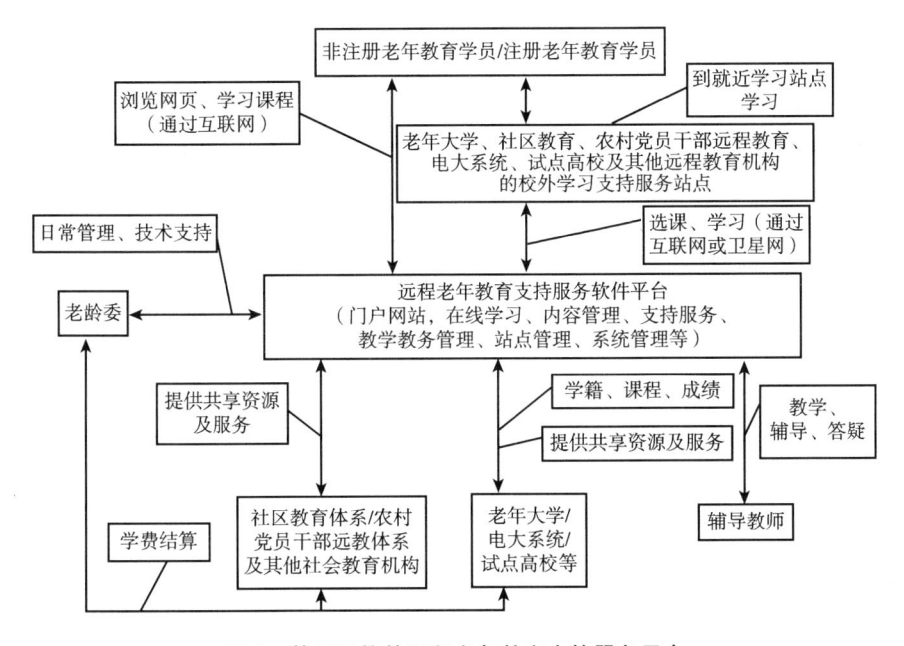

图 1 基于网络的远程老年教育支持服务平台

（2）负责牵头落实网络平台建设资金，组织开发老年远程教育支持服务平台，制定并按步骤实施老年教育网络课程资源的开发和共享计划，组织老年远程教育体系中的各教育机构提供老年教育资源，向接受老年教育的学员开放远程教育终端（计算机、场所、上网环境等）；负责网络平台的日常管理。

2. 老年大学的主要职能

（1）面向不方便上网的城市老年学员提供老年远程教育的终端学习场所。

（2）提供老年教育远程课程教学的辅导教师。

（3）开放积累的老年教育课程资源，制作老年教育网络课程资源。

（4）做好在本系统学习的老年学员的远程教育学习支持服务。

3. 城乡社区教育体系的主要职能

（1）面向不方便上网的城乡老年学员提供老年远程教育的终端学习场所。

（2）开展老年教育与社区教育相结合的实践活动，实现资源共享。

（3）开放积累的老年教育和社区教育课程资源，制作老年教育网络课程资源。

（4）做好在本系统学习的城乡老年学员的远程教育学习支持服务。

4. 农村党员干部现代远程教育网络体系的主要职能

（1）面向不方便上网的农村老年学员提供老年远程教育的终端学习场所。

（2）开展老年教育与农村党员干部教育相结合的实践活动，实现资源共享。

（3）开放适合农村老年教育的课程资源。

（4）做好在本系统学习的农村老年学员的远程教育学习支持服务。

5. 全国电视大学系统的主要职能

（1）共享电大系统的办学网络体系及公共服务体系资源，面向不方便上网的城镇、农村老年学员提供老年远程教育的终端学习场所。

（2）共享电大系统多年来的远程办学经验，为老年远程教育提供网络教学支持服务。

（3）开放适合老年教育的课程资源，开发有特色的老年教育的网络课程资源。

（4）做好在本系统学习的老年学员的远程教育学习支持服务。

（5）为网络平台提供技术支持服务。

6. 高校网络教育体系

（1）共享校外学习中心体系资源，面向不方便上网的城镇老年学员提供老年远程教育的终端学习场所。

（2）共享高校网络教育多年来的远程办学经验，为老年远程教育提供网络教学支持服务。

（3）开放适合老年教育的课程资源，开发有特色的老年教育的网络课程资源。

（4）做好在本系统学习的老年学员的远程教育学习支持服务。

（5）为网络平台提供技术支持服务。

7. 其他各类行业、系统性教育机构及组织体系的主要职能

（1）面向不方便上网的老年学员提供老年远程教育的终端学习场所，做好远程教育学习支持服务。

（2）开放适合老年教育的课程资源，制作有特色的老年教育网络课程资源。

(三) 基于网络的远程老年教育支持服务平台的功能模块结构

1. 门户网站

门户网站是远程老年教育的综合性信息网站发布和浏览的平台，也是面向老年群体免费开放的学习资源的呈现和浏览平台。门户网站主要包括新闻公告、开放的学习资源、精品网络课程赏析、问卷调查、系统导航、用户登录等功能模块。其中，开放的学习资源可基本参照目前老年大学及农村党员干部远程培训的科目课程体系来呈现网络课程资源，面向老年大众免费浏览学习，栏目可分为文化艺术、金融理财、医学保健、科普知识、法制教育、影视欣赏、旅游摄影、舞蹈拳操、游戏天地、新农村文化、农村适用技术等。

2. 各功能模块

网络平台既要面对各级各类老年教育参与机构，又要面对成千上万的老年学员和辅导教师，它的建设和管理都是一项复杂的系统工程，其管理模块大致可划分为内容管理、学习支持服务管理、实时交互系统、分站管理、总站及教务管理、资源管理、新闻信息管理、系统管理等子系统，各子系统的主要功能模块见图2。

总之，老年教育是一项社会公益性事业，远程老年教育是老年教育未来重要发展方向之一，也是建设学习型社会的一个重要途径。随着现代信息技术的快速发展和社会经济的发展，我国远程老年教育的建设和发展步伐一定会越来越快，并得到政府和社会各界的重视与支持。现阶段，迫切需要政府加强组织领导，加大对远程老年教育的资金投入，落实发挥其核心领导和组织作用，才能有效地整合各类教育资源，充分利用互联网、广播、电视、卫星等现代通信技术和媒体，构建灵活开放的、基本形成覆盖城乡的远程老年教育支持服务体系和网络平台。

三 依托现代远程教育构建自上而下的老年教育新体系

(一) 采用现代远程教育开展老年远程教育

加快发展老年教育，需要特别注重运用现代信息技术手段。我们认为首先要在教育理念上进行突破，要将终身教育和远程教育的理念融入到老年教育体系中，充分发挥现代远程教育的优越性，不断向老年远程教育延伸和扩展，扩大老年教育的规模、扩展老年教育的覆盖面。其次，老年教

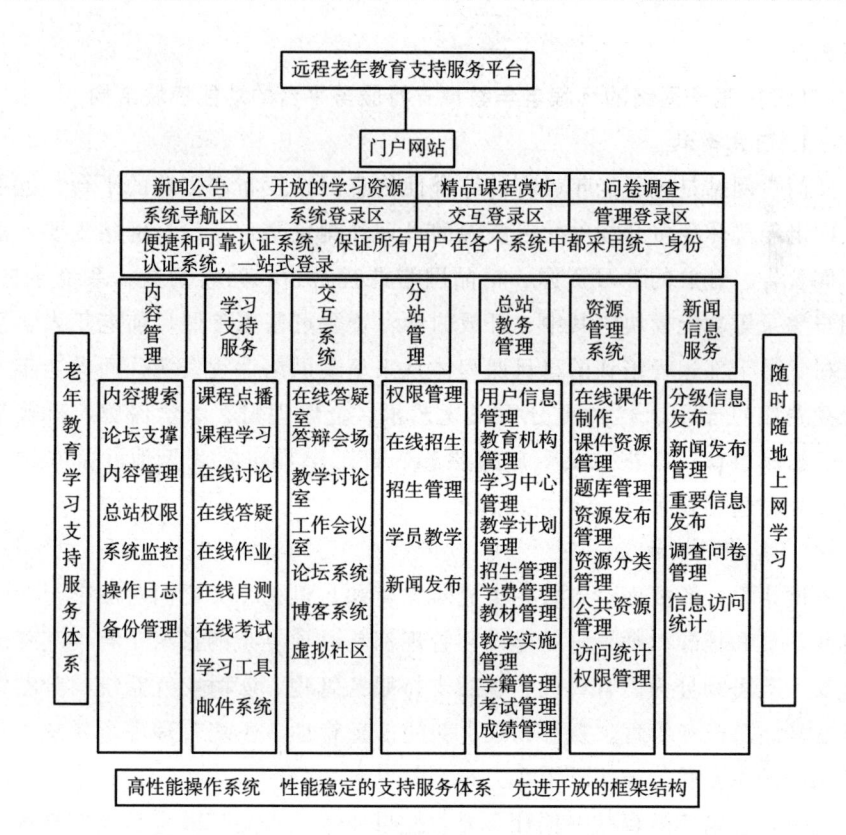

图 2

育是一项社会公益性很强的事业，政府的直接介入和支持是实施的基本保证。同时，考虑到我国当前老年教育资源的匮乏，人员、经费的不足的国情国力实际，我们认为利用现代信息技术发展远程老年教育，必须充分依托现有的"老龄委"系统、老年大学教育体系、城乡社区教育体系、党员干部远程教育体系、全国广播电视大学系统、普通高校网络教育体系以及其他各类教育机构和培训组织体系，整合各类教育资源，充分利用互联网、广播、电视、卫星等现代通信技术和媒体，构建灵活开放的、基本形成覆盖城乡的远程老年教育新体系。

（二）构建自上而下的老年教育网络体系的组织构架

要构建自上而下的老年教育新体系，迫切需要政府及社会各有关部门的极力协调、相互支持，特别是现有的远程教育部门的相互配合、资源共享。目前涉及老年教育可协作的部门有：

第一,"老龄委",全称为中国老龄工作委员会办公室,其下属机构包括各地方老龄委及中国老年服务网。老龄委为政府直属单位,负责研究、制定当地老龄事业发展规划,协调和推动有关部门依法做好维护老年人权益的保障工作,协调和推动有关部门加强对老龄工作的宏观指导和综合管理,开展有利于老年人身心健康的各项活动;指导、督促和检查当地政府及直属企、事业单位的老龄工作,推动和指导老年福利设施及老年产业的发展等。发展远程老年教育,首先要保证的是政府的直接介入和支持,而老龄委恰好可以很好地承担政府与老年远程教育体系之间的领导、组织、协调作用。

第二,老年大学教育体系。20世纪80年代,因我国干部退离休制度的确定而产生了我国各级老年大学,进入21世纪后,为应对我国人口老龄化步伐的加快,我国老年大学有了新的发展:我国老年学校教育成了"全民学习、终身学习的学习型社会"的重要组成部分,中国老年大学协会是组织全国老年大学(含地方老年大学协会和老年学校)之间协作的全国性非营利社会组织。老年大学一直以来都是我国老年教育的主力军,通过20多年的办学,积累了较为丰富的老年教育办学经验和课程资源,培养出了一支热爱老年教育事业、有奉献精神的老年教育师资队伍。

第三,城乡社区教育体系。社区教育起步于20世纪80年代初期,它是在国家实行改革开放后,总结原有学校教育、家庭教育、社会教育相结合经验的基础上,借鉴国外社区教育的经验,从国内不同地域的实际出发,通过试点逐步发展起来的。目前全国社区教育可分为三类:一类是以一所学校为中心,连接所在社区的部分工厂、事业单位与政府部门共同组成的社区教育委员会。二类是以社区为中心,由街道办事处或区级政府牵头,社区教育机构等企业单位共同参与组建的。三类是以工业区或农业县为地域界限的社区教育,旨在加强企业、农村未来劳动者素质的培养和社区文化建设。《国家中长期教育改革和发展规划纲要(2010—2020)》提出了"大力开展城乡社区教育,加快各类学习型组织建设"的要求,我国各级政府也纷纷出台政策措施,整合社区各类教育资源,以重点建设一批国家级和省级社区教育实验区为抓手,整合各种教育资源。创建社区学院(社区教育中心),大力发展农村职业技术教育和成人教育,逐步形成了以社区学院为龙头,街道乡镇社区学校为骨干,社区内中小学、居民小区办学点、村民学校为基础的城乡一体、水平较高、特色鲜明的社区教育三级网络体系。

第四，农村党员干部现代远程教育网络体系。根据党的十六大精神，2003年初党中央决定在部分省开展农村党员干部现代远程教育试点工作，运用计算机、多媒体、现代通信等信息技术和手段，对农村党员干部和农村群众实施教育培训，探索让农村党员干部经常受教育、使农民群众长期得实惠的有效途径。2007年初，在总结试点经验的基础上党中央决定在全国农村普遍开展这项工作，建设农村党员干部现代远程教育教学平台，建设农村党员干部现代远程教育终端站点，开发农村党员干部现代远程教育多种媒体教学资源，建立农村党员干部现代远程教育骨干队伍，建立科学规范的农村党员干部现代远程教育工作机制，在全国基本建成农村党员干部现代远程教育网络体系。

第五，全国电大教育系统。中国广播电视大学是采用计算机网络、卫星电视等现代传媒技术，运用文字教材、音像教材、多媒体课件、网络课程等多种媒体进行远程教育的开放性高等学校。1979年2月6日，中央电大与全国28所省级电大同时开学，2月8日由中央电视台首次向全国播出课程。发展至今，已有1所中央电大和44所省级电大、945所地市级电大分校（工作站）、1842个县级电大工作站，全国电大现有教学班（点）46724个，由此组成了统筹规划、分级管理、分工协作的覆盖中国大陆的远程教育系统。中央电大是教育部批准的现代远程开放教育试点高校之一。1999年，教育部组织实施"中央广播电视大学人才培养模式改革和开放教育试点"项目，全国44所省级电大及中央电大西藏学院已全部参与试点，试点教学网络已覆盖大陆所有省区。全国电大系统在开展远程学历教育的同时，还积极开展了岗位培训、证书教育、继续教育，包括大规模社会化和再就业培训，师范教育和中小学教师继续教育，从1990年至今累计结业生1857万人次；在历年面向农业、农村和农民进行实用技术培训的基础上，2004年组织实施了教育部"一村一名大学生计划"，将高等教育延伸到农村第一线；与部队合作办学，面向在职士官开展高等学历和中等专业教育，为科技强军、军地两用人才的培养服务；与中国残疾人联合会合作，面向我国残疾人开展远程教育，为残疾人的自强自立提供教育服务；同时，建立中央电大现代远程教育公共服务体系为高校网络学院和其他教育机构开展远程教育提供学习支持服务等。

第六，普通高校网络教育体系。1999年教育部启动现代远程教育试点工作以来，分批累计批准中央广播电视大学开展远程开放学历教育和68所普通高校成立网络教育学院开展网络高等学历教育。试点高校以校外学习中心形式建立了覆盖中国大陆的现代远程教育校外学习支持服务体系，共设立校外学习中心约9000多个，其中中央电大开放教育教学点3175个，试点普通高校设立校外学习中心4500多个（约1/4在西部），中央电大现代远程教育公共服务体系设立学习中心1300多个；试点高校网络高等学历教育开设11个学科门类，299种专业，1560个专业点，累计招生近千万。

截至2009年，试点高校的现代远程教育资金投入累计超过百亿元，试点高校共累计开发网络课程6万多门，共拥有各类教学服务平台近300个。建设了一批专题讲座库、教学案例库、素材库、答疑库、虚拟实验库、随机测试题库、考试题库。

第七，其他各类行业、系统性的教育机构及组织体系。如农业部、卫生部等多个部委都建设了遍布全国、面向城镇的具有特色的行业继续教育培训网络和组织体系。以农业部农民科技教育培训中心体系为例，该体系就已经形成了以农业部农民科技教育培训中心为龙头，有省级中心33个，地市级中心264个，县级中心1768个，农业广播电视学校及教学点14488个（省级农业广播电视学校39所，地市级校336所，县级校2184所，乡镇教学班7323个，村级教学班4606个），专兼职教师10万名；在全国农村建立了12872个"大喇叭"广播站，中国农村远程教育网在全国33个省级农广校开通了统一域名的互联网站。培训中心每年制作大量广播电视节目，通过不同形式传递千家万户。

（三）依托现代远程教育创设自上而下的老年教育网络体系

1. 建设现代远程教育的社区网络教育体系

福建省人民政府《关于福建省2010～2012年教育改革和发展的重点实施意见》（闽政［2009］25号）第22条，加快构建终身教育体系中指出："扩大国家、省、市三级社区教育示范区和实验区覆盖范围，实施社区教育机构'十百千'计划和设区教育工作者'百千万'计划，重点建设10个县（市、区）社区学院（社区教育中心），100个街道（乡镇）社区学校，1000个社区（村）社区教育学习点；重点培育100名区教育专干，1000名社区教育兼职人员，10000名社区教育志愿者。"2010年，福建广播电视大学认真贯彻《关于福建省2010～2012年教育改革和发展的重点实施意见》（闽政［2009］25号）文件精神，在全省电大系统内积极推行

"依托现代远程教育,积极推展社区教育"的理念,在各地政府的深切关怀下,依托电大远程教育进一步推展社区教育在全省范围内普遍展开。截至2010年底,已有8个设区市电大分别在当地政府的支持下,依托电大成立了地方社区大学,28个县(市、区)在地方政府的支持,并依托当地电大成立了地方社区学院,并计划2012年之前,全省所有的县都依托电大成立当地的社区学院。两个体系的整合加快了福建省社区教育前进的步伐,同时也促进了社区老年教育的发展。

2. 协调三个系统,打造老年教育新体系

福建省人民政府《关于福建省2010～2012年教育改革和发展的重点实施意见》(闽政〔2009〕25号)第二十二条,加快构建终身教育体系中还指出:"充分发挥广播电视大学、自学考试等平台的作用,提供更加灵活多样的终身学习形式。整合各类资源,支持省、市、县、乡、村五级老年大学(学校)建设,进一步加强基层老年教育工作,到2012年,实现乡镇(街道)、村(居)全面建立老年大学(学校),全社会老年人入学率达15%以上。"文件明确了现代远程教育在促进省、市、县、乡、村五级老年大学(学校)教育中的作用。

目前,福建省参与老年教育活动的部门体系主要有:(1)福建省老年大学系统;(2)福建省社区教育系统;(3)福建电大远程教育系统。这三个系统已形成了各自的组织网络体系,从中心城市一直延伸到县(市)乃至广大山区农村。为了加快福建老年教育的发展,在构建福建老年教育网络平台,实现教学资源整合共享的基础上,还必须有自上而下的组织体系来保证教学管理服务的实施。因此,协调广播电视大学远程教育系统、全省社区教育(大学、学院、学校、学习中心)系统、普通高校网络教育系统与全省老年大学(学校)系统,实现组织机构、教育人力、场地、经费,教学信息等多方面资源的整合,形成一个自上而下、覆盖全省、全方位、多元化的老年现代远程教育公共服务新体系,显得十分重要。

3. 政府主导,部门配合,积极创设社会化老年教育新体系

福建省政府十分重视老年教育问题,省政府(闽政〔2009〕25号)文件已给我们描绘了一个覆盖全省城市、乡村、全社会都共同参与的老年教育新体系的蓝图,这必须通过有关部门协同合作、共同努力才能实现。根据文件精神,课题组通过本省老年教育和现代远程教育发展的具体情况探索研究出适应福建老年教育发展自上而下的老年教育新体系。如图3

所示。

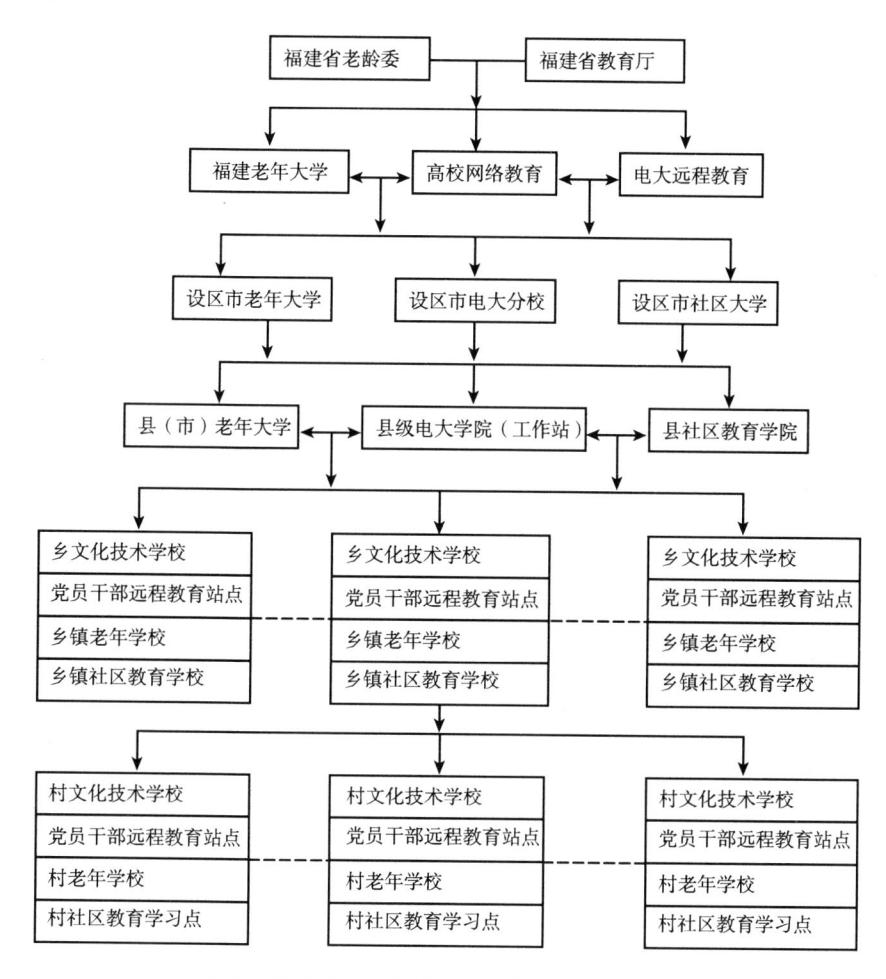

图3　基于老年教育网络平台的社会化老年教育

政府主导。就是在政府大政策的指导下，由老年教育的主管部门如老龄委、教育厅的有关部门争取开展老年教育的年度经费、项目经费；制定全省老年教育的目标、政策，主持协调相关部门会议，下达规定的任务；协调、整合设区市、县（市）、乡（镇）、行政村相关教育机构的教学资源等。

部门协同。主要包括几个大系统的分工协调的问题，如：省老年大学（学校）系统要承担全省老年教育的主导任务，要统筹、规划、设计福建省老年教育的宏观目标，主动协调、指导社会其他部门的老年教育工作。

广播电视大学远程教育系统的省级机构主要协作构建覆盖全省的网络信息体系，充分开发终身学习在线老年教育的功能，协助制作老年教育的教学资源，利用电大现代远程教育体系，积极构建福建老年现代远程教育公共服务平台。

全省社区教育（大学、学院、学校、学习中心）系统是老年教育活动的前沿阵地。老年人离不开社区的关怀，社区教育离不开老年教育的活动。在目前依托现代远程教育开展社区教育的情况下，省、地、市、县的老年教育机构应积极参与、协同开展各项老年教育活动。

普通高校网络教育系统。普通高校是全省教育资源的源头。要努力开发普通高校老年教育的高端课程资源和师资资源，力争设置老年教育专业培养老年教育教师队伍。高校网络学院要开发老年教育普及化的课程，通过延伸到县市的校外学习中心，培养、培训老年教育的师资队伍和工作队伍。

资源共享。在政府协调下，构建全省统一的老年远程教育公共服务平台，争取经费，共同开发老年教育课程，实现课程资源共享。各部门开发、拥有的信息技术平台资源、各类课程教学资源实现互通有无，共同使用。县、乡（镇）、行政村尽量因地制宜在组织机构、教育人力、场地、设备等教育资源方面实现共享共用。

志愿服务。老年教育属于社会公与服务的范畴，需要有许多热心人参与服务。

教育部 2004 年在《关于推进社区教育的若干意见》中提出"建立一支以专职人员为骨干，兼职人员和志愿者为主体的适应社区教育需要的管理队伍和师资队伍"。老年教育志愿者是指自愿贡献个人时间、精力、技能、资源以及爱心，在不为物资报酬的前提下，自愿为推动老年教育事业发展而提供无偿服务行为的人群。培育老年教育志愿者是切实有效推进老年教育的宝贵人力资源，要组织、培训、整合这一人力资源，创建社区老年教育的新环境。

老年人广泛参与。老年人的活动范围基本上都是在住家附近的社区，因此，社区是老年教育实施的主要阵地。社区应根据当地的具体情况和老年人生活的实际需求，创设一种生动活泼的老年教育环境，用实用的媒体、联系生活实际的课程和生动活泼的各种活动吸引老年人参与学习，使之学了有用、用了有效，调动其兴趣感和主动参与的精神。

老年教育新体系从省市中心区域一直覆盖到偏远的山区农村,实现了新时期老年教育的社会化、普及化、公平化。同时,我们还要通过老年教育这一自上而下的组织体系与全省老年远程教育服务平台协同配合,共同探索一个"政府主导、部门协同、资源共享、志愿服务,老年人广泛参与"的社会化老年教育新模式。

四 福建远程老年教育的探索

(一)发展远程老年教育的意义

1. 发展远程老年教育有助于解决基层老年教育面临的困难

根据福建省老年大学协会资料显示,至2009年底,全省各级各类老年大学(学校)在校学员人数已达570173人,占全省老年人总数的12.1%。全省100%的市、县、区,85.6%的乡镇(街道)和38.5%的村(社区)办起了老年大学(学校)。这里面,1所省级老年大学和9所设区市老年大学办学条件相对较好,依托大中城市的高校及其他学校的人才优势,师资力量得到了较好的解决。设在大中城市里的区级老年大学也同样享有师资人才优势。大部分的县、县以下的乡(镇)、村(社区)老年大学(学校)则面临着师资力量薄弱的突出问题,比如作为改善老年人生活质量的重要课程中医、老年保健类课程等,县及县以下的老年大学(学校)就显得尤为薄弱。同时,县及县以下老年大学(学校)还存在着缺少教材的困难。

发展远程老年教育,有针对性地建设远程老年教育课件资源,能够有效地解决基层老年大学(学校)所面临的困难。

2. 发展远程老年教育是科学发展观的要求

2002年召开的党的十六大提出"构建终身教育体系,建设全民学习、终身学习的学习型社会"。2009年4月省委常委、副省长陈桦到福建老年大学调研,提出"老年大学要勇于创新、加快发展、提高覆盖面";2010年4月省委常委、省委副书记于广洲到福建老年大学视察时提出"老年教育工作要统筹规划,要统筹好城乡老年教育工作,不仅仅办好省老年大学,也要办好市、县一级的老年大学,让广大老年人拥有幸福、灿烂的老年生活"。2009年在福州召开的第二届全国老年大学校长培训班上,福建老年大学校长游德馨在报告"以科学发展观统领老年教育工作"中指出"按照协调可持续发展的要求,统筹城乡老年教育的发展"。

无论是党的大政方针，还是省委省政府的领导、老年大学校长，都从科学发展观出发对老年教育的发展提出了要求：提高老年教育覆盖面，统筹城乡老年教育发展。远程老年教育的发展，能够将大中城市老年教育的资源优势带到县、乡（镇）、村（社区）老年教育上来，发挥省、市级老年大学教学中心的地域辐射作用，促进基层老年教育的发展。这符合科学发展观的要求。

（二）福建省远程老年教育的发展现状

远程教育在教育事业发展上有着独特的、巨大的作用，这在高等教育及基础教育上已经取得了巨大的成功。福建电视大学、福建师范大学等高校在远程网络教育上都取得了巨大的成功。远程教育一个突出特点就是扩大了教育面，使更多的人接受高等教育和得到再深造的机会。这与省领导视察福建老年大学时提出的"发展基层老年教育"的精神是相符合的，也为远程老年教育提供了良好的发展机遇。

从全省范围看，从省老年大学到设区市老年大学、县及县以下老年大学均没有一个远程老年教育网络。省老年大学目前所开展的远程老年教育只是集中部分老年学员通过点播收看北京或上海制作的少数视频，严格意义上不属于远程老年教育。发展远程老年教育，发展基层老年教育，必将进一步促进福建省老年教育事业的发展，符合科学发展观的要求。

（三）远程老年教育网络在老年大学建设中的地位

1. 远程老年教育必须是全省统一规划

如果省老年大学和九个设区市校及其他发展较好的老年大学能够集中人力、物力、财力建设各具特色的精品课件，能把各自的精品课程制作成精品课件放在一个统一的、开放度高的网络上，那么不同地域的学员都将各取所需，不管是农村还是城市的老人都可以学习，而且接收的都是精品。这样兼容并蓄、特色突出的远程教育网络才能真正在全省范围内发挥作用，也将是一个高效的、内容丰富的、受欢迎程度高的远程教育网络。所以，远程老年教育规划，应该是九个设区市老年大学积极参与的一个大的远程教育规划。

福建老年大学在远程老年教育网络建设中应该发挥中心指导作用。学校领导在学校建设中提出了学校的定位：学校要在全省老年教育的教学、科研、培训、指导上发挥中心作用，并且辐射到全省各地，甚至海西区域。

2. 避免地区性小规划的局限

地区性小规划具有地区局限的缺点，各个设区市都建设自己的远程教育网络，都在发展自己小而全的教材课件，结果只能是：（1）资金及资源上的制约将造成整体课件质量不高；（2）重复建设，比如全省将有10个声乐课程课件，但真正好的声乐课件只有1~2个；（3）覆盖面受限制，泉州的远程教育课件只能在泉州才可以收看，三明的课件只能在三明收看；（4）加速地域发展不平衡，经济发达的地区，如泉州、厦门、福州等地可能会发展快些（但都有地域局限），而经济欠发达的地区却很难发展起来。这与统筹城乡老年教育发展及扩大老年教育覆盖面的精神相背离。

（四）"十二五"时期福建省远程老年教育发展规划的目标分析

1. 建设一个覆盖面广、信息量大、操作便捷的网络教学系统

建设远程老年教育网络，必须符合以下要求：（1）覆盖面广，这样才能使县、乡（镇）、村（社区）的老年教育得到推动，也是发展远程老年教育的目的；（2）远程老年教育网络信息量一定要大，才有吸引力，才能满足更多老年人的学习需要；（3）操作便捷是老年人参加网络学习的需要，老年人操作不需要太复杂，操作太复杂会让老年人望而却步，从而产生拒绝的心理。

2. 建立一套自上而下，上下联动的远程老年教育服务队伍

在现有的全省市、县、乡、村四级老年教育网络基础上建设一支负责组织远程老年教育的队伍。市、县、乡、村各级都要有专人组织远程老年教育工作。

3. 开发一批内容丰富、满足老年群体需要的教学资源

组织开发一批老年人喜欢的精品教学资源，满足老年人健康保健、兴趣爱好的需要，可以从各地现在办的较好的课程中选取，精心编排，优先选择各地市正在建设的精品课程，它们是老年人喜欢的教学资源。

（五）实现"十二五"远程老年教育发展规划目标的保障措施

1. 成立全省远程老年教育建设领导小组

"十二五"期间，首先要成立全省远程老年教育建设领导小组，为远程老年教育网络建设提供强有力的组织保障。

2. 在资金、资源、人才政策上给予支持

远程老年教育网络包含软件系统建设、设备购置、带宽租用、教学资源开发费用等等，这些需要有足够的资金支持。由于老年大学自身的财力比较薄弱，故应积极争取财政支持，努力争取社会各界的广泛参与，并形成长期投入机制。

同时，在人员配备上给予倾斜，在专业技术人员招收上给予优先考虑。在教学资源（课件）开发上，全省各级老年大学应通力合力开发。

3. 借力发展远程老年教育

发展远程老年教育，全省各级各类老年大学都没有经验，课程开发建设资金投入较大。可借助高校成熟的远程教育系统，比如福建电视大学、福建师范大学等高校的网络系统，可更具效率和针对性，能收到立竿见影的效果。

4. 建立教学资源信息反馈制度和教学资源建设激励机制

建立教学资源信息反馈制度，有利于了解全社会各阶层老年人的需求，使教学资源开发建设更有针对性，提高教学资源的受欢迎程度。另外，老年大学的老师都是外聘的，这些教师在原单位有自己的教学及科研任务，如何激发他们为老年大学制作高质量的课件，适当的激励机制是必需的。

五　整合教学资源，建设老年教育资源库

老年教育教学资源是办好老年教育的基本条件。把教育教学资源整合利用好，不但奠定了基层老年教育的基础条件，而且可以节约大量资金，解决资金不足的问题，同时还可以进一步加快老年教育事业的发展。中国老龄事业发展"十五"（2006~2010年）、"十一五"计划纲要（2006~2010年）分别指出：要"加强老年活动设施建设。大中城市要逐步建立设施完备、功能齐全、综合性的老年活动中心，县（市、区）要建立老年文化活动中心，乡（镇）、街道要设立老年活动站，有条件的村委会、居委会要开设老年活动室。各地要在现有或新建的公益性文化设施中开辟老年人活动场所，同时鼓励部门和单位管辖的文化活动场所向老年人开放。公园、图书馆、文化馆（站）、体育馆、博物馆等公共文化活动设施要优惠向老年人开放。"同时指出老年教育的"教学内容要按照增长知识、丰富生活、陶冶情操、增进健康、服务社会的原则安排。积极发展农村老年教育，重视对老年农民的现代农业技术培训，把老年教育与老年人脱贫致富、维护权益、破除迷信和移风易俗结合起来。重视开展老年思想教育活动，帮助老年人树立科学的世界观和积极的人生观、价值观"。

(一) 老年教育资源及其现状分析

1. 老年教育资源的概念

所谓老年教育资源包括老年教育的自然资源和社会资源两部分。老年教育的自然资源包括：参与老年教育的学习者以及用于老年教育的土地、草木、房屋、场地、设备、设施等。老年教育的社会资源包括：参与老年教育的教育者、老年教育政策以及用于老年教育的资金等。老年教育的教学资源是指：为有效开展老年教学所提供的素材、教学技术等各种可资利用的条件，通常包括印刷教材、影视、图片、网络课程、课件等，也包含教师、教室、教具、老年学习中心等。

2. 教育资源建设的现状

（1）老年教育自然资源与社会资源总量上不足。老年教育资源总量不足是我国老年教育的最突出的问题。由于我国老年教育起步较晚，老龄化社会来得迅速，加上我国实施计划生育后4-2-1家庭人口结构的迅速形成，全社会原有的教育结构跟不上老龄化社会教育的需求，老年教育资源无论是硬件还是软件，甚至思想观念的准备都感到严重不足。

（2）现有的老年教育资源缺少整合梳理。除了总量上的不足，现有的老年教育资源结构尚需进一步梳理调整、分配优化、有效利用。特别是老年教育的自然资源往往分散在若干个部门分管，整体利用率不高。例如有的省份县以上的老年大学几乎清一色属老干部部门主管，非离退休干部很难入学。

（3）适应地方需求的老年教育自建资源不足，缺乏有针对性的学习需求调查。对资源内容和组织形式缺乏深入研究，导致资源建设流于搬抄，主要集中在生活保健、休闲技艺和家庭教育等方面，重复建设现象非常明显，服务区域社会发展的自建特色资源不足，尤其是知识型、技能型资源缺乏。

（4）老年教育课程内容不完整、共享度不足，老年教育在个人生活安排指导方面仍较为欠缺。课程内容的丰富性、完备性、专业性是促进老年人和准老年人学习参与和提升生活掌控能力的基本条件。老年人个人生活安排教育应涵盖体育锻炼、饮食指导、心理适应、疾病护理、休闲娱乐等方方面面的知识输送和技能指导，但就目前在全国范围内考察开展的老年教育课程来看可能较齐全，但在局部地区范围内考察老年教育的课程内容仍存在许多不足。

(二) 老年教育资源的整合与共享

2001年8月，国务院印发《中国老龄事业发展"十五"计划纲要（2001－2005年）》，强调把老龄工作正式纳入到国民经济和社会发展计划中，并提出了更具可操作性的老年教育发展政策。同时，明确要求对发展老年教育的投入、教育形式、基础设施建设、教材编写、规范化管理等做出规划，为乡（镇）、街道和有条件的村委会、居委会创办老年学校，以及社区老年教育的发展提供有力的政策支持。

老年教育资源的整合共享，是指老年大学（学校）、社区老年教育企业单位老年活动中心在取得地方政府和社会各界支持的情况下，对老年教育可资利用的人力、物力、设备、设施、场所等资源进行协调，积极发挥各部门老年教育的各种资源优势，实行优势互补。只有有效地统筹协调各类教育资源，并进行优化整合，最大限度地实现老年大学、社区、单位之间的资源共享，才能使老年教育有效运作，形成一种整体的"教育合力"，充分满足老年人多元化的教育需求。

1. 老年教育资源的整合

整合老年教育资源的目的是使已有的老年教育资源发挥最大效益、创造最大价值。整合不是简单的结合，更不是"拼合"，整合是对现有资源进行合理的调整，有机的组合，追求资源的整体结构最佳化和整体效益最大化，以实现"整体大于部分之和"的目标。它主要包括教育资源的结构调整、分配优化和利用效率。老年教育资源的结构调整，是指老年教育领域教育资源总量和老年教育的目标、规模相协调的水平。老年教育资源的分配优化，是指用于发展老年教育的人力、物力、财力资源在实现最大可能教育目标下的最佳配置。老年教育资源的利用效率，是指老年教育投资与老年教育成果比较，即教育产出与投入之比。

2. 老年教育资源的共享

老年教育需要丰富的教育资源作为支撑，是老年教育各种要素的集合、协调和互动。首先要充分拓展现有老年教育资源的功能即各类学校的图书室、资料室、教室以及文体活动场所等一切教育资源要向全社会的老年人开放。

其次要充分利用老年人家中的电视、录像、电脑等设备，进行远程教学习，使老年人形成多样化的学习方式。从我国老年教育发展实践来看，充分重视老年远程教育教学资源的共享也是发展老年教育的重要经验。

(三) 老年教育资源建设和资源库建设的原则

省域性老年教育教学课程，要突出具有现代意识和时代特征，要围绕"增长知识、丰富生活、陶冶情操、促进健康、服务社会"老年教育的发展宗旨，要坚持做到以下几个原则。

1. 机制先行原则

任何一项社会事业的有效发展，都必须有一套"科学、合理、高效"的先进机制作保证，老年教育教学资源建设也不例外。省中心必须搭建平台，疏通渠道，让各地热衷于老年教育教学资源建设的个人和机构有固定的施展才能的舞台和途径；要把各地市县区老年教育教学资源建设和选送的情况作为评定当地精神文明建设和老年工作情况的重要指标；要争取经费并通过一定形式对老年教育教学资源建设有突出贡献的个人和机构给予一定的物质奖励，并就个人职称评定、评优评先等给予优先考虑。

2. 共建共享原则

老年教育是一项浩繁的社会工程，它涉及面广，情况复杂，课程资源需求量大，各地和个体差异大，单靠某一地区、某一领域或某些个人搞资源建设无法适应不断增长的老年教育发展的需求。所以，老年教育教学资源要坚持"共建共享、优建优享、多建多享"的原则。

3. 规范制作原则

分散的无组织无统一制作标准的老年教育教学电子课程资源，必然会呈现出格式不兼容，界面不亲和，格调不高的"多样化"产品，这就会在一定程度上影响老年教育教学资源共享效果，电子课程资源如果图、文、视频、音频制作规格不统一，使用时就会很不方便。所以，省中心必须组织人员制定全省统一的老年教育教学课程资源建设标准。这样，不仅便于"共建共享"，也便于入库运用，可以最大限度地发挥优质课程资源在老年教育教学中的作用。

4. 因地制宜原则

福建省各地老年教育需求不同，山海差异，城乡差异，部门和群体差异等，决定了我们开发和建设老年教育教学资源，必须遵循"以人为本、因地制宜"的原则，突出地方、部门或群体的特点，只有尊重差异性，才能显示针对性。

5. 分类推进原则

老年教育既具有一般教育的特性，又具有自身的个性，涵盖面很广，需求多样。就当前的情况来看，其资源建设不可能做到"面面俱到、全面开花"，而应该在省中心的统领下，制定近期和中长期老年教育教学资源建设规划，依照老年人的心理特点和实际需求，分"求知、求乐、求健、求用"等几大模块，进行分类建设推进。

6. 多头发展原则

省中心在建设全省老年教育教学资源库时，可按照"立足本省、面向全国、放眼世界"的原则，多渠道筹措资源。其一，在全省范围内通过征集评选组建一批课程资源；其二，通过专家小组指导规划聘请一批专家，录制一些急需的老年教育短缺资源；其三，可以利用本省已有的优质老年教育教学资源与兄弟省市交换一批课程资源；其四，可以利用政府拨款或民间捐助的经费购买一批课程资源等。

7. 从简就易原则

建设老年教育教学课程资源，必须从简就易，先易后难，能够整合的整合，能够改编的改编，应该不断借鉴或引入其他教育领域的教育资源成果，并加以改造利用，少走弯路，有效避免低水平重复建设，做到"有的放矢、化整为零"。把全省各地老年学校、社区学校和成人办学机构作为老年教育教学资源建设的首选重要基地。

8. 现代实用原则

老年教育教学资源的开发，不仅要适应老年人教育发展的一般需求，更要突出其"科学性、趣味性、实用性"，要举全省同行之力，合作开发一批时效性强，具有现代特点的课程资源，用最优质的课程资源去吸引广大老年朋友踊跃参加学习，让老年学员"学得放心、学得开心、学得健康、学得有用"。

六 充分调动普通高等院校积极参与老年教育事业

要使老年教育更加规范有序的发展，老年教育人才的培育是十分关键的一个环节。要充分发挥高校师资、专业、课程、场所、设备设施的优势，参与老年教育的事业。

（一）发挥高校师资优势，增设老年教育专业，培育老年教育人才

有关专家对全国1000多所普通高等学校本科生和专科生开设老年学课

程情况作调查后发现,高等学校对老年学相关课程的开设相当薄弱,有的甚至对什么是老龄社会和老年教育都非常生疏。为使年轻一代对人口老龄化有清醒、理性的认识,在高校中普及有关老年学知识的教育,尽快在我国的教育体系中建立"老年学"专业,系统培养老年教育继续的人才显得十分重要。

在许多发达国家和联合国老龄问题研究所,老年学的教育与培训早已纳入正规课程,并设有老年学的硕士、博士学位和毕业证书。据1976年美国高等教育老年学会所作的调查,当时有1275所大学、学院和社区学校都开设了与老年学相关的课程。到20世纪80年代中期,开设老年学课程的学校又增加到80多所。而在社区大学中,约有1/3至1/2开设了1门或数门老年学课程。从20世纪60~80年代中期,美国有13万人接受过正规老年学的教育或培训。

普通高校增设老年教育专业,开设老年教育学科有着广阔、深远的前景,同时还可以通过网络远程教育,面向全社会,培养老年教育的教师与专业工作人员。老年教育的专业学科有:老年人服务学、老年人临终关怀学、老年人管理学、老年人心理学、老年人生理学、心理学、病理学、老年疾病预防学、老年疾病医学、老年人护理学、老年体育学、老年健身学、老年人保健美容学、老年人疾病食疗学、老年人饮食起居学等。学科众多,意义深远,是正在迅速发展的老龄化社会老年人的迫切需求,同时也给将来社会就业群体开创了广阔市场。

(二) 开放高校充沛的教育资源,供老年人享用

由高等院校创办老年大学始创于欧州。欧美一些发达国家鉴于老年人口逐渐增多,开始通过普通大学对老年人开放或者在普通大学开设老年班即"第三年龄大学"的方式开展老年教育。随着信息技术的发展,老年教育也拓展了函授老年教育、远程老年教育和网络老年教育。如在瑞典许多老年人通过大学开办的网上老年大学接受教育,老年大学生在高校中占有相当高的比例,仅在斯德哥尔摩大学,55岁以上老年大学生就占全校学生总数的20%,60岁以上的占10%。

我国台湾在高等教育参与老年教育方面已优先跨出了一步,随着台湾社会、经济发展水平的提升,高龄老人的学习需求在质量都有明显的成长,此类高龄教育机构所提供的课程,已逐渐无法满足高龄者异质且多元的学习需求。台湾社会福利部门、民间组织、教育行政部门,主张开放高

等教育充沛的资源供高龄者享用,使高龄老人借此拥有高等教育的学习资源。台湾从 2008 年起,联合了 13 所大学院校开办"老人短期寄宿学习计划"。2009 年扩大办到 28 所,并更名为"乐龄学堂"。开创台湾大学院校与高龄教育结合的新页。

该前瞻性的政策,为台湾高龄老人学习的实施推向新的阶段。也为台湾地区高等教育面临高龄化社会的演变,提供了大学校院举办"乐龄学堂"的推广模式。

台湾地区大学院校举办"乐龄学堂"的课程内容,包括:养生保健类课程的开设,满足高龄者的学习需求;探索旅游类课程结合教育、休闲和旅游之要素;

发展博雅课程,以满足高龄者异质化的教育需求;增设服务学习课程,开发高龄人力资源;善用年轻学子,拓展代间学习课程的实施方式;承办单位可按其专业,探索设置高龄者个人技能课程;深化视听娱乐课程的内涵,开拓高龄教育的推展视野等,这些课程深受高龄老人的欢迎。

(三)构建福建老年教育新体系,让老人重进高校大门,开始新生活

给老年人创造重新接受高等教育的条件,让老人在接受新教育的状态下生活,在求知和充满希望中生活,这样的生活方式是老人的最佳的生活方式,是最有益老人身心健康的生活方式。

21 世纪中国老人的使命是:"志学养老、和谐传家、奉献社会、光照千秋"。这是老人幸福的需要,是家庭和睦的需要,是学习型社会的需要,是老人身心和谐发展的需要。具体地说,"教育养老"是通过从根本上解决老人的使命问题,实现老人生命品质的优化从而解决有关问题。挖掘"教育养老"宝藏,大力普及养老教育,让广大老人建立科学的养老理念,掌握科学的养老方法,养成科学的养老习惯,就可以高效发挥物质文化和各类养老资源的效能,实现老人幸福养老。这是一条成本低、速度快、效能高的化解老龄化中国诸多矛盾的可行之路。让老人享受"教育养老"的生活,为老人造血,为老人改善生命质量,让老人心态年轻化、生活方式优良化、身心健康普遍化。这是"教育养老"的养老目标,也是"教育养老"的独特功能。主要表现在以下几个方面:"教育养老"有益老人身体健康;"教育养老"有益愉悦老人心情;"教育养老"有益促进社会文明;"教育养老"有益提升老人精神;"教育养老"有益老

人家庭和睦。

目前，采用广播电视远程教育的形式，多、快、好、省地发展老年教育基本上已在社会上形成了共识，在党和政府的大力支持下，一些地方充分运用现代传媒手段，兴办了远程空中老年大学，开办面向老年人的电视和网络学校，扩大老年教育覆盖面。目前已初步形成多层次、多形式、多学制、多学科的老年教育体系。但是，采用现代信息技术，发展老年远程教育，并不是简单地把老年教育的学习资源挂在网络上就可以解决的，因此可以说，目前一些地方的老年远程教育还不尽完善，还需要进一步研究探索。

首先，要构建一个覆盖福建全省、满足老年教育需求的老年网络教育体系。在各级政府的大力支持下，联合福建省高等院校网络远程教育的优势，通过系统科学理论、现代远程教育理论的指导，从实践科学发展观的角度，探索适合福建地方特色的现代远程老年教育体系的实践模式和结构模式。它包括：构建全省老年远程教育网络平台功能、作用；构建全省老年远程教学的组织网络体系；构建福建社区老年远程教育学习支持服务网络。

其次，要针对老年人的需求，构建与整合全省高校各类老年教育学习资源。台湾老年教育，归纳了28所高校的"乐龄学堂"的课程，把老年学习的资源分成了七类，适应了老年人不同阶段的不同需求。作为福建省的规划，老年人的课程覆盖面更加广泛。我们要考虑到老年教育的课程内容的建设进一步适应海西社会经济建设的需求，要在以下几个方面加强老年教育资源的建设：一是老年人健身养老类；二是老年人休闲教育类；三是老年生命教育类；四是技术更新再就业类；五是人文、地理、社会公关类；六是支持社会主义新农村建设老年教育类等等。

通过大量的资源吸引各种爱好的老年人参与学习，扩大他们的视野，扩展他们生活的空间，重树他们积极向上热爱生活的信心。

（1）充分发挥高校学科优势与专业优势。高校网院与社会之间的高科技桥梁。要充分发挥高校远程教育的信息技术优势为全社会的老年教育服务。

（2）培训、普及信息技术人才，增强老年大学（学校）、社区老年教育中心信息技术应用能力。

（3）尽快在高校中普及有关老年学知识的教育。开设老年学课程、开展老年学研究、探索老年社会的规律、迎接老年社会的到来。

（4）根据老年教育的特点和老年社会的需求，改造高校的专业设置和课程建设的模式适应老年远程教育的需求。

七 关于远程老年教育可持续发展的若干思考

（一）开拓老年教育的新途径，积极发展社区老年教育

在我国老年教育迅速发展的过程中，社区老年教育因其便利性、低成本性、实用性和灵活多样性的教育内容和教育形式受到老年人的青睐，参加社区学习活动的老年人已经远远超过了在老年大学接受正规课程的老年人。社区老年教育正逐步成为发展最迅速、最重要的老年教育形式。特别是，随着中国社会的转型，传统的单位体制逐步解体，原属单位的社会职能不断被剥离，社区已经逐步成为新的社会控制和社会整合的、主要的，也是必要的载体。对于老年人来说，他们中的绝大多数已经退休回归家庭，社区已成为他们生活时间最长、最基本的社会生活场所。因而，社区老年教育也就有了更加特殊而又重要的意义。正如1995年第七届国际社区教育大会通过的《社区教育宣一言》所指出的：一个强大的社区能医治各种社会疾病，良好的社区教育能够加强社区建设，社区教育与社区文明、社区管理共同构成未来社会发展的三大基本动力。其中，社区教育又是发展的关键。

（二）创设老年教育信息化的学习环境

老年教育是全社会的责任，要在政府指导下各单位协同解决城乡及全社会老年教育。老年大学负责打造老年现代远程教育公共服务平台。以创办于1998年的浙江老年电视大学为例，至2005年入学的老年人已达19多万，远远超过当地老年大学的学员总数。参照这种模式，在政府的统一协调下，把单一的远程教育模式，提升为远程教育公共服务体系，协同全社会各部门，实现各部门联手办学，优势互补，共同推进福建老年教育事业的发展。

（三）给老年教育学习者各种具体的实惠

老年学员接受教育与其他类型教育不同，功利的实用价值退居其次，非功利的理想价值升至首位。在老年教育中，接受老年教育不是为了学一技之长以求职谋生，而是为了提高自己的生命生活质量，使自己在人生最后阶段的生活更积极、充实，更有意义。分层次疏导老年教育，给予各种具体的实惠是一个行之有效的做法。通过构建老年教育的实体的方法给老

年人创造三种良好的环境：一是争取政府和社会福利部门在经费上给予支持，创造老人享受社会福利的环境，使那些无依无靠的老人得到受教育的权利。二是营造一个老年人投资的环境，使大部分老年人受教育都作一定智力投资，这包括缴纳微少的学费，购置教材、音像、电脑等设备，以保证学习的需要。三是营造老年人消费的环境，老年教育办学的实体部门，也要在生活、保健、医疗方面创造必要的条件，把学、吃、喝、玩、医疗保健紧密地结合起来。还可以将老年教育分成休闲娱乐型教育和创业提升型教育等。通过教育活动让老年人加集体活动并授予荣誉；学有成效者可向老科协申报职称晋级；组织、协助有特殊技术的老年人开办服务产业等。以此激励老年人不断参与学习的热情。

（四）进一步提高认识，积极开展老年教育研究

尽管目前我国社区老年教育蓬勃开展，但总体看，国家和政府对于发展社区老年教育的重要性和紧迫性的认识仍显不足，对老年教育资源的投入相对滞后，因老年教育受惠的老年人仍是少数。而且老年教育活动侧重丰富老年人的文化生活，对于通过教育开发老年人的潜能，提升他们的生存发展能力的认识与实践都非常欠缺。在学术研究方面，学界对老年教育的研究仍主要以老年大学为对象，尽管老年教育和社区教育的研究中对社区老年教育有所提及，但系统、深入地研究还十分有限，而且多数研究集中在教育学领域，运用社会学、人口学的理论和方法探讨社区老年教育的还不多。因此，综合运用多学科方法，系统、全面地分析中国社区老年教育十分必要和紧迫。

参考文献

[1] 顾秀莲：《办好远程教育，促进老龄工作——在东方银龄远程教育中心开播仪式上的讲话》，2008年12月29日。

[2] 胡晓、赵鹏程：《老年教育事业发展的制约因素与对策》，《求索》2009年第2期。

[3] 牟卫田：《推进老年教育网络电化办学的思》，《教育与信息化》2007年第5期。

[4] 李海宁：《浅谈运用现代远程教育手段发展老年教》，《湖北广播电视大学学报》2005年第5期。

［5］沈红梅：《老年教育：世界性共同课题》，《教育科学研究》1999年第2期。
［6］德斯蒙德·基更：《远距离教育：国际终生教育的第一选择》，《开放教育研究》1998年第2期。
［7］埃德加·富尔：《学会生存——教育世界的今天和明天》，教育科学出版社，1996。
［8］雅克·德洛尔：《教育——财富蕴藏其中》，教育科学出版社，1996。
［9］王惠青：《论教育资源的可持续发展》，《教育评论》2000年第6期。
［10］董之鹰著《老年教育学》，中国社会出版社，2008。
［11］俞恭庆主编《上海老年教育发展研究》，上海教育出版社，2005版。
［12］叶忠海著《21世纪初中国社区教育发展研究》，中国海洋大学出版社，2006。

闽台老年教育比较研究

何绵山　吴东晖[*]

老年教育是成人教育的组成部分,是终身教育的最后阶段,也是终身教育中最容易被忽视的薄弱环节,发展老年教育是完善终身教育的需要。20世纪下半叶,在终身教育理念和思潮的影响下,中国台湾地区在引进和吸收欧美国家老年教育发展的理念和经验的基础上,大力推进和实施老年教育,在理论和实践上都取得了迅速的发展。目前已经进入积极提升老年教育效果阶段。老年教育的推展,是社会发展的重要历程,尽管福建和台湾地区老年教育各具特色,有不同的经验和模式。但由于社会形态、经济发展进程、老龄化社会进入时间等因素的不同,开展闽台老年教育的比较和研究,对加强闽台老年教育的交流和借鉴,特别是对促进福建老年教育的发展有着积极的意义。

一　引言

台湾成人教育学会理事长黄富顺主编的《高龄学习》一书对高龄学习作了综合性、广泛性的探讨,台湾成人及终身教育学会主编的《高龄社会与高龄教育》论文集,探讨了在高龄社会中,高龄教育研究与实践方面的问题。周德荣的博士论文《老年教育的理论与实践》以台湾地区为例,指

---

[*] 何绵山,福建广播电视大学闽台文化研究所教授;吴东晖,福建广播电视大学现代远程教育研究所助理研究员。

出老年教育的定位及内涵，阐明老年教育必须针对老年人的学习特性与学习环境去加强及规划，概述台湾地区老年教育的实施现状并对台湾地区的老年教育发展提出建议。

我国老年教育的研究已经开始受到广泛重视，其研究重点也开始从单纯介绍国外老年教育经验及对老年教育个别问题的研究转向老年教育的系统研究，进而将老年教育置于动态的社会变革的背景之下，探讨其发展问题。大陆研究者多从落实科学发展观，发展老年教育事业；老年教育与构建社会主义和谐社会；老年教育与老年精神需求、文化建设；老年教育与健康老龄化；老年教育与构建终身教育体系；老年教育办学模式及相关研究；世界老年教育比较研究等方面展开。其代表作有陈福星等编著的《老年教育概论》，该书分为课程论、学习论、指教论、管理论等六部分，对老年教育进行了系统介绍与论述。在老年教育比较研究方面主要分成两类，一类是对主要发达国家老年教育现状、趋势的比较分析，另一类是对某一个或两三个国家老年教育的分析借鉴。这些研究指出，各国老年教育的共同趋势是政府作用日益加强，教育形式多样化，教育手段不断改进，教学内容不断更新。研究者认为，借鉴外国老年教育经验，我国一是应加强老年教育立法研究，二是要提高各级政府对老年教育的认识，三是大学应增设老年教育专业，四是可利用高校资源附设老年大学供老年人学习，五是鼓励和扶持各种机构、组织参与老年教育事业，六是大力发展社区老年教育，七是实施和发展老年网上教育，八是加强对老年人退休生活的指导，九是开展对老年人的死亡教育，十是重视老年人力资源的开发。

二　闽台老年教育比较研究

本节从闽台老年教育产生的时代背景和内外动因、起源及发展历程、老年教育概念及理念的理解、老年教育的体制机制、法规政策、办学模式、课程设计模式、师资队伍建设、经费筹集理论研究等十个方面，展开比较研究，并得出台湾地区老年教育可供福建借鉴的经验和启示，以期加强闽台老年教育的交流和借鉴，促进闽台老年教育的发展。

老年教育是人口老龄化社会背景下，提高老年人口生活质量，促进社会持续发展的重要应对战略。20 世纪 80 年代左右，闽台两地在引进和吸收欧美国家老年教育发展的理念和经验的基础上，大力推进和实施老年教育，在理论和实践上都取得了快速的发展。尽管福建和台湾地区老年教育各具特色，并创造了不同的经验和模式，但闽台五缘相通，都是对中华文化的传承。加强闽台之间老年教育的交流、比较和借鉴，对发展闽台老年教育有着重要的意义。

(一) 闽台老年教育产生的时代背景和内外动因

20世纪70年代末开始，大陆开始实行改革开放，把工作重心转移到经济建设上来。经过30年的发展，大陆经济腾飞，社会发展，人民生活水平不断提高，人均寿命不断延长，老年人口快速增加，老年人口的比重已经超过了国际公认标准的老龄化标准。而且大陆的老龄化呈现出了一些独特之处：一是人口老龄化速度快，来势猛。二是"未富先老"。老龄化的速度要超前于现代化，属于典型的"未富先老"。三是老龄人口总体科学文化水平偏低，整体素质不高，对接受再教育有迫切的愿望。人口老龄化的严峻形势，对大陆社会发展产生了一系列的影响，特别是对老年教育事业将产生前所未有的挑战。这挑战主要是指老年教育事业该如何发展以应对日趋严峻的老龄化趋势。虽然老年教育事业已经过一二十年的迅速发展，但如何满足广大老年人迫切的教育需求，使每一个老年人都享有教育权，将成为大陆老年教育发展的一项重大课题。福建作为大陆的一个沿海省份，基本情况与大陆整体情况相似。

自20世纪50年代开始，台湾地区科技进步，经济发展，医疗卫生水平提高，生活水平大幅度提高，人均寿命不断延长，至2008年底，女性的平均寿命为82.01岁，男性为75.38岁。因此，高龄人口不断增加，截至2009年9月已达2440507人，在人口总数中所占的比例已攀升到10.57%。与之相对应的是，台湾地区少子化现象日益严重，2009年的人口总成长率不到3.6‰。人口急速老化，从负面来看，对整个台湾而言，老龄化将促使人均扶养比例加重，年轻人口缩减导致生产力下降，养老的社会福利及医疗指出负担增加，在少子高龄化的人口结构下，家庭将呈现代间增长，旁支减少，并同时存在多个不同世代成员的竹竿型家庭型态（朱楠贤，2008）。对老年个体而言，老年人退出职业市场后，如个人如未能做好规划，退休后的生活将失去重心。台湾学者林丽惠指出：领月薪的工作者退休后，可能面临五个"NO"，即：没有地方去、没有生活重心、没有工作外的嗜好、没有公司外的人际网络、对退休后该做什么没有概念。为应对老龄化对台湾社会的冲击，做好高龄化社会的准备，台湾社会及台湾当局逐步重视老年教育，老年教育迅速发展，并经历了五个关键事件：一是

1978年"青藤俱乐部"的创立；二是1980年1月26日台湾当局公布实施《老人福利法》；三是台湾当局于1991年4月24日颁布《发展与改进成人教育五年计划纲要》，将老年教育系统纳入成人教育体系；四是1998年《迈向学习社会》白皮书的发布；五是2002年颁布《终身学习法》；六是2006年11月24日颁布《迈向高龄社会老人教育政策白皮书》，对老年教育提出完整的政策主张。这六个事件环环相扣，不断推进台湾地区老年教育的发展。

从老年教育的发展背景看，福建加强老年教育是全面建设小康社会、建设海峡西岸经济区的现实需要。是实施人才强省、开发老年人才资源的重要举措。而台湾地区重视老年教育是为了提升老年人自主、自尊与自立能力，促使台湾社会成功老化。闽台老年教育的发展分别代表了两地社会的安定团结，经济的稳步发展，医疗卫生事业的全面提升，都是经济社会发展的需要，与经济社会发展紧密联系；加强老年教育，是构建终身教育体系的重要环节和形成学习型社会的客观要求；均引进国际特别是欧美地区老年教育的理念和经验，同时传承了中华"尊老敬贤"的传统文化。

（二）闽台老年教育起源及发展历程比较

福建的老年教育起步于20世纪80年代中期，以福建老年大学的创办为标志，福建老年大学成立于1985年，其发展历程大致可分为三个阶段：第一阶段为初期发展阶段（1985~1989年），1985年4月，福建老年大学在福建省委、省政府的高度重视下创办，当时一大批热衷老年教育的老同志不辞辛劳、艰苦创业，为福建老年大学的发展奠定了基础。同年12月，中国老龄工作委员会在北京召开"全国老年大学教育交流会"。党和国家领导人会见了出席会议的代表，并作重要讲话，给予这一新生事物充分肯定，这次会议是我国老年大学，同样也是福建老年大学发展史上具有重要意义的会议。福建各地老年大学也在这次会议精神鼓舞下如雨后春笋般涌现出来。这一时期的办学特点是发展快，开始分层次、多渠道办学。各地不仅县以上城市办老年大学，基层街道、乡镇也办老年大学；不仅政府办，社会各界也都积极兴办。截至1989年8月，福建全省已办老年大学10所，老年学校10所，共招收老年学员10552人。第二阶段为协作推进阶段（1989~1996年），老年大学这一新生事物的出现，填补了我国终身教育体系的空白。这个阶段的老年大学在办学上无经验可取，无规章可循，纵向缺乏指导，横向缺乏交流，处于一个"摸着石头过河"的阶段。

福建老年大学学（协）会的成立，加强了政府与学校的沟通协调，加强了学校之间的定期交流、团结协作，共同探讨办学、教学规律，加强国际、省际的校际交流、认真学习和推广国际和外省老年教育的经验和方法。在这一阶段，福建各地、市、县均已办起老年大学（学校），有的地区已向乡镇、行政村或大中型企事业基层单位延伸，到1996年1月，福建全省已办起各级各类老年大学（学校）473所，在校学员39962人，基本形成老年教育网络。第三阶段为依法办学、持续发展阶段（1997年至今）。1996年10月1日《中华人民共和国老年人权益保障法》公布实施，为老年教育事业的发展带来新的机遇为推动福建老年教育的发展。2004年中共福建省委、省政府专门下文要求进一步加强老年教育工作。在《保障法》的指引下，福建省于2005年颁发了《终身教育促进条例》，以专门的条款规定政府及相关部门推动老年教育的职责。在这些政策法规的引导下，福建老年教育取得持续的发展，到目前为止，福建全省老年学员已达62万多人，入学率已占老年人比例的13%。

中国台湾的老年教育从1978年开始，台湾老人教育发展历程，可分为三个阶段：第一阶段是早期宗教团体因为尊老敬贤发起的爱心服务阶段，1978年台北市基督教女青年为弘扬伦理道德，增进老人生活福祉，创立"青藤俱乐部"开展演讲座谈、技艺研习、娱乐休闲等活动，提供有系统的老人教育活动，开创老人教育的先河；第二阶段是福利服务阶段，1980年1月26日台湾地区公布实施《老人福利法》后，由公部门的社政机构和私部门的社会福利团体有系统地推动福利服务。1980年，高雄市"政府"率先与高雄市基督教女青年会合作办理"长青学苑"，第一期招收学员616人，平均年龄62.5岁，这是台湾地区有组织的老年教育开始。随后在各地推广，至2006年底，全台湾已有265所"长青学苑"，办班2016班次，有269073人参加了学习；第三阶段即现阶段，也叫学习权益阶段。在终身教育理念推展下，由台湾当局教育部门结合社会福利等政府单位和民间团体全面推动的学习权益阶段。台湾当局于1991年4月24日颁布《发展与改进成人教育五年计划纲要》，将老年教育系统纳入成人教育体系。1998年3月公布《迈向学习社会白皮书》，2002年颁布《终身学习法》，特别是2006年11月24日颁布《迈向高龄社会老人教育政策白皮书》，对老年教育提出完整的政策主张，进一步保障了老年人学习权益。这一阶段，台湾的老人教育取得较快的发展。

从发展阶段看，经过二三十年的推行，闽台老年教育在理论研究和实践探索上逐步得到重视，老年教育呈现出阶段性推进并快速发展的态势。福建老年教育从一开始就得到政府的重视，以公办公助的老年大学形式推行老年教育，并逐步形成系统。而台湾老年教育起始阶段为民间推动，"政府"逐步介入到"政府"支持、倡导，办学机构、办学形式多元化。从理论与实践的关系角度看，福建老年教育更为侧重宏观的、系统的理论研究，微观的研究不够，特别是对老年教育与社会发展之间存在什么样的关系以及推进老年教育具体模式等问题缺乏深入的研究，这导致福建老年教育实践工作难以深入、全面地铺开。台湾地区则较多地借鉴欧美国家老年教育发展的理论和成功经验，视老年教育为解决人口老龄化问题的手段，注重对老年教育的实验性、实证性研究。存在的问题是理念不够统一，地方政府老年教育政策执行力度不一，效果彰显不明显。

（三）闽台老年教育概念及理念的理解

大陆教育界对老年教育的定义和内涵随着社会发展和进步不断充实与完善。《社会科学新词典》指出，老年教育是一种为了科学、系统和正规地培养老年人而进行的教育活动。《教育大辞典》指出，老年教育的宗旨是使大批干部、职工离退休后老有所学，老有所为，老有所养，老有所乐，能在环境转变后从心理、生理上增强适应能力，并获得所需的知识技能，继续为社会主义物质文明和精神文明作适当贡献。《社会保障辞典》指出，老年教育是按照老年人生理和心理特征及需求而进行的一种特殊教育。《人口学词典》指出，老年教育是让老年人继续学习而进行的教育活动，是根据老年人的生理和心理特征进行的一种特殊教育，其目的是使老年人增长知识、开阔视野、丰富生活、增强体质，教育的对象是各个层次的老年人。2007年中国老年大学协会主席张文范认为："老年教育是老年人在新的社会化过程中的自我完善、超越自我的、有目的的学习活动。是老年人提高自身生命质量和生活质量，适应时代和社会需求的素质教育活动"。最新的观点认为，老年教育是以老年人为主体的，旨在满足老年人需求，保障老年人受教育权利，增强老年人生存发展能力，推进老年人社会参与和全面发展，并最终实现老年人与家庭、社区和社会和谐发展的为老服务活动。这个概念与福建老年大学现行的"以人为本，为老年人服务"的办学理念和"办学为了老年人，办学依靠老年人，办学成果由老年人共享，努力办好老年人满意的老年大学（学校）"的办学思想较为吻合。

台湾对老年教育的定义也是不断发展的,其理论和实践较多借鉴欧美国家老年教育的理论和成功经验,并在老年教育的实践中,不断对其进行新的阐释。较早一些时期,在台湾地区,老年教育被称为高龄教育,或称为老人教育,是指为高龄者所提供的有计划、有组织的学习活动,目的在于增进受教者知能,改变态度及价值观念的过程。这里的"教育"是从政府、社会、机构或施教者的立场出发。近年来,随着台湾社会、经济的发展,教育的思潮更为偏向从学习者的立场出发,强调以学习者为主体。探讨高龄学习(俗称老人学习)的研究与文献日渐增多,对高龄教育的研究,已从"教育"的观点转到"学习"或"学习者"的角度。这里的高龄学习,是指高龄者透过经验而使行为产生较持久改变的过程,其目的在于增进个人知识、技能、态度或价值的改变。高龄学习的范围,大于高龄教育,除了包括机构所办理的有组织、有顺序的活动之外,还涵盖了自我学习。台湾早期主要通过老人(社会)大学、长青学苑、老人活动中心,或结合社会福利机构推动社区老年教育,或通过电视台、广播电台开办老年教育节目来实施与推展。进入 21 世纪后,台湾地区社会人口老龄化速度加快,台湾当局教育行政部门从积极的教育面着眼,于 2006 年发布《迈向高龄社会老人教育政策白皮书》,保障老人学习权利,落实终身学习、健康快乐、自主尊严、社会参与四大愿景,并以"创新多元"、"深耕发展"与"在地学习"作为老年教育推动的理念。

综上所述,关于闽台两地老年教育的概念和理念,都明确了发展老年教育,使老年人老有所教、所学,学有所得、所乐,实现积极老年化,是老龄工作面临的一项共同任务。都体现了社会性、平等性、开放性、终身性的特点。福建老年教育办学定位立足于党政主导、多方参与、社会支持、走多层次、多渠道、多形式发展的路子;坚持分类指导,因地制宜,以发展社区和农村老年教育为重点;坚持"增长知识、丰富生活、陶冶情操、提高素质、增进健康、服务社会"的办学宗旨和就近、方便、自愿的原则,既注重教育的思想性、知识性,又注重教育的实用性、趣味性。

(四)闽台老年教育的体制机制

1996 年 10 月 1 日《中华人民共和国老年人权益保障法》公布实施,其中第 31 条第二款规定:"国家发展老年教育,鼓励社会办好各类老年学校"。《保障法》明确了发展老年教育事业的主体是国家。1999 年全国老龄委下发通知规定:老年教育由政府管理、文化部门指导。形成党政统筹领导，文化部门指导，有关部门配合，社会积极支持、群众广泛参与的管理体制和运行机制。2001年中组部等六部委下发了《关于做好老年教育工作的通知》，要求各级党委、政府和有关部门，进一步巩固老年教育事业取得的成果，要求文化部门会同各有关部门，尽快制定老年教育事业发展规划，逐步规范老年教育事业。2004年中共福建省委、省政府《关于进一步加强老年教育工作的意见》要求明确老年教育工作的指导思想、基本原则和目标任务。动员社会各方面力量广开办学渠道，努力构建实施老年教育的办学体系。在老年教育队伍建设方面，采取灵活多样的用人机制，根据老年教育的特点，师资以兼职为主，大力推行教师聘任制，尤其注意聘用名师名医和符合条件的退休教师担任教师工作。在老年教育的经费投入上，发挥政府扶持和市场机制的双重作用，鼓励通过"财政支持一点，学校自筹一点，社会赞助一点，个人收缴一点"的办法，建立以办学经费财政拨款为主，多渠道投入的老年教育经费保障机制。同时要求以有效的督察和表彰制度促进老年教育。2007年国务院发布了《国家教育事业"十一五"规划纲要》，强调"办好老年大学，扩大覆盖面"。这表明国家第一次将老年教育列入国家教育整体规划，在我国教育发展史上首开先河，充分体现了党和国家对发展老年教育事业的重视，也为福建开创老年教育的新局面打下了坚实的基础。

台湾地区2002年颁布的《终身学习法》规定各级主管机关整体规划终身学习政策、计划及活动，并确保弱势族群终身学习资源，增加长者学习机会，并依据《终身学习法》第3条第5款广设社区大学，提供社区居民终身学习之教育结构。2007年颁布的第四次修正之后的《老年福利法》规定"教育主管机关主管老人教育、服务老人之培养与高龄化社会教育之规划、推动及监督事项"，明确将老人教育之推动，人才培训与规划划归教育主管机关，厘清了老人教育的推动责权单位。为推动在地化的老人教育，台湾当局教育部逐年扩编老人教育预算，地方教育机关配以相当比例经费编列，依据《终身学习法》，台湾老人教育的经费除台湾当局给予支持外，还要通过其他途径筹集，而在老人教育开办初期，是由地方政府采取"公办民营"方式，补助经费给民间非营利团体办理。在师资方面向专业化方向发展，落实老人教育专业化证照制度，由教育部门委托专业学术团体依据各地方政府推动与研发的创新活动培训社区种子讲师和老人教育企划师。

从体制机制来看，福建老年大学教育侧重于公办公助，即党政主导，多方参与和社会支持；台湾地区则是公办民营，即"政府"主办，民间团体与机构经营。在管理机制、人员配备、投入保障等也是如此。在老年教育人员队伍上，福建老年大学管理人员以在编工作人员为主，教师以兼职人员和志愿者为主；台湾地区各类老年教育机构则以专业人士、义工为主。但从体制机制统整的角度看，台湾地区比福建先行一步，明确了老年教育的主管机关。

（五）闽台老年教育的法规政策

福建的老年教育推动主要依据国家颁布实施的相关法律和政策，如1996年国家颁布施行的《中华人民共和国老年人权益保障法》第三十一条规定："国家发展老年教育，鼓励社会办好各类老年学校。""各级人民政府对老年教育应当加强领导，统一规划。"2001年提出《中国老龄事业发展十五计划纲要》指出，要重点解决老龄事业突出问题，落实"老有所养、老有所医、老有所学、老有所教、老有所为、老有所乐"。《国家中长期教育改革和发展规划纲要（2010－2020）》第八章"继续教育"的第二十三条中明确提出："要重视老年教育"。2005年7月，福建省十届人大常委会通过的《福建省终身教育促进条例》明确指出"县级以上地方人民政府应当加强本行政区域老年教育工作，为完善老年教育实施和场所等制定优惠政策、提供必要条件。有关部门应当在各自职责范围内支持老年教育工作，促进老年教育事业发展。"《福建省中长期教育改革和发展规划纲要（2010－2020年）》第七章终身教育完善终身学习社会网络一节中提出："加快发展老年教育，形成以各级老年大学（学校）为骨干、社区教育机构为依托、远程网络教育为重要形式的老年教育体系，满足老年人就地、就近参与各种学习活动的需要。"

自20世纪80年代起，台湾地区就开始重视老年教育法律法规的建设，1980年1月26日，台湾实施《老人福利法》，政府开始有系统地推动老人福利工作。《老人福利法》历经四次修订，2007年版的法条涉及老年教育的条文有三条。1987年台湾省颁布《台湾省设置长青学苑实施要点》。1991年台湾"行政院"颁布《发展与改进成人教育五年计划纲要》，将老人教育系统纳入成人教育体系。1993年，公布《教育部奖助办理退休老人教育及家庭妇女教育实施要点》，补助各乡镇市区开设老人学苑及妇女学苑。1998年台湾公布《迈向学习社会白皮书》，终身学习的观念成为普世价值。台湾"教育部"在 2006 年颁布的《迈向高龄社会老人教育政策白皮书》提出完善老年教育环境四大愿景、六项政策推动原则、七大目标、十一项推动策略及行动方案。这是台湾首次对老年教育提出完整的政策主张。《白皮书》的公布，使台湾教育部门在推动老年教育工作上有了政策的依循。而白皮书的公布也是台湾教育史上划时代的大事。

比较闽台老年教育法律政策可以发现，台湾地区较早就开展立法工作，台湾于 2002 年就已颁布《终身学习法》，更于 2006 年颁布专门针对老年教育的《迈向高龄社会老人教育政策白皮书》，宣示了老年教育的政策蓝图。福建对老年教育的立法工作向来比较重视，2005 年 7 月福建省十届人大常委会通过的《福建省终身教育促进条例》是大陆第一个终身教育地方性法规，对老年教育做了相关阐述。福建老年大学校长游德馨同志以建议书的形式上书国家领导人，要求把老年教育纳入国家教育发展纲要并得以落实。但福建专门针对老年教育的立法尚未提上议事日程。地方呼声较高，国家立法滞后，体现是自下而上的发展趋势。在管理体制上，福建省《规划纲要》与台湾地区《白皮书》均要求设立老年教育专门管理机构，对老年教育活动进行组织协调。均体现了老年教育本土化与社区化的原则。

（六）闽台老年教育的办学模式

福建目前老年教育的办学模式比较单一，福建老年大学（学校）是开展老年教育的主阵地，主要模式是老年大学（学校）的学制班和以学会为主的研究班。到目前为止，福建全省已办起各类老年大学（学校）8759 所，100% 的市、县（区），91% 的乡（镇）和 46.8% 的村（居委会）都办起了老年大学（学校），初步形成省、市、县、乡、村五级办学网络。其次是依托社区开展老年教育的模式，在城市和部分发达地区的农村社区中，老年教育已成为社区教育的重要组成部分，社区老年教育主要有四种形式：一是借助社区教育网络，和其他人群一起参与教育学习；二是举办老年社区学校；三是老年居民建立各种社团组织。第三种模式是单位对所属老年人员开展老年教育；四是举办老年广播电视教育、网络教育。这是一种能把远程教育与课堂教育结合，又能满足和凸显老年人渴望人际交往心愿的教育模式，近年来有所拓展。如泉州等地办起了电视、广播、函授等老年教育，福建广播电视大学主办的福建终身教育在线收集了 3122 讲的老年教育课程。

台湾地区推动老年教育的主体，有宗教团体、社团与老年大学、社区大学。除了这些机构主办的相对固定的办学模式外,近年来台湾吸取世界各国推动老年教育的经验,建构出一套呼应老人学习特质与环境的老年教育模式。其主要模式有:一是以休闲旅游学习为主的教育模式。福建老年大学曾先后接待5批台湾老人社会大学游学团。二是以社区为主体的教育模式。以社区为中心,使社区成为老人就近学习的重要场所,是老年教育成功的重要因素。具体做法包括:(1)开办社区乐龄大学或社区老人学院;(2)鼓励民间社团、商店在社区开设"叙述咖啡馆";(3)推动老人学习团体的自主学习;(4)倡导"角色扮演"的"乐龄读书会"。三是家庭共学的学习模式。主要是让亲子之间共同学习,这也是老年教育模式不可或缺的一环。四是把学习送到家的学习模式。这是一种重要的老年教育模式,具体做法涵盖:(1)成立行动式老年学校;(2)鼓励在家教育;(3)设置网络老年大学;(4)设置网络教学资源站与教学平台;(5)推动电视与广播制播老年教育课程,进行远距离教学。五是以办活动与博览会为主的教育模式。六是以现代科技为主体的教育模式。七是大学开办老年教育的教育模式。这是台湾普及、提升老年教育的重要策略之一。八是结合服务与学习的教育模式。推展以服务结合学习的志工教育模式,是老年教育的重要一环,具体做法与内容包括:(1)成立银发文化服务团队;(2)鼓励设立"银色商店";(3)推动校园老人志工团;(4)设置社区老人义工队;(5)开设老人人力银行;(6)开办老人寄宿所。九是落实各级学校成功老化观念的教育模式。

对比闽台两地办学模式,共同点是都能针对老年人的特点推行就近教育或在地教育,都能利用广播、电视及网络等现代教育手段进行远距离教学,都强调办学模式的多元化和非正规化。福建以老年大学为主的老年教育办学模式整体性、系统性较强,从政府的角度推动相对容易;而台湾地区推动老年教育的主体较多,针对不同的老年人群予以不同的办学模式,具体教学实践经验更为丰富,办学目标更能落到实处。

(七)闽台老年教育的课程设计模式

福建老年大学创建之初的课程设置,主要是针对老同志退出一线工作岗位的特点,开设的课程多为颐养康乐型的课程,以后又设置了有益于更新知识、增长技能的课程。古典文学、诗词格律、书法图画、京剧民乐、针灸按摩、园林花卉、拳剑武术等课程已经成为老年大学的共同专业。学校现有美术、保健、体育、舞蹈、声乐、器乐、语言文史、电脑八大类50

门课程。福建老年大学课程设置呈现两个特点：一是一切以老年人的需求为出发点，因需设置，因人因时制宜。加强课程设置和课程内容的针对性、实用性、生活性、个性化。二是注重把课程学习和校园文化、第二课堂活动结合起来。老年大学相继成立艺术团、书画联谊社、诗社、武术社、门球队等各类社团，定期出版各类刊物、组织各类展览。

台湾地区老年教育发展到现在，其课程设计基本还是以休闲娱乐为取向，虽然社会行政部门所属的长青学苑近年来的课程已经由休闲娱乐性质转向为以老人心理卫生教育、生命关怀、预防保健为主，仍然还有高达72.5%的课程安排卡拉OK歌唱类。根据台湾当局教育部2007年的调查，各地方政府教育单位在办理的类型方面，家庭教育中心以家庭代间教育，祖孙活动、退休生活规划、老夫老妻营等家庭学习活动为主；社区大学则规划资讯学习、休闲学习、医疗保健、生活禅学或生死教育等，以满足老人的学习需求；而成教班则是以识字教育及补校的教育为主。目前，台湾老年教育的课程设计有四大趋势：一是从着重提升老年人的精神生活层面出发，由地方政府、民间团体规划知性、休闲、养生的学习课程内容；二是为了让健康的老年人有再贡献社会的机会，提供志愿服务知识与技能的相关课程，这是以后台湾老年教育重要规划方案之一；三是从健康老化的角度出发，设计完备的退休前准备教育活动，课程内容包括理财、退休生涯规划、老年身心保健及老年家庭生活适应等内容；四是从文化传承、代间和谐的角度出发，在学校、社区中推动家人及代间相处学习活动，课程内容包括认识老化教育、祖孙活动、家人关系及经验传承或实际体验教学等。

对比闽台之间老年教育课程设置，共同之处是都能根据教育对象年龄层次、文化程度、职业爱好等个性化差异设计课程，都注重适需对路原则，不一味追求课程体系的系统性、完整性，都以康乐休闲、培养老年人兴趣爱好，陶冶情操来填补由于角色转换造成的心理真空。不同之处是福建老年大学的课程主要还是以高雅艺术为主，课程开发的广度不够，还不能满足各类老年人的学习需求。而台湾因为老年教育的机构不同，老年教育已普及社区和乡村，针对各类不同的老年人群的需要开发出不同的课程。课程内容涵盖的面更加广泛，其中老人心理卫生教育、生命关怀、老人志工服务的课程颇具特色。

（八）闽台老年教育的师资队伍

福建省老年教育的师资队伍，省校、设区市校、县区校、乡镇校等有所不同。福建老年大学的师资队伍阵容较为强大，人员也相对固定，现有教师 114 名，其中专职教师 3 名，聘请兼职教师 111 名，其中具有高级职称的 40 名，占 35%；具有中级职称的 42 名，占 37%；其他名师巧匠 32 名，占 28%。初步形成了以专家、教授为学科带头人，以退休老教师为骨干、优秀中青年教师为辅的教师队伍，结构合理，相对稳定。福建老年大学还实施了"名师工程"，聘请知名专家教授授课，并努力创造"事业留人、环境留人、感情留人、待遇留人"的气氛。设区市的老年大学，师资也较为充裕，如：莆田市老年大学的师资队伍，由具有一定职称或具备一定专业水平的知名人士、在职或退休的专业人士组成，此外，学得好的骨干学员有时既当老师，也当学生，互教互学。莆田市老年大学还利用与莆田学院有共建关系，从莆田学院聘请了 6 位名师来校任教。县、区的老年大学，尚可充分利用当地资源解决师资，有代表性的如：厦门市集美区老年大学利用集美文教区的人力资源优势，共聘请兼职教师 35 名，其中具有教授、副教授、国家级裁判教练、高级美术师、主任医师、高级教师等中级职称以上教师 19 人，占教师队伍总数的 54%。莆田市荔城区老年大学从离退休干部队伍、社会各界专业人士中聘请专业人才来校任教，还选聘了 5 位授课能力强的老同志组成讲师团，送教下乡。仙游县老年大学的师资队伍，采用固定与聘请相结合办法，先后聘请市讲师团、退休教授、县委党校教师、主任医师及其他专业人才授课。乡镇校的老年大学（学校）的师资则需要多渠道解决，如泉州基层老年大学一般采用就地取材，层层培训的方法，聘请当地各方面人才担任教师。为弥补师资不足，大部分乡镇老年学校都成立了讲师团，下乡巡回授课，提升了基层老年学校的教学水平。目前县、乡镇两级成立讲师团 123 个，讲师 1279 人。有的县政府还从全县中小学中选派一批水平较高的教师到各乡镇任教，以解决老年学校师资难的问题。泉州丰泽区清源街道老年学校的教师，主要由区讲师团成员、居住在本街道的有关方面的专家学者、学校教师、街道党政成员等组成。泉州晋江市深沪镇老年学校目前的师资队伍由 12 名讲师和 3 名指导教师组成，讲师以中学高级教师、一级教师为主，指导教师则负责第二课堂的太极拳剑、交谊舞、门球等活动的指导。泉州晋江市龙湖镇老年学校目前的师资队伍，由 22 名离退休干部、中小学高级教师组成讲师团，他们不仅承当镇校讲课，有的还兼任村校教师，每年下村校讲课近百节。南安市诗山镇老年学校的教师队伍由三方面组成：一个 17 人的讲师团、现有 13

名教师、5个特约讲师单位（镇党政领导、诗山中学、诗山法庭、派出所与交警中队、南侨医院）。南安市水头镇老年学校，有专职教师5人，兼职教师20人，长期挂钩聘请的校外教师35人，其人员由市镇领导、教授专家、中小学高级教师、企业界工程师、退休名医师、民间艺人等。惠安县螺城镇（西北）老年学校聘用的14名教师，由当地离退休干部、中学校长、高级教师、医院院长、主任医生等具有专长的人才。永春县达埔镇老年学校的师资队伍，由校务委员（由镇领导、镇文体站、老协、老体协、退教协、关工委、镇干部、各村老协常务副主任组成）、离退休老干部、退休老教师、退休老医生和镇卫生院医生、老技术员、有关专家组成。德化县龙浔镇老年学校的师资队伍，主要由退休中学高级教师和一级教师、小学高级教师、主任医师、司法干部组成。

台湾老年教育的师资队伍，不同学校有不同的构成方法。台湾老年教育研究者调查了老年教育296所教学机构，得出结论为其师资来源（有重叠）如：社区中学有专精人士，占63%；具有中小学教师资格的专业人士，占42%；志愿者，占40.9%；大学教师，占14.9%；其他，占7.4%。[①] 台湾老年教育研究者还调查了853位学习者，他们对师资条件的偏好（有重叠）如：有专业知识，占72.9%；具有教学热忱，占65.1%；幽默风趣，占64.2%；与学生有良好互动，占61.1%；具有良好人格特质，占41.4%；很会教学，占37.8%；能说方言的能力，占26.1%；其他，占0.3%。[②] 此外，台湾各个老年大学师资队伍的组成，也有很大差异，如以台东社教馆老年社会大学为例，其师资聘请，以具有学士学位以上的人员担任为原则，国语班师资由具有小学教师资格者担任，艺能科、电脑等聘请具有专门才能并有教学经验者担任，聘用方式为年聘制。以2004学年度为例，所聘43人中，硕士4人，本科18人，专科14人，中学程度7人。[③] 被誉为台湾规模最大的老年大学宜兰的南阳义学有232名教师，他们不取报酬，全部免费教学，完全是义务性投入，其组成人员来自

---

① 魏惠娟主编《高龄教育政策与实践》，五南图书出版股份有限公司，2008年6月版，第133页。
② 魏惠娟主编《高龄教育政策与实践》，五南图书出版股份有限公司，2008年6月版，第146~147页。
③ 台湾成人及终身教育学会主编《高龄社会与高龄教育》，师大书苑有限公司，2004年12月版，第273页。

各方：有退休小学校长、退休小学教师、剧团导演、退休公务员、画家、大学退休教师、命理师、回台留学人员、美术老师等，只要有一技之长（如烹饪、插花、舞蹈、捏面、食品烘焙、瑜伽、电脑、摄影、美容、气功、武术、书法、家政），都是聘请的对象。

闽台老年教育的师资队伍有共性，如：所聘请的教师都是以兼职为主，其中大多具有中高级职称，但也不拘职称、学历聘请学有专长的人才，有时学得好的学生也可充任老师。闽台老年教育的师资队伍也有各自的特点，如：福建各级老年大学本校的专职编制极少，有的几乎没有，主要是依靠聘请校外人员解决师资短缺问题。福建各级老年大学教师的聘请与学校所在地有密切关系，在省校，地处省会中心城市，人才济济，师资问题比较好解决。设区市的老年大学师资问题也不大，设区市所在地的区一级老年大学师资也相对容易解决，而县一级的老年大学，则要靠市老年大学支持，而乡镇一级的老年学校，其师资除了就地聘请外，还要县乃至市老年大学支持，由此出现了一种新型的师资队伍——讲师团。市、县老年大学的讲师团除了在本校讲课外，往往还有分别到县老年大学、乡镇老年学校巡回授课的任务，这就在某种程度上缓解了县、乡师资不足的矛盾。在各个设区市区，市、县（区）、乡（镇）的老年大学（学校）的教师有一定互动，联系较为密切。在解决师资问题上，各级校领导都高度重视，需要时组织可积极出面协调。福建各级老年大学所聘的教师，一般要付薄酬。

台湾各老年大学大都各自为政，在师资上互动不多，其聘请的教师往往就地取才，台湾交通较为便利，也有不少外地来授课的教师。台湾有相当一部分从事老年教育的教师是完全"义工"，即不取一分钱，一些教师来老年大学授课是为了"情义"，感到没有课酬心里更舒畅。一些基层的老年大学所聘请教师不人为地设门槛，有的虽然在职称、学历方面不是很高，但只要有"绝活"，也在聘请之例。台湾许多大学都重视对教师的培训，如台东社教馆老人社会大学为提升教师对老年教育专业化与充实其专业技能，除每年于教师节前举办研习营来增强专业知识外，还定期举办教师成长或进修研讨会，请从事老年教育的专家学者来座谈和研讨。

（九）闽台老年教育的经费

福建各级老年大学教育的经费，主要由各级政府财政拨付。如厦门老年大学的办学经费由市财政全额拨款，福建老年大学年办学经费主要由政府财政拨款和部分学费收入，年办学经费达 380 万元。2005 年 3 月，福建省委老干局、福建省老龄委办公室和福建省老年大学联合下发了《关于创建老年大学示范校的意见》，规定办学经费必须："有稳定的办学经费来源，财政拨款按学员数每年每人平均 200 元以上（不包括基建、设备费用）"，全省各老年大学的办学经费有了较大增加，据 2009 年统计，以设区市为例，现有办学经费，福州市老年大学有 187.26 万元（学员数 2800 人）；厦门市老年大学有 210 万元（学员数 5503 人）；漳州市老年大学有 23 万元（学员数 1020 人）；泉州市老年大学有 77 万元（学员数 2100 人）；莆田市老年大学有 53 万（学员数 702 人）；龙岩市老年大学有 18 万元（学员人数 960 人）；南平市老年大学有 20 万元（学员数 990 人）；宁德市老年大学有 17.5 万元（学员数 625 人）。一些县区的老年大学现有办学经费也有一定的保证，如福清老年大学有 54 万元（学员数 1130 人）；连江老年大学有 10.9 万元（学员数 403 人）；思明老年大学有 116 万元（学员数 2302 人）；芗城老年大学有 12.4 万元（学员数 12.4 人）；德化老年大学有 19.5 万元（学员数 765 人）；晋江老年大学有 84 万元（学员数 2584 人）；石狮老年大学有 27 万元（学员数 837 人）；鲤城老年大学有 17 万元（学员数 783 人）；荔城老年大学有 10 万元（学员数 320 人）；永安老年大学有 33.8 万元（学员数 1110 人）；沙县老年大学有 17.85 万元（学员数 756 人）；顺昌老年大学有 6.5 万元（学员数 416 人）；建瓯老年大学有 16 万元（学员数 800 人）；长乐老年大学有 18.235 万元（学员数 448 人）；同安老年大学有 23 万元（学员数 909 人）；海沧老年大学有 35.75 万元（学员数 464 人）；建阳老年大学有 6 万元（学员数 483 人）；古田老年大学有 10 万元（学员数 380 人）；安溪老年大学有 28 万元（学员数 502 人）；涵江老年大学有 11.2 万元（学员数 420 人）；城厢老年大学有 11.2 万元（学员数 368 人）；长泰老年大学有 7.3 万元（学员数 310 人）；漳浦县老年大学有 7.94 万元（学员数 320 人）；南靖老年大学有 9.2 万元（学员数 585 人）；将乐老年大学有 9.3 万元（学员数 449 人）；尤溪老年大学有 11.5 万元（学员数 573 人）。许多乡镇老年教育的经费也由乡财政编入预算。如：晋江市深沪镇老年学校的办学经费由镇财政拨付，2006 年，镇财政拨予办学经费 2.38 万元，生均 171.4 元；2007 年镇财政拨予办学经费 2.72 万元，生均 200.4 元。此外，还争取深沪居士林、各村的老协会资助。南安市诗山镇老年学校的办学经费由镇政府列入财政预算，每年拨款

2万元，社会各界每年都支持万元以上，生均200元以上，办学经费来源稳定。惠安县镇社合一的螺城镇（西北）老年学校办学经费主要靠财政拨款，螺城镇政府每年从财政拨款2万元作为办学经费，还常常根据实际需要适当追加；西北社区每年投入5万元，确保生均150元。有的村一级老年学校的经费也得到县（区）、乡（镇）的财政支持，如莆田市荔城区每年由区财政下拨给每个村1万元，专门用于老年教育。

台湾老年教育的经费来源，主要有四个方面：自筹款项（包括单位预算、学员学费、活动成果收入）、"政府"补助（包括社会福利部门、教育部门）、民间捐助（民间团体、基金会、社会大众）、其他。以自筹款项为例，其中最主要的是向学员收费，各老年教育机构在这方面执行不一样；即使有收，标准也不一样。据台湾老年教育研究专家对300所老年教育机构进行不同的调查，其收费因素是多方面的，如：收费因素视政府补助情况而定的占67.3%，视课程性质而定的占32.3%，视学员年龄而定的占27.7%，视学员社经地位而定的占19.7%，视学员参与情形而定的占18%。有将近七成的老年教育机构以"政府补助多寡"作为收费的决定因素，在不同次的调查中，收费因素视政府补助情况而定的占67.3%，视课程性质而定的占32.3%，视学员年龄而定的占27.7%，视学员社经地位而定的占19.7%，视学员参与情形而定的占18%。据台湾老年教育研究专家对813个者进行课程收费方式的调查，只缴少许费用的占49.2%，视课程成本而定的占20%，完全免费的占13.5%，先收保证金，期满视出席情况退回的占3.8%，其他占2.4%。[1] 以"政府"补助为例。"政府"设立的，其中由"政府"的教育行政部门设立的，仅占社会福利部门设立数目的1/8。"教育部"为推动在地化的老人教育工作，逐年扩编老人教育预算。各地方基层教育经费编列却未见扩编，台湾"教育部"2007年曾全面调查各地方政府编列社会教育经费的情况，结果表明：在编列经费中，家庭教育经费占36%，社区大学经费占28%，成人教育经费占8%，其余经费占36%，并未专门编列老年教育的专款经费。教育部补助各县市的老年教育经费如：基隆市134千元，台北市296千元，台北县207千元，桃园县263千元（台湾部分的币值均为新台币），新竹县429千元，新竹市691千元，

---

[1] 魏惠娟主编《高龄教育政策与实践》，五南图书出版有限公司，2008年6月版，第128~129页。

苗栗县 360 千元，台中市 236 千元，南投县 391 千元，彰化县 332 千元，云林县 226 千元，嘉义县 221 千元，嘉义市 261 千元，台南县 330 千元，台南市 426 千元，高雄市 133 千元，高雄县 280 千元，屏东县 461 千元，宜兰县 162 千元，花莲县 144 千元，台东县 134 千元，澎湖县 232 千元，连江县 121 千元。① 以民间捐助为例，据台湾老年教育研究专家对所调查的 325 所老年教育机构情况表明，只有 29 所（约 9.1%）机构获得民间基金会的捐助，可见民间资源尚有待开发。② 此外，有的是"政府"拨款并酌收学费。台湾最早的老年大学"高雄市长青学苑"创办于 1983 年，经费由高雄社会局提供，学员分年龄段收费，55～59 岁者每科收费 450 元（指新台币，下同。），60～64 岁者每科收费 200 元，年满 65 岁以上者免费。台北长青学苑创办于 1984 年，由台北市社会局主办，学员不收费。台南社教馆于 2003 年创办的长青社会大学，招收 55 岁以上者就读，学员选修一个科目收费 600 元。台东社教馆老人社会大学所需经费如教师点钟费、材料费、行政费等，由台东社教馆编列预算支付，学员每人每学年度交 600 元，其中 350 元为学员平安保险，250 元作为班级活动。有的是各方面筹集。如宜兰南阳义学上课场地多为免费使用，师资亦为志工性质，宜兰县民政局编列经费予以补助，因此南阳义学尚未有经费问题。南阳义学创办人林献忠发起"百万人兴义学"活动，向社会募款，每人捐 100 元，以 1000 万元为目标，成立基金会。

闽台老年教育在办学经费筹集上各有特点。福建各级老年大学的办学经费主要由政府拨款，但各地经济发展不平衡，对老年教育拨付的经费也不一样。特别是乡镇一级办学经费不足。目前乡镇一级多是"吃饭财政"，有的拿不出足够的经费发展老年教育，村级集体经济比较薄弱，没有能力支付老年教育的费用。老年教育经费到位不平衡，特别是山区与沿海差距较大。以经济较为发达的泉州为例，全市共有 70 多所乡镇级老年学校，生均 176 元，村级生均 149.5 元，晋江市生均 376 元，也有一所生均为零。一些经济发展好的或在侨乡，民间捐赠相对多些，如晋江市充分发挥侨乡优势，成立了由 40 多名海外华侨、港澳同胞和社会贤达、企业家组成的老

---

① 魏惠娟主编《高龄教育政策与实践》，五南图书出版有限公司，2008 年 6 月版，第 12～13 页。
② 魏惠娟主编《高龄教育政策与实践》，五南图书出版有限公司，2008 年 6 月版，第 174～175 页。

年大学董事会，到 2004 年 2 月已筹集资金 70 多万，董事长陈文栋先生还赠送一部 23 座位面包车。① 台湾的老年教育，"'政府'并未编列固定经费，致实施效果不彰。多数老人教育活动均採自供自足方式或由政府补助部分经费办理。无固定经费来源，势必产生中途停办之现象，影响老人教育之推展。因此，部分活动常向学员收取学费或材料费，经济情况较差之老人则失去进修之机会。② 此外，除了教育部门拨付的教育经费外，各地方'政府'并无固定编列预算，有关规划老人教育事宜，主要还是由社政单位主导，教育单位除教育部每年编列预算支应外，各地方政府尚无相关预算协助，且未认定老人教育业务系教育行政单位应推动事项。"③ 有八成的老年教育机构反映，开展老年教育活动的困难是"经费不足"（81.9%），可见经费多寡仍是目前影响开展老年教育的一项主要因素。据台湾老年教育研究专家对所调查的 325 所老年教育机构情况表明，只有 29 所（约 9.1%）的机构获得民间基金会的捐助，可见民间资源尚有待开发。④ 台湾年老年教育专家经过调研后认为："经费是影响老人教育活动的一项重要因素。政府或民间能加强补助，每年只要 250 万元的投入，就可以让 1000 个老年人受益，因此，未来政府应在预算方面，宽列高龄教育经费，提高对高龄教育活动的经费补助，以大幅提升高龄教育的参与率。"⑤ 有关专家还呼吁台湾各级教育行政机关在经费上的支持，"在高龄社会的来临下，由传统教育垄断整体教育资源的现象应予打破，将教育资源重行适当的分配到各个年龄层中。因此，各级教育行政机关宜编列老人教育经费，将提供老人教育活动亦列为政府的责任。"⑥

（十）闽台老年教育的理论研究

福建省老年教育的研究队伍，主要由三种人组成，一是从事老年教育的管理人员，二是从事老年教育的教学人员，三是各高校有关专家学者。

---

① 游德馨：《论老年教育》，福建省老年大学协会、福建省老年教育理论研究会，2010 年 11 月编印一，第 22 页。
② 教育部社会教育司主编《老人教育》，师大书苑有限公司，1991 年 12 月版，第 318 页。
③ 魏惠娟主编《高龄教育政策与实践》，五南图书出版有限公司，2008 年 6 月版，第 6 页。
④ 魏惠娟主编《高龄教育政策与实践》，五南图书出版有限公司，2008 年 6 月版，第 174～175 页。
⑤ 魏惠娟主编《高龄教育政策与实践》，五南图书出版有限公司，2008 年 6 月版，第 176 页。
⑥ 黄富顺：《高龄社会与高龄教育》，台湾成人及终身教育学会主编《高龄社会与高龄教育》，师大书苑有限公司，2004 年 12 月版，第 26 页。

其中第一种人员是主要力量。其研究的内容，主要可分为三个方面：一是对老年教育发展的宏观研究，如李青藻《探索老年教育在终身教育中的崛起》(《终身教育》2003 年第 1 期)、林之和《老年教育为社会生产力注入生机与活力》(《终身教育》2004 年第 2 期)、徐谨禄《浅谈构建社会主义和谐社会与老年教育》(《终身教育》2005 年第 4 期)、黄瑞霖《关于福建老年教育的发展》(《终身教育》2009 年第 6 期)。二是对如何建设老年大学的总体研究，如陈天铸《用"四定"管理法管理老年大学》(《终身教育》2006 年第 5 期)、漳州市老年大学《关于构建老年大学和谐校园的思考》(《终身教育》2007 年第 1 期)、德化县老年教育委员会、德化县老年大学《在实践中探索在探索中创新在创新中发展》(《终身教育》2009 年第 6 期)。三是从不同层面探讨省、市、县、乡（镇）、村在创办老年大学中存在的不同方面的具体问题。这些问题如：生源、课程、师资、教材、管理、场地、评鉴等。由于不同层次的老年大学，所遇到的问题也不同，研究者着力探讨了这些不同问题，并提出建议和构想，有较强的可操作性。福建老年教育研究成果发表的园地，一是发表在有关刊物上，有代表性的刊物，如由福建省全民终身教育促进会主办的《终身教育》杂志，由福建老年大学、福建省老年大学协会主办的《实践与思考》。二是结集发表。福建省与老年大学相关的机构，组织编印了多种研究老年教育的文章结集。如福建省老年大学协会、福建省老年教育理论研究会编印的《论老年教育》，这是省老年大学校长游德馨校长多年来关于老年教育工作的讲话和撰写的文章，深刻地总结了福建省老年教育的基本规律、基本经验和基本理论。各设区市、县（区）也定期编写了各种老年教育研究文集。如泉州市老年教育委员办公室、泉州老年大学前后组织编写了四本《泉州老年教育研究文集》，还专门编印了专题的研究成果《探索发展之路——泉州市乡镇（街道）老年学校示范校经验汇编》；厦门市老龄工作委员会办公室、厦门市老年学学会组织编写了 17（期）本《厦门老龄问题研究》，每本都设有老龄教育专栏，发表了大量的老年教育研究文章；莆田市老年教育委员会编印了《莆田市老年教育文集》；此外，厦门市思明区老年大学编印了《厦门市思明区老年大学教育教学经验总结论文汇编》，德化县、晋江市、惠安县、石狮市、南安市、安溪县等老年学校也都编印了老年教育研究文集，促进了研究工作的开展和研究成果的交流。福建有关老年教育的各级组织都高度重视对老年教育的研究工作，一是成立有关组织机构。如福建省老年大学协会于1998年成立了老年教育研究委员会，组织了一支研究老年教育的队伍。为了进一步推进老年教育的理论研究，福建省老年大学协会老年教育理论研究会2010年1月19日在福州成立，"其职责为调调查研究、总结经验，提出发展老年教育事业和理论研究的咨询意见，开展重大学术课题攻关，形成有理论创新意义和应用价值的成果，推进全省老年教育研究工作。"（《福建省老年教育理论研究会成立》，《实践与思考》2010年第1期）研究会聘请了各高校的专家学者学者和各市区老年大学领导任委员。设区市也相应纷纷成立老年教育研究机构，如泉州市老年大学协会老年教育研究会于2002年成立。二是积极申报课题，如福建省老年大学目前已申报老年教育的有关课题：福建省社科规划办重点课题《科学发展观与福建省老年教育发展战略研究》及福建省教育厅A类课题《闽台老年大学比较研究》。三是认真组织有关人员进行研究，如福建省老年教育研究委员会每年初都提出一批科研课题，各地围绕选题要求，有组织、有计划、有目的地开展调研活动，撰写出一批调研报告和论文，据2004年统计，选送到省年会和教学研讨交流的就有200多篇。再如莆田市老年大学每年都根据本市老年教育工作发展的现状和上级对老年教育工作的新要求，有针对性地提出研究课题，发动师生员工加强调研，结合实际撰写论文。四是开展老年教育理论研究优秀成果评选。以2008年为例，如莆田市在全市范围内的老年教育理论优秀论文评选活动，并将其编印流通；泉州市也评出全市老年教育研究优秀论文篇，其中一等奖3篇，二等奖6篇，三等奖10篇，优秀奖20篇。

　　台湾地区老年教育的研究队伍，主要是台湾各学术机构和各高校专门从事老年教育研究的专家学者。其研究的内容，主要有个五方面：一是对老年教育的理念研究。这是较早的研究内容，代表作如台湾"教育部社会教育司"主编的《老人教育》（师大书苑有限公司，1991年12月版），书中对老人教育理念进行了探讨，并对美国、英国、德国、日本、中国大陆的老年教育概况进行了评析。二是对老年教育与老年社会的关系进行研究。代表作如台湾成人及终身教育学会主编的《高龄社会与高龄教育》（师大书苑有限公司，2004年12月版），书中内容包括：老年教育的伦理问题与对策、老年教育的发展方向、老年人力的开发、老年人车运用的方式与策略、老年的休闲教育、成功老化、临终关怀态度与需求、法国及日本的老年教育等。三是老年教育与高等教育关系的研究。代表作如台湾成人及终身教育学会主编的《高龄学习与高等教育》（师大书苑有限公司，2009 年 12 月版），书中内容包括：台湾高等教育对老年教育的因应策略、大学老人短期寄宿学习计划、人口老龄化对大学院校的冲击与应因、高龄少子化社会对台湾高等教育发展的影响与应因、大学竞争与高龄化、大学建构老年学习环境的策略、台湾老年教育的实施与展望、以美国及中国台湾为例看大学对老年社会的发展策略、老年社会来临对学校教育的冲击、老年的灵性学习、老年学习者是高等教育待开发的新领域等。四是老年学习的理论与实践。代表作如黄富顺主编的《高龄学习》（五南图书出版股份有限公司，2008 年 9 月版），此书以研究老年学习为中心，探讨了老年学习活动的发展、老年教育哲学、老化理论与学习民、生物老化与学习、认知老化与学习、智慧的发展与学习、心理老化与学习、老年学习者、老年学习活动参与、老年人的学习需求、老年学习的类型与实施方式、老年学习的内容、方法、时间和地点、老年学习的编组、老年学习的参与障碍及学习问题、老年学习与未来等。五是老年教育政策与规划。代表作如魏惠娟主编的《高龄教育政策与实践》（五南图书出版股份有限公司 2008 年 1 月版），书中探讨了台湾老年教育政策规划与愿景、台湾老年教育的现状分析、台湾老年教育与国际相关老年教育的比较、成人及老年教育的整合、台湾老年学习园区的规划、台湾老年教育实施现状与政策建议、台湾老年教育的创新模式与发展方向。此外，台湾的《成人教育》、《社会教育学刊》等刊物也发表了大量的有关研究老年教育的论文。此外，台湾老年教育研究内容还如：高龄教育法的研究与修订、创新高龄教育教材与内容的研究、研究老人服务与学习课程及内涵、推动高龄教育奖励与评鉴机制的研究及建置、建构高龄教育人才培养模式与知识库、建构高龄教育网络学习平台、促进高龄教育教与学的研究、推动各级学校在成功老化教学、教材与课程形态的研究。除了以上研究外，台湾老年教育的研究者还从三个方面拓展了研究的范围，不同程度地掘进了老年教育研究的深度。一是承接台湾当局各级部门委托的调研报告，以台湾"教育部"委托的专案报告为例，有代表性的如：暨南大学吴明烈承接的《教育部推展老人教育五年实施计划规划案》、各有关高校研究人员承接的《大学院校开设老人短期学习计划采购案（分各个县市研究）》、致远管理学院汤尧等承接的《台湾人口结构变迁与教育政策之研究（整合型计划）之四：大学合理规模及尽退场机制之研究》、玄奘大学黄富顺等承接的《台湾届龄退休及高龄者参与学习需求意向调查》、《台湾老年教育政策专案研究》、《台闽地区民众对于台湾已迈入高龄化社会之看法民意调查》、中正大学魏惠娟等承接的《台湾人口结构变迁与教育政策之研究（整合型计划）之八：高龄者教育发展之研究》、《台湾地区老人教育现况调查》、嘉义师范学院黄国彦承接的《台湾地区老人学习偏好与内涵之研究》。二是台湾各大学有关研究所培养了一批研究老年教育的硕士、博士生，他们所撰写的学位论文有的具有一定的理论深度。以硕士学位论文为例，如中正大学成人及继续教育研究所林淑敏撰写的《台湾老年教育实施途径之调查研究》、陈清美撰写的《高龄学习者对学习环境偏好之研究》、魏秋雯撰写的《高雄市长青学苑高龄者参与休闲教育动机之研究》、中正大学高龄者教育研究所洪惠玲撰写的《高龄者非参与学习因素之研究》、高雄师范大学成人教育研究所吴永铭撰写的《台湾老年教育办理现况暨发展取向之研究》；以博士学位论文为例，如中正大学成人及继续教育研究所张良铿撰写的《美国老人寄宿所学习机制在台湾实施可行性研究》、林丽惠撰写的博士论文《高龄者参与学习活动与生活满意度关系之研究》、台湾师范大学社会教育系朱芬郁撰写的《高龄者学习社区策略规划之研究》。三是召开老年教育研讨会，如1994年，台湾师范大学社会教育研究所主办了"老人教育研讨会"，对台湾老年教育的各个方面进行了研讨，会后出版了论文集。此类会在台湾常常不定期召开，由与会者提交论文，就大家感兴趣的问题进行研讨，会后结集出版。

　　闽台对老年教育的研究都取得了一定的成果，其各自特点也是很鲜明。福建省进入老龄化社会相对较晚，因而老年教育与老年教育研究起步也较晚，目前发展较快、呈现良好态势。实践的蓬勃发展，为老年教育研究积累了丰富的第一手资料。为促进老年教育研究，福建各地各级的群众性学术团体"老年教育学会"、"老年教育协会"相继成立，为老年教育研究奠定了基础。由于广大老年教育工作者和各类成人教育专兼职科研人员的努力，作为成人教育类别研究的重要组成部分——老年教育研究已取得了一定成果。据不完全检索，我国内地重要报纸、核心期刊和省级以上出版社已发表和结集出版的论文、著述已有700余篇、部。福建省研究老年教育的队伍主要是老年大学（学校）的第一线工作的管理者，其参与的人员面较广，除了省老年大学外，还有设区市、县老年大学的管理者，乃至乡镇的老年学校的管理者，研究队伍已形成网络状，所研究的内容大都从实际工作出发，许多是现实中亟待解决的问题，研究的内容多有较强的现实性和可操作性，有的有前瞻性，也有一定的代表性。研究的成果中罗列问题、就事论事、经验总结、体会感受、对策建议的成成占有一定的比例，因为各地所遇到的问题有相同之处，所以这些研究成果多有重复。研究者也很少承接各级政府委托的有关老年教育的科研课题，为各级政府在制定老年教育发展规划中所发挥的智囊作用还不够。此外，这些研究成果还缺乏理论深度，视野还不够开阔，正如游得馨同志所指出的："虽然取得一些成绩，但与蓬勃发展的福建老年教育相比，还很不适应。特别是在老年教育理论队伍中，缺少专家型人选，因此写出的文章大多是实践经验总结，缺乏理论上提高。"[①] 2010 年 1 月 19 日成立的福建省老年教育理论研究会虽然有各高校专家加盟，但他们都是各学科的行家，对老年教育还有一个熟悉认识的过程。

（十一）闽台老年教育的教学设施

福建老年大学的教学设施一般由政府出面解决。福建老年大学开办时是借用其他单位的房子上课，1994 年盖了 3000 平方米的校舍，后来又盖了 12000 平方米的新校舍，两处有一定规模的校舍。设区市的老年大学的设施一般都解决得较好。厦门老年大学位于市区繁华路段，占地面积 2571 平方米，建筑面积 5880 平方米。教学楼分为 A 楼、B 楼两幢，共有教室 18 间，内设电脑、数码钢琴、书画、烹调、摄影等专用教室，每天可容纳 1000 多人上课。教学楼设有多功能报告厅、图书室、学员作品展示厅、排练厅、卡拉 OK 厅、接待室、荣誉室、传达室等。莆田老年大学的四个教学点，拥有固定校舍面积 4800 平方米，设有礼堂、会议室、档室、保管室、图书室和歌舞厅、多功能厅、多媒体室、电脑室、数码钢琴室、电子琴室等专用教室及多间通用教室，配有教学及办公电脑 109 台、数码钢琴 25 架、钢琴 2 架、电子琴 30 架，还有多套教学扩音设备及电视机、投影仪、激光打印机、复印机、扫描仪、电子视频、摄像机等许多现代化教学办公设备，并建立了数字校园和监控系统。此外，也有许多老年大学采用公房调剂的办法、新建扩建的办法来解决校舍。但总体来说，县、乡一级的老年大学发展不平衡，有的无固定校舍，有的长期依托在文化中心等单

[①] 游得馨：《论老年教育》，福建省老年大学协会、福建省老年教育理论研究会，2010 年 11 月编印，第 139 页。

位，有的交通不便，有的面临拆迁，还有待于进一步改善。

台湾老年大学设施的解决有各种方式。据有关专家对300个老年教育机构上课场所的调查，有54%的机构拥有"本单位专有的场地"（次数164），有51%的机构借用"社区活动中心"（次数154），有23%的机构借用"教会或寺庙等场地"（次数69），有13.7%的机构借用"社教馆、文化中心、乡镇图书馆"（次数41），有12.3%的机构借用"当地中小学"（次数37），有3%的机构用"其他"办法解决（次数9），有2%的机构借用"当地的大学院校"（次数6）。[1] 有代表性的如宜兰南阳义学，这是一所没有固定校园的学校，办公设施是做多种方法解决的。

一是向有关人士和机关团体长期借用场地。如在宜兰市租地建教室，开设"数学圈补习班"的林振辉无偿将教室白天借给南阳义学，并提供电脑给学校学员使用；在宜兰市区开设电脑公司的林葆渊，在自己公司中挪出一个空间，当作南阳义学的教室，并亲自担任教师。二是向寺庙求借场地。台湾各种高层寺庙很多，并多为社区活动中心，其志业也多为"教育、文化、慈善"等，旨在造福乡里，与南阳义学的办学宗旨可谓不谋而合，于是就将寺庙中的房间无偿借给南阳义学。南阳义学在十多个寺庙开设分班，如四德福德庙长期将庙中房间借给南阳义学，近年来，已在庙中开设了南胡、日语、读经、老人识字班等，庙方还长年负责水电和复印等费用。三是私人提供空闲场地。

台湾"教育部"于2007年鼓励运用国中、国小闲置空间设置"高龄学习中心"及"社区玩具工坊"，由于中心数量较少，目前仍然以老人文康中心或老人福利服务中心为老人主要活动场所，而"内政部"补助设置的长青学苑，亦为老年教育的主要场所。据统计，至2008年，台湾文康中心有314所，远远不能满足台湾448万55岁以上中老年的学习需要，因此有专家呼吁："'政府'单位应以老人的学习特性为主要教考量，运用公共闲置空间或民间单位之空间广设学习场所，规划开设白天之课程，以满足老人的学习需求，裨提高学习参与率及成效。"[2] 台湾老年教育的设施由于较为集中，给想就近入学的老年人带来不便。台湾有关专家认为：台湾的

---

[1] 魏惠娟主编《高龄教育政策与实践》，五南图书出版股份有限公司，2008年6月版，第132页。

[2] 魏惠娟主编《高龄教育政策与实践》，五南图书出版股份有限公司，2008年6月版，第13页。

"高龄教育,多数仍处于福利制度下的老人活动中心或文康中心,即使连老人大学或长青中心,亦有集中于某一区域之现象,尚无法全面就近照顾所有的高龄学习者。"①

(十二)闽台老年教育的行销(宣传)

老年教育的行销(宣传)十分重要。懂不懂行销(宣传),对于拓展老年大学的生源,至关重要。福建各级老年大学因情况不同(有的因不愁生源而一座难求),在这方面重视程度和举措不一。被称为"山区老年大学的一面旗帜"的永安市老年大学,注意通过宣传报道来扩大影响,通过网站、校刊和编印各种文集、纪念册等来扩大影响,并开辟各种宣传渠道,如与《老年教育》、《福建老年报》、《三明日报》"夕阳红"专版、《绿色永安》、永安电视台等宣传媒体长期合作,在社会上有效地宣传了老年大学,扩大了老年大学的知名度。

台湾老年教育机构比较重视行销(宣传)。据台湾有关方面对300所老年大学机构的行销和宣传进行了调查,结果表明:"学员口耳相传"的占66%,"亲朋好友推存"的占53.3%,"自制海报、传单"的占41%,"由负责人动员"的占38.3%"公家机关公告"的占22.3%,"报刊杂志"占15%,"网路讯息广告"占10%,"电影电视广告"占5.7%,"由宣传车宣传"占2.7%,"其他"占1.7%。此外,不同老年大学,有不同的行销方式,如台湾规模最大的老年大学——南阳义学,其行销方式很有特点,一是提出明确的招生口号。如以"到义学,学喘气、学作伴"为招生响亮口号,也成为学员之间口耳相传的口头禅,更成为南阳义学的招牌。南阳义学校长林献忠对其诠释是:"台湾话的'学喘气'意思很广,就是在你还能够呼吸的时候,自由自在的呼吸。这是内敛的功夫,也是自信的第一步。有一个喘息的空间,也表示能享有一个自由的空间。很多人不是被职场闷死吗?激烈的、没有人性的竞争,会让人无法承受压力而闷死。'学作伴',就是圆融人际关系,这是外修的功夫。人不能离群索居,我们期待学员、义工和义工老师们从互动中找回彼此那一份关怀,人性的尊严。"② 二是利用现代传媒来扩大影响。如宜兰太平洋广播电台曾将南阳义学的名声传播宜兰全县,除

---

① 台湾成人及终身教育学会主编《高龄学习与高等教育》,师大书苑有限公司,2009年12月版,第118页。
② 郑清荣:《相招作伴学喘气——南阳义学的故事》,上游出版社,2005年5月版,第38~39页。

了定期播报宜兰义学的活动外,南阳义学负责人还常上电台,或畅谈办学理念,或介绍学校现况,或憧憬学校发展未来。三是举办各种活动。如经常应乡民代表会和农会之邀,举办大型晚会活动;举办采街等各种民俗活动;组织歌仔戏、车鼓阵等对外演出活动;组织新春会、教师会等各种联谊活动。

台湾有关专家在改进老年教育的十点建议中,把"加强高龄教育的行销"也作为其中的建议之一,认为:"本调查发现,台湾地区参与学习活动的老人仍属少数,原因是得不到讯息。未来需要结合媒体或行销公司,全面行销高龄学习的趣味与益处,利用各种管道,介绍国内外高龄学习的活动与成效,并多举办老人学习成果与经验分享活动,使更多的人知道相关的学习资讯、带动高龄学习的风气、改变大家对高龄教育的看法,同时强化对于老人学习权力的重视。"[①] 这种建议是有一定道理的。

(十三) 闽台老年教育的评估(评鉴)

福建老年教育的评估工作已常态化、规范化,其评估标准,在福建老年教育中起到了示范作用,大大推进了福建老年教育的发展。2005年,福建省委老干部局、福建省老龄委办公室和福建省老年大学联合下发了《关于创建老年大学示范校的意见》,在全省县以上老年大学开展创建和评估省级老年大学示范校的活动,按百分制对要求进行了细化,规定了办学基本条件、学校管理、办学成效、示范指导作用等方面的评鉴标准,每个方面再进行分解,如办学基本条件又分解为:领导班子、工作人员队伍、师资队伍、办学设备和办学经费,办学设备又分解为:(1)有与办学规模相适应的单独(或固定)的校舍,设区市校面积达到3000平方米以上,县(区、市)校面积达到1000平方米以上。(2)有相应的室外活动场所。(3)有相应的教学、办公设备,能满足教学工作需要。之后,南平市老年大学课题组在《完善老年大学示范评估指标体系的思考》中提出了进一步完善评估指标的建议,认为总分应为200分,其中学校管理55分(包括办学理念7分、办学目标7分、领导班子10分、行政管理12分、教学管理13分、科研工作6分),办学基本条件80分(包括办学规模15分、办学设施18分、办学经费17分、师资队伍15分、工作售货员15分),办学成

[①] 魏惠娟主编《高龄教育政策与实践》,五南图书出版股份有限公司,2008年6月版,第177页。

效 45 分（其中校内学分 10 分、教学质量 12 分、办学特色 11 分、社会效益 12 分），示范指导 20 分（其中示范作用 8 分、指导作用 12 分）。其中每项又分解为若干小项，每小项都有相对应的"基本要求"和"评估要点"，如"办学规模"分解为 4 个小项，其一"基本要求"为"有与办学规模相适应的独立或固定校舍。7 分"，与之相对应的"评估要点"为"设区市校 3000 平方米以上，县（区、市）校面积达到 1000 平方米以上（7 分）"。其二"基本要求"为"行政、办公和专业教室所需的各种功能用房符合学校规模。5 分"，与之相对应的"评估要点"为"行政、办公用房满足需要（3 分）；有电脑、多媒体等专业教室（2 分）"。其三"基本要求"为"有电脑、打印机、电子琴等教学、办公设备。4 分"，与之相对应的"评估要点"为"有电子琴等教学设备（2 分）；有电脑、多媒体等专业教室（2 分）"。其四"基本要求"为"有相应的室外活动场所。2 分"，与之相对应的"评估要点"为"室外活动场所 300 平方米以上"。"评估要点"是对"基本要求"的说明和具体化，使评估过程中可操作性更强。泉州各级老年大学（学校）示范校标准体系分四个 A 级指标项，18 个 B 级指标项，实行百分制评分，具体如：办学基本条件（50 分），包括领导班子（10 分）、工作人员队伍（10 分）、师资队伍（10 分）、校舍设施设备（10 分）、经费投入（10 分）；学校管理（24 分），包括办学规模（8 分）、行政管理（4 分）、教学管理（6 分）、学员管理及群团（3 分）、教育教学研究（3 分）；办学成效（20 分），包括办学方向（5 分）、校风教风学风（2 分）、学员素质提高（8 分）、学员满意度（2 分）、社会效益（3 分）；示范指导作用（6 分），包括示范作用（2 分）、指导作用（2 分）、信息交流（2 分）。为增强可操作性，避免随意性，A 级指标设 B 级项，B 级项下还要分解成目标的 C 级因子，对每项 C 级因子还提出好、中、差三个等级的评估标准，并规定相应评分权重。分别为 100%～90%、89%～60%、59%～10%。这些《评估指标》都是根据老年教育发展的目标任务，对老年大学办学水平和效益进行综合评价的标准和依据。运用《评估指标》可以有效评估老年大学办学过程和结果，有助于从宏观层面上指导和推进老年大学的规范化建设。

台湾老年教育的评鉴体系也日趋完备。如"教育部"成立了乐龄银发教育行动辅导团，定期对受"教育部"补助的老年教育机构进行评鉴，作为后续经费补助的依据，其评鉴重点如：经营管理、学习活动、空间配置、人员专业等,结果分为优、甲、乙、丙四个等级,评为乙等以下者,由"教育部"委由辅导团协同补助对象订定辅导改进计划,如情况未有改善,补助对象应协助撤站,并应缴回原购置物品,移置其他老年教育机构续用。而未依规定执行或未配合办理查核的机构,除追回全部补助款项外,并停止申请相关经费。[①] 由于评鉴奖优汰劣进退场机制的关键,除继续维持客观、公信与专业的运作外,台湾有关人员建议未来参与评鉴的委员宜更多元化,除学术单位学者专家、主管机关官员外,也可增加老年教育机构成员以收互评借镜之效,并强化机构自评机制。[②] 台湾老年教育研究者建议要加强对老年教育机构的评鉴,认为目前从事老年教育活动的机构众多,因规模不一、课程繁杂,尤其是办理成效不得而知,因此建议台湾当局对老年教育机构进行评鉴,并建立进退场机制,以奖优汰劣,以确保老年教育的质量。[③] 台湾还有专家认为:台湾老年教育的评鉴制度尚未有效建立,因而无法作为奖励的依据,更无法改善与提升老年教育的品质。因此,在建构台湾老年教育体系的过程中,奖励与评鉴机制的研订及建立,将可以有效促进老年教育的实施。[④]

二 台湾地区老年教育可供福建借鉴的经验和启示

(一) 老年教育的发展必须适应现代社会不断发展的需要

比较闽台老年教育可以看出,发展老年教育是对社会新的教育需求的适应与满足。社会的民主、经济的发展、生活环境的改善,必然使老年人产生教育需求。老年教育的发展必然要结合社会成员终身学习的需要,适应现代社会不断发展的需求。

近年来,台湾地区老年教育特别注重老年教育与未来社会发展关系的研究,强调老年教育在老龄化社会的重要性,并与所有社会成员生活息息相关。政府引导民众以新的观点看待老龄化问题、预备迎接一个高龄化的

---

① 刘佩云:《台湾地区乐龄学习资源中心的设置、运作与未来发展》,福建中华职业教育社编《2009'海峡两岸终身教育研讨会论文》,2009年8月印刷,第215~216页。
② 刘佩云:《台湾地区乐龄学习资源中心的设置、运作与未来发展》,福建中华职业教育社编《2009'海峡两岸终身教育研讨会论文》,2009年8月印刷,第218页。
③ 魏惠娟主编《高龄教育政策与实践》,五南图书出版股份有限公司,2008年6月版,第176页。
④ 台湾成人及终身教育学会主编《高龄学习与高等教育》,师大书苑有限公司,2009年12月版,第118页。

社会，积极鼓励老年人继续学习，健康老化，是前瞻教育的首选。老年教育在老龄化社会发展过程中，对于帮助老年人更快适应社会环境，促进世代和谐，促进老人社会参与，以达成活跃老化和成功老化具有重要的价值和意义。同时，注重通过实施社会、学校和家庭一体的老年教育，灌输正确老化和世代融合的理念，营造社会亲善老人的氛围，使老年教育的发展进一步顺应社会发展和未来社会的需要。

当前福建需要快速发展老年教育，特别是福建经济快速发展与老年教育进程的不相适应，加快老年教育的发展已经刻不容缓。台湾的老年教育发展是从民间开始并逐步推进的，现在已深入社区、深入农村，而福建老年教育广大农村社区严重滞后于城市。随着社会主义新农村建设的推进，大陆可借鉴台湾地区的经验，重视农村社区老年教育建设，发展农村社区老年教育，提升农村社区老人教育水平，这是时代的要求，也是社会发展的必然趋势。

（二）老年教育是构建终身教育体系和形成学习型社会的重要途径

老年教育是衡量学习型社会的重要标准之一，也是社会进步的重要体现。1989年，台湾"教育部"依据台湾第六次教育会议结论"建立成人教育体系，以达全民教育及终身教育目标"为理想，提出要研定《老人教育实施计划》三大目标。进入20世纪90年代，台湾地区意识到促进老年教育是推进终身学习社会发展的重要任务，在1994年制定的终身学习的发展规则中建议对银发族教育详加规划。1998年《迈向学习社会白皮书》发布，终身学习的观念成为普世价值。2006年《迈向高龄社会老人教育政策白皮书》，宣示了台湾老年教育政策的蓝图和终身学习社会的愿景。这是台湾将老年教育纳入终身教育体系的一个重要步骤。可以看出，学习型社区形成的一个重要途径就是全面推进老年教育的发展，这是构建终身教育体系与形成学习型社会的重要途径。

从某种意义上讲，老年教育是终身教育的最后阶段，也是终身教育中最容易被忽视的薄弱环节。福建建设学习型社会，应以终身教育、全民终身学习的理念为指导，积极宣传老年教育、终身教育的理念，加快推进老年教育，使每个居民都能意识到终身教育、终身学习既是人应当享受的一项基本权利，也是人必须对社会及自身承担的义务与责任；教育、学习既是社会的需要，职业的需要，也是生活的需要、实现人生价值的需要。大陆应努力形成一种良好的社会氛围，不断提升社会成员对终身学习的认识，使终身教育和终身学习的理念得到广泛的普及和认同，从而促进社会成员主动地参与到终身学习、社区教育的活动中来。

（三）老年教育的发展要有政府的推动和各方的参与

老年教育的发展，政府的推动起着十分关键的作用。闽台两地虽然支持的方式不同，但为老年教育立法、制定支持政策、进行必要的投入等在方向上都是一致的。

台湾老年教育实施机构，有社会行政部门的长青学苑，有教育部门的老人社会大学，有民间组织的各类老年大学。台湾的老年教育，一开始系由民间组织推动，1982年高雄市社会局委托高雄市基督教女青年会开办长青学苑开始到1993年期间，主要是民间组织在操作老年教育，社会行政部门给予大量的支持。1993~2004年，教育行政主管部门开始介入老年教育。这期间台湾当局教育部研订了"老年教育实施计划"，发布实施要点，也委托大学开办老年教育学分培训班及制播老年教育节目，这些规定和政策的施行有力地促进了台湾老年教育的发展。

当前，福建作为沿海地区和经济较发达的省份，老年教育发展较快，但老年教育是一项社会系统工程，同时又是公益性质的教育，很难产生效益，政府的推动作用是相当关键的。此外，随着经济体制改革和政府职能的转变，政府在老年教育中职能应主要体现在提供学习条件、营造学习氛围、改善学习环境和搭建学习平台上。

随着老年人口的快速增长，老年教育的任务日益繁重，仅仅依靠老龄委、老干部局独家"经营"的老年大学，是无论如何也难以承担全社会的老年教育任务的。因此要鼓励、吸引企业、团体、组织、个人投身社区教育。特别在整合各类教育资源方面，除了政府之外，需要各方的参与，特别是大学、各类成人教育机构、社区组织、社会团体、民间机构以及社会成员的广泛参与。一是要充分发挥由政府、部门或企事业单位主办老年大学实行面对面授课这种办学形式的主导作用；二是要利用现代远程教育手段举办老年电视大学，可以利用现有福建广播电视大学系统资源，建立更为完善的老年教育网络，冲破制约老年教育发展的瓶颈；也可以通过福建老年大学、福建广播电视大学、福建教育电视台及其他福建省内的成人高校之间进行资源整合，实现资源互补、共享；三是通过互联网组建网上老年大学，目前这方面还比较欠缺。

（四）闽台老年教育发展共同关注的相关问题探讨

1. 推动老年教育立法，使政府及教育主管部门真正重视老年教育

近年来，闽台成人教育、终身教育学者互动更加频繁，台湾较早进行《终身学习法》的制定及老年教育的立法的研究，对福建学界的影响较大。更为重要的是，改革开放以来福建社会经济的发展需要，是福建终身教育立法及老年教育立法的强大动力。

目前，国家所有正式的法规中，尤其是各种教育法规中，很少涉及老年教育，偶尔在某些成人教育的计划中提及，也仅属于附带地位。"社会教育"是用来泛指所有正规教育以外的学习活动，范围既太广，内涵又不明确。老年教育仍有限于传统观念而被忽视，鉴于全球化都已注重终身教育，应该要有专责推动、统一协调的单位。才不至于各自为政、各行其事，对老人学习仅能提供非全面的协助，而是能周延地照顾到。

2. 大力提升从事老年教育的师资的专业水准

老年教育与儿童教育、青少年教育一样，各有其生理、心理与社会的特性。从事儿童教育者必须了解他们的心理、生理与社会发展规律，从事老年教育的工作者又何尝不是？目前福建地区担任老年教育任务的主要是各级老年大学，其师资大都以一般教师或行政人员充任，而未经老年教育专业训练，其教学方式、教材选择、内容设计大多沿用传统大学的模式，并不能符合老年人真正的学习需求。这些教师本身应该进修研习老年教育的学分课程，而福建省内的师范类大学特别是福建师范大学和福建教育学院应逐步开设老年教育的专业，但目前有老年教育（有些仅是老人福利、成人教育）的专业系所仅有少数大学设立，短期内恐难实现，然而要有发展，不要永远停留在原地踏步。凡是办得比较好、有一定影响力的学校，一定拥有一支高素质的教师队伍。福建老年教育师资队伍的建设，可从以下几个方面着手：一是培养专门从事老年教育的师资。如可在有条件的师范院校创办老年教育系（或称成人教育系），培养这方面的专门人才。如一时无法创办，可考虑增设与老年教育有关的课程，了解老年人学习心理上的特点（如害怕面对挑战）、老年人生理状态（如无法久坐、视力及听力退化）、老年人习性（喜欢有伴、喜欢离家近）。台湾已有多所大学（如中正大学、台湾师范大学、暨南国际大学、高雄师范大学、玄奘大学）开设了老年学习的课程。其课程内容可借鉴参考。二是设区市以上的老年大学都要争取有专职教师。特别是一些学员多、长久不衰的课程，必须有专职教师的编制。专职教师在评职称等方面应享受国民教育教师的同等待遇。三是建立老年教育的教师资格认证制。凡要成为专职的教师的，都必须有老年教育教师资格证，以此推动专职教师修习有关老年教育特点的科目，掌握老年教育的特点。四是对非专职教师进行上岗培训，让他们尽快掌握老年教育特点，通晓老年人的学习特点和学习障碍，在教学方法与技巧等方面更符合老年教育的需求。五是定期召开老年教育的教学法经验交流会和座谈会，让受学员欢迎的教师谈体会，互相启发。六是充分发挥省校、设区市校、县（区）校、乡（镇）教师的作用，形成一个网络，特别设区市与自己所辖内的县（区）、乡（镇）的师资要形成互动，各司其职，互通有无。

3. 精心设计老年教育教材

老年教育事业是终身教育的一部分，老年学习者也算是一种非传统的学生。老年学习者到大学校园或其他形式的高等教育机构吸取知识，并非是一种职业的需要，更多是生活上的调剂。其学习动机是多元的，可能是为开阔视野，也可能是为了交友、培养生活乐趣、维持身心健康，甚至可能是为了排解无聊寂寞。不仅仅是动机不一，老年学习者的学历背景及学习哪里同样参差不齐，因此，"异质性"是老年教育的相同特性，采用传统的大学学历、学位学习的体制显然是不合适的。不仅课程要丰富多彩，便于选择，而且教学法也要强调生动活泼和个别化的主动学习。专门编制老年教育的学习教材：目前台湾地区的老年教育机构之上课教材多采用坊间出版品、教科书，或由授课教师自行编制讲义。由于教材内容并非专为老年人设计，因此，容易造成他们学习上之困难，如字体太小、内容不适宜、印刷不良等。因此应该由新设立的老年教育专责机构委托民间书商或出版社专门编订合适老人之教材，并每年办理评比，绩优者给予奖励，达不到标准便淘汰其委托权，如此才能有良好的老人课程依据之教材。

4. 结合社区服务，推动老年教育的属地化学习

社区里面具备各式各样的人物与家庭，所以社区是蕴藏无穷学习资源的园地，只要抱持学习的心态，社区中任何一草一木、一个活动、一种议题，都可以引发个人及社区的学习。社区服务是一种以团体人力进行风险分摊的活动，虽然个人及家庭有可能发生不幸的事件，但有了社区服务的关怀及协助，可以降低不幸的层次。老人若能参与社区公共服务，无异于就拥有一个社区学习团队的资源,而现代型态的社区是愈来愈具备多元智能和永续发展的特征,台北县新店市一位热心老人有鉴于国小学童下课后,许多父母尚未回到家,遂主动收容这些学童教他们学书法、阅读故事书,社区居民感动之余,也于下班或放假时主动为社区老人解决一些不便之事。如果我们能进一步在社区办理服务课程的讲座讨论,则一来可增进改善服务的积效,二来更可以提供更多的老人学习信息。老年人聚居在社区,既是新型社区建设的力量,又是社区服务对象中服务工作量需求最大的群体。社区服务的好坏,不仅体现在满足老年人衣食住行、医疗保健等基本要求,还体现在能否满足他们日益增长的精神文化方面的需求。开设社区老年学校,可以实现让更多的老年人就近入学,并使他们通过学习能够更多地融入社会,参与社区的文明建设。这也正是老年教育"以人为本"的理念体现。

5. 引导大学适时介入老年教育

大学居于教育体系的最顶尖的地位,拥有最丰富的资源及最优秀的人才,但由于种种原因,福建的大学一向置于老年教育之外,成为老年教育的绝缘体。而广大快速增加的老龄人口则有期望进入大学学习的需求。福建的各类大学由于近年来的快速发展,其基本设施等得到了明显的完善。大学一方面基于其应尽的社会责任,另一方面则因为计划生育政策效果显现,考大学的适龄学生逐步下降,多数大学已经到了发展的瓶颈期,部分大学已出现招生困难的情况,在可预见的将来,大学将面临一次新的转型时期,在"快速发展老年教育"的政策指导下,招收老龄学习者成为大学转型的可行途径,可为大学和老龄学习者双方创造双赢。政府在政策层面上,除了要积极鼓励大学院校开设老年教育相关系科,培养专业的服务人才,进行老龄化社会相关议题的研究外,更要促使大学及早开放门户,迎接新的学习对象。

6. 积极引导老年社团组织投入老年教育

在台湾地区,读书会这个组织型态的社团组织在老年教育推行过程中起了不小的作用。开办老人学习护照:学习护照是台湾地区大学通识教育推行的重要方法,通常是参观一次博物馆、欣赏一次音乐会,或是聆听一场演讲,就在学习护照盖一次印章(一次一页)。步入高龄的老人,不再被工作职场填满时间,遂有了"留白"的机会,去内省生命曾有的困顿,利用读书会的组织型态去做良好的交流互动学习,然后化约成学习护照的认证，应不失为一条适当的老人教育途径。在推广阶段，应先征求推荐有经验的人士指导、协助老人选书、订定进度、择取主读人和兴谈者等事项，运作熟练后再由老人们自己负责推动。

7. 各级政府应保证老年教育经费

福建老年教育经费的筹措，应以政府财政预算为主，兼及其他形式（如社会捐赠、个人酌交学费）为辅。特别是乡镇（街道）老年学校的经费应以财政拨款为主，纳入同级财政预算，统筹安排。莆田市在制定《莆田市老年教育"十一五"发展规划》中指出："老年教育是公益性事业。老年教育的财政投入要随着财政收入的增长相应提高，随着老年人入学人数的增加而相应增长。要建立老年教育基金。各县区要从社会福利彩票公益金中，每年提取适量资金支持老年教育；鼓励企业、个人、社会团体及港、澳、台胞和海外人士捐助支持老年教育事业。有条件的地方还可以建立创收基地或成立'夕阳红'奖学金委员会，筹集办学资金。"莆田市老年大学成立了"夕阳红"奖学金委员会，并通过它借助校庆15周年、20周年纪念活动的契机，向社会发动募捐，得到全市200多家机关、企事业单位的鼎力相助，捐款捐物价值达200多万元。这些都是很好的示范。

8. 进一步推进、提升闽台老年教育的理论研究

要推进、提升福建老年教育的研究水平，必须从以下几个方面努力：一是培养专门人才。可选择有条件的大学开设老年教育专业课程，招收老年教育的硕士研究生，也可以考虑和台湾一起培养老年教育专业的学生。二是对从事老年教育的工作人员进行定期、短期培训，组织他们到境外考察，请名师来上课，提高他们的理论水平。三是健全研究机构。除了成立各级的老年教育理论研究会外，还可以考虑在福建省老年大学成立福建省老年教育理论研究所，在有条件的高校成立老年教育理论研究中心，要有任务、有编制、有经费，这三种机构，各有各的任务，各起各的作用（如研究会主要整合各高校和从事各级老年大学的管理人员的队伍，研究所主要整合老年大学本校的研究队伍，研究中心主要整合各高校本校的研究队伍），三种机构功能互补，齐头并进。四是争取课题。除了申报国家社科规划基金项目、国家教育科学规划基金项目、福建省社科规划基金项目、福建省教育科学规划课题、福建省教育厅课题外，还必须通过三个研究机构设定课题，除了由机构内的研究人员认领外，还可以向社会上招标，发掘、整合社会上的资源，赏罚分明，从面到点都要出有分量的成果。五是编列专门经费预算。对科研经费应该全力保证，其中编列预算应该是主要渠道，要列入各级政府的专项教育经费中，在编列老年教育经费中占一定比重，像重视普通教育研究那样重视老年教育的理论研究。六是创造发表园地。要争取一份至二份有公开刊号的学术理论刊物，如创办《福建老年大学学报》、《福建老年教育理论研究》等刊物，如果目前有困难，可先与省公开刊物《终身教育》、《教育评论》合作，每年拨付一定经费给这些刊物，在这些刊物开设"福建老年教育理论研究"专栏。对优秀的成果予以资助出版。规划出版"福建老年教育理论研究丛书"，有计划、有重点地扶持一些重要的研究成果公开出版，让研究成果转化为生产力，并扩大老年教育的影响。七是定期召开理论研讨会和论坛，请有关专家各抒己见，互相借鉴，互相激荡，互相启发。八是定期评选"福建省老年教育理论研究优秀成果"，鼓励、推动研究的不断深入，保证研究的可持续发展。九是争取各级政府委托有关的调研报告，积极为各级政府在"如何发展老年教育"方面做好参谋作用，为政府的决策和规划提出具有前瞻性、可行性的有分量的意见和对策。

9. 加强利用老年远程教育

老年远程教育主要是指利用现代信息和传媒技术，通过远距离的课程教学，促使老年人身心得到健全发展，不断提高生活质量的一种教育形式，它也是老年教育系统中不可或缺的部分，包括：老年电视教育、老年广播教育、老年网络教育和老年函授教育等等。因为老年远程教育手段是现代化的，可以充分运用现代教育技术，传送教学资源，使不能利用正式学校的广大老年人也可得到高质量和高品质的教育。例如，上海的老年人收看老年电视教育之后都反映丰富了他们的精神生活、愉悦了心情、促进了健康，也极大地提高了生命和生活质量。台湾地区电视、收音机频道普及更为广泛，2001年台湾教育校长主管部门委托光启社制播的"快乐银发族"节目（仅维持了一年）和警察广播电台的"东西南北"有较多的老年人信息，其他专为老年人做一些学习门径的频道几乎没有，至于网站也几乎充斥着"年轻人天下"的信息，几乎缺乏为老年人设想的专门网站，实在需有识之士投入资金、人力去开辟。福建广播电视大学终身教育在线及海西教育网先期介入，老年教育网上资源初步形成规模。

参考文献

[1] 王连生：《教育人类学》，台北，五南图书公司，2008。
[2] 魏惠娟主编《高龄教育政策与实践》，台北，五南图书公司，2009。
[3] 黄富顺：《成人教育导论》，台北，师大书苑，2000。
[4] 黄富顺主编《高龄学习》，台北，五南图书公司，2004。
[5] 傅家雄：《高龄化与社会福利发展》，台北，华立图书公司，2001。
[6] 耿忠平：《社会保障学导论》，同济大学出版社，2003年第2期。
[7] 黄富顺：《台湾地区非正规学习成就的实施与展望》，《成人教育》2009年第1期。
[8] 陈清美：《高龄人力资源再运用的方式与策略》，《高龄社会与高龄教育》，台北，师大书苑，2004年第12期。
[9] 刘和生：《发展老年教育是构建和谐社会的必要举措》，《理论学习与探索》2006年第4期。
[10] 李宝玲：《老年学习、老年教育与老年学习教育》，《山东省工会管理干部学院学报》2005年第2期。
[11] 潘澜：《我国老年教育的功能及其实现机制新探》，《成人教育》，2010。
[12] 黄淑萍：《论社区老年教育与老年社会化》，《成人教育》，2008。
[13] 王英：《社区老年教育问题研究：社区社会工作视角的分析》，《成人教育》，2009。
[14] 王志梅：《我国老年教育研究的回顾与前瞻成人教育》，2007。
[15] 王英：《中外老年教育比较研究》，《学术论坛》，2009。
[16] 张文范：《办好人民满意的老年教育》，《老年教育（老年大学）》，2008。
[17] 钟铨：《健康快乐——老年教育的核心理念》，《老年教育（老年大学）》，2008。
[18] 张文范：《坚持积极的老年教育观，促进我国老年和谐文化教育发展》，《西安老年教育》2007年第1期。
[19] 台湾成人及终身教育学会主编《高龄社会与高龄教育》，台北，师大书苑有限公司出版，2004年。
[20] 台湾成人及终身教育学会主编《高龄学习与高等教育》，台北，师大书苑有限公司，2009年。

特色篇

厦门城区老年教育现状与对策研究

"厦门城区老年教育现状与对策研究"课题组[*]

随着人口老龄化的加剧,老年教育越来越成为老年人与社会共同关注的课题。老年教育不仅是人的终身教育的重要组成部分,也是实现"老有所教、老有所学"目标的具体措施。自1983年我国第一所老年大学成立以来,以老年大学和老年学校为主要教育形式的老年教育在全国得到了快速发展。然而,老年教育作为一种非营利性的社会福利事业尚处于探索阶段,不可避免地存在着一系列的问题,因此,加强老年教育的研究,对推动老年教育的发展具有重要意义。

截至2008年底,厦门全市户籍人口173.671万,其中60岁以上老年人口21.5万,占户籍总人口的12.4%。[①] 老年人口呈现出比例高、增长快、高龄化的特点。按照国际标准,厦门已进入了老龄化社会。

老年教育在以"健康老龄化"和"积极老龄化"的观点应对人口老龄化的过程中具有十分重要的作用。从社会的角度看,老年教育是建立学习

---

[*] 课题顾问:陈昆源;组长:厦门大学社会学系教授张友琴。成员:吕金山、颜智强、黄宪、周海梅、叶明云、陈兴、洪珊珊;执笔:张友琴、叶明云。本课题得到了厦门市、6个区的老年大学的大力支持;同时,调研工作获得了思明区后江小区、大同小区、前埔南小区、龙头小区、湖里区兴隆小区、兴华小区、蔡塘小区、集美区的岑东小区、海沧区的未来海岸小区、同安区的西池小区、凤岗小区、翔安区的大宅小区、浦园小区的书记、主任以及老年协会等有关人员的大力支持与配合,在此表示衷心的感谢。此外,我们向所有参与了本课题调研工作的调查对象和老年朋友表示衷心的感谢。最后,还要感谢厦门大学社会学与社会工作系2005级的24位同学以及陈海萍、李兆鹏二位研究生。

① 转引自《厦门市养老机构管理办法(草案)》,厦门市民政局社会福利处,2009。

型社会的组成部分,是实现健康老龄化、积极老龄化的重要途径;而且老年教育也具有推动内需的功能。从老年人个人的角度看,老年教育在促进老年人适应社会变迁、充实晚年生活、提高家庭地位、实现自我价值等方面都具有积极的促进功能。因此,努力办好老年教育,大力发展老年教育,是坚持以人为本,落实科学发展观,适应人口老龄化发展趋势,提升老年人生活和生命质量的重要举措。

近年来,在政府各级部门的关心、支持下,厦门市的老年教育发展迅速,但同时老年教育在其发展过程中还存在许多困难与问题,尤其是优质老年教育资源的供求矛盾比较突出,老年教育的资源短缺问题也比较严重。本研究拟通过对厦门市城区老年人及老年教育机构的调查,了解厦门市城区老年教育的供求状况及政策需求,从而为完善和发展老年教育的政策提供参考。

第一节　相关政策与研究回顾

一　政策回顾

20世纪90年代,我国老年教育政策法规相继出台,其中具有重要意义的文件有:《中华人民共和国教育法》(1995)规定在全国"建立和完善终身教育体系";《老年人权益保障法》(1996)规定"老年人有继续接受教育的权利"和"国家发展老年教育,鼓励社会办好各类老年学校"。

在2006年的《我国老龄事业发展"十一五"计划纲要(2006－2010)》中提出了"各级政府要继续加大对老年教育的投入,同时动员社会力量,因地制宜办好老年教育。积极发展老年远程教育,开办老年电视大学、老年网上学校,倡导社区办学等多种形式的老年教育。"2006年,我国第一次发布《我国老龄事业的发展白皮书》,将发展老年教育、满足老年人的精神文化需求列入了政府的议事日程。2007年,《国家教育事业"十一五"规划纲要》第一次将老年教育列入国家教育整体规划。这些法规为我们认识老年教育、明确老年教育的地位与责任奠定了基础。

二 相关研究回顾

1976年《教育老年学》杂志在美国创刊,标志着老年教育学学科开始形成新的独立学科。此后,英国社会学家彼得·拉斯里特创立新年龄框架理论,把老年人口视为可开发的社会资源和社会财富。

1983年,我国第一所老年大学——山东省红十字老年大学诞生,从此我国老年教育事业兴起。国内文献中关于老年教育的文章不少,但大多为工作经验报告、报道等,专门的学术研究文章较少。通过对近600多篇文献的检索,我们看到,主要观点集中在以下几个方面:对老年教育理论及创新的思考;我国老年教育的产生、发展及特征;对老年教育存在的问题的认识;对老年教育机制创新的实践;老年教育手段的创新;国外老年教育的介绍。

综合文献的观点,我们认为,目前我国对老年教育问题的研究才刚刚开始,存在着一般探索多而缺乏有实证基础研究的问题,这难免使研究落入空洞、缺乏操作性等误区。此外,这些研究大多是从研究者的角度来看待老年教育问题,缺少"使用者"的角度,即老年人自己是如何看待老年教育以及他们对老年教育的实际需求,忽略了老年人作为受教育对象的主体性,没有去考察老年人的受教育意愿和他们对老年教育的认知情况。

本研究力图克服以上局限,拟从老年教育供求双方进行考察,以便比较准确地把握老年教育的发展现状,了解政策需求,并在此基础提出政策建议。

三 研究问题与研究方法

(一)研究内容

1. 城区老年人的受教育需求

这是从老年教育的"使用者"的角度来认识老年教育问题,其中包括:老年群体的特点、老年人的受教育意愿和选择、他们在老年教育方面的满足状况。

2. 厦门市老年教育机构的现状

这是从老年教育"提供者"的角度来认识老年教育问题,其中包括:老年教育的机构数量及分布状况、机构的运行体制与机制、存在的主要问题与困难。

3. 老年教育体制、机制创新的探讨

包括老年教育资源的整合及主要问题、新型老年教育的手段与途径。

总之，本研究拟通过对老年教育的供求状况的调查，分析存在问题和原因，探寻解决问题的途径。研究的基本思路及框架可以用图1表示。

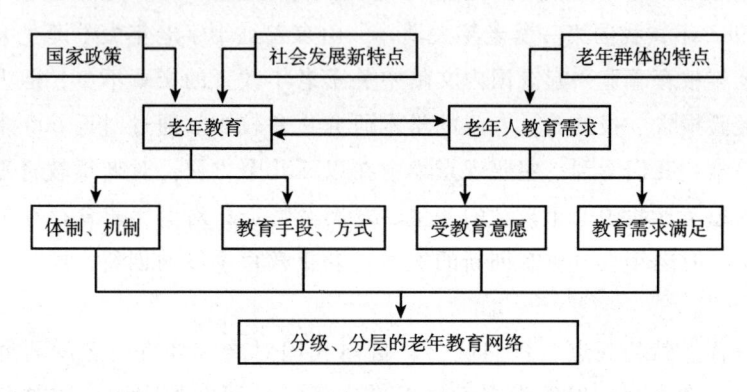

图 1

（二）概念及其操作化

1. 老年人

根据我国男60岁、女55岁退休的实际，本次研究将调查对象的年龄下限定为55岁，上限定为75岁。也就是说，本研究中的被调查对象是年龄在55岁至75岁之间，并且居住在城市社区的老年人。

2. 老年教育

老年教育，国际上也称老龄教育或老年公民教育，或"第三龄"教育。它有广义和狭义之分。广义的老年教育指一切增进老年人知识、技能、身心健康以及改变老年人思想意识的活动。例如：能够帮助老年人增加益智、健康身心的电视、广播、报纸、音像等。狭义的老年教育指老年学校教育。本文中的老年教育概念主要指后者，即，通过各类社会教育机构开展的以老年人为对象的各种教学活动。

3. 老年人的受教育意愿

主要是指老年人是否愿意接受老年教育，什么因素与受教育意愿有关，以及他们对接受老年教育的选择。

（三）研究方法

本研究主要采用文献法、访谈法和问卷法实施。

1. 文献法

通过文献查阅，了解我国老年教育政策，以及国内外老年教育中值得借鉴的经验。

2. 访谈法

通过对不同层级（市、区、街道、社区）老年教育机构负责人及相关人员的访谈，了解厦门城区老年教育的基本运行状况、存在问题、解决问题的思路等。

3. 问卷法

（1）在全市思明、湖里、海沧、集美、同安、翔安6个区按不同社区类型[①]所占的比例，分别按比例、随机地抽取12个社区，并在抽中的社区中再随机抽取若干老年人对其进行问卷调查，旨在了解老年人的受教育意愿及目前接受老年教育的状况与问题。

（2）对已经在不同层级的老年教育机构中学习的老年学员进行问卷调查。

第二节 调查结果（一）：老年人的受教育意愿

一 调查概况

（一）入户调查样本概况

本次调查经过紧张的前期准备，于2010年6月正式展开，7月下旬顺利结束入户数据的采集。调查组在全市6个区的311个城市社区中，按比例随机抽取了12个城市社区（其中4个"村改居"社区）；以等距抽样的方法，在每个城市社区和"村改居"社区各抽35个样本，总计420个样本。此次调查共获得有效问卷417份。所获取的数据采用SPSS13.0统计软件进行分析。

抽取的样本基本特征如下：从性别构成上看，女性241人，占抽样总数的57.8%；男性176人，占42.2%。从年龄上看，55岁至60岁的被调查者占30.7%；61岁至65岁的占23.2%；66岁至70岁的占22.2%；71岁至75岁的占23.9%。从户籍类型来看，城市户籍的老年人占72.5%，

---

① 本课题将城市社区分为：城市社区、"村改居"社区两种类型。

农村户籍的占 27.5%。

(二) 问卷内容

本次入户调查的问卷主要分为三个部分。第一部分是了解当前厦门老年人的基本特征。如他们的年龄、文化程度、经济收入构成情况；老年人目前生活状态等内容。第二部分主要是了解老年人受教育意愿及受教育情况。具体是询问老年人是否愿意进入老年大学（学校）学习及其原因，是否已进入老年大学（学校）学习及其原因等。第三部分主要是了解已进入老年大学（学校）的那些老年人在学校的学习情况，以及他们对现有的老年大学（学校）教育的满意度。

二　老年人受教育的需求状况分析

(一) 抽样调查对象的基本特征见表 1

表 1　城区老年群体的基本特征

项　目	变　量	人数	百分比（%）	总人数
性别	女	241	57.8	417
	男	176	42.2	
年龄	55~60 岁	123	30.7	401
	61~65 岁	93	23.2	
	66~70 岁	89	22.2	
	71~75 岁	96	23.9	
月收入	1000 元及以下	202	49.3	410
	1001~2000 元	155	37.8	
	2001 元及以上	53	12.9	
文化程度	不识字或识字很少	119	28.5	417
	小学	118	28.3	
	初中	101	24.2	
	高中、中专	64	15.3	
	大专	6	1.4	
	本科及以上	9	2.2	

续表

项　　目	变　　量	人数	百分比（%）	总人数
现在的工作情况	尚未退休	23	5.6	408
	刚退休	28	6.9	
	退休很久了	248	60.8	
	还在参加劳动	58	14.2	
	无业在家	51	12.5	
每天闲暇时间	很多	122	29.3	416
	比较多	146	35.1	
	一般	84	20.2	
	比较少	52	12.5	
	很少	12	2.9	
健康状况	很好	83	19.9	417
	比较好	127	30.5	
	一般	153	36.7	
	不太好	51	12.2	
	很不好	3	0.7	
跟谁同住	父亲	8	1.9	416
	母亲	14	3.4	
	兄弟	5	1.2	
	姐妹	3	0.7	
	配偶	268	64.4	
	未婚子女	49	11.8	
	已婚儿子/儿媳	186	44.8	
	已婚女儿/女婿	52	12.5	
	孙子女	136	32.7	
	独居	35	8.4	
持续时间最长的职业	各类专业技术人员	48	11.8	406
	国家机关、党群组织、企事业单位的负责人	27	6.7	
	办事人员和有关人员	21	5.2	
	商业工作人员	25	6.2	
	服务性工作人员	15	3.7	
	农、林、牧、渔劳动者	139	34.2	
	生产工人、运输工人和有关人员	104	25.6	
	不便分类的其他劳动者	26	6.4	
	军人	1	0.2	

表1显示了厦门市城区老年人所具有的一些基本特征。在受教育方面,老年人的文化程度普遍偏低。28.5%的人不识字或识字很少,28.3%的人只读过小学,24.2%为初中,学历在高中及以上的老年人只占了18.9%。在经济收入方面,月收入在1000元及以下的老年人占49.3%,1001~2000元的占37.8%,2000元及以上的占12.9%。60.8%的老年人已经退休很久了,64.4%的老年人有很多或较多的空闲时间。就身体状况而言,50.4%的老年人认为自己的身体状况比较好或很好,36.7%的人表示自己的身体一般,12.9%的老年人认为自己的身体不好或很不好。

如果分行政区及社区类型看,情况就有变化。以文化程度为例,文化程度与行政区之间存在较强相关性,主要表现为,老年人的文化程度在行政区之间的差异,以及在同一行政区内部的差异。例如,在行政区内部,湖里区城区老年人文化程度比例最高的是高中,但在"村改居"中,不识字的比例最高。见表2。

表2 分区、分社区类型后的文化程度状况

单位:%

社区类型	文化程度	不识字或识字很少	小学	初中	高中、中专	大专	大学本科及以上
城区	思明区	15.8	33.1	25.2	23.0	2.2	0.7
	湖里区	14.3	25.7	25.7	28.6	2.9	2.9
	集美区	25.7	17.1	25.7	17.1	—	14.3
	海沧区	11.4	25.7	45.7	11.4	2.9	2.9
	同安区	25.7	20.0	31.4	17.1	2.9	2.9
村改居	湖里区	50.0	36.4	6.8	6.8	—	—
	同安区	57.6	30.3	9.1	3.0	—	—
	翔安区	47.5	24.6	24.6	3.3	—	—

同样,在经济收入上也呈现出明显的社区差异,岛内老年人的收入要比岛外高一个档次。见表3。

表3 分区、分社区类型后的经济收入状况

单位：%

社区类型		月收入 1000元以下	1001~2000元	2000元以上
城区	思明区	16.9	69.9	14.0
	湖里区	41.2	55.9	2.9
	集美区	47.1	26.5	26.5
	海沧区	70.6	20.6	8.8
	同安区	42.9	31.3	25.7
村改居	湖里区	62.8	16.3	20.9
	同安区	81.8	12.1	6.1
	翔安区	91.8	6.6	1.6

（二）老年人受教育的意愿及分析

1. 老年人对老年教育的认知情况

调查数据显示，老年人对老年教育的认识水平偏低。其原因主要来自老年人个人及社会两个方面。从主观方面来说，老年人自身对老年教育关注度低。从表4数据可以看出，目前老年人最关注的问题是医疗，占32.8%，而只有8.3%的老年人最关注老年人精神文化方面的问题。在问被调查者对老年人继续学习的看法时，53.8%的人认为老年人继续学习很有必要或有必要；28.4%的人则认为老年人继续学习是没有必要的；对此说不清和觉得无所谓的分别占14.2%和3.6%。结果见表5。超过50%的人对老年人继续学习持肯定态度，但也有近50%的人对老年人继续学习持否定或消极态度。

表4 目前老年人最关注的问题

项 目	人数	百分比
经济问题	97	23.6
医疗问题	135	32.8
环境问题	42	10.2
老年人精神文化方面的问题	34	8.3
其 他	103	25.1
总 计	411	100.0

表 5　您认为老年人继续学习有没有必要

态　度	人数	百分比
很有必要	52	12.5
有必要	172	41.3
说不清	59	14.2
没有必要	118	28.4
无所谓	15	3.6
总　计	416	100.0

从客观方面来说，社会对老年教育的宣传力度不够，以及社区老年学校建设滞后也导致了老年人对老年教育认知水平偏低。例如，46.3%的人表示没有听说过老年大学（学校）。从表6的数据显示，有44.5%的老年人表示他们所在的社区从来没有对老年大学（学校）进行宣传过，而61.6%的老年人指出他们所在的社区是没有老年学校的。见表7。

表 6　您所在的社区是否有对老年大学（学校）进行过宣传

项　目	人数	百分比
经常宣传	65	15.5
曾经宣传但不经常	83	20.0
从没宣传过	185	44.5
不知道	83	20.0
总　计	416	100.0

表 7　您所在的社区是否有老年学校

项　目	人数	百分比
有	81	19.5
没有	257	61.6
不知道	79	18.9
总　计	417	100.0

2. 老年人的受教育意愿现状分析

老年教育不同于儿童教育，也不同于九年义务教育、高等教育等学历教育，它不带有强迫性和功利性，全凭老年人自己的意愿来决定是否接受老年教育。因此，了解老年人的受教育意愿情况，可以为老年教育的发展提供参考。

（1）老年人受教育意愿

从表8可见，47%的老年人表示愿意进入老年大学（学校）学习。53%表示不愿意。虽然不愿意参加的人数比愿意参加的人数要多，但是两者比较接近。

表8 城区老年人受教育意愿

态　度	人数	百分比（%）
愿　意	196	47.0
不愿意	221	53.0
总　计	417	100.0

（2）不愿参加学习的原因

老年人不愿意参加学习的主要原因依选择的人次多寡顺序排列前3位为：年纪大了，怕学习跟不上（26.5%）、没有兴趣（17.8%）、没有时间（15.9%）。见表9。

表9 不愿参加老年大学的原因

原　因	人数	百分比（%）
没有兴趣去学习	57	17.8
老年人学习没什么用	45	14.0
年纪大了，学习能力跟不上	85	26.5
没经济条件	17	5.3
没时间	51	15.9
身体不好	47	14.6
听说报名很难	0	0
其他*	19	5.9

注：其他选项包括：不了解、不识字、没必要等。

(3) 有受教育意愿但并没有参加学习的原因

主要原因依选择的人次多寡顺序排列前 3 位为：所在地没有老年大学（30%），没时间（25.7%），学校距离自己住的地方太远（12.4%）。见 10。

表 10　想参加但没有参加的原因

原因	人数	百分比（%）
家里经济条件不好	22	9.7
关于老年大学（学校）的信息少	26	11.5
所在地没有老年大学	68	30.0
学校距离自己住的地方太远	28	12.4
身体不好	20	8.8
没时间	58	25.7
家人和亲戚朋友反对	0	0
课程不敢兴趣	4	1.8
报名参加困难	18	10.0
其他	8	

注：其他选项包括：跟不上、基础差、文化程度等。

(4) 老年人参加老年大学（学校）的学习情况

已有的研究结论都表明，有意愿参加学习但实际上真正进入老年大学（学校）学习的老年人是有限的。此次研究再次证明了这一结果。从表 11 可看出，在愿意进入老年大学（学校）学习的 190 名老年人中，实际上进入了老年大学（学校）学习的才 43 人，只占 22.6%。如果把这一人数与调查总人数进行对比，比例更低，仅占 10.3%，这就是说，在 47% 愿意接受老年教育的人中，有 36.7% 的老年人因各种原因未能实现自己的学习愿望。

表 11　参加老年大学（学校）学习的老年人数

项　目	人数	百分比
参加过	43	22.6
没参加	147	77.4
总　计	190	100.0

3. 老年人自身条件与其受教育意愿的关系

老年人是否有接受老年教育的意愿，是与他们自身的条件相关的，究竟有哪些因素与受教育意愿相关？我们将老年人自身的多种客观条件进行分析，发现：

（1）性别与老年人受教育意愿

表12的数据可见，在同一性别组中，女性组愿意学习的比例较高，而男性组不愿意学习的比例较高。通过卡方检验，其结果表示，性别与是否愿意参加老年大学（学校）学习具有相关性，女性更愿意参加学习。

表12 性别与受教育意愿间的交叉列联表

			您是否愿意参加老年大学（学校）的学习		总计
			愿意	不愿意	
性别	女	Count	123	118	241
		组内（%）	51.0	49.0	100.0
		组间（%）	62.8	53.4	116.2
	男	Count	73	103	176
		组内（%）	41.5	58.5	100.0
		组间（%）	37.2	46.6	83.8
总计		Count	196	221	417
		组内（%）	47.0	53.0	100.0
		组间（%）	100.0	100.0	200.0
$x^2 = 3.732$		P = 0.033			

（2）社区类型与老年人受教育意愿

表13数据显示，在愿意参加老年大学（学校）学习的老年人中，城市社区的比例最高，占该项总样本的64.8%。而在同一类型社区中，"村改居"社区的老年人愿意参加学习的比例高于城市社区。但卡方检验的结果未能证明，居住社区类型与老年人参加老年大学（学校）学习之间的有相关性。

表 13 社区类型与老年人受教育意愿间的交叉列联表

			您是否愿意参加老年大学（学校）的学习		总　计
			愿意	不愿意	
社区类型	城市社区	Count	127	152	279
		组内（%）	45.5	54.5	100.0
		组间（%）	64.8	68.8	133.6
	村改居	Count	69	69	138
		组内（%）	50.0	50.0	100.0
		组间（%）	35.2	31.2	66.4
总计		Count	196	221	417
		组内（%）	47.0	53.0	100.0
		组间（%）	100.0	100.0	200.0
$x^2 = 0.744$		$P = 0.406$			

（3）年龄与老年人受教育意愿

表14分年龄组的数据显示，在表示愿意参加老年大学（学校）的老年人中，55～60岁的老年人所占比例最大，为41.1%；61～65岁的老年人占总样本（192）的27.1%；66～70岁的老年人占总样本量的19.3%；71～75岁的老年人占总样本的12.5%。此外，在55～60岁这一年龄段，愿意参加老年大学（学校）学习的人（64.2%）比不愿意参加的人（35.8%）高28.4%；在61～65岁这一年龄段，愿意参加老年大学（学校）学习的人也比不愿意参加的比例高11.8%。而在66～60岁和71～75岁这两个年龄段的情况则相反，不愿意参加的比例比愿意参加比例要多，呈现出受教育意愿随年龄增加而递减的趋势。卡方检验的结果证明，年龄与老年人的受教育意愿相关，年龄较轻的老年人比年龄较大的老年人更愿意参加老年大学（学校）学习。

（4）文化程度与老年人受教育意愿

从表15中可以看出，在愿意参加老年大学（学校）学习的老年人当中，不识字或识字很少的老年人占了总样本（196）的20.4%，小学学历的占25.5%，初中学历的老年人愿意参加的比例最高，为32.1%。就文化程度分析，在不识字或识字很少以及小学文化程度的两组老年人中，不愿意参加的比例均高于愿意参加的比例；而在文化程度为初中和高中、中专和大专的三组老年人中，愿意参加老年大学（学校）学习的比例均超过了不愿意参加的比例。从表 14 的数据中可明显看出，愿意参加老年大学（学校）的老年人比例随着学历增加而逐级上升，而不愿意参加老年大学（学校）的老年人比例随着学历的增加逐级下降到初中后在高中组开始上升。卡方检验的结果证明，文化程度与参加学习的意愿有强的相关性，文化程度较高的老年人更愿意参加老年大学（学校）学习。

表 14 城区老年人年龄与受教育意愿之间的交叉列联表

			您是否愿意参加老年大学（学校）的学习		总　计
			愿意	不愿意	
年龄	55~60 岁	Count	79	44	123
		组内（%）	64.2	35.8	100.0
		组间（%）	41.1	21.1	63.2
	61~65 岁	Count	52	41	93
		组内（%）	55.9	44.1	100.0
		组间（%）	27.1	19.6	46.7
	66~70 岁	Count	37	52	89
		组内（%）	41.6	58.4	100.0
		组间（%）	19.3	24.9	44.2
	71~75 岁	Count	24	72	96
		组内（%）	25.0	75.0	100.0
		组间（%）	12.5	34.4	46.9
总计		Count	192	209	401
		组内（%）	47.9	52.1	100.0
		组间（%）	100.0	100.0	200.0
$x^2 = 37.8135$		P = 7			

表 15 城区老年人文化程度与受教育意愿间的交叉列联表

			您是否愿意参加老年大学（学校）的学习		总　计
			愿意	不愿意	
文化程度	不识字或识字很少	Count	40	79	119
		组内（%）	33.6	66.4	100.0
		组间（%）	20.4	35.7	56.1

续表

			您是否愿意参加老年大学（学校）的学习		总 计
			愿意	不愿意	
	小学	Count	50	68	118
		组内（%）	42.4	57.6	100.0
		组间（%）	25.5	30.8	51.3
	初中	Count	63	38	101
		组内（%）	62.4	37.6	100.0
		组间（%）	32.1	17.2	49.3
	高中、中专	Count	36	28	64
		组内（%）	56.3	43.8	100.1
		组间（%）	18.4	12.7	31.1
	大专	Count	4	2	6
		组内（%）	66.7	33.3	100.0
		组间（%）	2.0	0.9	2.9
	大学本科及以上	Count	3	6	9
		组内（%）	33.3	66.7	100.0
		组间（%）	1.5	2.7	4.2
总计		Count	196	221	417
		组内（%）	47.0	53.0	100.0
		组间（%）	100.0	100.0	200.0
$x^2 = 22.966$		P = 7			

（5）身体状况与老年人受教育意愿

表16说明，在愿意参加老年大学（学校）学习的老年人中，健康状况比较好和一般的老年人的比例最高，均占该项总样本的34.2%。在相同健康状况为很好和比较好的老年人当中，愿意参加老年大学（学校）学习的老年人比例均高于占不愿意参加的比例。卡方检验的结果证明，老年人健康状况与参加学习的意愿有较强相关性，身体健康的老年人比健康不太好或不好的老年人更愿意参加老年大学（学校）学习。

表16 城区老年人身体健康状况与受教育意愿间的交叉列联表

			您是否愿意参加老年大学（学校）的学习		总 计
			愿意	不愿意	
健康状况	很好	Count	46	37	83
		组内（%）	55.4	44.6	100.0
		组间（%）	23.5	16.7	40.2
	比较好	Count	67	60	127
		组内（%）	52.8	47.2	100.0
		组间（%）	34.2	27.1	61.3
	一般	Count	67	86	153
		组内（%）	43.8	56.2	100.0
		组间（%）	34.2	38.9	63.1
	不太好	Count	15	36	51
		组内（%）	29.4	70.6	100.0
		组间（%）	7.7	16.3	24.0
	很不好	Count	1	2	3
		组内（%）	33.3	66.7	100.0
		组间（%）	.5	.9	.7
总计		Count	196	221	417
		组内（%）	47.0	53.0	100.0
		组间（%）	100.0	100.0	200.0
$x^2 = 11.243$		P = 0.024			

（6）每天闲暇时间的多少与老年人受教育意愿

从表17可以看出，在表示愿意参加老年大学（学校）学习的老年人当中，拥有空闲时间比较多和一般的老年人分别占该项目总样本33.4%和25.1%，比拥有空闲时间相对较少的老年人所占总样本的比例要高。不过，在同样拥有很多空闲时间的老人当中，不愿意参加的比例远高于愿意参加的比例。卡方检验的结果未能证明老年人闲暇时间的多少与参加学习的意愿有相关性。

表 17 城区老年人的闲暇时间与受教育意愿间的交叉列联表

每天闲暇时间			您是否愿意参加老年大学（学校）的学习		总　计
			愿意	不愿意	
每天闲暇时间	很多	Count	48	74	122
		组内（%）	39.3	60.7	100.0
		组间（%）	24.6	33.5	29.3
	比较多	Count	65	81	146
		组内（%）	44.5	55.5	100.0
		组间（%）	33.4	36.7	35.1
	一般	Count	49	35	84
		组内（%）	58.3	41.7	100.0
		组间（%）	25.1	15.8	20.2
	比较少	Count	25	27	52
		组内（%）	48.1	51.9	100.0
		组间（%）	12.8	12.2	25
	很少	Count	8	4	12
		组内（%）	66.7	33.3	100.0
		组间（%）	4.1	1.8	5.9
总计		Count	195	221	416
		组内（%）	46.9	53.1	100.0
		组间（%）	100.0	100.0	200.0
$x^2 = 9.450$		$P = 0.051$			

（7）经济收入与老年人受教育意愿

在表 18，愿意参加老年大学（学校）学习的老年人中，月收入在 1000 元以下的老年人的比例最高，占该项总样本的 52.6%，其次为月收入以 1001~2000 元的老年人，占 34.4%。而月收在 2000 元以的老年人愿意参加老年大学（学校）学习的比例反而不高，仅占 13.04%。卡方检验的结果未能证明收入与老年人的受教育意愿相关，在控制了社区类型变量后，仍无法证明两者的关系存在。

表 18　城区老年人月收入与受教育意愿间的交叉列联表

			您是否愿意参加老年大学（学校）的学习		总　计
			愿意	不愿意	
月收入	1000 元及以下	Count	101	101	202
		组内（%）	50.0	50.0	100.0
		组间（%）	52.6	46.3	49.3
	1001～2000 元	Count	66	89	155
		组内（%）	42.6	57.4	100.0
		组间（%）	34.4	40.8	37.8
	2000 元及以上	Count	25	28	53
		组内（%）	47.2	52.8	100.0
		组间（%）	13.0	12.8	12.9
总计		Count	192	218	410
		组内（%）	46.8	53.2	100.0
		组间（%）	100.0	100.0	100.0
$x^2 = 1.942$		P = 0.379			

（8）职业与老年人受教育意愿

表 19 数据显示，在愿意参加老年大学（学校）学习的老年人中，以农、林、牧、渔劳动者（本次调查对象中"村改居"的社区占 1/3）的比例最高，占该项总样本的 36.8%，其次为工人。而在同一职业分组中，专业技术员和管理者愿意学习的比例最高。卡方检验的结果未能证明职业与老年人参加老年大学（学校）学习之间的关系。

表 19　城区老年人职业与受教育意愿间的交叉列联表

			您是否愿意参加老年大学（学校）的学习		总　计
			愿意	不愿意	
职业	各类专业技术人员	Count	29	19	48
		组内（%）	60.4	39.6	100.0
		组间（%）	15.0	8.9	11.8

续表

		您是否愿意参加老年大学（学校）的学习 愿意	您是否愿意参加老年大学（学校）的学习 不愿意	总计
国家机关、党群组织、企事业单位的负责人	Count	15	12	27
	组内（%）	55.6	44.4	100.0
	组间（%）	7.8	5.6	6.7
办事人员和有关人员	Count	11	10	21
	组内（%）	52.4	47.6	100.0
	组间（%）	5.7	4.7	5.2
商业工作人员	Count	12	13	25
	组内（%）	48.0	52.0	100.0
	组间（%）	6.2	6.1	6.2
服务性工作人员	Count	7	8	15
	组内（%）	46.7	53.3	100.0
	组间（%）	3.6	3.8	3.7
农、林、牧、渔劳动者	Count	71	68	139
	组内（%）	51.1	48.9	100.0
	组间（%）	36.8	31.9	34.2
生产工人、运输工作和有关人员	Count	41	63	104
	组内（%）	39.4	60.6	100.0
	组间（%）	21.2	29.6	25.6
不便分类的其他劳动者	Count	6	20	26
	组内（%）	23.1	76.9	100.0
	组间（%）	3.1	9.4	6.4
军人	Count	1	0	1
	组内（%）	100.0	0.0	100.0
	组间（%）	0.5	0.0	0.2
总计	Count	193	213	406
	组内（%）	47.5	52.5	100.0
	组间（%）	100.0	100.0	100.0

$x^2 = 14.879$ P = 0.062

(9) 老年人所生活的行政区与受教育意愿

表20数据显示，在愿意参加老年大学（学校）学习的老年人中，思明区的比例最高，占该项总样本的27.0%，其次为翔安区，占19.9%。而在同一地区中，海沧区和翔安区的调查对象中愿意参加学习的比例均超过60%，而思明区、集美区不愿意参加学习的比例也都超过60%。卡方检验的结果证明，居住地区与老年人参加老年大学（学校）学习之间有较强的相关关系。

表20 所在地与城区老年人受教育意愿间的交叉列联表

			您是否愿意参加老年大学（学校）的学习		总计
			愿意	不愿意	
所在地	思明区	Count	53	86	139
		组内（%）	38.1	61.9	100.0
		组间（%）	27.0	38.9	33.3
	湖里区	Count	37	42	79
		组内（%）	46.8	53.2	100.0
		组间（%）	18.9	19.0	18.9
	集美区	Count	13	22	35
		组内（%）	37.1	62.9	100.0
		组间（%）	6.6	10.0	8.4
	海沧区	Count	24	11	35
		组内（%）	68.6	31.4	100.0
		组间（%）	12.2	5.0	8.4
	同安区	Count	30	38	68
		组内（%）	44.1	55.9	100.0
		组间（%）	15.3	17.2	16.3
	翔安区	Count	39	22	61
		组内（%）	63.9	36.1	100.0
		组间（%）	19.9	10.0	14.6
总计		Count	196	221	417
		组内（%）	47.0	53.0	100.0
		组间（%）	100.0	100.0	100.0
$x^2 = 19.544$		P = 0.002			

综上可见，老年人接受老年教育的意愿与他们的性别、年龄、文化程度、健康状况及所在行政区有关系，但数据不能证明受教育意愿与其收入、职业、闲暇时间、居住的社区类型相关。

（三）老年人接受老年教育的满足状况及其选择

由于抽样调查中实际参加老年大学（学校）学习的老年人人数较少（43 人），为了了解老年人参加学习的真实情况，我们对正在市、区老年大学学习的学员进行了一次问卷调查。其结果如下：

1. 参加老年大学学习的老年人群特征

从表 21 中可见，参加市、区级老年大学（学校）学习的老年人中，女性的比例最高，占 69.8%；83.4% 的老年人年龄在 70 岁以下；高中、中专的文化程度比例最高，占 38.9%，高中及以上文化程度的老年人占 68.2%。值得注意的是，学员中有 23.9% 的人在老年大学已经学习了 5 年以上。如果关注学员的职业背景，其中专业技术人员的比例最大，为 24.9%，其次是各级的管理人员。从收入来看，收入 1001~2000 元的比例最高，占 46.2%，2000 元及以上的比例为 41.9%。47.2% 的学员身体状况为很好或比较好，47.0% 为身体一般。学员中每天空闲时间很多和比较多的占 32.1%，54.2% 为一般。

表 21　参加学习的样本基本特征

项目	变量	人数	百分比（%）	总计
性别	女	575	69.8	824
	男	249	30.2	
年龄	50~60/岁	328	41.4	
	61~70/岁	333	42.0	793
	71~80/岁	132	16.6	
文化程度	不识字或识字很少	21	2.6	
	小学	49	6.0	
	初中	192	23.3	823
	高中、中专	320	38.9	
	大专	140	17.0	
	本科及以上	101	12.3	
	1~2 年	332	42.2	

续表

项目	变量	人数	百分比（%）	总数
上了几年老年大学	3~5年	266	33.8	786
	5年以上	188	23.9	
现在的工作情况	尚未退休	43	5.7	749
	刚退休	197	26.3	
	退休很久了	482	64.4	
	还在参加劳动	27	3.6	
跟谁一起住	父亲	5	0.7	1029
	母亲	36	4.7	
	配偶	517	67.9	
	兄弟	7	0.9	
	姐妹	9	1.2	
	未婚子女	108	14.2	
	已婚儿子/儿媳	202	26.5	
	已婚女儿/女婿	69	9.1	
	孙子女	68	8.9	
	其他人	8	1.0	
持续时间最长的职业	各类专业技术人员	179	24.9	720
	国家机关、党群组织、事业单位管理者	162	22.5	
	企业管理者	90	12.5	
	办事人员和有关人员	70	9.7	
	商业服务工作人员	69	9.6	
	农、林、牧、渔劳动者	30	4.2	
	生产个人、运输工人和有关人员	73	10.1	
	不便分类的其他劳动者	30	4.2	
	军人	2	0.3	
	未曾就业者	15	2.1	
月收入	1000元及以下	88	12.0	734
	1001~2000元	339	46.1	
	2000元及以上	307	41.9	
	很好	143	18.1	
	比较好	229	29.1	

续表

项目	变量	人数	百分比（%）	总计
健康状况	一般	370	47.0	788
	不太好	44	5.6	
	很不好	2	0.3	
每天闲暇时间	很多	52	7.1	
	比较多	184	25.0	
	一般	399	54.2	736
	比较少	85	11.5	
	很少	16	2.2	

2. 参加学习的原因

老年人为什么要参加学习？原因是多种多样的，从表22的多选题答案中可见，66.5%的学习原因在于对学习有兴趣，希望从学习中找到乐趣，另外，通过学习增长保健知识也是一个重要的原因，占41.7%。老年学员参加学习的前三位原因分别是：乐于学习（66.5%）、增长保健知识（41.7）、培养新的兴趣和爱好（28.1）。

表22　老年人参加老年大学学习的原因

项　目	人数	百分比（%）	总计
乐在学习	527	66.5	793
是一种长期的兴趣和爱好	217	27.3	796
社交目的，与他人交往	165	20.7	796
打发时间	77	9.7	795
为培养新的兴趣和爱好	224	28.1	796
弥补早年教育的不足	210	26.4	796
提高文化水平	194	24.4	796
增长保健知识	332	41.7	796
其　他	5	0.6	796

学员的态度可以从他们选课的科目中得以证实，见表23。在各老年大学中，学员选课最集中的课程分别是：养生保健知识（36.9%）、舞蹈、体操（34.2%）、书法、绘画（16.6%）、体育运动（15.8%）、计算机知

识和运用（14.4%）。可见，于身体健康有益的课程中是最受欢迎的。这也与表23中老年人把医疗问题作为自己最关注的问题相映衬。

表23 选修课程情况

	人数	百分比（%）	总计
时事政治知识	34	4.6	735
舞蹈、体操	252	34.2	736
工艺美术	27	3.7	736
书法、绘画	122	16.6	735
养生保健知识	271	36.9	734
计算机知识和运用	106	14.4	735
戏曲学习	26	3.5	735
体育运动	116	15.8	735
实用技能学习	64	8.7	735
其 他	117	15.9	735

3. 老年人对老年教育方式的态度及选择

开展老年教育应当了解老年人喜欢什么样的教育方式。调查数据显示，老年人更喜欢传统的教学方式。表24显示，96.2%的学员认同课堂授课的学习方式，92.3%的学员认同由老师授课的教学方式，79.8%的学员希望学习的时间固定，而且有91.0%的学员认为学习地点应在学校里。

表24 对学习方式、授课方式、学习时间和地点的态度

项目	变量	人数	百分比（%）	总计
学习方式	课堂授课为主	717	96.2	745
	电视教学为主	84	11.3	745
	网络教学为主	53	7.1	745
	其他	13	1.7	745
授课方式	老师授课	682	92.3	
	通过电视机学习	27	3.7	739
	通过网络学习	7	0.9	
	无所谓	23	3.1	

续表

项目	变量	人数	百分比（%）	总计
时间安排	更具有弹性	111	15.0	738
	固定时间就好	589	79.8	
	无所谓	38	5.1	
学习地点	在学校里	677	91.0	744
	在家	29	3.5	
	其他	1	0.1	
	无所谓	37	5.0	

学员在选择学校时主要考虑什么因素？表 25 数据显示，学员的选择比较集中，前三位的因素分别是：对学习的课程感兴趣（61.1%）、地点离家近（41.6%）、教学的效果好（36.8%）。

表 25　在选择学校时最关注的方面

	人数	百分比（%）
地点离家近	266	41.6
对学习的课程感兴趣	390	61.1
学校的级别高	24	3.8
教师的名气大	80	12.5
教学的条件好	120	18.8
一起去的朋友多	54	8.5
上学方便	108	16.9
教学的效果好	35	36.8

可见，老年教育的可及性、方便性对于老年人十分重要。我们从学员们回答学习过程中的困难中也可以看到，目前因老年教育机构少而导致学习机会少，不得不到离家远的学校学习是困扰老年人学习过程主要问题，见表 26。老年人愿意在什么样的学校中学习？市、区级老年大学仍是首选[1]见表 27。

───────────

[1] 这一数据可能与我们调查对象均为来自市、区级老年大学学员有关。

表26 参加老年教育活动最困难的是

项目	人数	百分比（%）
活动地点离家远	187	37.9
费用太高	11	2.2
身体不好	50	10.1
课程不合适	38	7.7
机会太少	208	42.1
总　　计	494	100.0

表27 您更愿意在哪一类学校中学习

项目	人数	百分比（%）
市级老年大学	238	34.4
区级老年大学	312	45.2
街道、镇办社区老年学校	45	6.5
社区老年学校	31	4.5
本单位或行业办的老年大学	7	1.0
无所谓	58	8.4
总　　计	691	100.0

4. 学习费用情况

数据统计结果显示，总体来说，老年人每年用于老年教育活动的费用并不高。表28的数据显示，学员们在老年教育中的实际花费与他们能承受的教育费用相当，承受能力还略高于实际承担的费用。

表28 学员实际承担的费用与其可承受费用的情况

费用档次	教育花费的人数与比例		可以承受的人数与比例	
100元及以下	244	34.0	189	27.3
101～300元	308	43.0	289	41.7
301～500元	103	14.4	133	19.2
500元及以上	62	8.6	82	11.8
合　　计	717	100.0	693	100.0

对于老年教育的收费是否合理，74.4%的人表示老年大学的收费在他们可承受的范围之内，15.1%的人认为收费比较低。结果见表29。

表 29　学员对老年教育收费的态度

态　度	人数	比例
收费过高	14	3.0
还好，在可承受范围内	525	74.4
比较低	106	15.1
无所谓	58	7.0
合　计	703	100.0

5. 对老年大学教学的满意度

从整体上说，老年人对学校的教学满意率较高。表 30 数据显示，按满意率从高到低的顺序排列，依次为：学校的教育设备（78.6%）、教师的授课水平（88.1%）、教师的授课方式（82.8%）、学习时间安排（78.9%）、课程内容（77.8%）、学校的教学环境（77.6%）、学校与居住地的距离（59.9%）。数据显示，距离问题仍是不满意率最高的项目。

表 30　学员对老年大学教学条件的满意情况

	非常满意		满意		还可以		不满意		很不满意		总计（人）
	人数	%	人数	%	人数	%	人数	%	人数	%	
学校的教育设备	165	22.6	409	56.0	142	19.5	8	1.1	6	8	730
学校的教学环境	170	23.5	391	54.1	150	20.7	7	1.0	5	0.7	723
学校的授课方式	160	22.4	431	60.4	122	17.1	1	0.1	0	0	714
老师的授课水平	227	30.8	422	57.3	85	11.5	2	0.3	0	0	736
学习时间安排	139	19.7	417	59.2	146	20.7	2	0.3	0	0	704
课程内容	137	19.7	403	58.1	151	21.8	2	0.3	1	0.1	694
学校与居住地的距离	118	17.1	295	42.8	255	37.0	21	3.0	1	0.1	690

三　小结

通过以上分析，我们可以得出以下结论：

(1) 厦门市城区老年人群体的基本状况存在较大的地区和社区差异：

老年群体的文化程度总体偏低；但城市社区的老年人文化程度高于"村改居"社区的老年人；老年人总体的月经济收入在 1000 元以下，但岛内老年人月收入集中在 1001~2000 元，高于岛外；80% 以上老年人的身体健康状况在一般及以上的状态。

（2）城区老年人对老年教育的认知水平较低。一方面是由于宣传不够，以及社区缺少老年学校；另一方面是老年人自身对老年教育的关注度低，远不及他们对医疗及经济问题的关注。

（3）47% 的老年人愿意参加老年教育。愿意参加但没能参加老年教育的主要原因：所在地没有老年大学、没时间、学校距离自己住的地方太远等。

（4）在愿意参加老年大学（学校）的老年人当中，性别、年龄、文化程度、健康状况及所在行政区与他们的受教育意愿有关系。

（5）在参加老年大学（学校）学习的老年人当中，女性比男性多；年龄较轻的老年人多；学历较高的老年人多；身体健康状况为一般及好的老年人多；月收入高的老年人多；闲暇时间比较多的老年人也多。

（6）老年人参加老年教育主要是为了：乐于学习、增长保健知识、培养新的兴趣和爱好。学员选择的课程主要集中在娱乐和养生保健类。

（7）已参加老年大学（学校）的老年人中，78.9% 的老年人认为老年教育收费还算合理，在可承受的范围之内。

（8）老年人对当前市、区老年大学（学校）的教育设备、教学环境、授课水平、时间安排、课程内容等方面在整体上还是感到满意的。

（9）老年人认为当前参加老年教育最困难的是活动地点离家太远，以及参加学习的机会太少。

第三节 调查结果（二）：厦门市老年教育的供应状况分析

一 厦门市老年教育的机构概况

老年大学（学校）作为老年教育的主要提供方，其现状直接影响老年教育的供求关系及质量。根据 2009 年 6 月的统计结果[①]，厦门市现有老年

---

① 数据由厦门市老年大学 2009 年 6 月提供。

大学（学校）256 所，其中市级老年大学 1 所，区级老年大学 6 所，部队、企业、机关等单位办的老年大学（学校）5 所，街道或乡镇办的老年学校 27 所，社区的老年学校 217 所。

数据表明，全市 41 个镇（街）（含 1 个开发区、3 个农场），已创办老年学校 27 所，办学率已达 66%；465 个行政村（社区），已创办老年学校 217 所，办学率已达 46.7%；全市有各级老年学员 37985 人，占全市老年人口总数 21.5 万的 17.34%，其中街道（乡镇）和村（居）社区的学员数 23892 人，占全部老年学员数的 62.3%。

在这些学校中，已有市级老年大学和思明、同安、海沧、集美 4 所区级老年大学，按照省级示范学校的评估标准，申报了省级示范学校。这些评估标准涵盖了办学基本条件（领导班子、工作人员队伍、师资队伍、办学设备、办学经费）、学校管理（办学规模、行政管理、教学管理、科研工作）、办学成效（办学宗旨、教学评价、社会效益）、示范指导作用（示范作用、帮助指导作用）等四大类 14 项指标。由此我们可以说，在厦门市的市、区级已基本建成了具有较完备教学条件的老年教育机构。

二 老年教育机构的体制

厦门市老年教育机构的体制较为复杂，其主管部门多，基本上可以概括为三大部分。第一部分是以市、区老干局为主管部门的老年大学，共 7 所，占总机构数的 2.7%。第二部分是以单位、行业为主管部门的老年大学（学校），这部分机构数量较少，仅占总机构数的 2%。第三部分是以老龄办为主管部门的街道、社区老年学校，这部分学校数量最多，占全部机构数的 95.3%。

结合学员数量来看，我们可以推论，目前占机构总数 2.7% 比例的市、区级老年大学，承担了 30% 的老年教育任务。三类学校的基本情况见表 31。

上述三类机构，由于经费来源不同，主管单位不同，因此差异性很大。其中，由各单位、行业自办的老年教育，因其学员人数少，社会化程度低，故不在本研究之中，以下将按照两大类型的学校，分别分析其现状与问题。

表 31　各级老年教育机构基本情况表

级别	机构名称	主管部门	数量	经费来源	学员数量
市级	厦门老年大学	市委老干部局	1	市财政全额拨款	5712
区级	思明区老年大学 湖里区老年大学 集美区老年大学 大同区老年大学 翔安区老年大学 海沧区老年大学	区委老干部局	6	区财政全额拨款	5834
部队	磐石老年大学	磐石干休所	1	所在部队拨，每年3000元	95
企业	电业老年大学	厦门电业局	1	无专门的经费，有活动时从电业局离退休职工福利费中报销	242
高校	厦大老年大学	厦门大学	1	列入厦门大学财政预算，2009年学校经费为8万元	697
市直	市离退联老年大学 市文化馆老年艺术学校	市离退联 市文化馆	2	市离退联由市财政拨款，2009年8万元 市文化馆老年艺术学校2009年新成立，经费在开办的培训费中支出，无固定经费	1513
乡镇（街道）级	老年学校	老龄办	27	办学经费暂未列入财政固定预算，经费来源单一，基本采用"三个一点"办法，即：社区自筹一点，社会赞助一点，街（镇）支持一点	20688
村（居）级	老年学校	老龄办	217		3204
合计			256		37985

三　市、区级老年大学的现状

市、区级老年大学是老年教育的主力，虽然数量不多，但由于办学早、各方面的资源比较丰富且有保证，因此是老年教育的示范单位，对街（镇）、村（居）的老年学校起到示范及辐射作用。

（一）市级老年大学概况

厦门老年大学创办于1985年4月，经过20多年的艰苦创业，现已形成多层次、多学科、多学制的教育教学体系，成为一所在社会上享有一定知名度，并初具规模的综合性老年教育机构。

目前，厦门老年大学已拥有卫生保健、生活艺术、文学语言、音乐文艺、体育健身、计算机、书画篆刻7个系、135个教学班（含室内学制班和室外长练点）、5707名学员。已陆续成立了校艺术团（下设合唱、舞蹈、时装等业余团队）、校老体协（下设太极拳、木兰拳、腰鼓、气排球、健身球圈操、体育舞蹈六个专委会），以及摄影、书画、诗词、博客等专业学会，办有《厦门老年》报，建有校园网站。

2006年8月，厦门老年大学被正式确立为全民事业单位，隶属于市委老干部局主管，机构规格为正处级，内设办公室、教务处、总务处三个部门。核定人员编制7名，其中领导职数1名，内设机构领导职数3名。除在编人员外，学校还聘请了一批具有丰富教学经验的老同志担任系主任，进行基本的教学管理工作，有40余名兼职教师担任各专业授课教师。学校办学经费由市财政全额拨款。

（二）区级老年大学概况

目前全市6个区均设有老年大学。据统计，6所区级大学现有5834名学员。这些机构成立时间不一，条件不同，但其中4个区的老年大学已按"省级示范"单位的标准建设，申报了"省级示范学校"，对基层社区老年学校起到示范的作用。区级老年大学具有以下共同点：

第一，各区领导都比较重视老年大学的建设，逐步加大投入，使得学校在近几年来发展较为迅速。但从总体上说，投入的幅度与当地GDP的增长速度相比还有较大差距。

第二，体制统一。2008年，各校均正式列编为全额拨款事业单位，并成为法人单位，每所学校均落实了1~3名事业单位编制。这使得区级老年大学的定位问题基本解决，身份已从以往的"民办非企业"转为"事业单位"。

目前学校的工作人员主要来自三个方面：一是用事业编制招聘的工作人员。一所学校配置1~3名；二是编外招聘人员；三是退休返聘人员；四是由区政府指派部分退下来的领导到学校担任领导职务。至此，区级学校办学的最基本条件均有了保障。

第三，都对基层社区的老年学校起示范、指导的作用。但区级老年大学在其发展过程中仍面临一些具体困难，主要集中在人、财、物及软实力几个方面。

（1）人员问题。一是区校的工作人员以退休返聘人员为主体，在职人员偏少，使一些学员多的学校难以满足教学管理工作的需要。二是返聘人员待遇低。2008年返聘人员每人每月600元津贴，必须每天上班，工作量大。三是教师的课酬偏低（一次两节课60元，含路费）。四是管理人员的专业素质参差不齐。

（2）校舍与教学场所问题。有的区级学校（翔安）尚无固定校舍，只能依托在文化中心，虽然环境好，但交通不便；有的面临拆迁（思明区），教学工作受影响。

（3）办学模式尚未形成。多数学校的工作状况主要取决于负责人的责任心与能力，适合本地区特点的教学管理模式及长效机制尚未形成。

（4）体制尚未理顺。老年教育究竟应归口在哪一个部门尚待研究。作为终身教育的一部分，老年教育似乎应归口成人教育，但教育部门很少过问老年教育，教师节表彰也鲜见从事老年教育的教师名单，老年教育在国家教育体系中被边缘化。

（5）课程内容比较单一。总体来说，通过2007年创建省级老年大学示范校活动，带动和提升了全市老年教育的水平，老年教育工作有了质的变化。

四　街道、社区级老年学校现状

这类学校最多，但办学情况较为复杂。据统计，有217所学校已经挂牌，其中市级"基层老年学校示范校"15所。[①] 但有相当一部分学校（包括一些示范学校）并未开展实质性的教学活动。在本次调研的12个城市社区中，已经挂牌的社区老年学校有4所，其中真正有开展老年教育活动的仅有2所，均集中在城市社区中（前埔南社区、未来海岸社区）。社区老年学校的情况见表32。

[①] 这15所示范校分别是：思明区梧村街道老年学校、莲前街道瑞景社区老年学校、员当街道老年学校、嘉莲街道老年学校、开元街道老年学校、湖里区湖里街道东荣社区老年学校、湖里街道康乐社区老年学校、金山街道金山社区老年学校、集美区集美街道银亭社区老年学校、杏滨街道三秀社区老年学校、杏林街道宁宝社区老年学校、同安区洪塘镇下墩村老年学校、西柯街道洪塘头社区老年学校、海沧区新阳街道祥露社区老年学校、翔安区新店镇新店社区老年学校。

表 32 12 个社区老年学校情况

办学情况	数量	比例（％）
已经挂牌并已开展教学	2	16.7
已经挂牌但未开展教学	2	16.7
尚未挂牌	8	66.6
合　计	12	100.0

可见，老年教育在社区是相当薄弱的。为较全面地了解情况，我们分别选取了已经开展了老年教育和已挂牌但尚未开展老年教育的社区各 1 个进行调研。调研内容主要涉及办学基本条件（师资、经费、场所），以及管理的体制。另外，通过座谈的形式随机了解了 1 个街道老年学校的情况。

调查结果发现，社区老年学校的办学基础相当薄弱。以办学时间较长，在校学员人数多且教学条件相对较好的前埔南教学点为例，虽然是与区校联合办学，但其办学主要依托社区，目前日常办学经费除正常拨款外，其他支出大多是靠挤占社区的资源来获得支持。老年教育没有进行成本核算，基本上能维持就尽量维持。为此，我们请学校和社区的有关人员作了一份保证基本运行的预算。根据这份预算，一个教学点一学年基本的维持费（不含已购设备和折旧费）应当在 12 万元左右。这显然与目前的资金状况有很大差距。此外，这一教学点的教学场所隐性问题也较突出，借来的教室只能维持当下使用，与社区共享的场地在时间上也没有保证。总之，社区的资源毕竟有限，长期过分依赖社区资源是无法保证老年教育事业的可持续发展的。

而在挂了牌但没有开展实质性教学活动的兴隆社区，由于社区力量不足和政府的"零投入"，老年教育只能依靠社区开展讲座和一些文体活动。

作为"市级基层老年学校示范校"的嘉莲街道老年学校负责人反映，学校的教学条件差，有些设备因无合适的场所放置而无法正常使用。有些示范校也表示，他们虽然挂了牌却并未开展活动。

可见，目前占比例最大的街道、社区老年学校的老年教育多数处于有名无实的状况。这与其管理体制有很大关系。老年学校的主管部门是老龄办，而老龄办作为政府的协调机构并没有固定的办学经费来源，老年教育活动办学经费未列入财政固定预算，经费来源只能采用"三个一点"办法，即：社区自筹一点，社会赞助一点，街（镇）支持一点，政府的"零投入"或"很少的投入"使社区老年教育不具有可持续性。

此外，这类学校的负责人均由退休人员担任，工作量大，但报酬低。尤其是上级领导的重视、关心与理解也不够，许多负责人感到工作难做。

五 小结

通过对各级老年教育机构的调查可以看出，厦门市城区现有的老年教育机构已基本上形成了以市、区老年大学为核心，以街道、社区老年学校为节点的四级老年教育网络。其中市、区二级条件相对较好，而街道、社区的老年学校由于没有专项经费、加上场所等基本条件的限制，多数是形同虚设。老年教育网络存在资源配置不均，体制不合理等问题，制约着老年教育的普遍开展。

第四节 分析与对策

一 老年教育的供求状况

（一）老年人的受教育需求

调查数据已显示，厦门市城区老年人的群体状况呈现出比较明显的社区差异。老年人的受教育需求意愿，与其自身的性别、年龄、文化程度、健康状况等因素有较大的关系。但总体上说，老年人受教育的意愿的比例较高。由于宣传不够、教育机构数量不足，以及老年人自身对老年教育的不同认知，实际接受教育的比例仅占10.3%左右。

调查数据还显示，老年人更希望就近学习，认同传统的教学方式。老年人学习的目标主要集中在有益身心健康的课程。已入学的学员对市、区级教育机构的评价总体上是满意的。

（二）城区老年教育机构的状况

1. 资源配置呈现明显的层级差异

总体来说，市、区级老年大学的办学条件已有了质的提高，在人、财、物方面获得了制度化的保障，办学经费已纳入财政预算，配有事业编制、有场所（一些区因拆迁等原因场所暂时受到影响，但总体还是有保证的），优质的老年教育资源也主要集中在这两级机构；而街道、社区层面的办学资源相当短缺，现有支撑系统十分脆弱，政府对这一类机构基本上是"零投入"，办学的基本条件匮乏，人员素质参差不齐，办学困难较大。

2. 老年教育体制多元，多头管理，且在不同体制中缺少协调与联系

老年教育机构分属市委老干部局、老龄委、各行业系统（单位）等，这些机构经费来源不同，特别是老龄委系统下辖的社区老年教育机构的办学资源无制度保障。不同体制的老年教育机构各自为政，垂直联系多，横向联系少，中间缺少协调与调节的机构和机制。

3. 老年教育的公平性尚需政策调节

老年教育属于公益性的社会服务，适度普惠是合理的选择。但由于教育资源配置不均，尤其街道、社区层面的老年教育不健全，至少30%有受教育意愿的老年人没能实现其愿望。此外，一部分老年人长期占用公共资源的现象，也加剧了优质资源的紧张。这些都需要通过相应的政策加以调节。

4. 老年教育的方便性、可及性还有待完善

社区老年教育资源的短缺迫使老年人只得舍近求远，到市、区级教育机构争位子，无形中加剧了教育资源的紧张。

5. 教学内容比较单一

偏重于休闲娱乐，与老年人生活有密切关系的老年心理、老年生活方式、社会养老政策、老年维权等课程却鲜有开设，老年人很难在课堂上为自己在晚年生活中遇到的日常疑惑寻得解决之道。

二 老年教育的供求矛盾分析

首先，调查发现，老年教育的供求状况在现实中存在两种类型：一是供不应求，在优质教学资源多的机构，供求矛盾较突出，如在市级及部分区级老年大学、办得好的社区老年学校，报名难成为常态；二是供大于求，在岛外一些新区，即使是区级老年大学，报名的人数也不多，空位较多。可见，在供求问题上，也存在社区差异，不能一概而论。但总体上，供求矛盾远远超过我们的预期。

其次，从动态的角度看供求关系，我们认为，城区老年教育的供求矛盾将是一个长期存在的问题。其根据是：

第一，人口老龄化增速。按本次调查的数据测算，10.3%的入学率比例虽然不大，但由于今后老年人口的基数增大，所以乘以 10.3% 后其绝对数也是个大数。特别是由于 54.5% 的"学习位"在社区，而多数社区的老年教育处于"虚胖"状态，因此，如不能尽快发展社区教育，今后老年教育的供求矛盾将会进一步加剧。

第二，需求的显性化。目前老年人的受教育需求大多处于隐性的状态，随着社区建设的进一步发展，社区公共设施的逐步完善，隐性的需求将可能显性化，从而促进需求。

第三，未来老年人口的新特点。随着 20 世纪 50 年代生育高峰期出生的人口陆续进入老年期，未来老年人口将呈现以下特征：文化程度提高、年龄较轻（属年轻的老年人）、身体健康状况较好、闲暇时间多（城区的独生子女家庭多）等，其接受再教育的意愿会增强。

三 对策与建议

（一）政府及相关部门应进一步提高对老年教育的认识

搞好老年教育，对于应对人口老龄化的挑战具有积极的意义。首先，老年教育作为一种特殊教育，既不同于义务教育（由政府来办），也不是学历教育（规范性、专业性高）或精英教育（针对少数人的优质教育），在人口老龄化的社会中是不可或缺的事业，是终身教育的一个有机组成部分，是实现"老有所教、老有所学、老有所为、老有所乐"的具体措施。

其次，发展老年教育是拉动内需的举措之一。开展老年教育不仅是老年人分享社会发展成果，而且可以促进消费，拉动内需。办好老年教育，除了办学投资之外，老年人在教育上的消费需求也是内需的组成部分。

再次，发展老年教育是构建和谐社区、和谐家庭的有效手段。因此，各级政府及相关部门应提高对老年教育的认识，真正把老年教育作为关注民生的具体事情来办。

（二）应从制度层面上确立老年教育的地位

老年教育要获得发展，最关键的是要将其纳入全市、各区的经济与社会发展规划，尤其是要纳入厦门市中长期教育发展规划。只有纳入发展规划，老年教育发展的基本条件才能有所保证，才能实现可持续发展；只有纳入发展规划，老年教育才能列入党委和政府的议事日程及干部考核内容；老年教育的成效才可能成为政府绩效评估的内容，才可能对政府部门形成约束。而纳入规划的前提是对老年教育的正确定位。目前国（境）外的一般做法是将老年教育作为成人教育的一部分，而我国《国家教育事业"十一五"规划纲要（2007）》中也将老年教育列入国家教育整体规划。因此，办好老年教育，政府应起主导的作用，在办学经费、人员编制等方面予以保证。

从规划的角度讲，目前厦门市应将城区老年教育的重点放在社区和街道，应有一定的政策向社区倾斜，特别是要保证基本的教学经费和教学用房。只有将社区的老年教育办好了，才可能解决老年人就近入学的问题，才能有效缓解老年教育的供求矛盾。

（三）通过体制创新，实现资源的有效整合

目前的体制不利于资源整合。要实现资源的有效整合，可以考虑在区级层面上实行"大老龄"的体制。由于各区经济发展不平衡，以区级为单位进行体制创新比较符合现实。实际上，目前集美区已经在尝试这样做了，该区的老干局与老龄办的领导由同一人担任。

实行"大老龄"的好处在于，各个涉老部门整合后，可产生规模效应，可以按照本区老龄化状况及老年人的实际需求，开展为老服务，包括老年教育。在老年教育方面，可以进一步做强、做大市、区级老年教育机构，并向各街道、社区辐射，实现联动。

（四）积极开放区内的资源用于老年教育

老年教育资源短缺主要体现在人、财、物上。用开放的理念办学，就是要调动社会资源来办学，实现老年教育政府、社会、个人共同支撑的多元化体系。

就街道与社区这一部分，可以考虑将老年教育与社区教育结合起来，开展老年人喜闻乐见的、形式多样的教育，可以将教育与活动结合起来，将机构学习与自主学习结合起来。

调动社会资源，要有一定的补偿机制，并要允许一些条件成熟的社会资源以非营利的方式开展老年教育。老年教育的收费应保证大众化、普及性的教育的无偿或低偿的福利性，对于高级的、非普及性的教育项目可适当提高收费标准，从而保证老年教育的公平性。

（五）合作、互补、优化专业结构，实现多方共赢

从目前老年教育的内容来看，娱乐型、健身型的课程占多数，这类课程的专业要求不高，容易在社区开展。而一些专业性高的课程，需要师资条件较高，且选择人数也不多，可以考虑在市、区级老年大学中多开设。

要在课程开发上进一步优化结构,实现错位发展。社区也可以根据自身的条件,在社区之间优势互补,共同发展,合作各方通过互利互惠,都可以从中获得好处。还可以学习中小学的办学经验,开展教师的校际交流,实现优质资源共享。

(六)应当尽快在社区层面建立社会工作的职业岗位

目前社区工作者大多忙于应付政府交办的事务,无专人负责社区教育工作。《中共中央关于构建社会主义和谐社会若干重大问题的决定》中提出:造就一支结构合理、素质优良的社会工作人才队伍,充实到公共服务和社会管理部门。社区应是容纳这类人才的主要场所。社会工作者可以通过社区教育的形式,扩展老年教育的基本内容,如老年维权、老年家庭关系调适等,通过开展各种形式的活动,丰富老年教育的方式。

(七)创造多样的办学模式

老年教育的办学模式应根据本地区的实际情况,采取多样的形式。除了以学校为主学习的模式外,以下几种模式均是可以进一步发展的。

第一,区、社区联合办学模式,即由区级老年大学与社区合作,在社区设教学点的方式。课程内容可以由社区依据本社区的需求决定,由区级老年大学或社区选聘老师,费用由双方共同支付。这种模式的好处在于:一是可以充分整合社区资源,同时又可以获得区级老年大学优质资源的支撑;二是比较方便老年人的就近、就地学习。三是教学经费基本有保障。这种模式比较适合文体类课程。

第二,以市级老年大学为中心的远程教学网络模式,即由市老年大学将课程制作成网络课件,通过校园网站的平台向各基层老年学校传播,各社区组织本地学员收看。这种模式的好处在于:一是可以集中全市乃至全国的优质教学资源,通过网络教学的方式,将优质课程向各社区发送。二是方便老年人就近学习。

第三,适应于我国老年人口增多,而教育资源不足,财力有限的国情,网络远程老年教育的投入低,对于边远地区的老年学校将发挥更明显的社会效益。如可充分利用社区、街道现有的党员干部远程网络终端设备来开展老年远程教育,实现资源共享。这种模式比较适合专业型、技术型的课程。但这种课程的缺点在于师生之间缺少互动,因此,要利用现有3G的技术,开拓互动型课程。另外,每个教学点应配备相应的辅导老师,及时答疑解惑。网络教育对于足不出户的老年人有重要的意义。可充分利用广播、电视、计算机等现代化传媒技术，积极发展老年远程教学，网上教学，建立城乡老年教育网络。以适应老年人的多种需求，实现老年教育的全覆盖计划。从长远来看，随着 20 世纪 50 年代出生的人口进入老年期，老年教育的手段与方式都有改进的空间，使用现代化传媒技术将会成为老年教育的一种重要手段与潮流。

第四，社区联合办学模式，即由几个社区合作，利用各自社区的优势，合作办学。这种模式的好处在于：一是可以整合几个社区间的资源，实现优势互补。二是方便老年人学习。但教学质量容易受到影响，同时，资源的可持续性缺少保障。这种模式较适合文体类、普及性教育类的课程。

参考文献

［1］周运粮、朱演春等：《老年教育理论创新途径新探》，《企业家天地》2006 年 9 期。

［2］田佳：《终身教育理论视阈下老年教育的缺失》，《理论界》2008 年第 6 期。

［3］连明伟：《终身教育体系中的老年教育问题探讨》，《教育评论》2008 年第 5 期。

［4］彭燕：《我国老年教育的发展及特征》，《西南交通大学学报（社会科学版）》2005 年第 2 期。

［5］鞠健：《老年大学现状分析及研究》，《工会论坛》2003 年第 6 期。

［6］《山东枣庄市老年大学》，《创新机制，强化管理，提高办学水平》，《老年教育（老年大学）》2007 年第 2 期。

［7］陈耀雄：《积极挖掘办学资源》，《老年教育（老年大学）》2007 年第 7 期。

［8］陈孙民：《老年大学的联办与"双赢"》，《老年教育（老年大学）》2007 年第 8 期。

［9］杨裕华：《当前老年教育问题的思考》，《老年教育（老年大学）》2008 年第 8 期。

［10］梁烈：《论老年教育现代化》，《老年教育（老年大学）》，2008 年第 6 期。

［11］张文范：《在全国 18 城市老年大学第九次工作研讨会上的讲话》，《老年教育（老年大学）》2008 年第 11 期。

［12］靳振中、徐善猷：《用科学发展观指导老年教育创新发展》，《武汉学刊》2008 年第 1 期。

［13］丁志宏：《发达国家的老年教育发展及其对我国的启示》，《高等函授学报（哲学社会科学版）》2008 年第 9 期。

积极老龄化与老年教育的本质和目标

施祖美　林筱文[*]

人口老龄化是21世纪一个重大的社会问题，积极应对老龄化问题，对保证我国经济社会的持续统筹发展具有重要的意义，我国政府对此做出了重大努力。1996年8月29日制定了《中华人民共和国老年人权益保障法》，2000年8月颁发了《中共中央、国务院关于加强老龄工作的决定》，从我国的基本国情出发，客观分析了我国人口老龄化的发展趋势，科学地总结了改革开放以来老龄工作的实践经验，深刻阐述了做好老龄工作的重大意义，提出了我国加强老龄工作的指导思想、原则和目标，以及实现这些目标的政策措施和工作部署。2006年12月国务院新闻办公室公布了《中国老龄事业的发展白皮书》，全面总结和阐述了我国应对老龄化政策措施和成效。

一　我国老龄化的趋势、特征及存在的问题分析

根据联合国的通行标准，把60岁及以上老年人口占总人口的比重达到10%或者65岁及以上老年人口占总人口的比重达到7%，即认为进入老龄化社会。1999年10月1日，国家统计局公布我国老年人口已达到1.26亿，占总人口的比重为10%，表明我国已经进入老龄化社会。对我国老龄

---

[*] 施祖美，福建老年大学副校长、福建省老年大学协会副会长、福建省老年教育理论研究会会长；林筱文，福州大学管理学院教授、人口与经济政策研究所所长。

化的基本特征，张文范认为出现"两高两大两低"的特征，即高速、高龄；基数大、差异大；社区养老社会化水平低、自我养老和社会养老意识低的现状。

(一) 我国老龄化发展的几个阶段

第一阶段是20世纪80年代到2000年为过渡阶段。在这一阶段，我国60岁及以上人口从760多万增至1.3亿人，老龄化从7.6%升至10.1%。我国劳动年龄人口大量增加，随着农村经济体制改革的深入，大量农村劳动力脱离农村和农业，进入城镇第二、第三产业的领域。

第二阶段是2000年到2020年的快速增长阶段。这一阶段由于20世纪50、60年代两次生育高峰的人口大量进入老年，预计老年人口将上升至2.3亿，约占当时总人口的15%，同时这一时期大量农村青壮年人口进入城镇，使得农村老龄化问题日趋严重。

第三阶段是从2020年到2050年为人口老龄化的高峰阶段。预计老龄人口占总人口的比重将超过20%，甚至可能达到25%。由于我国实行计划生育"少子化"，使人口总量过快增长的势头得到有效的遏制，劳动年龄人口的绝对量在增长，但所占比重却有所下降，而老龄人口的比重迅速上升，其中高龄人口的数量大量增加，对我国养老事业带来极大的挑战。

(二) 我国人口老龄化的特征

(1) 当前我国人口老龄化还处于相对"较低"的时期，还可以享受10~20年的"人口红利"，即劳动年龄人口的绝对量和比重还比较大，社会养老负担还不是很严重。但是到了2020年以后，老年人口，特别是高龄人口大量增加，而家庭结构的小型化，使得社会养老负担及家庭养老问题越发严重。

(2) 目前我国已经进入老龄化的地区多是沿海经济发达的地区。沿海地区经济较为发达，吸引了大量的中西部青壮年来就业，相对缓解了该地区的养老社会负担。但是随着我国区域产业的梯度转移，他们更多地留在中西部地区就业，则东部地区的养老负担日益严重。

(3) 我国老龄化的进程与社会经济发展进程不同步，出现"未富先老"的特征，与西方发达国家相比，我国是处在经济发展比较落后的情况下进入老龄化的，无论在经济负担上、社会养老设施建设上、社会管理政策上都还没有做好充分的准备。

（三）当前我国养老事业发展存在的主要问题分析

1. 养老经济水平差异大

主要有三个方面：即社会不同阶层之间、城乡之间、不同区域之间的差异。在社会不同阶层之间，公务员、某些垄断性国企的养老保障水平较高，并且有较为稳定的医疗保障；而大部分企业的老人退休金水平较低，仅够本人的日常生活开支，如果其家属没有退休金，加之他们年老多病，社会医保水平很低，则他们的养老生活水平就会陷入贫困的境地。从性别来看，大多数女性老年人没有工作，或退休金水平较低，则她们的老年生活困难更大。目前城市的老年人大多有退休金，或者享受城市低保待遇，农村里基本没有退休制度（有的也是刚刚试点），农村老年人大多要靠子女供养，而目前大多农村、农民家庭生活较为贫困，他们仅仅能得到低水平的生活保障。

2. 老年人健康状况差，医疗保障水平低

随着老年人年龄的增长，其生理机能和健康状况在衰退，同时老年人的心理状态也不容忽视。老年人看病难主要体现在两个方面，一是收入水平低、医药费用高；二是社会医疗服务网络不完善、医疗服务管理水平低。同时由于大部分老年人缺乏科学的医疗保健知识，缺乏对他们生活习惯的正确指导，他们对自己平常的健康状况不甚了解，以致延误了及时治疗。大部分农村地区缺乏医药的情况也较为严重。

3. 家庭养老负担重，社会养老服务落后

目前我国仍然是以家庭子女养老为主的家庭养老模式，由于独生子女政策的实施，出现了"四二一"的家庭结构，可能使得"空巢老人家庭"大量增加，这些家庭老人的日常生活照料、经济供养负担、医疗保障和精神交流等都会遇到一系列的问题。家庭中年轻人由于工作和经济压力都比较大，且他们照料的重心大多放在他们的子女身上，则家中老人的地位难免会有所下降，对老年人的精神生活带来一定的负面影响。特别是家中高龄老人的养老问题，他们的子女也进入老年，低龄老人照料高龄老人，负担更为沉重。

在家庭养老负担沉重，功能不断弱化的过程中，社会养老服务设施却相对滞后，要么是贵族化的养老院，普通百姓住不起，且大多入住率很低，经营不善，难以维持。而适合普通百姓住的中低档次的养老院很缺乏，社会上的养老服务设施不配套，功能不完善，管理水平低，老年产业

发展缓慢，不能满足日益增长的老龄化社会的需求。

4. 精神生活单调，社会问题突出

在我国目前老年人中，大多文化水平较低，没有接受过良好的文化教育，城市中的老年人大多为中等文化水平，农村中的老年人大多为小学或者文盲、半文盲的文化水平。文化水平低必然会影响到老年人晚年的生活质量。由于我国老年人预期寿命延长，他们在退休后有更长的生命期间。如何在保证他们基本的物质生活条件的同时，让其享受更好的文化精神生活，是当前政府养老管理部门亟待解决的问题。

针对中国老龄化出现的问题，我国采取了积极老龄化的思路来解决这个问题。

二　积极老龄化内涵及分析

积极老龄化的理论观点，是国际社会对积极应对人口老年龄化问题而提出的。人口老龄化问题的凸显最早是在欧美日等国家出现的。1997年6月召开的西方七国丹佛会议，提出过积极老龄化的主张；1999年国际老人年期间，世界卫生组织（WHO）发起和展开了一场"积极老龄化全球运动"。2002年4月，联合国在西班牙马德里召开的第二届世界老年大会上，世界卫生组织向大会提交了一份"积极老龄化"的书面建议，并为大会所接受。会后，WHO出版了《积极老龄化政策框架》一书，为推动世界积极老龄化事业的发展作出了贡献。

（一）积极老龄化的内涵

积极老龄化是以联合国"独立、参与、尊重、照料和自我实现"的原则为理论基础而提出的一个政策框架，有三个要素：健康、参与和保障。

1. 健康

世界卫生组织认为"健康不仅仅是没有疾病，而且是一种在身体上、精神上和社会适应能力方面的完好状态"。不仅指生理上的和心理上的健康，还包括人在社会中良好的沟通能力、适应能力的健康。

保证老年人的健康，要积极开展老年人健康教育，养成良好的生活习惯。当前我国的老年人由于受到文化水平和专业知识所限，对自己的健康不甚了解，特别是一些老年性疾病，未能及时发现，以致延误就医。有的老年人由于受各种因素影响，养成了不良的生活习惯，这些都极大地影响了老年人的身心健康。开展健康教育，特别是对老年人开展有针对性的老年健康知识教育，使广大老年人懂得卫生健康知识，了解自身的身心健康状况，了解疾病的原因和防治方法，提高自我保健意识，把疾病防治在萌芽状态，节省医药开支，减轻家庭护理负担。

2. 参与

"参与"是指老年人退休后融入主流社会，根据需要和可能，积极参与社会、经济、政治、文化等方面的社会活动，发挥作用服务社会。

老年人参与社会活动的方式多种多样，在中国目前主要有如下几种方式：担任顾问咨询工作，老年人发挥其专长和人脉关系，为政府的政策制定和评审、为企业的技术改造等发挥作用；参与经济活动，老年人可以自办公司实体或应聘到某个企事业单位担任某项实际工作；参与社会活动，例如参加各类社团群众组织、参与社区管理等活动；参加文体活动和参加学习培训等。

老年人的参与有一个与知识和能力相适应的过程，由于历史原因，大部分老年人原有的文化水平较低，同时也有一个接受新知识的过程。老年人参与社会活动，首先要对自身的健康状况有事先明确的了解，对自己的知识和技术能力有明确的认知，对自己的权益保障有明确的认识，这都要求老年人利用各种机会，参与各种知识的学习培训，以利于他们力所能及地参与社会活动。

3. 保障

"保障"是指政府、社会、家庭依照法律规定，对退休和无劳动能力的老年人实施的社会补助和社会救助体系，包括政治、法律、经济、社会及医疗等方面的社会服务和社会保障。国家向老年人提供的保障是政府通过对国民收入的分配和再分配手段，依法向老年人实施资金、物资、法律保障和社会援助，保障老年人的基本权利和基本生活，提高其生命质量和生活质量。

目前家庭养老是我国养老的主要方式，对老年人进行日常生活照料和精神慰藉，但目前因为某些家庭中子女的事业奔波、经济困难、住房拥挤、孙辈的家庭重心地位等原因，使家庭养老的功能出现了弱化，加之某些家庭法律意识薄弱，时有侵犯老年人权益的现象发生，而有的老年人不懂得或不愿拿起法律武器来保护自己的合法权益。家庭养老功能的弱化，社会（区）养老的地位日益重要，对之应加以完善，应成为当前政府养老政策措施的重点内容。开展社会成员之间的互助合作养老，来补充家庭养老和社区养老的不足，也是一个新的探索。福建省连城县农村养老互助储蓄社的做法值得推广。

三 老年教育的需求、本质和目标

（一）老年人素质提高对教育的需求

美国著名的心理学家马斯洛把人类的需求满足分为五个层次，从低层次到高层次分别为生理需要、安全需要、归属和爱的需要、自尊需要以及自我实现的需要，前面两种是物质方面的需要，后三者是精神方面的需要。人的素质高低对需求层次的高低有决定性的作用，人们在基本的物质需求得到满足之后，就会转向对更高层次的需求，高层次需求标志着社会的文明和进步，同时也表明人类素质的全面提高。从影响人类素质提高的因素分析来看，主要有如下几个方面：物质基础、身心健康、自身教育水平、对精神文化生活的追求、生存环境（自然的、社会的）以及享有的权利或权益保障等方面。当前我国老年人因自身的生活环境条件、人生经历、经济收入、家庭状况等各不相同，对生活质量的追求各不相同。

从老年人的教育需求角度来讲，应该是属于更高层次的精神方面的需求。从积极老龄化政策框架的健康、参与、保障三个要素来看，也应该属于更高层次的需求。"健康"不仅仅是基本上没有疾病，还应该懂得更高层次的自我养生保健，具有良好的心理和精神健康状态，具有良好的社会沟通能力；"参与"应该是更高层次的参与，发挥老年人技术上、知识上和人生阅历上的经验优势；"保障"也应该是更高层次的保障，使老年人的合法权益得到保护，老年人有权利"共享社会改革的成果"，使自身得到照顾和有尊严。积极老龄化更高层次的需求，要求老年人具备更高层次的素质，而素质的提高，只能通过接受教育得到。

（二）老年教育的本质

研究教育本质，首先要明确"教育"范畴的界定。它可以从广义和狭义两方面来看。广义的教育是指社会上一切能增进人们知识、技能的活动过程；狭义的教育是指教育者在一定的场所对受教育者进行知识、技能的传授，从而影响受教育者的身心发展。从主体和客体来看，教育活动涉及三个因素，即教育者、受教育者和教育影响。其主体为教育者，从事有意识的教学活动，其客体为受教育者有意识地接受知识的活动，教育的内容即为载体，根据受教育者需求的不同而不同；而教育影响就是受教育者即人的素质（包括知识、技术和能力等）的提高。老年教育的本质，就是老年人的素质教育。

（三）老年教育的目标——学会生存、学会发展

我国社会主义革命和社会主义建设的根本目标是"以人为本"，即满足人的需求，提高人的素质，使人活得有尊严，它是社会主义价值观的体现。执政者所制定的一切政策和制度都是围绕着这个价值观而实施的，制定"积极老龄化"的政策，应对老龄化问题的挑战，才能够真正建设"不分年龄人人共享的社会"。对老年教育的目标，老年教育工作者提出了不同的观点，主要有：

1. 健康快乐的教育目标

广东省老干部大学钟铨认为：老年教育的"健康快乐"教育观念是指在教育活动中，以受教育者（老年人）的"健康快乐"作为出发点和最终目标，并贯穿于整个教学过程，通过"学、乐、康、为"相结合的教学活动，致力于提高老年人的生命质量和生活质量，使受教育者综合素质继续得到完善和发展，成为生理心理健康、精神生活愉快的"健康快乐"长者，完满度过余生。

2. 南京金陵老年大学对老年教育目标的深化

南京金陵老年大学初创时，认为"办学是为了转移一些消极情绪，消除一些老同志的失落感"，因而提出了"丰富生活、陶冶情操、颐养天年"的办学目标。随着办学宗旨的认识深化，1986年提出"增进知识、丰富生活、身心健康、余热生辉"的提法。1996年以后，随着时代和科技的发展，随着更多的低龄和高学历的学员增多，他们从休闲和康乐开始，逐步产生了提高素质、开发潜能以至于再次成才的要求，认识到老年教育不仅是"休闲康乐"的教育，而且是与"开发性"教育相结合的老年教育，在于引导老年学员将"老有所为"的内涵提升到"再创业、开辟人生更高境界"的追求上来，提出了老年教育的目标是"更新知识、开发潜能；丰富生活，促进健康；陶冶情操，保持晚节；服务社会，与时俱进"的办学目标，突出"老年教育是完善人生的教育"的理念，对学校初创时期的办学目标的理解是一种重要的深化。

3. 生活教育的教育目标

我国著名教育学家陶行知提出"生活教育"的理论，由"生活即教育"、"社会即教育"和"教学做合一"三大命题构成。陈善卿从陶行知的生活教育理论对老年教育启示的研究认为，老年教育实质上也是生活教育，以老年生活为出发点的老年教育，要以他们的生活经验为出发点，引导他们从生活中吸取提高自身素质的养料，逐渐上升到理性层面，回到生活又高于生活，教人做人，使受教育者成为"完满人格"的人，使老年人能够过上更美好、更完善的晚年生活。上述理论实质上指老年教育的起点是"始于生活"，达到提高老年人素质，从而使老年人过上"美好、完善"的生活。

4."学会生存、学会发展"的教育目标

我们提出的"学会生存、学会发展"的老年教育目标是从老年人所处的环境条件分析出发，体现"存在决定意识"的唯物论观点，认为不同的社会层次的老年人，其生活的环境条件各不相同，他们的教育需求也不尽相同。他们接受老年教育才能更好地提升他们的自身素质，改善他们的生活环境，满足他们的物质和精神方面的需求。

1996年在福州召开的中国老年大学协会二届二次理事会议，总结了我国老年教育的经验，提出了20字的办学宗旨，即"增长知识、丰富生活、陶冶情操、促进健康、服务社会"，体现了"老有所学、老有所乐、老有所为"的要求，它既体现了老年教育的目的，也体现了老年教育的目标。"生存"是一切的基础，没有"生存"何来"发展"？"发展"是一种更高层次的"生存"。对"生存"环境有困难的老年人，通过接受老年教育，提高生活技能水平，从而改善其"生存"环境，对"生存"环境较好的老年人，通过接受老年教育，提高自身文化素质，来满足其更高的物质和精神方面的需求，也有利于他们更好地"参与"社会。总之，为了更好地生存和发展，老年人只有通过接受老年教育，才能更好地"增长知识、促进健康"，才能更好地享受"丰富生活、陶冶情操"的意境，才能更好地"服务社会"。

四 结论

为应对老龄化的问题，世界卫生组织提出了"积极老龄化"的政策框架，提出其三个要素，即健康、参与和保障。政府有责任制定"积极老龄化"的政策措施，大力开展老年教育，促进老年人生存环境的改善，提升老年人素质，满足老年人的物质和文化需求，从而达到"人的完美发展"，

建设"不分年龄人人共享"的和谐社会,使老年人活得更美好、更有尊严。

参考文献

[1] 金陵老年大学罗炳权、陆剑杰主编《老年教育学学理探索》,南京出版社,2008。

[2] 童万亨:《谈谈"积极老龄化"问题》,《积极老龄化研究》,华龄出版社,2007。

[3] 《天津市老年人大学研究室编印》,《张文范论老年教育》2009年第8期。

与时俱进办好老年学校应处理好几个关系

——福建省老年教育办学实践探索

李宗明[*]

福建省老年教育,从1985年省老年大学成立算起,已走过25年历程。随着改革开放的步伐,老年教育也得到快速发展。根据2009年统计,全省已办各级各类老年大学(学校)8183所,其中省级1所,设区市9所,县(市、区)84所,乡镇(街道)962所,村(居)7105所,部队办2所,企事业单位办19所,在校学员570173人,占全省老年人口总数的12.1%。回顾25年的办学历程,我们深刻体会到,只有与时俱进,老年学校教育才能又好又快发展。

一 与时俱进办好老年学校是发展老年教育的客观要求

1. 老龄化社会要求老年教育必须与时俱进

我国于1999年进入老龄化社会,老年人口以每年3.28%的速度递增。截至2009年,老年人口已达1.67亿,占总人口的12.5%。老年教育是社会发展到老龄化时代的产物,是社会进步的客观反映。老年学校教育的出

---

[*] 李宗明,福建老年大学协会副会长、福建老年大学副校长、福建省老年教育理论研究会副会长。

现，有利于老年群众获得新的知识和追求。老年人口增加，要求老年教育发展能与之相适应。福建省老年学校办学规模不断扩大，办学质量不断提高是一个有力的例证（见表1）。

表1　福建省老年大学（学校）数、学员数统计表（1985～2009）

年份	1985	1986	1987	1988	1989
学校数	2	10	14	18	22
学员数	1339	2880	3279	3636	4035
年份	1990	1991	1992	1993	1994
学校数	43	62	87	202	304
学员数	5408	9886	10000+	15000+	23341
年份	1995	1996	1997	1998	1999
学校数	473	1469	1773	2839	3337
学员数	39962	95266	110753	201177	254012
年份	2000	2001	2002	2003	2004
学校数	4117	4898	5225	5292	5401
学员数	301894	341615	375442	405522	413894
年份	2005	2006	2007	2008	2009
学校数	5793	6533	7404	7818	8183
学员数	449413	478142	520492	545020	570173

2. 贯彻党的老龄工作方针，要求老年学校教育办学必须与时俱进

1996年10月1日，《中华人民共和国老年人权益保障法》开始施行，该法第三十一条规定："老年人有继续受教育的权利"，"国家发展老年教育，鼓励社会办好各类老年学校"，"各级人民政府对老年教育应当加强领导，统一规划"。这就使老年教育走上"依法治教"的轨道。2000年8月19日，中共中央、国务院颁布《关于加强老龄工作的决定》；2002年11月，党的十六大提出要"形成全民学习、终身学习的学习型社会"，要求"构建终身教育体系"，给老年教育定了位，强调"全面推进素质教育"、"促进人的全面发展"，为老年教育办学指明了方向和广阔前景。党的十六大以后，中央先后提出三个理念：一是"以人为本"，二是"构建和谐社会"，三是"科学发展观"。十七大对此作了深刻论述。这三大理念把我们对老年教育实践的自觉性提升到新的高度，也为老年学校的政治思想教育提供了丰富的内涵。

3. 受教育对象的变化要求老年教育办学必须与时俱进

1982 年，我国废除干部终身制，实施国家工作人员退休制度后，一批退出工作岗位的老同志怀着一颗对党的事业负责的赤子之心，积极探索"老有所学、老有所为"。各级党政领导怀着对老同志晚年生活负责的精神，积极为退下工作岗位的老同志创造继续学习和发挥作用的平台。各级老年学校正是在这种背景下创办起来，并成为我党联系老干部的桥梁和纽带。老年学校办学初期，主要开设政治时事、书画、诗词、保健、健身等课程。然而，随着时间的推移，办学初期入学的离休老干部年事已高，难以坚持正常的学习。与此同时，退休干部数量也在逐步增多，他们也有强烈的学习愿望。这样老年大学学员成分也发生了很大的变化，即离休干部逐步减少，退休干部逐步增加。据统计，福建老年大学 1990 年学员总数 1074 人，离休干部 652 人，占学员数的 60.7%，退休干部 423 人，占学员数的 39%；2009 年，学员总数 5243 人，离休干部只有 152 人，仅占学员总数的 2.9%；退休干部 3244 人，则占学员总数的 61.8%。由于退休干部文化程度相对较高，对学员整体来说，学习的需求也发生了变化。1990 年，福建老年大学大专以上学员 362 人，到 2009 年，大专以上学员增加到 1408 人。这就要求老年学校的教学内容必须与时俱进，最大限度地满足广大学员的学习愿望，使老年学校从创办初期的老干部教育向面向全社会老人的教育过渡。

4. 科学技术的进步要求老年教育办学必须与时俱进

科学技术的进步是老年学校教育发展的强大动力。以信息科学技术为先导的新技术的普及和应用，从根本上改变了人们的生活状况，提高了老年人的生活、生命质量。老年人为了更好地参与社会，为了真正实现既长寿又健康，渴望学习新科技知识和养生保健知识。这就要求老年学校教学过程能满足老年人的需求。同时要利用多媒体等现代科技手段开展教学活动，以提高教学质量。

二 与时俱进办好老年学校必须抓好几个环节

1. 课程设置是老年学校教育的中心环节

课程是实现教学目的的重要载体。课程要体现因人施教、因材施教、因需施教的原则。老年学校中学员的文化程度、年龄特点和学习需求千差万别，课程的设置也应该分层次。一般可以分为三个层次：

一是专业基层班：以传授各科的基础知识和掌握基本技能为目的，为老年学员适应社会发展提供必要的知识和技能。

二是专业提高班：以提高某一专业知识水平和专业技能为目的，从而使学员在某一专业获得比较系统全面的知识。

三是专业研究班：以进行研究为目的，在专业班学习的基础上，在专业的某一方面，进行更深入的研究，培养掌握"一技之长"的人才。福建老年大学的经济研究班、莆田市老年大学的厅级干部班都取得很好的效果，探索出一套办班的经验。

老年学校不论开设多少课程，都基本包括在自然科学、人文科学和社会科学中，这三大内容都在发展、变化和提高之中，当前尤其要增加一些形势教育、科普知识和技能教育、法制和道德伦理教育。

课程的设置还要体现当地的文化特点，开设一些特色课程。福建老年大学根据海峡两岸交流发展的需要，开设八闽文化、闽都文化、船政文化等讲座，还有"南音"、"十音八乐"、"十番音乐"、"闽剧"、"茶文化"、"剪纸"、手工编织等具有地方文化特色的课程都进了课堂，收到了较好的效果。

为了推动教学质量的提高，还要重视精品专业的建设。精品专业不是只指某一门课，而是涵盖了办学模式、教学计划、师资队伍、教材建设等诸多方面的内容。

总之，老年学校的学员是老年人，老年人在生理、心理等方面具有与一般教育对象不同的特点。福建老年大学根据老年学员特点和老年学校教育的特色，设置教学课程，进行了长期的探索（课程设置见表2）。

表2 福建老年大学课程设置表

系 别	课程数	课程内容
美术	9	写意花鸟画 写意山水画 写意人物画 钢笔画 书法（楷、篆、隶、行、草） 篆刻 写生 摄影 钩织工艺
保健	10	老年保健 食疗与养生 中医基础理论 中医诊断 中药学 中医方剂 中医内科 按摩 中药保健 老年心理学
体育	11	太极拳 太极剑 太极扇 瑜伽 科学散步法 舞厅舞 华尔兹 狐步舞 探戈 拉丁舞 钓鱼
舞蹈	3	民族民间舞 健身舞 越剧身段

续表

系别	课程数	课程内容
声乐	5	音乐基础 声乐提高 合唱 京剧青衣 越剧唱腔
器乐	4	钢琴 电子琴 古筝 二胡
语言文史	10	英语口语 英语歌 诗词 诗词鉴赏写作 中外名著欣赏 写作 易经 历朝兴衰史 老子学说 经济研究
计算机	8	电脑入门（汉字输入等） 网上冲浪 图文编排 电脑管理与维护 数码照片处理 电子相册 老年博客 工具软件使用

2. 名师队伍在老年学校教育中起主导作用

要注重专业课程的"名师效应"，根据专业建设的需要，强化教师队伍建设，建立一支专业结构、职称结构和年龄结构相对合理、高素质的师资队伍。根据老年学校教师多为聘请的兼职老师、流动性大的特点，要建立教师信息库，储备一批备聘老师信息，以便一旦任课老师缺位，能及时补上，使教学活动正常进行。要在工作上、生活上关心教师，增强学校的亲和力。同时，结合开展教学评估活动，对任课教师进行必要的考核，不能胜任教学的要及时调整，以确保教学的质量。

福建老年大学现有教师114名，其中专职教师3名，聘请兼职教师111名。其中具有高级职称的40名，占35%；具有中级职称的42名，占37%；其他名师巧匠32名，占28%。为了建设一支高素质教师队伍，学校开展教学观摩活动，并选派专职教师到国内名校进修。学校还组织教师编写教学大纲和组织教学研讨，推动教学质量的提高。

3. 教材建设是老年学校教育的基础工作

老年教育的目的，是为了使更多的老年人不断提高自己的生活和生命质量。这是老年教育的出发点和归宿。好的教材不仅可以使老年人满足求知的欲望，跟上时代的步伐，而且可以使老年人丰富生活，陶冶情操，学中有乐、学为结合，为社会继续作贡献。

各类教材应体现思想性、科学性、系统性、层次性、时代性原则。还应富有趣味性、实用性、兼容性。要加强老年学校教材的理论研究，研究老年教育的外部规律、内部规律、教材本身的内外联系及其规律。

4. 教学管理是老年学校教育顺利开展的重要保证

搞好教学管理必须以老年学员为本，一切为了教与学顺利进行。一是要加强教学组织建设，健全班委会，选好班长。二是制定有关制度，发扬民主风气，做到教学相长。三是配备班主任。班主任起着学校联系老师和学员的桥梁作用。明确班主任职责，加强班主任培训，提高班主任素质。四是开展教学评估活动，推动教学质量的提高。五是利用现代信息手段，推动学校的规范管理。

三　与时俱进办好老年学校应处理好几个关系

老年学校教育与其他各项事业一样，要贯彻落实科学发展观，处理好以下几个方面关系。

1. 处理好加强学校领导班子力量与工作人员队伍建设的关系

加强学校领导班子力量是发展老年学校教育的关键。福建省各级党政领导高度重视老年教育，不断加强学校领导班子力量。目前，福建省加强老年教育工作的领导有三种模式。一种是成立老年教育委员会，目前已有泉州、莆田两个设区市和德化县等21个县（市、区）成立了老教委。由党委副书记或常委当主任，有关涉老部门参加，办公室设在同级老年大学。老教委作为党委、政府指导协调老年教育的常设协调机构，有力地推动当地老年教育的发展。第二种是现任党政领导兼任校长，如漳州市谁当市长谁就兼任市老年大学校长，龙岩市谁当组织部长谁就兼任市老年大学校长。第三种是由退下来的老领导担任老年大学校长，如省校以及福州、厦门、三明、南平、宁德等市，实践说明，这三种模式对推动老年教育的发展都发挥了很好的作用。

办好老年学校，还要有一批热衷老年教育、甘于奉献、善于管理的工作人员队伍。工作人员可以是在编工作人员，也可以聘请一批退休老同志。省老年大学现有工作人员编制20人，聘请工作人员46人。这两部分人员团结协作，为学校的发展和推动全省老年教育的开展作出了很大的贡献。

2. 处理好学校政治思想建设与日常教学的关系

作为一所老年学校，必须坚持以教学为中心。整个教学过程必须加强政治思想工作。随着老龄人口整体文化水平的提高，老年学员在精神文化生活方面提出更多、更新的要求。不少老年学校与时俱进，除了继续办好艺术类、保健类等专业外，还开设了政治、法律等课程，受到老年学员的热烈欢迎。老年学校要向老年学员宣传正确的政治观点、理论、政策、信仰等。老年学校还要大力加强校园文化建设，把学习传统文化和弘扬时代精神结合起来，营造团结和谐、进取向上的校园氛围。福建省各级老年学校通过举办时事报告会、专题讲座等宣传党的方针政策，使老年学员的思想跟上形势的发展，收到了很好的效果。

3. 处理好老年学校特色办学与提高老年学员素质的关系

老年教育既要遵循教育的一般规律，更要适应老年学员的个性特点，根据时代进程中的文化新变化、新要求、新发展，走出一条特色化办学的路子，就是要坚持特色办校、特色兴校、特色强校。从办学特点、教学特点、课程设置特点、专业建设特点、管理特色等方面进行深入探索。

老年学校在着力探索办学特色的同时，各种教学活动要着眼于提高老年学员的素质。通过"素质教育"实现以人为本，不分年龄、人人共享，学会高质量地生存和快乐地生活，从而提高老年学员的生活生命质量，在自立、自强、自信、自尊中，积极参与社会生活，在社会进步和社会保障中实现新的人生价值。

4. 处理好学制班教学与办好专业学会（研究班）的关系

按照构建终身教育体系、建立学习型社会的要求，老年学校在抓好学制班教学的同时，要充分考虑为已结业的学制班学员提供继续学习与发挥作用的机会。这几年福建老年大学在游德馨校长的重视和倡导下，大力加强专业学会和研究班工作。现有书画、诗词、经济研究等14个学会（研究班）和一个艺术团，有会员（团员）2640人。全省市县级以上老年大学已创办348个专业学会（含艺术团），会员（团员）22150人。在全省初步形成学制班与学会（研究班）两个轮子一起转的办学格局。

5. 处理好宽松办学与规范化管理的关系

终身教育的核心思想是以人一生主动自觉学习为基础，以个性化、多样化、非职业化学习为特征。老年学校教育是终身教育最后阶段的一种学习形式。老年学校是自愿报名，学习课程由学员自主选择，自觉学习，自遵纪律，离校自由，不进行考试，使学员轻松愉快，学有所得，应该说整个学习过程是宽松的。尽管如此，不等于对教学不要质量要求，可以放松管理。相反，应该加强学校的规范化管理，保持良好的教学秩序，保证教学工作顺利进行。与此同时，要努力培育一批规范化的示范学校，带动老年学校总体办学水平的提高。福建省委老干部局、省老龄办和福建老年大学于2005年在全省开展创建省级示范校活动，于2007年、2009年先后在全省开展省级示范校评审，两次共评出36所省级示范校，在全省引起了很大的反应，激励各级老年学校向规范化办学的目标努力。

6. 处理好办好县级以上老年大学与发展基层老年教育的关系

在福建省，经过20多年的艰辛努力，县级以上老年大学已经走上正常发展的轨道。各所学校都有固定办学场所、办学人员，办学经费列入财政预算。但是乡镇（街道）和村居办学存在诸多困难，影响了基层老年教育的发展，成为新农村建设过程中的重点、难点之一。从福建省实际情况看，发展基层老年教育要解决好以下几个问题。

一是理顺基层办学的管理体制。福建省现行老年教育办学管理体制是县级以上老年大学由同级党委老干部部门主办主管，乡镇（街道）和村居基层办学依托老龄部门，在同级党政领导下办学。由于基层办学条件薄弱，场所、人员、经费等都没有明确规定，老龄部门人手少，又无这方面资源支持基层办学。为此，建议有关部门深入研究基层办学存在的问题，改革创新基层办学管理体制，有关涉老部门各负其责，形成合力，推动基层老年教育的发展。

二是发挥县级以上老年大学的教学、培训和科研中心的作用。县级以上老年大学有较好的办学基础，积累了办学经验，要主动承担支持和指导基层办学的责任，可以组织宣讲团，到基层校培训老师和学员骨干，一级带一级。也可以安排基层校的老师和学员骨干到县级老年大学听课。县级以上老年大学要主动帮助基层校解决教材、推荐老师等，尽最大努力帮助基层校改善办学条件。

三是大力发展远程老年教育，为老年人创造就近学习的条件。在现代化背景下，大家越来越认识到，计算机技术、网络技术和卫星通信技术运用到教育领域后，会引起教育方法、教学模式和教学管理等发生重大变化。远程老年教育是最具有发展潜力的一种教育形式，可以为广大老年学员提供"人人皆可学，时时都能学，处处均可学"的条件。在福建省，厦门、泉州等地，对发展远程老年教育进行了有益的探索，各地基层党员电教设施日趋完善，可以通过资源共享，为发展基层远程老年教育创造良好的条件。只要领导的认识到位，措施得力，基层远程老年教育一定会得到快速发展，从而有力推动基层老年教育的发展。

7. 处理好教学实践与理论研究的关系

科学的理论，是老年教育健康发展的指南。从福建省来看，应该说积累了比较丰富的办学实践经验，但理论研究则显得十分薄弱，落后于老年教育发展的实践。为了改变这一状况，在福建老年大学游德馨校长、黄瑞霖执行校长的重视下，福建省于2010年1月19日成立了省老年教育理论研究会，除了省校和各设区市校领导及有关部门负责人参加外，还聘请高校11位专家教授为研究会的专家委员，大大提高了理论研究的规格和层次。研究会成立后，立即行动起来，确定了"人口老龄化与福建老年教育发展战略研究"课题，其中包括6个子课题，该课题被福建省社科联列入2010年重大课题，2011年5月完成所有课题研究任务。此外，9个设区市校还确定了18个研究课题。可以说，福建省老年教育理论研究已迈出坚实的一步，不久的将来一定会有可喜的收获。

参考文献

[1]《张文范同志在宣传出版工作委员会第四次全体会议上的讲话（摘要）》，《老年教育（老年大学）》，2010年9月号。

[2] 岳英：《试论老年教育的属性》，《天津社科院学报》2008年第12期。

[3]《天津市老年人大学研究室编印》，《张文范论老年教育》2009年第8期。

试论老年大学建构办学特色的重大意义

——以福建老年大学为例

黄高宪 李炎清[*]

办学特色是一所学校所具有的独特的、优于同类学校的亮点。老年大学的办学特色是老年大学经过长期的办学实践积淀而成的。老年大学在办学思想、办学理念、办学目标、办学模式、行政管理、教学管理、教学内容与方法、专业与课程建设、教材建设、实验室建设与管理、课外活动、实践指导、远程教育等方面，都能形成各个学校的办学特色。福建省老年大学办学特色的建构是在老年大学不断谋求科学发展的基础上，以"增长知识、丰富生活、陶冶情操、提高素质、促进健康、服务社会"为宗旨，在老年教育实践中进行培育和凝炼的。

一 老年大学的办学特色是老年大学稳步发展的结晶，是老年大学办学水平的重要标志

1. 老年大学办学特色的培育

老年大学办学特色是在长期的办学实践过程中逐步积累、凝炼形成的。福建老年大学创办于1985年4月。在福建省委、省政府的高度重视

---

[*] 黄高宪，闽江学院中文系教授、爱恩国际学院副院长、福建省老年教育理论研究会副会长、享受国务院特殊津贴专家；李炎清，福建省老年大学协会副秘书长、福建省老年教育理论研究会秘书长。

下，省委为福建老年大学配备了强有力的领导班子。首任校长为省人大常委会主任程序。1998 年 12 月以来，由省政协主席游德馨任校长。同时安排了省老干部局、省人事厅、省计委、省财政厅、省教育厅等省直机关和部分高校的领导或离退休老领导担任副校长或校委员会主任、副主任。25 年来，在福建省委、省政府的关心重视下，在有关部门和社会各界的大力支持下，福建老年大学不断发展壮大。到 2009 年底，福建老年大学在校学员为 6569 人。学校拥有两个校区，班级数达 55 个。学校还成立了书法、国画、诗词、摄影、经济、英语等 14 个学会和 1 个艺术团。同时为了方便老同志就近上学，还在福州大学、福建师大、省委党校、福建农林大学、省军区、福建检验检疫局等单位开办了 11 个分校。作为省直属的福建老年大学，其发展对全省老年教育工作产生了示范和带头作用。据统计，至 2009 年底，福建省已办起各类老年大学 8183 所，学员人数达 570173 人。全省的市、县、乡、村，100% 都办了老年（学校），形成了省、市、县、乡、村五级办学网络。

随着福建老年大学的稳步发展，该校的办学经验越来越丰富，办学特色逐渐孕育而成。福建老年大学校长、原省政协主席游德馨在《以科学发展观统领老年教育工作——做好老年教育工作的体会》一文中，总结了福建省老年大学的办学经验。他指出："老年大学教学的两个轮子，一个是学制班，一个是学会（也叫研究班），两者缺一不可。为了办好学会，我们召开了全省老年大学专业学会经验交流会，下发了加强老年大学专业学会工作的意见。实践证明，这对提高老年人的素质，丰富办学成果，扩大学校影响，完善终身教育体系，起到了积极的作用。"福建各老年大学正是以课内教学活动和课外的教学活动为主要依托来培育学校的办学特色，因此，老年大学的办学特色是老年大学稳步发展的结晶，是学校教学工作水平不断提升的结果。

2. 老年大学办学特色的凝炼

老年大学的办学特色是老年大学办学实践中，经过不断探索、培育、总结、凝炼，才"水到渠成"的。

福建具有独特的区位优势，福建老年大学充分利用这一优势，加快老年教育对外开放的步伐，使之成为办学特色之一。该校于 1997 年 11 月成立了"东方老年教育福建培训中心"，先后接待了 5 批台湾老人社会大学游学团、1 批日本长崎县健康长寿大学游学团。该校与台湾老人社会大学先后联合举办"海峡两岸老年学员书画笔会"和"摄影作品联展"活动，并与台湾老人社会大学、日本长崎县健康长寿大学结成友好学校。学校应邀选派了4名教师前往日本长崎县健康长寿大学访问，还组织全省14位老年教育工作者参加了在台湾举行的首届海峡两岸老人社会教育研讨会。这些活动交流了两岸老年教育的办学经验，增进了两岸老年教育工作者的友谊和合作。

福州市老年大学同样重视将对外开放作为学校的办学特色之一。在《福州市老年大学2010年春季招生简章》中明确写明："招生对象：身体健康的离退休干部、职工，社会老人，下岗职工，海外华侨，华人和国外友人。"

显然，老年大学的办学特色是在办学实践中不断提高教育教学质量的基础上，不断地探索办学规律、总结办学经验、渐渐凝炼而成的。老年大学的办学特色是老年大学稳步发展的结晶，是老年大学办学水平的重要标志。

二 老年大学建构办学特色具有重要的政治意义

老年大学将老年教育工作与区域经济文化建设密切结合所形成的办学特色，为本地区经济文化的发展和精神文明建设发挥着越来越重要的作用，这表明，老年大学建构办学特色具有重要的政治意义。

福建老年大学十分重视建构、凝炼为海峡西岸经济区经济文化建设服务的办学特色。不仅如此，该校在建构办学特色的基础上，为了进一步发展老年教育，构建和谐社会，促进海峡西岸经济区建设，游德馨校长提出了"创建海峡老年教育名校"的理论和目标，这在全国是独一无二的。该校领导高度重视创建海峡老年教育名校的各项工作。在中共福建省委原副书记、福建老年大学执行校长黄瑞霖、中共福建省教育工委原副书记、福建省教育厅原副厅长、福建老年大学副校长施祖美的直接领导下，全校各部门正在认真研究如何创建海峡老年教育名校，如何发挥科学发展观在老年教育中的统领作用，如何制定"海峡老年教育名校十二五建设规划"，如何以理论指导创建海峡老年教育名校的具体实践等理论和实践问题。力求在创建海峡教育名校的理论建设与实践活动中为"建设全民学习、终身学习的学习型社会"、为构建和谐社会、为促进海峡西岸经济区建设，发挥更大的作用。

在福建，厦门老年大学也是一所办学特色鲜明、办学成果显著的学校。该校创办于1985年4月，经过20多年的艰苦创业，现已形成多层次、多学科、多学制的教育教学体系，成为一所在社会上知名度越来越高的学校。

目前，厦门老年大学已拥有卫生保健、生活艺术、文学语言、音乐文艺、体育健身、计算机、书画篆刻7个系、135个教学班（含室内学制班和室外长练点）、5707名学员。已陆续成立了校艺术团（下设合唱、舞蹈、时装等业余团队）、校老体协（下设太极拳、木兰拳、腰鼓、气排球、健身球圈操、体育舞蹈六个专委会），以及摄影、书画、诗词、博客等专业学会，办有《厦门老年》报，建有校园网站。

20多年来，厦门老年大学始终坚持正确的办学方向，艰苦创业，积极探索，谋求发展，逐步形成了自己的办学特色。该校是这样总结自己的办学经验的：一是市委、市政府一贯重视支持老年教育工作是学校发展的根本保障；二是多层面、多渠道、多形式地不断拓宽老年教育的发展之路；三是充分利用厦门地处沿海的区位优势，适应经济特区对外开放的需要，创办海外班，广泛开辟老年教育的对外交往渠道；四是坚持与时俱进，将现代科技发展的成果融入老年教育，不断增强办学活力与动力，使老年教育保持鲜明的时代特征。

厦门与金门隔海相望，具有独特的区位优势，厦门又是著名的侨乡。厦门老年大学面向海外办学，在办学中做好服务台胞、侨胞及其家属的工作，使之为成为学校的办学特色之一。该校开设的英语教学班吸引了许多侨眷参加学习。学校通过富有特色的办学，进一步激发了台胞、侨胞及其家属爱国爱乡的热情，使他们为海峡西岸经济区建设不断做出新的贡献。厦门老年大学在各类重大的社会活动中，学员的参赛节目和教学成果不断得到展示，学员的作品在全国、省、市各类比赛中荣获金奖或一、二、三等奖，优秀奖，组织奖等近千项。学校也以富有特色和卓有成效的办学实践多次荣获省、市老年教育"先进集体"的光荣称号。有一批乐于奉献的同志被评为"优秀教师、优秀学员和老年教育先进工作者"，厦门老年大学先后荣获"厦门市老年大学创优活动优胜单位"、"厦门市老有所教先进集体"、"厦门市老年教育先进单位"等荣誉称号。厦门老年大学领导班子热爱老年教育事业，勤奋务实，富有创造精神。他们通过建构老年大学办学特色，不断提升办学水平，使学校具有广阔的发展前景。

2009年12月24日,福建老年大学执行校长、福建省老年大学协会会长黄瑞霖在2009年福建省老年大学协会年上强调,老年大学要"发挥优势,打造精品专业,强化办学特色"。他指出:"目前,全国各级各类老年大学(学校)已经达到了3.27万所,在校学员有330万。我省老年教育即将走过25年,全省现有老年大学和老年学校8183所,在校学员有57万多人,占全省老年人口总数的12.1%,是全国各省中老年教育普及率最高的一个省份,如何继续保持福建老年教育的领先优势,如何进一步办出福建老年教育的特色?我们强调的是要处理好普及与提高的关系,一手抓普及,一手抓提高。目前,我省老年教育已有较大的发展,当前要在提高方面下功夫,要从自身的实际出发,要从做好教育教学科研工作的过程当中去积累发现自己的特色,体现出老年大学特色所在。"[①] 他同时指出:"全省老年教育工作者肩负着'国家发展老年教育'的历史使命,这意味着老年教育工作者在新的一年里,要团结、创新、奋进,要做出进一步的努力与新的奉献。让我们将以饱满的激情,昂扬的斗志,开拓进取,积极促进我省老年教育工作更上一层楼。以这次会议为契机,在开展深入贯彻落实科学发展观活动中,努力开创我省老年教育工作新局面,为加快建设海峡西岸经济区做出新的更大的贡献。"[②] 这说明,福建省老年大学协会、福建老年大学的领导高度重视老年大学办学特色的建构,重视特色兴校;奋力开创福建省老年教育工作新局面,不断为本地区经济文化的发展和精神文明建设做出新的贡献。显然,老年大学建构办学特色具有重要的政治意义。

三 老年大学建构办学特色具有可贵的创新意义

老年大学富有特色的学会、协会、艺术团等,在对外交流中发挥了独特的优势,这进一步表明,老年大学建构办学特色具有可贵的创新意义。

福建省各老年大学在福建老年大学校长、原省政协主席游德馨老年教育思想的影响下,积极推动老年大学教学"两个轮子"一起转,使福建各老年大学不仅在课内教学方面成绩显著,而且在课外教育、教学中不断培

[①] 福建老年大学、福建省老年大学协会主办,《福建老年教育实践与思考》2009年第2期,第6页。
[②] 福建老年大学、福建省老年大学协会主办,《福建老年教育实践与思考》2009年第2期,第8页。

育、凝炼办学特色，取得了可喜的成效。

由教育部人事司主编的《高等教育学》第十章《高等学校的课程体系和教内容》中，对"显性课程和潜在课程"作了这样的论述："布卢姆在《教育学的无知》（1972年）中指出：历来的课程研究专注于显性课程，而忽视了潜在课程。其实，学校的组织方式、人际关系等社会学、文化人类学、社会心理学方面的因素对于学生的态度与价值观的形成具有强有力的持续的影响。""潜在课程由学生自愿参加，学生的各种社团、协会、学会等组织通过讲座、报告会、美术、书法、摄影、棋牌、运动会、文学、诗歌、戏曲欣赏、演讲、辩论以及大学生合唱团、话剧队等丰富多彩的形式以发展学生个性、陶冶情操。训练社交能力，掌握更多的技艺。"[1] 在福建省各老年大学中，课外进行的各项"潜在课程"的教育、教学工作，已成为学校教育教学工作中重要的组成部分。

泉州老年大学的校艺术团，2003年由85人组成，应新加坡淡滨尼艺术团和旅新晋江、南安、厦门、同安等同乡会的邀请，赴新加坡访问、演出。2004年校书法协会一行3人应印度尼西亚东爪哇泉属会馆和书画协会邀请，赴印度尼西亚访问、交流。2004年校名老艺人研习班一行3人应新加坡、印度尼西亚侨界邀请，赴新加坡、印度尼西亚访问。2005年校艺术团46人应邀参加澳门妈祖诞辰1045周年文化节专场演出。[2]

福州老年大学艺术团的舞蹈节目《千手观音》，2007年被特邀赴香港参加香港回归十周年纪念演出。最近，厦门、泉州老年大学艺术团又应邀赴台湾演出、交流。

福建省各老年大学利用本省独特的区位优势，充分利用各校富有特色的学会、协会、艺术团等，在对外交流中发挥了独特的、良好的作用。为贯彻、落实《国务院关于支持福建省加快建设海峡西岸经济区的若干意见》，作出了贡献。这表明，老年大学建构办学特色正是在探索中不断创新、不断进取。

四 老年大学建构办学特色具有重大的社会意义

老年大学通过传承中华文化传统和地方传统文化，建构办学特色；老

---

[1] 教育部人事司编《高等教育学》，北京，高等教育出版社，1999，第238页。
[2] 许在全主编《泉州老年大学研究研究文集》，中国文联出版社，2006，第292页。

年大学已成为弘扬中华民族传统文化和地方优秀传统文化的重要阵地。这说明，老年大学建构办学特色具有重大的社会意义

莆田市老年大学经过多年的探索，将莆仙戏曲演唱、古典十音八乐、现代十音八乐作为精品课程进行建设，使之成为本校办学的一大特色。已成为"非物质文化遗产"的莆仙十音八乐，古朴典雅，源远流长。它是说唱和器乐演奏的乐种，为福建莆田、仙游地区民俗文化精髓之所在。它源于公元308年晋室南渡之时，兴于唐、宋、元、明、清，鼎盛于抗日战争胜利时期。在抗日战争胜利时，莆仙人民欢庆抗战胜利的游行队伍中有数百支十音八乐乐队。十音八乐不但在莆田、仙游及邻县莆仙方言区流行，且传播到省外及海外莆仙籍华人旅居地。莆田市荔城区老年大学和莆仙民俗音乐学会编写了《莆仙十音八乐资料汇编》共8册，莆田、仙游地区老年大学以此作为教材。莆田市老年大学、莆田市荔城区老年大学等校已成为传承十音八乐的重要阵地，为本地区文化事业的发展发挥了重要作用。因此，老年大学建构办学特色具有重大的社会意义

五　老年大学的办学特色具有明显的示范作用

老年大学的办学特色是老年大学办学中的亮点，亮点必然引人注目。我国老年大学正处在旺盛的发展期，"他山之石，可以攻玉"，各老年大学十分重视相互学习，取长补短，因此，老年大学的办学经验、办学特色是老年大学之间相互学习的重要内容。

泉州老年大学创办于1986年4月。24年来，该校始终坚持正确的办学方向，坚持"规范办校、创新立校、特色兴校"，学校规模逐年扩大，教学质量不断提高，办学效益日益显现，现已发展成为泉州地区老年教育的中心示范校，也是福建省首批示范校和全国先进老年大学。近10年来，泉州老年大学积极实施以"请名师、创名牌、建名校"为内容的"三名"战略，走特色办校、特色兴校、特色强校之路。该校不断加大力度进行南音、名老艺人研习班、校艺术团等若干个特色品牌课程、班级和社团的建设。"南音"是闽南特色传统文化，已申请联合国非物质文化遗产。泉州老年大学设南音系，建造了专用的南音教室、南音演出舞台；设有10个班级，还成立了南音社演出队。演出队可组织100位学员手持琵琶同台演唱。泉州老年大学将"南音"列为精品课程建设的重点，力求以泉州优秀的传统文化为基石，努力争创省级、国家级老年教育精品课程。在泉州老年大

学的带动下,闽南地区许多老年大学开设了南音课程。如:泉州地区的石狮市老年大学,其南音教学亦开展得有声有色,同时还带动了乡、镇老年学校的南音教学工作。闽南地区老年大学的南音教学活动,为海峡两岸的南音交流发挥了积极的推动作用。因此,老年大学的办学特色不仅会产生横向的示范作用,同时会产生一级带动一级的纵向的示范作用。

总之,从福建省老年大学建构办学特色的实践证明,老年大学建构办学特色具有重大政治意义、社会意义,并具有推动老年教育稳步发展的巨大意义。

参考文献

[1] 福建省社会科学界联合会编《国务院关于支持福建省加快建设海峡西岸经济区的若干意见(学习读本)》,福建人民出版社,2009。

[2] 张文范:《办好人民满意的老年教育》,《老年教育(老年大学)》,2008年8月号。

福建省创建老年大学省级示范校的探索与思考

许吉友　沈妮娜[*]

在我国，老年教育事业和老年大学建设，作为一项探索性事业和新生事物，经过20多年的实践与探索，正在不断发展和壮大。如何规范、创新老年大学的办学思想和目的，教学方法和内容，校舍规模和硬件建设等，摆在了我们面前。福建省以创建省级老年大学示范校为抓手，把规范化建设和示范校创建作为落实科学发展观的重要举措，通过五年创建活动的实践与探索，在全省县以上老年大学中先后两次，共评审出36所省级示范校。示范校创建和评审活动的开展，有力地推动了全省老年教育事业的发展和老年大学建设的加强。

一　基本做法

2005年3月，在肯定并总结泉州市创建示范校的做法和经验的基础上，省委老干部局、省老龄委办公室和福建老年大学联合下发了《关于创建老年大学示范校的意见》（闽老学字［2005］6号），在全省县以上老年大学开展创建和评估省级老年大学示范校的活动，并对省级示范校的标准、要求，按百分制进行了细化。从办学基本条件、学校管理、办学成效、示范指导作用等方面提出了要求。每个方面再进行分解。如办学基本

---

[*] 许吉友，福建老年大学办公室主任、编辑；沈妮娜，福建省老年大学协会秘书长。

条件又分解为：领导班子、工作人员队伍、师资队伍、办学设备和办学经费；办学经费中还有"财政拨款按学员数每人每年平均 200 元以上"等更为具体的要求（见表 1）。

表 1　福建省省级老年大学示范校标准评估项目量化指标（部分）

项目	条目	基 本 要 求
办学基本条件	领导班子	1. 领导班子健全，成员热衷老年教育事业、民主团结、开拓奋进、真抓实干有实绩。 2. 市、县（区）校长（或校委会主任）由同级党政领导兼任，或由德高望重的老领导担任，党委老干部部门副职领导担任常务副校长。 3.（略） 4. 在调查研究基础上，制定近期工作计划和远期发展规划。
	工作人员队伍	1.（略） 2. 在编专职工作人员设区市校不少于 5 名、县（区、市）校不少于 2 名。
	办学设备	1. 有与办学规模相适应的单独（或固定）的校舍，设区市校面积达到 3000m² 以上，县（区、市）校面积达到 1000m² 以上。 2. 有相应的室外活动场所。 3. 有相应的教学、办公设备，能满足教学工作需要。
	办学经费	有稳定的办学经费来源，财政拨款按学员数每年每人平均 200 元以上。（不包括基建、设备费用）
学校管理	办学规模	1. 能根据社会需要和学员需求开设课程，除政治课外，其他课设区市校不少于 10 门，县（区、市）校不少于 5 门。 2. 在校学员人数设区市校达到 600 人以上，县（区、市）校达到 300 人以上。
	行政管理	各项管理工作目标明确，规章制度健全，有章可循，措施有力，责任落实，管理有序。
	教学管理	有教学计划、教学大纲，合理安排教学内容，制度健全，管理规范，有条不紊，教学工作资料档案齐全。
	科研工作	有科研队伍、有科研计划，有组织、有目的地开展科研活动。有科研成果，每年撰写出一篇以上的理论研究文章，被省级以上报刊录用。

　　自评达到标准，即评估总分达到 90 分以上的，且办学场所、在编专职人员，办学经费等基本条件也达到规定标准的学校，可逐级上报。文件下发两年后，针对各地创建活动中反映出的问题，2007 年 3 月，及时在已开展过 3 批市级老年大学示范校评审工作的泉州市召开座谈会议，请泉州市老年大学介绍经验，实地参观。省老年大学游德馨校长在座谈会上作了重要讲话，强调创建示范校的目的是促进办学水平的提高，推动全省老年教育的发展。要讲求实效，坚持标准，实事求是。座谈会进一步统一了思想

认识，对全省创建活动起了很好的推动作用。

2007年10月，经过两年多的创建，在各地申报的基础上，先后在厦门市思明区校和三明市永安市校进行了省级示范校评审试点。11月中旬，由福建老年大学领导带队，省委老干部局、省老年大学协会和福建老年大学有关人员参加的三个评审组，分别对22所申报省级示范校的老年大学进行了检查和评审。评审组每到一地，都通过听汇报、查资料、召开座谈会、实地察看、反馈等"规定动作"和程序，逐一进行评审。评审中，对校舍面积、办学经费、人员编制等要求重点检查，严格把关。各组经过历时7~10天的评审后，分别在省老年大学校长办公会议和省委老干部局、省老龄办、省老年大学领导联席会议上作了汇报，最后经三家领导研究决定，确定福州市老年大学等22所老年大学评为首批省级老年大学示范校。并对每所示范校不足之处书面提出整改意见。在当年全省老年大学年会上对第一批省级示范校进行了授牌表彰。

2009年10月，开展第二批省级示范校评审活动，三个组通过集中一天的培训。省校黄瑞霖执行校长到会作了重要讲话，对坚持示范校标准的问题引导大家统一认识，严格要求，确保质量，做到"三要、三不"（要控制数量，少而精；不搞指标分摊，一哄而上；要经得起检查，维护评审工作的严肃性；不搞平衡照顾；要公开、公正、公平，不滥竽充数）。培训后，三个组分别对首批示范校进行了回访，并对申报第二批示范校的18所老年大学进行了评审。回访着重对照当初反馈时指出的需要整改的问题进行检查。通过回访，评审组认为22所首批示范校都能认真整改，保持了荣誉。对18所第二批申报示范校的学校，经过认真评审、研究，确定宁德市老年大学等14所老年大学为第二批省级示范校。其他4所申报校要求他们继续努力，达到标准后再申报。在当年的全省老年大学年会上，对第二批示范校进行了授牌表彰。

二 主要成效

示范校的创建和评审活动，极大地调动了各地办学建校的积极性，促进了学校各项工作的开展和提高，并起到了互相交流、学习、促进的作用。各校领导普遍高度重视利用创建示范校这一抓手，对照标准，严格要求；突出特色，促进发展。厦门、宁德市校领导注重创建活动的具体指导，工作扎实，很有成效；南平、三明市校校长一上任就投入到评审申报和准备工作中；泉州、莆田市校和德化、永安老年大学，通过整改，做到硬件更硬，软件更优。福州市老年大学把新校舍建设作为创建和整改的重要内容，不到一年时间，8000多平方米的新校舍即落成。漳州、龙岩也都根据自身的实际，在整改和创建活动中，有效地提高学校的软硬件建设。

通过评审，普遍感到创建示范校很有必要，创建前后大不一样（见表2）。

表2 福建省36所省级老年大学示范校创建后主要指标比增表

单位	办学场所（面积 m²）现有	比创建前增加（%）	办学经费（万元）现有	比创建前增加（%）	学员数（人）现有	比创建前增加（%）	开班数（个）现有	比创建前增加（%）	人员编制（人）现有	比创建前增加（人）
福州市校	8700	372.83	187.26	112.8	2800	30.48	121	47.56	10	4
福清市校	1520	262	54	575	1130	143	38	153	3	2
连江县校	2500	65.50	10.9	109	403	13.20	22	10	2	1
厦门市校	5880		210	5	5503		151	15	7	
思明区校	1745	18	116	83	2302	28	76	23	2	
集美区校	4045	22	42	180	2002	78	64	42	4	2
漳州市校	4500	23	39		1020	46	46	80	14	
芗城区校	1200	20	12.4	32	380		18		3	
泉州市校	4200	40	77	26	2100	58	91	21	10	2
德化县校	2767	19.5		8	765	35	30	20	3	1
晋江市校	12000		84	155	2584	82	70	30	3	1
石狮市校	6780		27	170	837	50	33	18	2	1
鲤城区校	2200	22	17	112	783	83	28	12	2	2
莆田市校	4800	400	53	150	702	37	40	38	6	2
荔城区校	1780	48	10	400	320	50	12	50	3	1
三明市校	3100	287.5	25	47	650	87.8	40	30	5	1
永安市校	4000	167	33.8	98.8	1110	47	59	47.5	3	3
沙县县校	3400	162.5	17.85	609.75	756	290.9	42	125	3	3
龙岩市校	3136	155	18	50	960	46	64	60	10	
南平市校	4552	350	20	300	990	100	40	186	7	3
顺昌县校	1172	60.2	6.5	200	416	20	25	47	2	1

续表

单位	办学场所（面积 m²）现有	比创建前增加(%)	办学经费（万元）现有	比创建前增加(%)	学员数（人）现有	比创建前增加(%)	开班数（个）现有	比创建前增加(%)	人员编制（人）现有	比创建前增加(人)
建瓯市校	3300		16	1500	800	569	42	4100	2	2
长乐市老年大学	2309	90	18.235	204	448	11	22	70	2	1
同安区老年大学	3347	805	23	92	909	178	26	117	2	1
海沧区老年大学	1500	400	35.75	258	464	81	17	113	2	2
建阳县老年大学	1252	500	6	2900	483	866	14	1300	2	2
古田县老年大学	1800	86	10	150	380	33	15	50	2	
宁德市老年大学	3300	236	17.5	130	625	25	22	10	6	3
安溪县老年大学	1350		28	154	502	3.5	18	12	3	1
涵江区老年大学	1080	170	11.2	124	420	220	19	58	2	1
城厢区老年大学	1050	855	13.11	1090	368	90	16	167	3	
长泰县老年大学	1821	153	7.3	82	310	4	12		2	
漳浦县老年大学	1106	453	7.94	170	320	3.9	15	23	2	2
南靖县老年大学	1123	34	9.2	48	585	41	22	47	4	1
将乐县老年大学	1300	30	9.3	37.76	449	10	15	25	2	1
尤溪县老年大学	1571	423.6	11.5	1050	573	235	18	11.1	3	2

各地党政领导对示范校的创建和评审工作十分重视，许多市、县主要领导亲自过问，分管领导亲自抓，保证了创建工作的顺利进行并取得可喜的成果。申报学校的领导更是普遍高度重视创建和评审工作，不论是硬件还是软件，都有很大改善。在未开展创建活动之前，这些学校都不同程度存在办学场所不足、人员编制缺乏、办学经费紧张等老大难问题。开展创建活动以来，由于各地党政领导把创建作为一项重要工作列入议事日程，

思想重视、组织落实、措施得力，在不太长的时间里，一件一件解决了老年大学的困难，使学校大大改善了办学条件，有利推动了老年大学全面建设和办学水平的提高，展现了新的面貌。据不完全统计，全省县以上老年大学校舍面积到 2009 年 10 月达 158887m²，比创建示范校前增加 91140m²；全省县以上老年大学人员编制 205 人，增加 119 人，实际办学人员 586 人，增加 195 人；日常办学经费 1372 万元，增加 735 万元。同时，也有效地指导、带动了基层老年教育的发展。

一是促使各级党委、政府领导高度重视省级老年大学示范校的创建工作。如宁德市老年大学，通过创建给人以耳目一新的感觉。而这些变化主要是来自创建活动中领导的高度重视。

二是巩固完善了加强老年大学工作领导的三种模式，这就是由当地党政主要领导兼任校长的模式，或由德高望重的老领导担任校长的模式，以及成立老教委的模式。

三是各地老年大学普遍通过认真整改和积极创建活动，使老年大学工作上了一个台阶。回访的学校和接受评审的学校，能够围绕整改、创建，迎接回访和评审，积极争取当地党政领导和有关部门的支持，有效地解决了场地、人员编制、经费等实际问题。县以上老年大学在职工作人员均已列入参照公务员法管理。通过两轮创建评审活动和努力争取，在省委老干部局的积极运作下，县以上老年大学场所建设已按现有示范校的面积要求列入省委为民办实事项目。

四是创建活动中涌现出许多值得总结推广或关注的亮点。如古田县老年大学校长蓝斯琦发挥组织部长的优势，不仅协调有关部门解决了学校建设的硬件问题，学校还利用中央党校的课件开展网络教学，举办老干部读书班，给学员上党课，实现了远程教学资源共享。泉州市鲤城区老年大学校长黄阳春，也是发挥任组织部长的优势，学校加挂老干部业余党校的牌子，充分发挥业余党校的平台作用，2007 年以来举办了 5 期离退休干部培训班。并以此争取组织部门的党费拨款支持。各地、各校还普遍重视突出办好具有当地特色的课程，成为创建活动的一大亮点。"茶文化"、"十音八乐班"、"莆仙戏曲班"、"南音"、"南词"、"剪纸"等，不仅为老年人所喜闻乐见，也为传统文化的传承和发展作出了积极的贡献。安溪县是著名的茶乡。安溪县老年大学及时开设了《茶文化》这门课程，受到学员欢迎。县委领导还亲自到校为老年学员作《安溪铁观音和安溪人》的专题报告。莆田市老年大学在继续办好"十音八乐班"、"莆仙戏曲班",紧扣"妈祖文化",加强与台湾老人社会大学的联谊和交流等方面都做了坚持不懈的努力,并取得实效。

五是规范化建设和管理得到加强。创建活动期间,我们先后在泉州老年大学召开了档案管理现场会;在厦门老年大学召开了数字校园建设现场会,促进了学校的规范化和现代化建设。

六是通过创建示范校活动,促进了全省老年大学办学规模的扩大。截至2009年12月,全省已办各级各类老年大学(学校)8183所,其中:省级1所,设区市级9所,县(市、区)级85所,乡镇(街道)级962所,村(居)级7105所,部队办2所,企事业办19所。在校学员570173人,占全省老年人口总数的12.1%。

三 提高完善

创建和评审示范校的工作虽然取得了可喜的收获,但随着时间的推移和形势的发展,创建和评审工作也亟待完善和提高。一是要在进一步理顺老年大学编制和体制上下工夫。福建省老年大学(学校)三种领导模式在实践中卓有成效,但目前由于老年大学在国家教育部门还处于无"户口"的状态,因此,体制上制约了老年教育的发展。二是要在规范化上下功夫。如教学大纲的统一,教材的统一和因地制宜的探索等。三是应制定一个更加全理、完善的示范校的标准。

示范校标准应适时修改。在创建活动中,示范校标准问题一直有些不同看法,沿海的学校认为现标准偏低,只能算达标校标准;而山区欠发达地区的学校则大多认为,现标准不宜修改。尤其是诸如办学场所、经费、学员数等硬性要求,并不容易达到。如要修改,要求制定两个标准。我们认为,示范校的标准只能一个,标准的修改也只能在现有标准的基础上提高。地区经济发展的差异等,只能在评审中适当考虑,而不能成为两个标准的理由。

精品专业建设的实践与思考

福州市老年大学课题组[*]

近年来，随着老年学校教育规模的不断扩大，老年大学在规范办学方面的问题日益显现，如何进一步提升老年大学的办学水平，提高教育质量问题尤显突出。为解决这一问题，2010年以来，我校在原来特色专业建设的基础上，有计划地开展精品专业建设工作，试图通过精品专业的示范效应，带动教学工作整体水平的提高。

一 从特色专业到精品专业

长期以来，我校把创建"特色专业"作为一项重要的工作，以此为抓手对提高教学质量问题进行了一些探索和实践。应该说，特色专业建设工作，在摸索我校专业建设、促进我校发展壮大中发挥了重要作用，也为2010年以来开展精品专业建设工作奠定了坚实的基础。

我校特色专业建设起源于20世纪90年代中后期。当时，正值中国老年大学逐步发展壮大和步入规范化的时期。我们结合本校实际情况，以抓名师效应为重点，积极建设深受老年学员喜爱的舞蹈、声乐、书画、摄影等专业。现在，这些专业逐渐成为了我校的基础专业，均开设有基础班、提高班、研修班等，学员结业后可以加入学校专业学会或校艺术团，学员

---

[*] 福州老年大学课题组组长：高翔，福州老年大学副校长；成员：周文琪，福州老年大学专职副校长；林义应，福州老年大学办公室副主任。

数量比较稳定。

以摄影专业为例，2011年，我校开设了摄影基础、提高、研修、图像处理、电子相册制作、远程网络课堂等8个班，学员数达到了269人次，近五年来摄影班学员均稳定在全校学员总数的6%左右。摄影专业的学员在学习摄影专业知识的过程中，举办了"师生摄影作品展"和"心灵远方"网络论坛，摄影爱好者以及专家也参与学员、教师之间的交流互动；摄影专业及学会每学期都聘请专家给学员讲课，提高专业水平，多次组织学员外出采风。他们于2010年在福建图书馆举行"婺源之春"、"迎春摄影展"，2009年参加"丽水杯"全国老年大学摄影大赛，17个学员22幅作品获奖，学校也荣获"优秀组织奖"。近年来，学员267件作品在国内外各种展览比赛中获奖；他们贯彻校训中的"有为"精神，用所学知识积极为社会服务，他们挖掘、保护福州地区的古桥和榕树，分别拍摄出版了摄影专集，做了一件相当有意义的工作，在社会上产生了较大的影响；校摄影学会所属的"余晖"摄影小组，与农林大学学生摄影学会建立了密切的横向联系，多年来为大学生讲课，同他们交流，受到大学生的好评。85岁高龄的组长邵其旺还被福建省电视台综合频道"走向小康"系列报道作为片头人物，被亲切地称为"小康依伯"。摄影专业成为学校的一个特色专业。

学校在认真总结多年办学经验的基础上，研究确立了"弘扬一种精神、加强两项建设、明确三个方向"的学校发展思路。弘扬一种精神，即弘扬"厚德、正学、康乐、有为"的校训精神；加强两项建设，即加强"示范校"建设和"精品专业"建设；明确三个方向，即明确要坚持"完善提高、改革创新、辐射带动、和谐发展"的工作方向、明确办学规模从3000人到5000人再到10000人的梯度发展方向和明确办学质量从省级示范校到全国一流老年大学提高的方向。并在此基础上，研究布署、积极推进精品专业建设。我们的确感到：加强精品专业建设是老年大学发展的必由之路，是提高教学质量、提升办学水平的必然选择，是要推动教育教学改革新的动力。学校通过精品专业建设凸显办学宗旨和办学特色，增强办学的活力，推进教育与管理观念更新，促进教学管理规范化、科学化。

二 精品专业建设实践

精品专业的形成，可以集中反映一所学校办学、师资以及管理等方面的水平。我校开展精品专业建设，是以培养高素质的老年人为目标，以适应老年人的学习需求为目的。

（一）认真规划、理清思路、加强领导，明确目标内容

学校加强对精品专业建设工作的领导，成立了由校长为主任、常务副校长为副主任的精品专业建设评审委员会。校务会议认真研究确定各精品专业建设负责人。学校制定了《福州市老年大学精品专业建设规划及实施方案》，提出：要集中力量办出几个有学校和区域特色、在社会上有一定影响力的精品专业，在全市老年大学（学校）中起带头和示范作用。具体目标是：2010~2012年，全校争取建成省级精品专业2个、市级精品专业5个，促进这些专业在办学条件、师资力量、教学内容与课程、教学方法与手段、教学管理与质量等方面都形成优势和特色，使这些专业逐步成为学校的品牌专业。在制定目标时，我们提出：开展精品专业建设，要突出教学创新，体现精品专业的先进性、科学性和示范性，要根据老年群体教学的特点，改革教学内容，调整课程设置，健全教学质量保障体系，提高教学的创新性和适应性，进一步增强办学活力，提高教学质量。学校应根据精品专业建设的需要，认真做好教师队伍建设，加强专业教师的引进，进一步健全师资信息库，努力建立一支高素质的师资队伍；进一步加强教学基础设施建设，不断改善办学条件，努力配套完善现代化教学设施；鼓励教师使用多媒体设备开展教学活动，不断更新教学手段，提高教学水平。

全校各系、各专业根据学校的总体规划，制定本系、本专业的具体实施细则。以声乐系为例，他们在系主任的带领下，认真制定声乐系精品专业建设实施细则，注重"抓特色"，围绕"人无我有、人有我优"，明确提出声乐系要办成"符合老年教育特点和符合声乐专业特点的精品专业"的目标，制定了建立"理论依据、有特色的课程、有特色的第三课堂基地、有特色的活动项目"的工作内容，并就"目标的内涵"和"实现目标的管道"等做了较为科学的界定（如，"符合老年教育特点"的内涵界定为：符合老年教育宗旨、符合老年人生理特点、符合老年人心理特点；"符合声乐专业特点"的内容界定为：乐理知识与唱歌实践统一、科学的发声法与优质歌声统一、情感的理解与表达一致；"实现目标的管道"界定为：第一课堂、第二课堂、第三课堂，其中第一课堂是主管道）。没有明晰的指导思想和明确的工作目标，没有进行深入的研究和探讨，就不可能制定出这样完整而切实可行的实施细则。声乐系的这些实践，给其他各系、各专业开展建设工作以很大的启发。

（二）突出重点、区别层次、认真遴选，规范操作程序

精品专业建设的日常具体工作由教务处负责。系主任会同各专业负责人共同制定本系精品专业建设实施细则，提出本专业的创建目标和步骤，并组织开展创建活动。学校强化监督检查，落实责任，每学期至少组织专门检查一次，年终进行一次评估总结，以保证建设工作达到预期的目的。

目前，我校精品专业建设工作的具体操作程序如下：提出指导原则→制定规划和实施方案→成立相关机构（校评审委员会、创建精品专业领导小组）→组织动员→填写创建精品专业申报书→组织遴选→确定精品专业（省级、市级）层次和专业→按设定方案实施→定期回馈（检查）→评估验收。

申报建设精品的专业，要符合办学时间、规模、学员素质、第二第三课堂活动、教学改革、教师队伍、综合评价等方面的条件要求。申报步骤主要有四个：(1)申报（各系及专业在充分讨论的基础上，认真制定创建方案，填写书面报告）；(2)遴选（教务处根据各系申报情况，提出初选名单，交校评审委员会审议；评审委员会成员根据遴选标准，确定省级和市级精品专业对象）；(3)实施（被确定为建设精品的专业，要标准要求，认真制定实施方案，切实将制定的培养目标、教学计划、教学内容和教材、师资队伍、实践教学基地的建设以及改进教学手段、方法等项工作落到实处）；(4)验收（建设期满后，教务处先进行初评，提出初步意见，交由学校评审委员会进行评审、验收）。

根据我校当前情况，我们将精品专业分成两个层次，一是省级精品专业，二是市级精品专业。我们根据各专业的申报条件，结合我校当前实际，突出重点地选定一些专业作为创建工作的突破口和着重点，集中人力、物力、财力投入运作，以期通过探索，总结出一些经验，以点带面，推动全校专业建设工作的开展。

经过遴选，共有12个专业开展精品专业建设活动。确定为创建省级精品专业的有：声乐、闽剧、英语、书画、摄影等专业；确定为创建市级精品专业的有：民族舞、国际标准舞、瑜伽、钢琴、太极拳、诗词、健身操等专业。

(三) 加大投入、加强建设、适当激励，夯实发展基础

学校加大对精品专业建设的资金投入，对确定建设精品的专业，学校给予适当的建设经费，在招聘教师、授课金标准、学费，以及开展第二、第三课堂活动，还给予适当的经费支持。还专门制定奖励办法，对创建工作取得成绩的精品专业有功人员予以表彰奖励，分层次给予重奖。硬件建设方面，我校搬迁新校舍时，用于购置教学设备的资金已投入近200万元，在此基础上，2010年又向市财政争取了70万元设备专项经费，学校的教学条件、校园环境等都得到明显改善。另外，还安排部分资金，用于购置民族乐器，扶持闽剧和十番音乐专业的建设。以上设备均已配备到位。

学校的重视和设备资金的投入到位，极大地激发了全校师生建设精品专业的积极性。2010年12月9日，学校召开精品专业建设年终交流会。各系代表对本系开展精品专业建设工作进行了小结，大家回顾了近一年来的工作，认真分析了工作中存在的困难和问题。与会同志普遍认为，精品专业建设是一项新的尝试，是一个长期的实践过程，一年来的努力，我们在理论上有收获、实践上有创新，广大师生都能积极参与，这项工作应该继续得到重视和加强。

表1 福州市老年大学闽剧专业、十番音乐乐器添置一览表

名称及规格	单位	数量	金额	名称及规格	单位	数量	金额
二胡（高）	把	2	5400	碰钟	对	1	20
二胡（中）	把	2	2600	花瓶鼓十架	套	1	350
越胡（中）	把	1	950	大谱架	个	45	1350
京胡（二节）	把	1	600	扬琴（中）	架	1	2800
扳胡（中）	把	1	450	琵琶（中）	把	1	900
唢呐（中）	把	2	260	柳琴（中）	把	1	700
逗管（中）	把	2	100	大三弦（中）	把	1	2000
大鼓（架子）	个	1	280	秦琴（双清、中）	把	1	400
剧团十架鼓	套	1	200	月琴（中）	把	1	600
中虎锣	面	1	150	大提琴（中）	把	1	1800
苏锣	面	1	120	高音鼓	个	1	180
手锣	面	1	55	手板	个	1	230

续表

名称及规格	单位	数量	金额	名称及规格	单位	数量	金额
小京钗	对	1	55	大锣	面	1	150
大京钗	对	1	120	中钗	副	1	130
手板	个	1	180	鼓架	支	1	90
京班十架鼓	套	1	300	松香、琴弦等	批	1	1000
代班鼓	个	1	25	服装	套	30	5400

合计：29945元

表2 福州老年大学2010年投入精品专业设备添置统计表

类别	序号	物品名称	数量	单价（元）	金额（元）
教学设备	1	钢琴	1	13000	13000
	2	电钢琴	4	2850	11400
	3	3匹空调（柜机）	4	8000	32000
	4	教学多媒体	6	20000	120000
	5	多媒体讲台	7	2000	14000
	6	投影机	3	10000	30000
	7	课桌	25	300	7500
	8	205教室吸音墙	1	22000	22000
	9	多功能厅	1	80000	80000
	10	数码摄像机	1	20000	20000
	11	数码照相机	1	8000	8000
合计357900元

（四）扶持培育、竞争择优、健全机制，促进全面提升

我们建立了"扶持培育、竞争择优和适当激励"三个机制。"激励机制"在上文已做了介绍，以下主要介绍另外两种机制。

"扶持培育"指确定为建设精品的专业，学校给予适当的专项经费和优惠政策，有意识地加以扶持、培育、引导。专项经费要用于与创建有直接关系的有关项目，包括购置设备、教材、资料、开展第二第三课堂活动等。优惠政策主要有三方面内容：一是适当高出原定的授课金标准来招聘优秀教师；二是提高班、研修班的学员可以低于班级定员标准；三是在学校创先评优等方面予以倾斜。为扶持闽剧精品专业，我校制定了如下方案：(1) 师资上优化，通过各种管道聘请本市最好的闽剧教师到校任教，如聘请曾经获得过国家文华奖、梅花奖的演员到校任教等；(2) 经费上倾斜，学员学费减半或全免学费，教师授课金酌情提高，拨出专项经费配备乐器、服装、道具等；(3) 制度上鼓励，学校免费为闽剧专业活动提供演出场所，鼓励闽剧专业每个月举办一次全市戏迷联欢会或聘请专业演员前来客串讲座，扶持、培养并逐步壮大戏迷、票友队伍；(4) 招生上打破常规，以往招生通常是坐等学员上门，现在是发动学校骨干力量，根据学员居住的区域，深入有闽剧票友活动的各小区活动场所，广发招生简章，邀请他们前来学习和参加活动。我们还邀请闽剧专家到校进行专题研讨，先后开办闽剧唱腔班、表演班、提高班、研修班，进而组建演出队。经过扶持，目前闽剧专业已经聘请到高级的专业教师，开办了4个班级，招生120人，配备了两套乐器，组建闽乐队、十番音乐队和闽剧演出队，扶持培养该专业成为具有福州地方特色的品牌专业，为弘扬"海西"闽都文化做贡献。

"竞争择优"指在精品专业建设中，引入竞争机制，形成比、学、赶、超的氛围，学校好中选优，推荐省级精品专业名额。从学校专业建设的整体框架看，开展精品专业建设不是为了孤立地建设某一门专业，而是力求有较大的覆盖面，因此，我们建设的重点应放在"学员受益面大"的专业上。例如我校的声乐专业，开设于建校初期，办学历史长，积累了比较丰富的专业建设和办学经验；学员人数多（目前已达673人，约占总人数的15%），受众面大，社会影响广；教师应用现代教育技术手段开展教学的能力较强；专业基础设施在本校居领先地位，有专用的隔音教室，教学设备总值达15万元，固定的校外实践基地1个，同时依托学校其他教学资源，能够较好地满足专业教学的需要，具备持续建设和发展的良好环境；教学上，一是建立了涵盖多个专业方向的专业结构体系，二是形成了四级"阶梯式"的课程体系，三是建立了以自主开发的校本教材为主体的专业教材体系，四是建立了以仿真式教学为主的教学模式，五是学员服务社会的组织体系比较完善，有近半数的学员走上社会进入各合唱团，参与激情广场等合唱活动，为弘扬群众文化、建设和谐社会做出了贡献。在同其他专业的比较中，它的许多优势得到了凸显，我校计划将它作为一个省级精品专业进行重点建设。

三 推进精品专业建设的思考

老年大学精品专业的建设是一个崭新的课题。老年大学精品专业建设的目的是提升老年大学专业建设水平，推动学校教学质量的提高，造就若干个专业品牌，提高学校知名度，培养老年专业人才。精品专业建设显示出老年学校教育的发展方向，也为我们全面提升老年大学办学水平提供重要平台。在实施的过程中，由于我们的认识和构思不够完整，还有许多问题需要进一步探索研究。特别是距离创建"一流老年大学"的目标，我们还有很多工作要做，需要在今后工作中持续推进、不断探索创新。开展精品专业建设工作以来，我们的体会是：

（一）要持续推进精品专业建设

工作中，我们对这项工作也曾经产生过质疑。后来，经过讨论，大家一致认为，首先，从促进老年大学发展的角度看，精品专业建设不是要不要做的问题，而是如何深化和推进改革创新的问题。要树立精品专业建设可持续发展的观念，明确精品专业建设是长期而且不断发展、永无止境的过程。其次，精品专业建设要倡导新的教育教学理念。作为具有示范效应的精品专业，教育理念必须成为其"灵魂"。精品专业在教育理念上要有前瞻和创新，这样才能使专业更加新颖、生动、富有生命力。最后，要在明确理念、科学规划的基础上，科学推进精品专业建设深入发展。要根据学校发展目标，制定科学的建设规划和评价标准，要注意处理好传统与特色、规范与创新、课程与专业、点与面的关系，要通过精品专业的示范效应，以及对其理念和经验的总结推广，带动全校专业建设整体水平的持续提高，形成专业建设的良性循环。

（二）要用科学系统的观点来看待精品专业建设

我们不应该孤立地考虑建设某个精品专业，而应将精品专业放入学校整个专业建设中来统筹规划，用科学系统的观点来看待精品专业建设。要使精品专业建设与学校发展目标及总体思路相协调，一方面必须保证学校的总体专业建设质量的高水平，另一方面必须保证每一门专业系统的要素（包括教材、教学内容、师资队伍、教学手段、教学方式方法等要素）的高质量。我们要通过精品专业建设形成两个良性循环：形成每一门专业诸要素的良性循环和促进全校各专业建设形成良性循环。因此，我们有必要系统地反思老年大学的专业设置：老年大学可以开设哪些专业？在专业、课程设置中如何体现老年大学特色？哪些专业是老年大学的"必修课"和特色课程？等等；还要系统考虑到精品专业的建设：精品专业应该处于怎样的地位？其建设应该达到怎样的程度？在全校所有专业中应占有多少合理的比例？只有不断反思，才能真正建设好老年大学的精品专业，才能促进老年大学专业建设水平的整体提高。

(三)要科学制定精品专业建设的标准

一段时间以来，尽管我们的精品专业建设在教学条件和资源建设等方面取得了进步，但实际教学中仍然存在着许多不尽如人意的地方。这提醒我们，不能把评价指标仅放在教学条件、教学方法和手段等硬件要素上，而要更多转移到对实际课堂教学效果、学员评价等方面上来，要通过建立严格和科学合理的指标体系，引导精品专业更好发挥在推进专业建设中的示范作用。衡量学校专业建设质量的高低，要从学校的性质、办学目的、宗旨、方针和学习对象的实际情况出发进行综合考虑。中国老年大学协会提出的办学宗旨是："增长知识、丰富生活、陶冶情操、提高素质、促进健康、服务社会"。我们研究和制定精品专业建设的标准，必须以这个办学宗旨为指导。

我们认为，老年大学精品专业的标准，重点要考虑以下两个方面：其一，精品专业建设要以老年学员的特点和需要作为依据和出发点，必须强调实用性和针对性。要考察该专业是否为学员所需求；是否根据学员实际情况适当划分不同层次的教学班（如基础班、提高班、研修班等）；是否科学安排适合学员接受能力的教学内容、进度和方法；在同一个教学班内，是否能照顾到每一个学员不同的文化基础、理解能力、智慧体能等。其二，要把大多数学员的满意度作为衡量精品专业建设质量高低的主要标准。我们对精品专业进行教学质量检查和评估时，应以该班学员的满意率作为主要的衡量标准。精品专业在教学内容、教学方法上要符合本专业大多数学员的需要，要让大多数学员感到学得懂、用得上，由衷地表示满意。同时，还不能停留在数量的统计上，要深入了解学员满意或不满意的真实原因，据此研究改进的办法，发挥精品专业在探索专业建设方面的示范引领作用。

(四)要建设一支高水平的教师和工作人员队伍

实践表明，建设高水平的精品专业并促进其可持续发展，需要一个优秀的工作团队。这个工作团队在时间和精力的投入、工作的能力和水平、责任感和事业心以及团结合作精神等，都要达到高水平。学校要为精品专业建设组织优秀的工作团队，并保证这个团队始终拥有先进的教学理念、教学方法，要为这个团队提供必要的政策支持和条件保障，要鼓励团队中所有的人都投入教学、研究教学，营造全员参与建设的良好氛围。老年大学的师资绝大多数为外聘，来源比较特殊，流动性大；专门管理人员的知识水平、工作经历、生活阅历等也千差万别。这些人员的共同特点是，大多都没有接受过从事老年教育的专门培训，他们当中的许多人，甚至还没有学习过普通的教育学、心理学。老年大学工作作为一项特殊的教育工作，其固有的教育属性和服务老年人的特殊性是不言而喻的。然而，我们却看到，从事这项专业性很强的教学和管理工作的许多人，他们从事老年教育工作，靠的只是自身的责任感、事业心和对老年教育的满腔热情，以及个体的"摸爬滚打"。因此，老年教育及其研究工作目前尚停留在浅层次和低水平，就不难理解了。所以，值得探讨的问题是：负责精品专业建设的教师和管理人员应具备哪些基本条件？应对他们提出哪些特殊要求？他们在工作中需要更新哪些知识、提高哪些能力？这些知识和能力应该通过哪些管道来获取？由此再引申思考一下：老年大学的教师和工作人员是否需要具备一些准入条件、做到执证上岗？是否应该搭建一些平台供他们学习与交流？应由谁来承担培养、培训老年大学的师资和工作团队的任务？老年大学本身是否可以设置一些专业和课程，对本校的教师和工作人员进行培训和更新知识教育？等等。

（五）要加大资金投入，改善办学条件

长期以来，各级老年大学都不同程度地存在着经费投入不足、教学设备更新缓慢、现代化教学手段得不到广泛应用等现象。建设精品专业就是要倡导教学方法的改革和现代化教育技术手段的运用，鼓励使用优秀教材和各种教学资源，最大限度地调动学员学习的主动性和积极性，最大限度地提高教学质量。老年大学开展精品专业建设，就是要突出老年大学的办学特色，要鼓励教师在专业建设方面做到"人无我有、人有我优、人优我新"。目前，精品专业建设工作刚刚起步，许多硬软件都亟待加强和改善。一开始，我们就应当严格要求，申报精品专业建设的专业一定要严格审核，一旦获准，则必须在规定的时间内达到建设标准。学校要根据精品专业建设需要，安排适当资金，配备必要的设施和进行必需的组织、人员调整等，为精品专业建设工作创造良好的条件，营造积极和谐的氛围。

另外，教材问题一直是困扰老年大学专业建设的一个难题。老年大学的教材建设投入大，却收效甚微。由于知识的飞速发展，许多教学硬件、软件升级都在加快，再加上各校情况的差异，各类专业课程的教材难于统一，即使统编教材，也经常出现教材刚编完，内容已经变化了，这给老年大学开展精品专业建设带来了一定的困难。一些教师也由于学习交流机会少、可借鉴的材料有限、授课金较低等诸多原因，而没有投入更多的时间和精力进行教学研究和教材开发，社会对老年大学的教材建设也没有给予足够的关注，这些情况都阻碍了优秀教材的开发。为精品专业提供合适的教材，已经成为一项重要的工作。随着"重视老年教育"被写入国家中长期教育发展规划，我们相信，会有更多的有识之士关注老年大学的教材开发，会有更多的人来关心老年大学的建设和发展，以上问题终究会得到圆满解决。

我们对精品专业建设工作进行了一些尝试，这只是一个开头，今后要走的路还很长。但是，只要有国家和社会各方面的大力重视和支持，通过我们坚持不懈的努力，建设一流的精品专业不是遥不可及的。

适应信息时代要求发展老年教育初探

黄 宪[*]

利用现代科学技术发展老年教育,是一项具有战略眼光的工作。它顺应信息化时代的大趋势,顺应创新发展老年教育的大趋势,顺应迈步小康做健康时尚老人的大趋势。实现老年教育现代化,构建"数字校园",是历史赋予我们的神圣使命和义不容辞的责任。

一 实现老年教育现代化势在必行

网络大潮汹涌而至,数字化是老年教育领域不可回避的趋势,它对新时期老年大学的教学管理的重要作用也必将日益凸显,信息技术正在拓展老年教育领域里的空间。因势利导推进老年教育信息化,利用信息技术,探索新的老年教育模式,促进整个老年教育领域的现代化、信息化进程无疑将对老年教育产生全面冲击。首先要解决的是教育思想、教育观念转变,以信息技术观点对老年教育进行系统分析,从而达到全新与超前认识。正是在这样的时代大背景下,厦门老年大学认真贯彻落实科学发展观,立足实际,按照上级部门信息化建设相关精神,及时完善信息化建设战略思想和目标,增强老年教育信息化意识,努力推动厦门市老年教育创新发展的具有重大意义的决策。以信息化潮流为动力,以网络技术为手段,努力打造一个宣教并重、学用结合、多媒体型、规范化、现代化的

---

[*] 黄宪:厦门老年大学副校长。

"数字校园"。

二 厦门老年大学构建"数字校园"的主要做法

老年教育现代化是全方位的概念,不能讲现代化就只讲现代高科技手段运用于教学过程,而是要尽可能地将现代科学技术的成果和方法引入老年大学教学管理,增大硬件、软件的科技含量,使老年教育现代化获得可持续发展的强有力的支撑。我校"数字校园"是一个包含校园网站、数字图书馆、办公自动化、多媒体教学、智能多媒体广播系统,还有教学管理系统、远程老年教育等信息化网络管理在内的长期性的数字化系统工程。

(一)加强硬件环境建设,配备先进的信息化设备

在构建"数字校园"工程中,硬件建设是前提,校园网站建设是重中之重,起着整合资源、统领全市老年教育走向科学化规范化发展、辅助教学、师生互动、信息发布、对外宣传等重要作用。在厦门市委、市政府的支持下,以扩大办学规模为契机,2005年底投入89万元为校园网配置了高级服务器,组建了一间现代化的网络机房,两间多媒体计算机教室、一间多媒体教学礼堂、会议室和一间视频工作站。入网计算机达120多台,实现了多媒体广播软件教学。全校各个班级都配备了多媒体网络接口和教学投影仪,各个处室均做到了人手1台办公计算机,并接入宽带网络,还为校园网管理人员配备了两台笔记本电脑。校园局域网配备了专用Web、DNS、E-mail、FTP、VODS等数据库和服务器等设备,在现代化的网络机房支持下,使全校计算机实现了同时高速上网,为我校构建"数字校园"工程打下了坚实的硬件基础。

在以校领导为站长的直接领导下,根据现有的实际需求和未来的发展方向,在制定"数字校园"的发展策略之初,就把自主设计、自主开发、自主管理作为建设校园网的基本方式,开发校园网站各功能模块。

(二)充分发挥市校网站作用,为区级校提供信息交流平台

在厦门,以市校为龙头,使区级校和市直单位老年大学也同样享受市校数字化带来的诸多成果。在建设数字化过程中,厦门老年大学做好本校校园网站的同时,也为全市6所区级校和5所市直单位老年大学免费提供了主页访问空间和网络技术支持。在我校的统筹安排下,统一建设了全市老年大学校园主页,设有"学校介绍"、"本校新闻"、"图片新闻"、"校园风光"等栏目。通过主页的后台发表中心,各校均已实现新闻更新的功

能，各级老年大学之间将实现公文传送、邮箱收发、网上会议、网上办公系统等功能。引领全市老年教育向信息化方向发展。

(三) 举办扶老上网讲座，积极提升老年人使用网络技术的水平

厦门老年大学在"数字校园"的建设进程中，本着以人为本的服务原则，始终重视提高老年学员的网络技术，促使他们融入网络时代，发挥他们在和谐网络中的作用。在正常的教学中，学校开设了计算机基础、计算机提高、网上冲浪、图像处理、动画制作等专业网络课程。此外，学校多次举办面向全市各级老年大学学员的《校园网的使用》大型讲座，还多次举行了全市的网络信息员和网站版主培训，解决学员们在网络使用中遇到的实际问题，帮助他们早日搭上数字快车。

学校还紧跟时代潮流，在全国老年大学范围内率先开通了自主管理的博客系统，并编写老年博客讲义。2005年7月成功开办了全国第一个老年网络博客班和防毒反黑班，受到了社会的高度关注，《人民日报》、《新华日报》、《中国老年报》、《福建电视台》、《东南早报》等60多家国家、省、市的新闻媒体给予详细报道。在全球最大中文搜索引擎——百度搜索，以"厦门老年大学博客"为关键词进行搜索，共查找到10000篇相关网页，可见被关注率之高。通过举办博客班的学习，许多学员都建立起自己的博客，学校成立了博客协会，这也反映了厦门老年大学紧跟时代潮流、用数字化推动老年教育的创新。

(四) 实现了信息技术与教学实践的接轨

校园网的在线课堂、课件下载等功能区在辅助教学方面有了十分明显的作用。校园网针对现有校内专业课程开设了30多个版面，据最新的统计，已经发布了3000多条学习资料，涉及文学、书画、摄影、手工、艺术、计算机等校内各大专业，为学员课后继续学习提供了良好的平台。此外，老师还在线解答了学员的提问500多人次，还发布了300多条包括知识讲座、课堂讲义、教学视频或录音、多媒体电子书在内的教学资源。可以说，校园网站已经把有限的校内课堂延伸到了无限的网络上，这种没有围墙的"数字课堂"也给老年人的学习带来了全新的变化。又如，越剧学唱班和钢琴班的学员可以把自己录制好的唱段发布到网上，为自己找到了更多的听众。

厦门老年大学所进行的现代信息技术辅助教学的探索，使得老年大学从传统的从书本上单一途径选材教学，改变为从广阔的无界限的网络资源里灵活地多途径选教材，大大拓宽了信息量，从根本上改变了教材的来

源。校园网为开辟远程老年教育建设打下了良好基础。

（五）以校园网为平台，加大老年教育事业对外宣传的力度

厦门老年大学校园网开辟了新闻中心、校园小区、银发博客、网络学习中心、网络广播、影音点播、校园邮箱、下载中心、招生专页等功能模块，依托网络传播的时效性，把学校的所有交流访问、活动信息、班级新闻、发展动态均在第一时间上网发布，使网站成为厦门老年教育事业一个重要的宣传窗口，与兄弟学校间架起了沟通平台和互相学习的桥梁。除了在校学员养成了经常上校园网的习惯外，也吸引了许多校外人员来浏览，甚至还成了媒体记者挖掘新闻的重要阵地。在校园网上，学员们还可以依托"网上展览厅"功能模块，申请网上办展，把自己的学习成果和作品发布到校园网上。校艺术团举办各大型专场演出和举办音乐专场会都可随时在校园网点击观看。此外，厦门老年大学在打造"数字校园"的同时，充分利用我校《厦门老年报》，把校报的版面设置和网站栏目架构有机地结合起来，借用数字技术，让校报的读者与网上的网友互动起来，把报网的优势结合起来，实现了报网互动。

（六）重视管理软件开发，实现资源共享，引领全市老年教育规范办学

随着老龄人口每年以 3.3% 的比例增长，学校办学规模的扩大，学校信息化程度显得滞后，原有的管理模式已无法满足管理需求，因此利用当前先进的信息化手段来为学员提供优质、高效、便捷的管理服务，提高学校信息化管理水平已是大势所趋。教学管理手段现代化是老年教育现代化的重要内涵和物质技术支撑。根据学校近年来的工作实践经验，认为这是学校教学管理真正实现现代化的关键。软件资源建设表现在各种应用软件平台建设，它的发展基本方向是网络。使用信息技术实现教学管理现代化和最优化是关键。

实现老年大学教学、办公自动化水平，是构建"数字校园"重要内容之一。为了统领全市老年教育，推动和提高厦门市老年教育现代化教学与管理水平上新台阶，起到对基层老年教育的指导、扶持和辐射作用。2010年厦门老年大学积极探索，总结多年积累的教学管理经验，根据教学实际情况，投入十几万经费研发出一套针对老年大学教学管理开发的多种模块为一体的管理系统软件。主要功能有：校务管理、教务管理、教职工管理、学员管理、教学资源管理等五大模块及相应的子模块，涵盖报名管理、学员卡（IC卡）管理、教务管理、教师档案管理、学员档案管理、统计分析、财务管理、基层校管理、软件系统管理权限、信息群发等功能并预留升级功能。管理系统软件并在2010年厦门老年大学春季招生时正式投入使用，报名采用系统管理软件招生，在很大程度上改变了以往多次排队报名耗时耗体力的弊病。在招生现场，前来报名的学员执校园卡（学员卡）采用"一站式"排队，完成多门不同专业的课程报名，耗时10~15秒，课程满员时系统自动提醒操作人员并可通过校园广播及时通知，招生结束系统将自动统计，并形成各类所需的报表，做到简单快捷，准确高效，赢得了老年学子的普遍赞誉，也保证了招生工作科学有序进行。

为了推动区级老年大学的软件管理，厦门老年大学决定将管理系统软件无偿提供给全市各基层校和各地兄弟校使用，资源共享、互通有无、共同发展。学校领导想了解本校及全市各基层校办学情况，只要在计算机上点击鼠标查询，就能随时了解到办学情况，基本实现了全市老年大学办公自动化、教学管理规范化，使厦门市老年教育工作上了一个新台阶。厦门老年大学管理系统软件快捷便利，容易操作，发挥了校园信息化建设的龙头作用，将对学校的自动化、信息化、数字化、网络化管理带来创新和实践，为推动厦门市老年教育发展带来崭新的理念和动力。

（七）多媒体校园广播，营造规范、轻松愉快的数字校园

2010年学校为进一步完善"数字校园"硬件建设，又投入经费，在校园里装上一套智能多媒体广播系统。这套设备的功能：一是用校园广播召开全校师生大会，学员只要坐在各自教室里就可实现，还可分区域进行；二是遇到紧急情况可在第一时间广播通知；三是每年在招生实施计算机报名时校园广播可接通教学管理软件系统，及时播报招生现场学科满额情况；四是用广播系统的铃声规范学校上下课的时间；五是充分利用课间休息时间播放课间操音乐等。开学时每天当师生走进校门时，就可以听见校园广播传来优美的音乐，在迎接大家。当课间铃声响起，全校师生都会集中在操场和楼道间，随着优美的音乐打太极拳（课间操）活动锻炼身体。学员们在宽松、有序的环境中学习，使他们的心情更加舒畅，健康愉快，又丰富了校园生活，深受大家欢迎。厦门老年大学随着信息时代逐步进入科学化、规范化办学。师生们在"数字校园"里轻松愉快地度过每一天。

（八）启动"数字校园"工程后，实现了四个突破

一是校园网在各大功能模块区上实现了功能强大，方便快捷。为远程教育提供网络平台；为教学提供方便，学员、教师、工作人员很方便通过

查询招生、作业提交、问题解答、信息发布、网络学习中心、影音欣赏、邮箱使用、软件下载、情感交流、组建博客、投稿校报、数据上传、数据备份等十几项为老年学员提供免费网络服务。

二是校园网的动态管理,实现了更新及时。学校当天新闻就能在第一时间在网站进行报道。

三是校园网在技术上,实现了注重贯彻动态回馈、双向交互。教师在校园网上可以布置作业、辅助教学、发布课件、学员随时上网点击《网络学习中心》学习。各处室则可以在网上发布通知、传送公文。

四是厦门老年大学管理软件在校内管理网络平台上,实现了对校务、教务管理各个层面应用的一整套专业解决方案;实现了市校与各区校及下属老年学校之间的互连互通;实现了资源共享。

三 开展远程老年教育,先行先试,带动基层,扩大远程老年教育覆盖面

厦门老年大学高度重视远程老年教育的建设与发展,加大校园网建设的投入。于2008年校园网更新视频课程,新开设《网络学习中心》。还选择国内资深的远程教育中心作为开展厦门市远程教育的平台,充实和扩大全市老年教育覆盖面,运用互联网宽带技术,连接至北京东方银龄远程老年教育中心的埠和上海等老年大学的网站,作为辐射的重要管道,使我校的远程老年教育辐射功能发挥得更加完美。不断提高远程老年教育质量与水平。我校在开展远程老年教育,为带动全市开展远程老年教育承担了重要任务。我校实行先行先试,认真总结经验,推动基层办好远程老年教育。

为逐步扩大远程老年教育的覆盖面。市校多次召开全市校长联席会,认真学习,统一认识,做好基层调研,积极开展远程老年教育。并要求各基层校要本着"不求为我所有,但求为我所用"的原则,充分利用好国家提供的各种传媒资源(如组织部系统的农村党员干部教育网多媒体资源)积极创造条件,实现资源共享,办好基层远程老年教育。通过大屏幕投影仪实现了异地点播,进行教学视频直播,并把远程课程作为学校已开设课程的辅助教学。远程老年教育以优秀的师资、优质的课程、便捷的形式、低廉的成本,解决偏远农村老年学校缺师资、缺教材的困难,让老年人享受远程优质的教育。2009年思明区委、区政府把办好远程老年教育,纳入

为民办实事之一,并投入十几万经费,为10个街(镇)级以上老年学校都安装远程教学设备,为基层老年教育做了件实事。市校举办全市各基层校远程老年教育联络员和收视点负责人培训班。市校教务处有专人负责在全国有关远程老年教育网站搜看并收集优质课程,打印下发给各基层校,为他们开设远程课程提供便利,并要求基层各收视点做到远程课程表公布,完善学员考勤等制度。现全市、区、街、小区三级网络远程老年教育共有71个教学点,做到教学管理四落实:有场地、有教学计划、有教室、有教学管理。现全市各基层老年大学(学校)远程老年教育已开的收视点,工作基本形成了良性的运作机制。

四 开展远程老年教育对策与建议

随着党和国家大力推进学习型社会的建设,上老年大学的老年人越来越多。老年人求学的愿望日益增强,老年教育"供学矛盾"十分突出。面对当今网络信息时代,拓展远程老年教育新空间势在必行。网络自主学习,深受老年学员的欢迎,它满足老年人日益增长的精神文化追求。是一所没有围墙的老年大学,是解决"供学矛盾"的途径。

笔者认为当前随着三网融合技术的推进,会使远程教育体系的技术建设环境变得更加便捷和简单,现代网络技术为远程教育体系的建设提供了科技基础。只有按照国家教育《纲要》中指出的方向:"大力发展现代化远程教育"才是新的战略决策。网络技术在老年教育领域中才刚刚起步,老年教育迎来了许多新机遇和挑战,虽然当前教育信息化在促进老年教育现代化方面已取得了很大发展,但还面临着许多困难和问题。主要表现在五点:一是还没有把远程老年教育体系纳入国家教育财政经费预算;二是老年教育硬件资源建设(设备、设施、场地),软件资源建设(师资、课程、教材、服务)等,是当前制约远程老年教育发展的瓶颈,发展远程老年教育需要国家财政经费的投入与扶植;三是在管理体制、运行机制、思想观念、技术水准上要不断创新,不断增强服务意识、增强创新意识、增强现代化意识;四是各老年大学之间的信息化、现代化发展不平衡。要解决存在问题,需加强对教育信息化建设的重要性、紧迫性的认识;五是大部分老年大学的基础设施建设,由于投入不足和人才缺乏,跟上教育信息化发展进程要求的校园共享资源短缺。需从全局上考虑,推动全省老年教育信息化共同发展,建设好福建远程老年教育,充分利用现有资源和开发有本省特色的远程老年教育的网络势在必行，这样即可减少各地市的投资，节省行政成本，实现资源共享。而现代信息化技术的发展正为资源共享提供了客观的条件。

2011年是我国"十二五"规划的开局之年，"重视老年教育"写入国家中长期教育改革和发展规划，是老年教育事业迎来新发展的一年，抓住机遇，科学发展老年教育。老年教育现代化是一个精彩的事业，如何适应信息时代要求发展老年教育事业，需在理论和实践两方面努力探索，是我们当前面临的重要任务，任重道远。在未来的长足发展中，我们牢记胡锦涛总书记在党的十七大报告中提到的"办好人民满意的教育"的指示，用科学发展观统领老年教育工作局面，努力办好人民满意的老年教育。让校园充满现代化气息，为构建现代化"数字校园"有更好的发展而努力。

参考文献

[1] 德斯蒙德·基更：《远距离教育：国际终身教育的第一选择》，《开放教育研究》1998年第2期。

[2] 潘启富：《开拓远程教育管理研究的新空间》，《广西广播电视大学学报》2005年第4期。

浅议老年教育与民间对外文化交流

朱立新[*]

近年来，老年教育在福建省发展如火如荼。和谐校园文化、"两个轮子"一起转、文化养老等科学的办学理念在各地老年大学（学校）广为推广，成为基本共识。这些理念的成功实践，不仅使老年教育增添了无穷的魅力，也使老年教育在一些地方优秀传统文化的传承和发展中异军突起，占据重要地位，发挥着重要作用。更为可喜的是，在泉州地区，老年教育对外文化交流已经走出校门、走向世界，发挥着越来越重要的作用。

一 老年教育的发展助推优秀文化的传播与弘扬

老年教育是终身教育体系的重要一环，也是当前我国文化体系建设的一个重要组成部分。老年教育起步于20世纪80年代，是伴随着生活水平的提高，整个社会文化的发展，许多老年人在学习科学文化知识、提高生命生活质量上有了更多、更新的要求而不断发展壮大的，它的兴起和发展本身就是优秀的传统文化与时代精神相结合的产物，是繁荣和发展社会主义文化的重要组成部分。20余年来的实践已经充分证明，老年教育在传承发展优秀传统文化、培养老年文化人才方面，已经发挥了积极作用。现在福建省的老年教育中，古典文学、诗词格律、书法绘画、戏剧民乐、针灸按摩、园林花卉、拳剑武术等优秀传统文化精华，已经成为大多数老年大

---

[*] 朱立新：泉州老年大学办公室副主任。

学（学校）的必备课程。它们不仅是民间优秀传统文化的杰出代表，更代表了社会主义文化的前进方向，是社会主义文化一个新的重要生长点。以泉州老年大学为例，泉州老年大学现设有书画系、语言文学系、舞蹈健身系、保健系、音乐系、南音系、时政系、科技系等8个系、44门课程，其中不乏有许多代表了地方优秀传统文化精华的班级，如闽南名老艺人研习班、古典文学班等，最具特色的当属南音系以及其下开设的南音演唱、琵琶、二弦、三弦、南音四管等课程。南音是广泛流传于闽南地区、海内外闽南籍华侨聚居地的一门古老艺术，它保留了许多古代音乐文化的遗迹，被称为中国古代音乐的"活化石"，并被正式列入联合国人类非物质文化遗产代表作名录。泉州老年大学于1997年创办南音系，积极开展南音的教学、研究和对外交流活动，不仅为广大老年南音爱好者提供了一个学习交流、结社交友、陶冶情操的场所和平台，极大地丰富了他们的晚年生活，同时也在抢救、挖掘、保护、传承地方优秀传统文化遗产方面做出了突出的贡献。经过13年的发展与实践，泉州老年大学已成为在海内外享有较高知名度的老年南音教学基地。学校还专门成立了艺术团、南音社，组织已掌握一定基础，学得较好的学员走出校门，积极参加各地社团、馆阁的演出交流活动，在各种老年演出活动中屡获佳绩，令海内外南音界人士刮目相看。

二 民间对外文化交流的拓展使老年教育更具魅力

文化柔而有力，潜移默化，"润物细无声"，在沟通心灵、加深理解、架构友谊方面，具有其他交流方式所不能替代的作用。近年来，福建省各地老年大学除了在老年教育理论研究方面不断加大对外交流力度以外，更多的还是在文化艺术上与世界各国以及中国港、澳、台等地区进行了广泛深入的交流。对外交流的深入开展与老年大学"两个轮子"一起转办学理念的有效落实是息息相关的。福建省很多老年大学在做好课堂教育的同时，十分注重专业学会、社团建设，成立大量的专业学会、协会和艺术团体，把学有所成的学员充分组织起来，或互相交流切磋技艺、巩固学习成果；或展示夕阳风采，丰富校园文化生活；或走出校园融入社会，积极参与社会文化活动，甚至是跨出国门，"请进来，走出去"两头并举。以传承弘扬地方优秀传统文化为载体，肩负起拓展民间对外文化交流的光荣使命，成为民间对外文化交流的重要组成部分，在加深国际联谊，联络侨亲，沟通乡情，弘扬传播中华文化，提升中华文化"软实力"等方面发挥了重要的作用，既充分体现"增长知识、丰富生活、陶冶情操、提高素质、促进健康、服务社会"的方针，又为宣传展示福建老年教育提供了一个绝佳平台，为社会各界、海内外朋友充分了解老年大学开辟了一扇窗口。例如泉州老年大学成立了艺术团，该团组织严密、人才济济，设有合唱团、南戏团、时装舞蹈团、南音社等，尤其是其下的南戏团，将一批刚从梨园、高甲和木偶剧团退休的优秀演员组织起来，他们艺术精湛，在海内外知名度高，影响大，成为知名的艺术品牌。同时，泉州老年大学还十分注重对外交流工作，不断拓展国际交往空间，切实加强与海外老年教育同行、华侨会馆、华人社团、文艺团体的沟通与联系。仅在2000年至2010年的10年间，泉州老年大学便开展对外文化交流活动近30次，足迹遍及新加坡、印度尼西亚、菲律宾、马来西亚等东南亚国家以及中国港、澳、台等地区，分别与中国台湾老人社会大学、宜兰县南阳义学、台南大天后宫，中国香港培康长者教育，印度尼西亚东爪哇泉属会馆、东方音乐基金会，新加坡晋江会馆、长青合唱团、淡滨尼艺术团、湘灵音乐社、城隍庙艺术学院，中国澳门中华妈祖基金会，马来西亚巴生音乐协会合唱团，菲律宾金兰郎君社、长和郎君社、南乐崇德社、国风郎君社等单位社团建立了密切的联系，往来频繁，交流热络。尤其在南音、合唱、诗词、书画等方面，泉州老年大学艺术团、南音社、书画协会、诗词学会更是蜚声海外，深受海外华人华侨、艺术界人士的高度赞誉。2007年11月，泉州老年大学艺术团南戏团应台北市文化艺术交流促进协会邀请赴台演出，先后到宜兰传统艺术中心、新庄文化艺术中心、高雄县冈山演艺厅、台北新舞台等专业剧场举行四场"泉艺荟萃"专场演出，并到台湾戏曲学院、台北艺术大学、台南大天后宫、高雄皮影戏馆等地举行教学交流和联谊活动，从台北到台南，艺术团足迹遍及台岛，精彩的闽南戏曲倾倒了无数台湾观众；2009年7月，应台南大天后宫的邀请，泉州老年大学南音社组织7名优秀南音教师赴台开班传授南音，免费培训当地南音爱好者，共为当地培养了38名南音演唱、演奏者，这些学员"出师"后，还举行了"台南大天后宫首届南音班研习成果演出"，受到广泛好评，开班教学活动取得巨大成功；2010年7月，泉州老年大学合唱团再登世界舞台，以《蓝蓝泉州湾》、《爱拼才会赢》等几首极富闽南侨乡特色的民谣歌曲问鼎第六届世界合唱比赛民谣组银奖，引起了社会各界的关注和瞩目。

三　进一步拓展老年教育对外文化交流的思考

近年来，福建省老年教育虽然在对外文化交流方面取得了丰硕成果，在民间对外文化交流中有了一定的地位，发挥着积极的作用，但我们也应看到，受限于老年教育的社会功能定位，老年教育在民间对外文化交流方面的潜能始终没有得到充分的挖掘，对外文化交流对于促进我省老年教育发展所起的作用依然十分有限，存在着品牌项目不多、沟通管道不畅、交流层次不高等不足。如何打破困局，不断提升对外文化交流的层次、规模和水平是摆在老年教育工作者面前的一道难题。我们建议应充分利用各地的区位优势，善于借力使力，通过"抓特色、创品牌、搭平台"的三部曲，不断丰富交流形式，充实交流内容，扩大交流规模，形成大交流、大合作的良好势头，以此树立福建老年教育的良好形象，拓宽老年教育的国际视野，推动老年教育实现科学发展、稳步发展。

（一）充分利用地区优势开展对外文化交流

要立足区位优势，利用区位优势开展对外文化交流工作。例如，厦门老年教育可发挥经济特区以及在钢琴、音乐、民间舞蹈等方面的优势开展对台对外交流；泉州市老年教育可抓住国务院首批公布的历史文化名城和著名侨乡的优势，着力在南音、梨园、高甲、提线木偶、茶诗结合等方面积极拓展交流空间；福州老年教育则可充分发掘本地船政文化，走出一条具有自身特色的对外文化交流之路；莆田市老年教育则应深入挖掘妈祖文化的独特魅力，全面加强对外交流力度。

（二）主动融入海峡西岸经济区建设，搭建老年教育对外文化交流的崭新平台

当前，福建省正在国家的大力支持下，全力推动海峡西岸经济区建设。福建省提出，要发挥海峡西岸经济区独特的对台优势和工作基础，推动两岸文化交流重要基地建设，全方位、多层次开展与台湾地区的交往，推动文化交流、人员互动；要深入开展两岸文化对口互动活动，深化两岸科技、教育、卫生、体育等方面合作；要加强祖地文化、民间文化交流，进一步增强闽南文化、客家文化、妈祖文化连接两岸同胞感情的文化纽带作用等。福建省各地的老年大学、老年教育工作者应充分利用这一千载难逢的机会，主动融入海西建设，在推动对台文化交流方面发挥老年教育的独特优势，争取项目，凸显地位，发挥作用，为祖国的和平统一大业作出

新贡献。

（三）创新交流形式，打造品牌项目，不断扩大对外文化交流的影响力

要结合本地老年教育工作实际，充分挖掘本地文化优势，大胆创新，积极打造、包装更好、更新、更优秀的文化交流项目，努力争取有更多的项目能到国内外重要舞台上进行展示和交流，吸引更多人关注中华文化，关注福建的优秀传统特色文化，关注老年大学的校园文化，提升福建老年教育国际国内的影响力。尤其应大力提倡的是，应在继承传统文化优秀内涵不变的前提下，积极打造一批文化精品项目，既能弘扬传统文化艺术，也能适应广大观众的审美需求和时尚潮流，擦亮本地特色文化品牌，进一步拓展对外交流平台，让中华文化在更大的范围内传播，在更深远的领域里发挥其影响力。

（四）进一步加大海内外社团的交流互访

进一步加强与国外老年教育机构、华人华侨社团、文艺团体、艺术院校等的联系，扩大"请进来，走出去"的规模，采用建立友好学校、举办论坛、往来拜馆、联谊联欢以及互派师资联合办班等多种方式促进交流与互访，建立定期沟通交流管道。民间社团与海外的交流比较灵活，可以更为经常性地开展交流活动。可以充分利用春节、元宵、中秋、重阳等传统佳节以及相关纪念日，例如南音乐神郎君春、秋两祭的重要时间节点等，加强与海外社团、机构的交流与合作。

（五）积极争取政府及社会各界的广泛支持与帮助，建立推动老年教育对外文化交流的经费保障机制

开展对外文化交流，如果没有充足的资金保障是难以长期坚持并取得成效的。各地老年大学应主动地融入当地党委、政府的中心工作，充分发挥老干部工作部门的优势，加强与宣传、文化等部门以及新闻媒体的联系与沟通，主动对接工作，承接任务，有为运作，以"有为"赢得自身在地方对外文化交流中的"有位"，从而吸引政府的资金投入，形成良性循环。与此同时，还应努力探索，与地方大型企业、慈善机构、文艺社团以及海外的华人社团、华人华侨加强联合，寻求资金赞助，壮大自身实力，夯实交流基础，多渠道筹集交流经费，形成稳固的经费保障机制，推动对外交流工作长期稳步开展。

总之，福建省的老年教育对外文化交流工作尚处在起步阶段，更多的还只是小范围、单打独斗式的交流，远未形成大交流、大合作的格局。因此，我们应进一步加大抓特色、创品牌、搭平台的力度，让老年教育在民间对外文化交流领域内能够走得更远，发挥更大作用，让更多"海峡老年教育名校"能在海峡西岸经济区建设浪潮中屹立潮头，茁壮成长。

参考文献

［1］张文范：《张文范论老年教育》，《天津市老年人大学研究室编印》，2009年8月。

［2］陈智勇：《持续提升泉州文化影响力，打造对外文化旅游交流更大平台》，《泉州晚报》，2009年10月25日。

老龄人口增加对老年教育影响的对策研究

许伟宏[*]

如何解决我国业已存在并且日益加剧的老龄化问题，中央提出了"老有所养、老有所医、老有所教、老有所学、老有所为、老有所乐"的24字工作目标。其中的老有所教、老有所学，就涉及老年人的精神生活领域问题，涉及老年教育。笔者认为，在我国经济迅速发展、物质生活不断丰富的今天，发展提升老年教育，是解决日益紧迫的老龄问题的基本途径之一。所谓老年教育，就是以老年人为对象的教育。它融普通教育、高等教育与职业教育于一体，是成人教育的一个重要组成部分，是终身教育的最后阶段。老年教育的目的在于满足老年人的学习要求，使老年人通过学习提高身心健康水平、更新知识，从而达到健康长寿，为经济社会的发展继续做贡献。随着我国人口老龄化的加快，老年教育应该受到更多的关注，通过老年教育，积极引导人口比重较大的老年人融入和谐社会，显得特别重要。

一 老龄人口增加与老年教育现状

当前，人口老龄化问题已经成为全球性的重大社会问题。按照国际通行标准，60周岁以上老年人占总人口的10%或65周岁以上老年人占总人口的7%的国家或地区，就称为"老龄化地区"或"老龄化国家"。2009

---

[*] 许伟宏，漳州市老年大学教务处主任。

年，我国60岁以上老年人口达到1.6714亿，占总人口的12.5%。与上年度相比，老年人口净增725万，增长了0.5个百分点。这是历史上老年人口比重增幅最大的一年。"十二五"期间全国老年人口将突破2个亿，老龄化的速度进一步加快。目前我国人口老龄化呈现以下特点：一是老年人口基数大。中国60岁以上老年人口是世界老年人口总量的1/5，是亚洲老年人口的1/2；二是老年人口增长速度快。从1980年到1999年，在不到20年的时间里，我国人口年龄结构就基本完成了从成年型向老年型的转变，而英国完成这一过程大约用了80年，瑞典用了40年；三是高龄化趋势明显。近年来我国80岁以上高龄老人以年均约4.7%的速度增长，明显快于60岁以上老年人口的增长速度。目前80岁以上老年人口达1300万，约占老年总人口的9.7%；四是地区老龄化程度差异较大。上海的人口年龄结构早在1979年就进入了老年型，而青海、宁夏等西部省、自治区预计要到2010年左右才进入，相差约30年；五是人口老龄化与社会经济发展水平不相适应。欧美一些发达国家在进入老年型社会时，人均国内生产总值一般在5000~10000美元，而我国目前尚不足1000美元，是典型的"未富先老"国家。

然而，在中国社会日趋老龄化的今天老年教育的发展与水平却面临着诸多的挑战。

第一，从老年人的角度看，存在观念上的偏差。老年同志离退休后，多有自卑感、失落感，一改过去每天按时上下班的节奏，从服务型转为休闲型，因此，大部分时间在家中无事可干，因而周而复始"提篮子、领票子、带孙子、看房子、混日子"；有人认为学习已不是生活的必需，学不学无关紧要，平时看看报纸、看看数据也是一种学习等。

第二，从老年教育本身看，教育内容较单一，品位不高。学习科目的单一也是影响老年教育的因素之一，只有适应老年人的需求以老年人为本，开设不同科目和不同层次的丰富多彩的老年课程才是老年教育发展的方向。借鉴大城市老年大学的办学经验，适应老人的不同需求，可设置各式各样的学科以供选择，多数老人来老年学校学习是为了增加点生活基本知识和基本技能，学有所得也就满足了。但是也有一部分老人希望获得比较系统的科学知识或比较深的艺术功力，越学越上瘾，要求钻研得深一些，甚至期望在某个专业上学有所成，实现他们更高境界的人生追求。这就势必需要开设一些提高班、学会（研究班）和各种团、队等较高层次的专业提高办学品位。

第三,从各种教育教学资源看,普遍较缺乏。其中有师资力量较为薄弱,熟悉老年教育的人员不足;还有老年教育相关的图书、教材、数据的短缺,致使一些需要开设的科目开设不了,无法满足老年人学习的需求。所有这些都是制约老年大学教育发展的主要因素。要使老年教育的发展呈现欣欣向荣的局面,应该有热爱老年教育事业懂管理、懂业务的工作人员和教师队伍,努力探索老年教育规律,同时,加大投资力度,抓好信息、数据和图书建设,力争逐步把有关老年教育的基础资料积累得多一些、全一些。

第四,从管理方面来看,老年教育的发展有体制上的制约,也有机制上的制约。老年教育的职能与责任至今还缺少必要的清晰界定,有时甚至无所适从,使做具体工作的同志感到比较为难。同时,教师队伍管理的局限性也很大,由于担任老年教育教学的教师基本上都是外聘,与老年大学没有隶属关系,况且适应老年教育教学的师资来源又有一定困难,使老年教学研究难以提高,高要求地考核管理更难。因此,要提高管理人员的管理水平、服务水平和教师的教学水平也就难以实现,这对学校的建设和发展是十分不利的。

二 老年教育对应对人口老龄化的影响

人口老龄化是社会文明进步的重要标志,同时也会给经济增长、产业演变、文化进步、社会发展等带来一系列的影响。第一,老龄人口的增长会改变人口的抚养比,被抚养人口的增加必将加重现有劳动人口的负担;第二,伴随人口老龄化而产生的劳动力年龄结构的老龄化,必将对经济发展和劳动生产率的提高产生一定的消极影响;第三,人口老龄化使用于老年社会保障的费用大幅增加,给政府带来比较沉重的财政负担;第四,以满足老年人口对物质和精神文化特殊的需要的产业结构应相应调整,增加老年人所需要的社会服务业,改造不适应人口老龄化的住宅、小区和环境,开发老年人衣、食、住、行、用、文等各种消费品;第五,人口老龄化将引起家庭规模和家庭结构的变化。人口老龄化使家庭的养老功能不断削弱,因而迫切要求发展以小区为中心的各项社会福利和社会服务事业,以补充家庭养老功能的不足。

发展提升老年教育对于应对人口老龄化将带来积极影响:

1. 发展提升老年教育，符合国际上"终身教育"的理念和认识

对老龄人口开展教育完全符合现代教育理念，是终身教育思想的具体体现。按照终身教育观念，"人永远不会变为一个成人，他的生活是一个无止境的完善过程和学习过程。人和其它生物的不同点主要就是由于他的未完成性。事实上他必须从他的环境中不断地学习那些自然和本能没有赋予他的生存技术。为了求生存和求发展，他不得不继续学习"。

2. 发展提升老年教育，可以更加丰富老年人的精神生活，使他们开阔晚年的心理世界更加健康

步入老龄岁月的老年人，大多有失落感，他们脱离了职业社会，回到了狭小的家庭生活圈中，儿女长大成人、成家，又有自己的天地。因此，孤独和空虚常与老人相伴，如果长此以往而不能解脱，他们容易将自己封闭起来，减少以致隔断与外界的联系。相反，老年人如能力所能及地参加一些社会活动，接受各种各样的社会教育，他们与社会的联系就能保持下来，各种新信息、新观念就会自觉不自觉地被他们所接受。与社会不间断地联系，可以使老年人与社会和他人的关系保持和谐发展，又会使他们摆脱离职之后的失落、孤独和空虚的心理阴影。

3. 发展提升老年教育，有益于社会主义和谐社会的构建

发展提升老年教育，可使广大老年学员以主动的姿态关心家庭、关注社会，进一步促进社会的和谐，身心获得全面发展。通过发展老年教育，可增强广大离退休干部和老年群体对党委、政府工作的信任感和满意度。老年教育帮助老年人用新的学习方式、活动方式或社会关系，取代因年老退休而失去的活动方式或社会关系，实现了"老有所教、与时俱进；老有所学、增长知识；老有所乐、健康长寿；老有所为、服务社会"的美好愿望，同时也缓解了老龄问题。老年教育不仅为老年人乐观积极的情绪的培养和形成提供了一个持续而有效的环境，更重要的是在构建和谐社会的进程中，更发挥着不可替代的特殊作用。

4. 发展提升老年教育，有利于开发和利用老年人自身蕴藏的人生智慧，促进经济、文化的发展

现代生活质量的改变，老年人的生理年龄、心理年龄比以往年轻得多，离退休之后实际上还有很充沛的精力，老年人一般都愿意发挥作用，希望能为社会多做一些力所能及的、长期的工作，他们都有独特的人生阅历和丰富的工作经验，可以很好地发挥他们教育青少年和引导社会的作用。当今社会科学技术迅猛发展,知识的"创造周期"、"物化周期"和"更新周期"都大大缩短。也与老年人的知识更新提供广阔的学习空间,老年人只有加强学习,不断接受新知识、新观念和新技术的教育,才能把握时代脉搏,与时俱进始终保持创新活力,为社会做出新的贡献。

三 老龄人口增加对老年教育影响的对策

发展提升老年教育应该有相应的对策加以保障,笔者认为有如下几个方面。

1. 提高认识,加大宣传力度

党的十七大报告提出:要"全面做好离退休干部工作","加强老龄工作","努力使全体人民学有所教","建设全民学习、终身学习的学习型社会","坚持教育公益性质,加大财政对教育投入","兴起社会主义文化建设的新高潮",这些要求非常适用于老年教育工作,是做好老年教育工作的指导思想。老年大学是党在思想文化领域中的一个重要阵地,也是做好老干部工作的重要基地。庞大的老年群体,既是党和国家的宝贵财富,又是实现全面建设小康社会奋斗目标不可忽视的重要力量。而老年教育则是现代国民教育体系、终身教育体系、学习型社会的重要组成部分,离开老年群体,离开老年教育,全面建设小康社会,构建终身教育体系,建设学习型社会是根本不可能的。目前,全国90%的老年大学隶属于老干部局,抓好老年教育有着比较成熟的经验与优势。各级老干部工作部门,要认真贯彻落实十七大精神,全面做好离退休干部工作,把老年教育工作作为老干部工作的重要内容,切实抓紧抓好,使老年教育事业有一个新的更大的发展。配合新闻媒体和有关网站,搞好老年教育的宣传;组织对各老年大学工作人员的培训和对基层老年大学(学校)的业务指导。

2. 结合社会和时代特点,创新老年教育内容

老年教育要与时代发展的要求相适应,与老年人精神文化方面的需求相适应。当前,社会已进入信息时代,老年大学也不能停留在过去的水平上,在教学管理、学籍管理、教学手段、教育方式上也要与时代同步,逐步实行网络化、数字化,以适应当今社会信息化和知识经济需求;坚持正确的办学方向,使老年大学成为传播先进思想和科学知识,提高老年人政治文化素质的阵地,把老年大学办成学习知识、应用知识和培养创新人才的基地。信息化是时代社会生活方式的高平台,也是老年人全面提高生活

质量的新手段,要根据老年人生活方式和内容的全新变化,调整创新老年教育的专业设置,课程设计和教学内容。在课程设置上要坚持以人为本,以老年人的需要为基础,坚持"增长知识、丰富生活、陶冶情操、促进健康、提高素质、服务社会"办学宗旨,根据形势发展变化和老干部、老年人的需求,科学合理、适时调整课程设置,创新教学方式,提高教学质量,增强教学效果;不断丰富"老有所学"的知识,充实"老有所养"的内容,增强"老有所乐"的情绪,提高"老有所为"的本领。要遵循"教、学、乐、为"相统一的原则,教学内容,要切合老同志学习知识、开阔视野、丰富精神的需求,既突出政治性、思想性,也要突出实用性、趣味性、科学性;教学方法上,应重点突出,深入浅出,要保护老同志的学习兴趣,在讲解时要形象生动,在指导操作时要耐心细致,以激发他们渴望学习的积极性和追求进步的社会责任感。用"两轮驱动"的办学理念,为老同志创造"学"的条件,"为"的平台,把老年大学办成老年人终身学习的乐园,使老年教育的办学方式和老年学员的思想观念与时代发展同步。

3. 改进办学方式,积极探索,推进创建示范性老年教育教学工作

老年教育工作要不断改进教学方式,创新办学思路,遵循"教、学、乐、为"相统一的原则。在课程设置上要体现多元化,采取多专业、多学科、多学制的方式。在教学方法上要注重灵活性,将集中授课与专题讲座、座谈讨论与学习交流、理论教学与社会实践、思想教育和人文关怀有机地结合起来。在管理服务上要注重优质化,要从老干部的切身利益出发,在加强制度建设、推进规范管理的基础上,更加重视亲情化和人性化的管理服务;要充分学习和借鉴兄弟省市在创建示范校方面的经验,从本地区的实际出发,研究制定创建示范校的标准,明确具体的实施目标,建立相应的激励和评估机制,既不能搞形式主义,也不能盲目地一哄而上,片面追求一些硬性指标。要因地制宜,统筹兼顾,循序渐进,稳妥推进示范性老年教育工作。同时,以创建示范校为契机,充分发挥省、市两级老年大学的示范和带头作用,加强校际之间的合作与交流,积极推进老年教育的各项工作。

4. 充分利用现代科学技术手段,建立完善老年教育网络,并向农村、基层延伸推进,提高老年教育办学的科技含量

老年教育必须按照和谐社会的需要和老有所学,老有所教,老有所为，老有所乐的要求，进一步做好和发展老年教育工作。目前，尽管我国各级老年大学发展还不平衡、参差不齐，还有不少差距。但总地看，老年教育体系从组织领导机构设置、人员编制、教学设施、师资配备等已逐步得以落实，并初步形成规模，发展趋势较好。当前，我国老年教育工作的难点在农村、在小区。要实现我国老年教育的计划目标，工作任务还很重，需要做的工作很多，在科学技术迅速发展的今天，我国的老年教育网络化程度不高、科技含量不高，还未能更好地运用科学技术的手段于老年教育，这对老年教育的发展是一大制约。这就要求全体老年教育工作者要深入学习和领会党的十七大精神，增强做好老年教育工作的事业心、责任感，把发展老年教育工作的重心转向农村、转向小区、转向企业。在着力抓好以城市为中心的老年教育的同时，大力发展城镇小区和农村老年教育，逐步实现市、县、乡（镇）、街道、小区、村老年教育网络化。

5. 进一步健全和完善老年教育人性化管理服务体制

根据老年教育出现的新情况、新问题，研究寻求一种比较完善的适合发展要求的管理体制和规范化管理模式，是进一步推进老年教育向科学、健康、有序发展的必然要求。只有理顺管理体制，健全组织机构，落实人员编制，完善保障措施，才能进一步发展和完善老年教育工作，使教学质量上层次，使管理规范化上台阶。同时，还要建设一支高素质、高水平的师资队伍和管理人员队伍，这是办好老年教育的关键所在，也是提高教学质量的决定因素。要积极选聘那些热爱老年教育事业，有奉献精神的同志，不断充实到老年教育工作队伍中。

6. 各级政府充分重视，加大老年教育资金投入

老年教育要发展，离不开资金投入的保障，应进一步加大对老年教育事业的资金投入。各级党委、政府要把发展老年教育事业纳入各地经济和社会"十二五"发展规划之内，建立老年教育投入与经济社会发展水平和老年人口增长挂钩的调节机制，根据经济增长的幅度，逐年加大对老年教育事业的资金投入，使老年教育事业与经济增长同步协调发展。使老年教育随财政收入的增加而逐步增长。特别是县级政府对老年教育投入，要加强制度约束；要改革教育投资体制，制定鼓励社会各方面对老年教育的投入政策，拓宽老年教育经费筹措管道，多元化多渠道地吸收国内外的社会团体以及国有企业、民营企业、个人的赞助与捐赠，争取全社会对老年教育事业的关心和支持。

参考文献

[1] 埃德加·富尔：《学会生存——教育世界的今天和明天》，教育科学出版社，1996。

[2] 《全国老龄工作会议资料》，《人民日报》，2000年8月29日第4版。

[3] 袁缉辉主编《老龄问题》，复旦大学出版社，1986。

新形势下山区整合资源发展老年教育的探索与思考

南平市老年大学课题组[*]

老年教育的重要性与迫切性随着社会的稳定、科学技术的发达、生活水平的提高而增强，我国正逐步进入老龄化社会，尤其是在构建社会主义和谐社会的今天，老年教育的作用和意义日益凸显。因此，新形势下的老年教育是涉及千家万户的社会工程、民心工程，是我们值得探讨的重要课题。只有以科学发展观为指导，通过科学有效的途径，采用合理可行的方法才能更好发展。本文通过分析整合资源的背景、原因，整合资源的有利条件，结合近年来南平市整合资源采取的措施和成效，对如何通过整合资源发展山区老年教育做进一步探讨，以此抛砖引玉，与广大老年教育工作者共同商榷、共同提高。

一 整合资源的背景及缘由

目前，我国人口结构已向老年型转变，据统计，我国60岁以上的老年人口目前已经达到1.67亿，占全国总人口的12.5%，并且呈现出加快增长的趋势，预计在"十二五"期间，60岁以上老年人将突破2亿。人口老龄化的影响日益成为整个社会的问题。创办老年大学（学校），发展老年

---

[*] 南平市老年大学课题组成员：朱土申、陈登新、赵敏云、肖建平、范浩彬、吕国珍、刘宏、郭丽珍、杨孝丽；执笔：吕国珍。

教育，是应对人口老龄化的严峻挑战，实现积极老龄化，共建和谐社会的一个重要举措，在满足老年人精神需求，促进老年人通过继续教育，适应不断发展的社会，参与社会、服务社会，提高全民文化素质中发挥重要作用。目前，经济的发展和社会的进步，为发展老年教育带来了许多有利的条件，而各级各类老年大学（学校）的兴办，办学软、硬件条件的不断改善，也充分表明老年教育越来越受到党、政府和社会的重视和关注。最近，中共中央、国务院印发颁布的《国家中长期教育改革和发展规划纲要（2010－2020）》中，明确提出"重视老年教育"的要求，更为大力发展老年教育提供有力契机。面对越来越好的发展趋势，各地老年大学（学校）蓬勃壮大，不断发展。但由于南平等山区城市，因经济发展较为缓慢，财力的不足制约了各种社会事业的快速发展，作为老年教育的主要阵地——老年大学（学校），目前能拥有和实际拥有的资源十分有限，许多老年大学（学校）在办学中出现"一楼难求"的现象，这也使这些地区的老年教育发展缓慢。但面对越来越多老年人要求享有继续教育的强烈需求，如何开拓思路，抓住机遇，做到立足实际与科学发展相结合？南平市近年来坚持"立足实际、存量调整、资源共享、联合办学"的理念进行办学，经过几年的实践、研究，在探索山区老年教育的有效途径方面取得了一定的成效。这表明通过有效整合现有资源，进一步吸纳社会各方力量，利用各方资源进行共同办学、广泛办学是目前适应山区实际，进一步普及老年教育，发展老年教育的一个科学合理的途径。

二 整合资源的有利条件

进一步发展山区老年教育，必须立足实际，认真分析和充分认识到目前整合资源的有利条件和环境，才能更好解决各地发展过程中遇到的问题和困难，才能真正实现有效整合，充分利用，促进发展。

1. 党委政府的高度重视是整合资源的有力保证

目前，国家已把重视老年教育纳入教育"十二五"规划，省上和我省许多设区市也相应把高度重视老年教育纳入经济社会事业发展的"十二五"规划当中。南平市还先后转发省上和下发《关于进一步加强和改进全市老年教育工作的意见》，对全市发展老年教育提出具体要求，强调："要鼓励部门和单位管辖的文化、体育活动场地兼做老年教育场所，将闲置的场所整合给老年大学（学校）使用。""要加强师资力量，建立教师人才库，统筹协调各级各类学校、党校、医疗、司法、退休管理方面等的人力资源，将热心老年事业、业务能力强、工作经验丰富的教师、医师、法律工作者、科技工作者等选聘为老年大学的兼职教师"等，为如何整合资源办学提供很好的依据。为加强省、市两级的落实，2010年市委还组织全市的调研检查，对老年教育工作进行督促指导。这充分表明，党委政府已将老年教育提上重要议事日程，为做好老年教育工作提供坚实的保证。

2. 经济社会的发展形势为整合资源提供更大机遇

近年来，海西绿色腹地建设突飞猛进，各级政府部门着力务实，加大对体育、教育、文化等公益事业的投入，一大批公共文化场所、设施相继落成。如南平市新建成影剧院、博物馆、体育馆等等，新型小区、新农村建设的深入推进，基层的文化活动、体育健身场所逐渐扩大，设施不断完备，这都为老年教育广泛开展提供了广大的活动空间。体育文化、企业文化、小区文化、广场文化日趋活跃，也为老年教育的发展提供更广阔的活动舞台。另一方面，由于和谐社会的发展、进步，尊老、爱老的氛围更加浓厚，社会各界、人民群众处处议发展，处处讲和谐，人们对老龄化问题也越来越关注，越来越多的人认识到老年教育的重要性，许多部门、单位和企事业单位都为老年教育的发展提供了很大的支持与帮助。如南平市环保、烟草、房地产协会、建瓯市商会、光泽县圣农集团等已先后为老年大学（学校）提供活动经费或赠送教学设备等等。同时，由于现在各机关、部门、企事业单位都越来越注重对机关或单位精神文化、廉政文化、法治文化、团队文化、企事业文化的宣传，经常要开展书画摄影展、文艺演出等丰富多彩活动，这也为老年大学（学校）可以通过合作，实现互惠互利，取得双赢提供更好的平台，为推动老年教育的发展创造更好的条件。

三 整合资源的建议与对策

资源整合工作是一项复杂而细致的工作，要站在长远、全局、战略的科学发展观的高度，充分认识整合的重要性和必要性，不断地进行探索与思考，以改革的精神不断推进老年教育资源的整合和创新，实现各类资源共享和资源配置的最大化、最优化。

1. 深化认识，形成共同发展的良好氛围

关爱老年人，发展老年教育事业是全社会共同的责任，是实现社会和谐的一项战略措施，要加大对老年教育的宣传，使更多的人认识和接受老年教育。首先，党委政府要继续高度重视老年教育，这是实现资源整合的重要保证。要加大"老年教育不是中心却会影响中心；不是大局却会影响大局"的认识和宣传，把老年教育工作提上议事日程，每年通过召开会议专题听取老年大学（学校）工作情况汇报，研究老年教育工作，帮助解决实际问题，对老年大学（学校）召开的重要会议和重大活动，党委要派领导参加，认真听取意见和建议，真正做到思想上重视，工作上支持。其次，各联动单位、部门要提高认识，根据省、市两办档的要求，积极融入，主动对接，在场所、设备、人力资源方面给予必要的支持，各老龄部门要充分发挥职能作用，创新办学机制，实行开放办学，合作双赢的思路，真正建立以政府为主导，社会各方面共同办学的格式，不断增强办学的动力。

2. 加大重视，建立完善老年教育事业机制

完善的整合体制是进行资源整合的重要措施，也充分体现社会各界对整合资源办老年教育的思想认识程度。首先，要理顺管理体制。目前，大多老年大学（学校）都由老干局或老龄委主管，单一的管理体制使办学力量显薄弱，在人力、物力、精力诸方面都益显困难，只有进一步健全完善组织领导体制，才能改变整合过程中，各部门（单位）对共享资源的意愿小，整合被动的情况。建瓯、建阳等老年大学通过成立校委会，由市委书记或副书记担任校长，同级老干局或老龄委领导兼任第一副校长，补充人事局、电大、教育、文化等相关部门领导兼任副校长或校委会成员，增强办学合力。这也说明通过争取成立校务委员会或老教委是体制整合的一个重要内容，这样才能整合宣传、教育、文化、体育等各部门的力量，明确整合单位的责任和义务，才能真正实现整合，形成以党政为主导，上下联动、多方配合、齐抓共管的新格局。其次，争取将老年教育纳入当地的社会经济事业发展规划，这也是整合资源的一个有效措施。老年教育虽然是一个新兴事业，但具有强大的发展潜力，各级党委政府应通过统筹，将老年教育的办学经费纳入财政预算，为发展老年教育提供必要的经费保证，加强老年大学基础设施建设，根据财力的增长逐步增加办学经费，不断加大资金投入力度，改善办学条件，这样才能适应形势的发展。最后，将老年教育工作作为一个地方、一级政府、一个单位（部门）的综合评比如精神文明单位、平安单位等的一项重要内容，基层要争取将老年教育纳入和谐小区建设和社会主义新农村建设的统一部署之中，把老年教育工作作一项单位成绩的考核内容,也是促进老年教育发展的有效措施,能进一步促进全社会对老年教育工作的主动融入与积极支持。

3. 深入推动,广泛开展示范校创建活动

示范校创建活动是落实科学发展观的重要举措,是加强老年教育的重要抓手,能极大调动各地办学建校的积极性,使软硬件建设得到切实加强,从而有力地推动老年教育事业的全面发展。南平市从2007年以来,通过开展争创省级示范校的活动,引起当地党政领导的高度重视,市(县、区)主要领导亲自过问,分管领导亲自抓,在办学资源不足的情况下,想方设法进行资源整合,通过帮助协调电大、组织部电教中心、党校、教育进修学校、中小学等的场所、设备帮助解决场所问题;通过调整或借用老干系统、教育部门等人员帮助解决工作人员问题;采用"调"、"竞"、"聘"等方法,争取宣传、文化、教育、卫生等部门的支持和从社会聘请等方式相结合,挖掘专家、市管拔尖人才、名医、教授等为兼职教师,更好地解决师资问题等等,硬件和软件都通过资源共享得到很大的改善,推动南平市老年教育工作整体上到一个新的台阶。所以,继续深入开展省级示范校创建活动是整合资源的一个有利契机,整合资源又是示范校创建活动深入开展的一个有效手段,两者相辅相成,对推动老年教育的发展发挥极大的作用。

4. 有效整合,发挥共享资源的最大作用

整合资源的最终目的是通过共享为更多的老年人创造学习的条件和机会,从而更快、更好地普及和发展老年教育。从实际出发,认清自己的条件与环境,克服盲目整合的心理,才能真正有效整合,充分利用,扎实发展。南平、建瓯、建阳等从实际需要出发,与电大、人事局、党校、书协进行场所、设备、师资的整合,坚持不求所有,但求所用的工作制度和合作机制,最大限度地用足、用活各类资源的整合经验值得借鉴。县级以上老年大学可以通过与宣传、教育、医疗等部门或单位的资源整合,坚持"就地、就近、便捷"的思路,建立老年大学分校区或教学点,进一步开放办学;乡镇(小区、村居)等老年学校通过加强中小学、老年协会、科教、文化中心的场所、教师、设备等资源的整合和利用,结合和谐小区建设和新农村建设,可以促进基层老年教育工作的广泛开展。由于山区基层老年教育发展普遍很薄弱,县级以上老年大学要加强与乡镇、村居等基层老年学校联系,通过建立支教点、"讲师团送教"和远程教育等方式可以进一步指导和帮助基层老年教育的发展。据了解，南平市党员远程教育网络系统在基层有 1680 多个站点，各基层中、小学现已具有远程教育资源网络点，这都是可争取共享的有利资源。在整合资源中，针对许多老同志对整合资源办学不了解、不接受、不适应的情况，应加大宣传，使老同志接受整合资源进行办学的形式。同时，要把学校的课堂教学拓展到社会的实践中，围绕党政的中心工作，认真组织开展丰富多彩的第二、第三课堂活动，让老年学员参与社会、融入社会、奉献社会，通过各类活动的参与，进一步展示学校办学成果和老年人健康向上的精神风貌，吸引社会各界能关注、理解和支持老年教育，最终共同营造发展老年教育的和谐氛围。

浅谈老年大学校园文化建设

"宁德市老年大学校园文化建设研究"课题组[*]

随着近年来福建省老年大学教育事业的不断发展，学校制度的不断完善。如何在老年大学建设中发展具有老年特色的校园文化，这就需要新一代的老年教育工作者去探索发展。尤其是今年国家正式公布的《国家中长期教育改革和发展规划纲要》中明确列入"要重视老年教育"内容，我们应当以此为契机，加快发展和完善老年教育，而老年大学校园文化建设则是完善和发展老年教育体系不可或缺的重要组成部分。

一 校园文化的内涵与外延

校园文化是以学生为主体，以校园为主要空间，以育人为主要导向，以精神文化、环境文化、行为文化和制度文化建设等为主要内容，以校园精神、文明为主要特征的一种群体文化。校园文化是学校本身形成和发展的物质文化和精神文化的总和。校园文化是指学校所具有特定的精神环境和文化气氛，它包括校园建筑设计、校园景观、绿化美化这种物化形态的内容，也包括学校的传统、校风、学风、人际关系、集体舆论。心理氛围以及学校的各种规章制度和学校成员在共同活动交往中形成的道德行为准则。健康的校园文化，可以陶冶学员的情操、启迪学员心智，促进学员的全面发展。

---

[*] 宁德市老年大学校园文化建设研究课题组，指导：彭孔华，执笔：祝军。

老年大学是 20 世纪 80 年代在我国兴起的一种老年人公益性、福利性的教育事业。1996 年 8 月由全国人大通过的《中华人民共和国老年人权益保障法》明确规定:"老年人有继续受教育的权利。国家发展老年教育,鼓励社会办好各类老年学校。"老年大学教育的地位得到了法律上的正式承认。民政部发布的《2008 年民政事业发展统计报告》指出截至 2008 年底,全国 65 岁及以上人口 10956 万人,占全国总人口的 8.3%,比上年上升了 0.2 个百分点。60 岁及以上人口 15989 万人,约占全国总人口的 12%,比上年上升了 0.4 个百分点。因此我们可以说办好老年大学,构建国家终身教育体系已经是迫在眉睫的问题。21 世纪初期是我国人口结构老龄化高峰时期,也是我国老年大学迅速发展的关键时期。如何办好老年大学,加强老年大学教育机制的完善,这就要求我们去完善老年大学理论的研究,其中之一要加强老年大学校园文化的建设的研究。老年大学创办时间不长、发展历史短暂,并且有别于大中小学校园文化,但其社会化本质突出,老年性特点鲜明,地域性氛围浓厚,校园文化的个性特色从创办之始即在全社会形成定式。老年大学校园文化是以老年大学校园为空间,以社会文化为背景,以学校全体人员为主体,以社会主义核心价值体系为核心的一种亚文化;是以社会主义先进文化为主导,以民族文化为底蕴,以外来优秀文化为补充,以人文内涵为主要内容,以和谐为思想内核和价值取向,具有时代特征的一种群体文化;是由老年大学全体人员共同继承、创造和发展的一切物质成果和精神成果的总称。因此坚持校园文化的引领性,遵循老年大学正确的办学方针,主导学校群体的精神追求和价值取向,营造校园优良的精神质量和独特的文化氛围。这样才能更快更好地发展老年教育,办好老年大学。

二 老年大学和谐校园文化同任何地域文化一样,都有自己的功能作用

老年大学和谐校园文化的功能,作用主要有:一是导向功能。和谐校园文化能够引导老年人巩固提升科学的世界观、人生观、价值观、荣辱观,从而始终保持正确的前进方向。二是教育、陶冶功能。和谐校园文化能够通过一定的教育或一定的文化环境和精神氛围,使每一个学员受到深刻的教育和潜移默化的熏陶,使他们的知识得到提高,智力得到发展,意志得到磨炼,心灵得到净化,性格得到塑造。三是凝聚功能。和谐校园文

化是全体老年学员凝聚力和向心力的源泉。在具有健康和谐的文化氛围中的学员,所受到的心理影响基本是类同的。这种类同的心理效应会产生一种感染力、向心力和价值取向上的凝聚力。特别是用社会主义核心价值体系教育人、武装人、引导人,形成思想共识和共同的目标取向,凝聚各方面的力量。四是规范功能。和谐校园文化能够孕育一种约定俗成的行为道德准则和一种崇高的精神信条,形成具有"纲性"约束力的制度安排,使老年学员在有形或无形的规范下学习和生活、老有所为。

三 老年大学校园文化建设的现状和存在的主要问题

从总体来看,老年大学在 20 多年的发展中,校园文化建设取得了明显的成效,有力地促进了学校的发展和保证了教学、科研等各项工作的完成,学员对此是比较满意的。但是,应该看到老年大学校园文化建设与上述的要求也存在一些迫切需要解决的问题,如果这些问题不加以解决,会直接制约老年大学的进一步发展。

(一)对老年大学校园文化建设重要性和紧迫性的认识不到位,缺乏应有的校园文化建设的自觉性

校园文化建设是老年大学的一项基础性建设,在人格塑造、学校建设以及社会发展中发挥着重要作用。但是,从实践来看,有人对它的地位和作用缺乏应有的认识,对加强和谐校园文化建设重大意义认识不足,重视不够,精力投入少。如有的人把老年大学的和谐校园文化建设的目的仅局限于愉乐层次,没有看到它在人格塑造,提高人的生命价值的重大作用;有的人把老年大学的和谐校园文化建设仅看成是搞好老年教育、教学的外部条件,甚至有少数人认为两者之间没有直接的联系,没有认识到它是老年教育、教学的题中应有之义;也有的人孤立地看待老年大学的校园文化建设,认为是学校内部的事情,没有看到它在整个社会建设中的独特作用,等等。由于认识不到位,有些人对老年大学的校园文化建设不够重视,参与的热情和积极性不够高。

(二)对老年大学的校园文化内涵把握不够准确,存在片面性和表面化的理解

校园文化是一个具有丰富内涵的概念。在这次问卷调查中发现有一定数量的被调查对象对其存在着片面性和表面化的理解。如有的人把校园文化建设仅理解为知识的传授或仅限于管理和思想教育层次,没有从整体的办学理念、学校精神；学校传统、培养目标、物质设施、制度建设等方面来认识；有的人仅从条文上来理解制度文化、从物质形态上来认识物质文化，没有看到其深层的文化内涵；有的人把校园文化建设的视点仅放在学员群体上，忽视了其他群体如教师、职工和管理人员的作用，等等。

（三）老年大学的校园文化建设缺乏整体设计，科学规划，措施不够有力，效果受到一定影响

由于有的老年大学的校舍、场地等基本设施没有真正解决，致使校园文化建设无法进行整体设计，科学规划，许多措施无法制定，有些制订的措施也无法落实，只能"见缝插针"、"零打碎敲"地进行，有较大的随意性，校园文化建设存在一些缺憾。挖掘和培育和谐校园精神文化的力度不够，在学员中出现了淡化政治、对时政不感兴趣的倾向。社会主义核心价值体系教育与教学、管理结合不够紧密，一般是应时性，没有常态化。老年大学还没有完全形成自己特有的、人所共知的大学精神。校园物质文化建设是老年大学的软勒。校舍场地不足，设施简陋，环境缺乏内涵，至今还没有标志性的物质文化。校园制度文化建设有待于进一步加强，如何进一步贯彻"以人为本"的理念，将制度的"刚性"与"柔性"紧密结合仍需要进一步探索。

此外，校园文化创建活动缺乏系列化、有序化和实效性，没有形成全员参与氛围。有些活动停留在浅显的层面上，而赋予各种活动以小康社会的目标内涵、和谐的思维和创新的意识等亟待加强和提高。活动内容不够丰富，没有形成系列化，活动形式和手段比较单一，缺乏吸引力和辐射力，参与者少，旁观者多，效果并不理想。

四 加强完善老年大学校园文化建设的方法和途径

老年大学校园文化建设是一个系统工程，也是一个长期任务。加强老年大学和谐校园文化建设，有利于推进校园形成一个开放、民主、和谐和富有创造活力的校园文化生态，提升学校品位，打造学校品牌，增强老年大学的凝聚力、吸引力和辐射力。为此，老年大学要在加强宣传教育，提高全体人员对校园文化建设重大意义认识。采取有效措施，推进校园文化的大发展和大繁荣，从而推进整个老年教育事业的大发展，大繁荣。

第一，应该用社会主义核心价值体系引领老年大学和谐校园文化建设。社会主义核心价值体系内涵十分丰富。以科学发展观为指导思想、以爱国主义为核心的民族精神和以改革创新为核心的时代精神、社会主义荣辱观，是社会主义核心价值观的基本内容。它是社会主义意识形态的本质体现，是建设和谐文化与和谐社会的根本。以社会主义核心价值体系引领社会思潮，尊重差异，包容多样性，最大限度地形成思想共识，是构建社会主义和谐社会的重要任务，也是建设社会主义和谐文化的重要任务。用社会主义核心价值体系引领老年大学和谐校园文化建设具有根本性和战略性意义。加强社会主义核心价值体系的宣传教育，让全体人员能够全面把握和深刻领会社会主义核心价值体系的基本内涵、基本要求和重大意义，把党的指导思想教育、社会主义理想信念教育、时代精神和民族精神教育、社会主义荣辱观教育以及国情和形势政策教育紧密结合，让全体人员自觉遵守社会基本道德规范，推动形成知荣辱、讲正气、促和谐的良好校园风尚和校园心态。我们应当从老年大学的实际出发，把社会主义核心价值体系的基本内容和本质要求，渗透到全校工作的各个方面，贯穿于教学、管理和科研工作的全过程。在教学上，就是把社会主义核心价值体系的本质要求融于专业教学内涵之中，体现在专业培训目标上，真正做到社会主义核心价值体系进教材、进课堂、入头脑，使学员在接受专业知识的同时，也受到具体、生动的社会主义核心价值体系教育，在增长知识的过程中提升思想境界。在管理上，就是把社会主义核心价值体系的本质要求纳入管理的内涵之中，使管理成为教育人、培养人的重要途径。在科研上，就是要深刻揭示社会主义核心价值体系的本质内涵和发展规律，进一步引导人们树立科学的世界观、人生观、价值观和荣辱观，进一步坚定中国特色社会主义的共同理想信念，从根本上提高人们的精神境界。我们还应当充分发挥党员和干部的示范作用，带头学习和践行社会主义核心价值体系，用自己的模范行为和高尚人格感召群众，带动群众。由于种种原因，有相当数量的老年大学还没有建立党的基层组织，对党员和干部的教育、管理失去了强有力的组织保证。因此，必须多方努力，采取有效措施，尽快建立党的基层组织，形成完整的党的领导体系和组织系统，以加强对党员和干部的教育和管理，使他们在老年大学的各项工作中，更好地发挥带头作用和示范作用。

第二，我们应当积极培育先进、厚重的和谐校园精神文化。校园精神文化主要是由学校优良传统、全体人员所认同的价值理念、道德准则、群体心理、人际环境和人文素质等要素构成。校园精神文化是和谐校园文化的核心和灵魂,是校园文化的最高表现。因此,仅有物质文化和制度文化的校园文化是低层次的,只有在加强校园物质文化和制度文化建设的同时,凸显校园精神文化建设,这样的校园文化才是完整的、高层次、高品位的。积极培育先进、厚重的校园精神文化,是发挥校园文化的导向、陶冶、教育和塑造等功能,促进人的全面发展和老年大学发展的迫切需要。从校园精神文化的发展规律和目前全省老年大学实际来看,培育先进、厚重的和谐校园精神文化应当重点做好以下几个方面。

一是,树立科学务实的办学理念。办学理念作为学校追求的终极价值,是学校建设的灵魂,也是校园文化建设的灵魂。它源于学校传统又不拘泥于学校传统,既体现学校个性又具有社会发展的时代性,既要成为全体人员所认同的目标又与各类人员的发展需要和追求相融合,因而它具有特定的凝聚力、感召力和生命力。老年大学的教育对象是一个特殊的群体,他们的学习目的和学习需求与一般高校的学生群体有着明显的区别。因此,老年大学的办学理念不能完全照搬普遍高校的办学理念,应体现老年大学的个性特质。从实践来看,老年大学的办学理念在文字上有不同的概括和表述,但从内涵上来说,它应该体现在服务老年人和服务社会这两个层面。增长知识、丰富生活、陶冶情操、促进健康、提高质量、创造生活,等等,是属于服务老年人的范畴。服务老年人与服务社会是辩证统一的。老年大学的性质和任务决定了它必须服务老年人。老年人是社会的重要组成部分,服务老年人包含了服务社会的内涵和要求,同样,服务社会也包含了服务老年人的内涵和要求,两者在内容上是相互兼容的,在目的上是一致的。

二是,培养优良校风。校风是和谐校园精神文化重要组成部分,主要包括教风、学风和工作作风。校风是形象,是力量,是生命。校风出凝聚力,出号召力,出战斗力。名校必定有良好的校风。良好的校风一旦形成,就成为无声的命令,无形的法规,强有力的舆论,对每个成员的思想质量、工作学习态度产生深刻影响,对学校的各项产生巨大的促进作用。要制定规划,明确责任,把校风建设的目标要求落实到各项工作实践之中,体现到个体和群体的行为之中。

三是,打造校园精神文化载体和交流与传播平台。精神文化是一种内隐文化,渗透在校园内的各种载体上,通过外化形态体现出来,同时,也通过特定的平台进行交流和传播。因此,加强校园精神文化载体建设,搭建交流和传播平台是十分必要的。主要是：加强"三室一窗"建设。即进一步扩大图书数据室，增加图书数据藏有量；增建校史陈列室和荣誉室，努力办好校园内宣传橱窗；加强以校报校刊为主的纸质平面媒体和理论阵地建设，不断提高办报办刊质量，进一步增强渗透力，扩大影响力；建立和完善"三个系统"，充分发挥新型媒体的独特作用，树立老年大学的文化形象。这就要进一步完善校园闭路电视系统，提高科技含量。改造校园局域网系统，建设好融思想性、知识性、趣味性和服务性于一体的校园网站。建立和完善老年大学的可视识别系统，制作具有本校特色的标识、象征（校旗、校徽、校歌等）和图案。

第三，应当建设"以人为本"的和谐校园制度文化。和谐校园制度文化是指在日常管理中逐步形成的管理机构和规章制度，体现学校个性的管理理念和人文精神。制度文化作为校园文化的内在机制，是科学管理、严明纪律、规范行为和实现和谐的重要保障。加强老年大学和谐校园制度文化建设最重要的就是要坚持社会主义先进文化的前进方向，把以人为本的理念与科学管理手段紧密结合，建立以发展人的主体性，提升人的生命价值，富有人文关怀与团队协作精神，能为每一个人的个性发展提供广阔空间的校园制度文化生态系统。

一要坚持制度的传承和创新。对现有制度要进行科学审视，区分出现有制度群中的合理因素和非合理因素，合理因素要加以传承，对不合时宜的制度要坚决摒弃，对有缺点、不完善的制度要进行大胆的修改和补充。要根据实践中出现的新情况新问题，不断进行制度创新，始终保持制度建设的与时俱进，同时，要重视制度之间的协调与配套，防止制度的繁密化。

二要坚持"以人为本"的理念，丰富制度的文化内涵。制度是以一定文化为底蕴的，体现制度文化和制度文明的发展水平。科学意义上的制度不仅体现在针对性、实践性、严密性和可操作性上，而且更重要的是要体现在文化内涵的先进性上。所以，制度的构建、改革与创新要体现中国社会主义先进文化的前进方向，贯穿"以人为本"的理念，突出"人性化"和"和谐性"，充满人文关怀，在有效规范人们行为的同时，也要使人们得到先进文化的熏陶，发挥修身养性的作用。

第四，加强和谐校园物质文化的建设。校园物质文化即环境设施文化，主要是指在学校地域内构成学校基本物质面貌和外显的物质状态的总和。学校环境设施主要包括校园内的建筑、活动场所及所有的教育教学设备和生活设施。这些既是校园文化的物质载体,也是校园文化的表现形式之一。由于种种原因,老年大学的物质基础设施和校园环境以及其内涵的文化与规范化的学校还存在着较大的差距,校园物质文化建设的任务十分艰巨,必须下大气力加以推进。老年大学的物质环境设施建设要从自身的特点出发,立足现实,着眼未来,科学规划,分步实施,逐步形成自己特有个性和风格的和谐校园物质文化生态。

一是要加强校园文化物质载体建设。校园文化的物质载体建设必须提高认识,增加投入,按照"美观、高雅、实用、节俭"的原则进行科学规划,逐步实现老年大学有一定规模和品位的校舍设施,有一定数量的活动场所和活动设施,有一套科技含量较高的教育教学设备,有一个具有较高生态文明水平的环境。

二是要强化和提升校园物质设施和环境设施的文化内涵和品位。坚持古为今用,洋为中用的原则,吸纳中外文化的精华,增强学校各种物质实体的历史内涵、民族内涵和时代内涵,实现各种物质实体的使用功能、美化功能和教育功能的和谐统一。

三是要加强校园人文景观建设。在校园人文景观建设中,要重视画栏、雕塑、警句格言、图书数据设施、山水、道路等方面的制作和建设,并按照一定的理念和风格进行总体布局设计,同时要建设标志性的校园物质文化实体,强化教室景观建设,进一步绿化美化校园,使人们能置身于知识的时空,处于美的意境。

此外,老年大学还要购置、更新教育教学设备,提升设备的科技水平,使人们在使用和享受现代科技成果的同时,得到现代文明的熏陶。

第五,加强和谐校园文化主体力量的建设。和谐校园文化建设关键在人,关键是要有高素质的师生员工队伍。这是因为全体师生员工,不仅是和谐校园文化享受主体,而且是和谐校园文化建设主体。因此,进一步树立全员参与和全员共建意识,激发全体人员的文化创造活力,强化和谐校园文化主体力量,是加强和谐校园文化建设的根本之策。

一是要加强三支队伍建设。要从老年大学的实际出发,建设一支高水平的教师队伍。高素质的教师队伍是建设和谐校园的关键因素。由于种种原因,老年大学的教师基本上是兼职或聘用的退休的专业人员,其年龄较大,报酬较低。针对这一实际,要加强对他们的思想教育,做好思想工作，提高他们献身老年教育事业的光荣感和责任感。在此基础上，增加感情投入，为他们的事业发展提供较大的空间和较好的条件，营造尊师重教的氛围，做到感情留人，事业留人。要加大名师和高端人才的聘用工作。对具有较高知名度的高端人才，不求长期为我所用，只求一时为我所用，在条件允许的条件下，请他们来校作专题报告、专题讲座和专题演示，以产生示范效应和轰动效应。同时，要做好中青年教师的聘用工作，充分信任他们，真诚爱护他们，热心帮助他们，为他们在老年教育领域发挥自己的聪明才智创造更好的条件。

要从老年大学的特点出发，建设一支高水平的管理者队伍。加强管理者队伍建设，要以培养学习型管理人才为目标，以强化职业道德为核心，以提高管理治校能力为重点，引导他们牢固树立"以人为本"和"人性化"服务的理念，激发他们爱岗敬业、开拓创新和无私奉献的精神，不断提高他们的管理技能。要不断优化队伍结构，适当吸收一些较为年轻和有一定管理经验的人员进入管理者队伍，增强队伍活力，提高服务水平。

要从学员队伍新特点出发，建设高素质的学员队伍。在新世纪新阶段，老年大学的学员队伍发生了一些新变化，呈现出一些新特点，主要是：年龄结构出现了"高龄化"和"低龄化"两种趋势，年龄跨度进一步扩大；生源结构由单一性向多元化发展；价值取向的多样性和务实性进一步凸显；学习需求的多样性和层次性更加明显；个人特质出现了传统老年人特质与现代老年人特质同时并存，现代老年人特质进一步显现，等等。要根据学员队伍的这些特点，科学设置课程，增强教学的针对性、实效性，不断提高教学质量。要充分发挥社会主义核心价值体系的引领作用，引导学员树立科学的世界观、人生观、价值观和荣辱观，努力培养"四有"的现代老年人。

二是要加强对和谐校园文化主体力量的整合。把教师队伍、管理者队伍和学员队伍三支力量进行有效整合，形成 1+1+1>3 的整体优势，这是强化和谐校园文化主体力量，加强和谐校园文化建设重大举措，也是老年大学迫切需求解决的现实课题。

就老年大学而言，对主体力量整合具有较强适应性的有思想道德、制度和组织等三个基本手段（途径）。通过这三种手段，对主体力量（资源）进行科学配置，有效协调，挖掘潜能，激发活力。从思想道德整合来看，就是坚持中国先进文化前进方向，充分发挥社会主义核心价值体系的引领作用,使三支队伍在思想认识和价值取向上的一致,在校园文化建设上做到同心、同向和同力。从制度整合来看,就是通过制度完善和制度创新,有效地规范行为,优化环境,使三支队伍保持行动上的一致。从组织整合来看,就是通过发挥组织功能进行资源科学配置。老年大学存在两类不同性质的组织体系。一类是自上而下的行政组织体系,包括校领导班子、各系处室、班主任等。通过行政组织体系,对全校的校园文化建设进行谋划和具体实施,如提出目标任务,制定政策措施,进行资源配置与协调和具体实施操作等。这类组织在老年大学中地位重要,优势明显,具有举足轻重的作用。进一步优化这类组织,充分发挥它们的作用,对校园文化建设至关重要。另一类组织是以专业为纽带的社团组织。它是基于某一宗旨和目标而自愿参加,以自我教育、自我管理、自我表现和自我娱乐为目的非正式组织。老年大学一般都有理论学习型社团、技艺型社团、兴趣爱好型社团和社会公益型社团等。社团组织既是校园文化的载体,也是校园文化的具体表现形式之一,对校园文化资源的整合作用是十分明显的。因此,加强对校园社团的引导,制定和完善有关制度,强化扶持力度,促进社团健康有序发展,应引起各级老年大学的高度重视。

第六,应当以丰富多彩的文化活动为载体,加强和谐校园文化建设。丰富多彩的文化活动是和谐校园文化的载体,也是发挥和谐校园文化主体作用的有效平台。具有开放性、多样性和丰富性的校园文化活动,能够激发人们的学习兴趣和求知欲望,实现理论与实践的有效结合;能够有效地发挥校园文化功能,推进校园文化发展。老年大学校园文化活动要遵循校园文化发展规律,充分发挥老年人特长,营造全员参与氛围,构建具有老年大学特色的、大范围、多层次、多形式的文化活动体系,使校园文化活动科学化、系列化、常态化和实效化。

一是在校园文化活动的设计上,要唱响主旋律,突出全体人员的主体性和创造性,提升和展示人们的全面素质,充分弘扬学校精神,把思想政治类、学术科技类、社会公益性类和文娱体育类等类型的文化活动紧密结合起来。要进一步扩大民主,提高全体人员的参与度,调动各方面的积极性,凝聚群众智慧;要坚持全面性和重点性、谋划长期目标与制定近期任务相结合。在从和谐文化与和谐校园的构成要素的各个方面进行全面规划和设计的同时,要突出重点,抓住关键,注重整体配合,在规划长期目标的同时,要制定好近期任务。

二是在校园文化活动的内容上，要体现时代性、实践性和综合性。如开展以"互相关爱，服务社会"为内容的志愿服务活动；以"自我管理，自我服务，自我教育，自我监督"为内容的民主参与和民主建校活动；以"博学、求真、和谐、创新"为内容的培育校风活动；以"学法、守法、护法"为内容的遵纪守法活动；以反映"教学成果，学习成果"为内容的才艺自我展示活动；以"爱护环境，人与自然和谐相处"为内容的建设生态文明活动，等等。这此活动内涵丰富，充满了时代气息，具有很强的实践性和综合性。

第七，在校园文化活动的形式上，要体现高雅性、益智性和趣味性，使人们受到高品位的文化熏陶，增长才智，提升境界，愉悦身心，享受快乐，从而增加校园文化活动的实效性和吸引力。

浅议农村老年教育与社会主义新农村建设

颜美斯[*]

自从中央提出"建设社会主义新农村"的战略任务以来,"三农"工作已取得很大成绩,同时推动了农村老年教育的发展。农村老年教育在新农村建设中如何定位,如何为新农村建设服务,是我们面临的新课题。本文仅就农村老年教育与社会主义新农村建设的一些相关问题,谈点粗浅认识。

一 发展农村老年教育是社会主义新农村建设的重要内容

党的十六届五中全会对社会主义新农村建设提出的要求是"生产发展、生活富裕、乡风文明、村容整洁、管理民主"。学习、领会这一精神,使我深深认识到:

(一)没有农村老年教育,就没有社会主义的新农村

老年教育是社会主义事业的组成部分,是终身教育的重要环节,是实现全民学习,构建学习型社会重要的组成部分,也是应对人口老龄化的重要策略。没有农村老年教育,就没有完整的社会主义新农村。因此,发展农村老年教育是社会主义新农村建设的重要内容。

(二)发展农村老年教育是社会主义新农村建设的重要任务

建设社会主义新农村的核心任务是提高农民素质,发展农业生产。农

---

[*] 颜美斯,德化县老教委顾问、县老年大学名誉校长。

村老年教育是提高农民素质，培养"有文化、懂技术、会经营、守法纪、讲文明"新型农民的有效途径。当前，农村老人是实施科技兴农，发展农业生产的重要力量，在新农村建设中又起着带动群众移风易俗，为实施新农村建设，排除阻力，发挥无可替代的作用。老年教育又是展现社会主义新农村的重要窗口。加强农村老年教育工作，不但对于提高农民素质，发展农业生产，具有重要性，而且对于稳定农村，兴办农村公益事业，移风易俗，改造村容村貌，创建文明村庄，关爱青少年健康成长，构建和谐农村等等，都具有现实和长远意义。因此，保障农村老人受教育、再学习的权利，发展农村老年教育，是社会主义新农村建设的重要任务。

（三）加强农村老年教育是充分发挥农民主体力量的重要措施

建设社会主义新农村的主体力量是农民，农村老人群体在农民中是一支不容忽视的力量，农村老人的思想政治素质、文化科技素质、身心素质如何，对新农村建设的影响是不容忽视的。农村老人是新农村建设的受益者，更是参与新农村建设不可或缺的力量。实践证明加强老年教育，调动农村老人在社会主义新农村建设中的积极性，将带动全体农民建设新农村的积极性。是发挥农民建设社会主义新农村主体力量的重要措施。

（四）发展农村老年教育事业必须纳入新农村建设规划

新农村建设必须移风易俗，破旧立新，而移风易俗的阻力和动力都在老人群体，老年教育起着化阻力为动力的积极作用。德化县农村老年教育与新农村建设已形成互动局面。例如，村级老校师生们在新村建设中，积极带动群众移风易俗，拆祖厝、迁祖坟……为新农村建设出谋献策，排忧解难。新农村建设也为村老年学校建造崭新的校舍，增添了室内外设施，形成两者相互促进的新局面。巩固发展"双互动"必定助推"双加快"。为使农村老年教育与新农村建设互动共进，农村老年教育必须纳入社会主义新农村建设规划。

由于新农村建设是个庞大工程，实现建设目标必须经过多年的艰辛创业。在建设进程中的农村，变化将是不断地，巨大的。因此，规划必须具有科学性和前瞻性。规划的科学性就是要因地制宜，从实际出发，具有可行性，不搞形式主义。前瞻性的规划必须超前预见到社会主义新农村建成时，农业将已迈进现代化、产业化；农家将普遍富裕了；农民的住宅将相对集中成集镇化；生产、生活方式将会有很大变化；农村老人占农村人口比例将较大幅度上升，老年群体将比现在相对年轻化，他们的需求将更加多样化；那时候，农村老年教育的内涵将更加丰富，外延更加宽广；教育、文化、体育、娱乐设施更加完善；为老人服务的内容和质量也会随之扩大和提高；将要求更充分地满足农村老人群体的需求。这一切表明规划必须着眼于长远，给农村老年教育事业的发展及相关设施的配套，划足用地。在布局上应把老年教育的场所与居民住宅区相邻近，与文化、体育、娱乐、休闲场所相协调，方便老年人的学习、文体和娱乐活动。

二 为社会主义新农村建设服务是农村老年教育的发展方向

培养有文化、懂技术、会经营、守法纪、讲文明的新型农民，是农村老年教育的首要任务。在为社会主义新农村建设服务方面，必须着重加强政治、科技、经济、法律、文体教育，为新农村建设办实事做贡献。

（一）加强思想政治教育，为新农村建设打造思想基础

新农村建设的基础是改造、发展农业，农业的出路是现代化、产业化。只有解放思想，改变落后的思想意识、生产方式，才能推进现代化、产业化建设。解放思想，转变观念，在农民中虽已取得一定成绩，但仍存在诸如因循守旧、安于现状和一些陈规陋习，对新农村建设缺乏主动性和积极性。对此，农村老年教育必须把思想政治教育排在首要位置，促进农村老人解放思想，更新观念，为新农村建设提供精神支撑。

（二）加强科技知识教育，为新农村建设提供智力支持

改造农业，发展现代化、产业化的农业生产要靠科技，提升农业产品质量和经济效益也要靠科技。农村老年教育必须致力于科技教育和科普知识的广泛传播，帮助农民学会科学的种、养和加工技能，学会科学的思考问题，学会科学的生产、生活方式，提高农业生产力，提高土地产出率，提高农业产品增值率，提供智力支持。

（三）加强市场经济知识教育，为新农村建设提供新思维方式方法

农民要致富必须把农村丰富的物质资源转化为商品，但他们对市场经济知识了解甚少，不懂市场经济法则、规律和经营方法方式，不了解市场对农产品的需求行情，不懂利用信息手段拓展产品的营销管道。随意性、盲目生产，导致有些农产品与市场需求不对应，产销脱节，产品质量未能达到市场的要求等。农村老年教育必须帮助农民学懂按市场需求规范生产，学会按市场经济法则和规律营销产品，为促进农业生产商品化、产业化提供新的思维方式方法。

（四）加强法律知识教育，为新农村建设营造法制环境

在新农村建设中，农民群体性的协力和主体性的发挥，有赖法制观念的树立和加强。规范化的新农村建设必须靠法律法规的保障。在农村，公民意识尚待加强，陈规陋习和封建迷信思想尚残存的状况下，农村老年教育必须加强法制和道德教育，在强化法制观念的同时破除封建迷信思想，摒弃陈规陋习，把农村老人培养成依法行事、文明理事的带头人，带动广大农民为新农村建设排除障碍，为构建和谐农村营造法制环境。

（五）加强文、体、艺教育，为活跃农村文化生活培养人才

活跃文体活动，营造浓厚的文化氛围，是新农村应有的风貌。当前，农村创新文化缺人才，组织活动缺骨干，开展文体缺场所。农村老年教育应致力于培养人才、培训骨干、拓展内容、营造气氛。在弘扬社会主义文化的同时把传统民间文化发扬光大。为新农村造就充满活力的文化活动，夯实基础，提供服务。

总之，发展农村老年教育是社会主义新农村建设的重要内容，必须纳入新农村建设规划，为其发展提供良好条件。为社会主义新农村建设服务是农村老年教育的发展方向，必须在政治、经济、科技、法制、文体教育等方面，努力为新农村建设提供服务。促进和加强两者互动共进，为推进农村社会主义建设作贡献。

附录1
关于福建老年大学创建海峡老年教育名校的问卷调查

调查对象：福建老年大学（指设在福州的省校）的新老学员。

1. 你是否知道福建老年大学（指设在福州的省校，以下简称"省校"）正在创建海峡老年教育名校？

    A. 知道　　　　　　　　　B. 不知道

2. 你认为，省校创建海峡老年教育名校对贯彻党的十七大精神——"建设全民学习、终身学习的学习型社会"，对发展我省老年教育，构建和谐社会，促进海峡西岸经济区建设，是否具有重大的政治意义和现实意义？

    A. 具有重大的意义　　　　B. 具有一般的意义

3. 你认为，省校与海峡老年教育名校的差距大吗？

    A. 差距不大　　　B. 差距较大　　　C. 差距很大

4. 你对省校与海峡老年教育名校有信心吗？

    A. 很有信心　　　B. 较有信心　　　C. 信心不足

5. 你愿意积极参与省校创建海峡老年教育名校的活动吗？

    A. 愿意　　　　　B. 尚在考虑　　　C. 不愿意

6. 你认为，省校现有的设施设备是否已达到海峡老年教育名校的标准？

    A. 已达到　　　　B. 尚未达到

7. 你认为，省校现有的师资队伍的质量按海峡老年教育名校的要求差距大吗？

　　A. 差距不大　　　　　B. 差距较大　　　　　C. 差距很大

8. 你认为，省校的课程教学质量是否已达到海峡老年教育名校的要求？

　　A. 多数课程已达到　　B. 少数课程已达　　　C. 均未达到

9. 你认为，你所使用过的教材质量如何？

　　A. 对多数教材感到满意　　　B. 对少数教材感到满意

10. 你认为，省校在创建海峡老年教育名校的进程中是否需要进一步加强公开课、观摩课等教学研究活动？

　　A. 很需要　　　　　B. 不一定需要

11. 你认为，省校在创建海峡老年教育名校的进程中是否需要进一步加强课程评估工作（如对主要课程进行中期检查、期末评教评学等）？

　　A. 很需要　　　　　B. 不一定需要

12. 你是否了解远程教学？

　　A. 了解　　　　　　B. 不太了解　　　　　C. 不了解

13. 你是否愿意接受远程教学？

　　A. 愿意接受　　　　B. 不太愿意接受　　　C. 不愿意接受

14. 你认为，省校在创建海峡老年教育名校的过程中，省校师生员工公开发表和在全国获奖的论文、作品的数量和质量能够超过海峡西岸和台湾地区的老年大学吗？

　　A. 完全能够　　　　B. 不一定能够

15. 你对省校在创建海峡老年教育名校的过程中能够不断提高和谐班级的质量有信心吗？

　　A. 很有信心　　　　B. 较有信心　　　　　C. 信心不足

16. 省校在创建海峡老年教育名校的过程中，学员们完全能够经过努力使省校的群团组织、文艺团体走在海峡西岸及台湾地区老年大学的前列，你对此有信心吗？

　　A. 很有信心　　　　B. 较有信心　　　　　C. 信心不足

17. 省校在创建海峡老年教育名校的过程中，你愿意捐献图书给校图书馆吗？

A. 愿意 B. 尚在考虑 C. 不愿意
18. 一个专业包含多门课程（如：中文专业包含：中国古典文学、格律诗词、写作等课程；美术专业包含：国画、钢笔画、篆刻等课程）你喜欢选择该专业的：

A. 一门课程 B. 多门课程 C. 全部课程

附录 2
关于 2010 年福建省老年人才再开发课题问卷

1. 如果您目前受雇工作，您对雇佣单位在工资待遇，福利待遇，用工制度方面的建议？
   A. 退休以后能为社会做点服务工作，也享有除退休外的额外补贴以满足了，无所谓工资待遇如何
   B. 努力提高工资，福利待遇
   C. 工作环境要舒适，工资福利待遇比较没要求
   D. 退休后，对工资待遇便不太看重，只要心情愉快而满足
2. 您认为通过什么措施能够更好地发挥老年人才的作用？
   A. 提高才艺丰富老年生活，老年人以自乐为主
   B. 开办学会或研究会，提高学到的技能服务于学员或社会
   C. 应通过老年大学系统或多种协会调查老年人中多种专业人员的分布情况，并组织他们发挥余热
   D. 老年大学已给老年人的人生再充电提供了最佳平台，老年大学给我们带来了美好的精神归宿感，人生因学习而美丽，这种为学的"精神软件"就已经给社会带来了良好的榜样作用。
   E. 能进一步完善老年大学的软硬设施为佳
   F. 加快公共交通发展，如公交车、地铁让老年人参加快递服务，一则锻炼身体，二则增加收入

G. 适合老年人不同年龄时期的特点,并结合老年人,个人特长,才能发挥作用应根据个人的喜好,创办工程技术或心理学班
H. 首先通过医疗卫生保健,有健康的身体减轻社会与家庭负担,并且参加社会活动的发挥个人作用,其次,参加各种有关专业的学习,为社会作出贡献。
I. 通过志愿报名,人才考核,择优录用,与在职者同等竞聘,发挥余热
J. 创新手工制作,让老年快乐动手,动脑,有益健康
K. 义工,有时辅导邻居小孩
L. 从社区开始,重视老年人的普及学习,
M. 政府应有相应的政策出台,政府部门应对老龄工作投入更多资金
N. 社会认可,不按工资歧视
O. 应聘退休人员干部对工作有贡献或成绩显著,应同样享受职称的评定
P. 有才能的老年人在晋江都可被发现,因为老年人才的能力待遇不太计较,但部分老年人才不懂安排,是一大缺憾

附录3
新农村建设中的老年教育调查问卷

一、被调查对象的基本情况（请在您所选择的答案后打"√"）

1. 性别：A. 男 B. 女
2. 年龄：（   ）岁
3. 最高学历：A. 小学及以下   B. 初中   C. 中（职）专或职高
   D. 高中 E. 大专及以上
4. 身份：A. 村干部 B. 普通村民 C. 农转居居民 D. 其他（   ）
5. 以前主要从事工作：A. 在家从事农业 B. 自己做生意 C. 在本村打工 D. 在城镇打工 E. 在家不工作

二、被调查对象对老年教育的认识与看法（请在您所选择的答案后打"√"）

1. 您所在的村属于：
   A. 平原
   B. 山区
   C. 城乡结合部

2. 您家有（   ）口人，其中劳动力（   ）口人。劳动力中从事农业（   ）口人，非农就业（   ）口人，在家无工作（   ）口人。

3. 目前，您面临的主要困难是什么？（不超过3项）
   A. 养老保障
   B. 交通出行

C. 看病就医

D. 基本生活难以维持

E. 精神文化生活缺乏

F. 家庭矛盾

G. 没困难

H. 其他，请说明_____

4. 您是否愿意参加文化、健身、娱乐等活动？（选1项）

   A. 愿意参加，村里也有组织

   B. 想参加，但没人组织

   C. 想参加，但抽不出时间

   D. 天天老一套，没意思

   E. 村里没有相应的设施

   F. 不感兴趣

5. 您是否是老年学校学员？

   A. 是   B. 否

   如果是，您觉得老年学校怎么样？（可多选）

   A. 得到了一些生产技术方面的服务

   B. 丰富了农村老年人的精神文化生活

   C. 促进了农村老年群体参与新农村建设

   D. 农村老年教育实际上没有提供什么服务

   E. 农村老年教育实际上没有受到重视

   F. 其他，请说明_____

6. 您愿意通过参加老年教育学校学习提升自己吗？（选1项）

   A. 愿意

   B. 不愿意

   C. 无所谓

7. 您认为农村老年教育课程设置怎么样？（不超过3项）

   A. 目标不明确、课程设置随意性大

   B. 课程结构单一、不贴近农村老年人的生活

   C. 现在老年教育课程设置各方面都不错

   D. 其他，请说明_____

8. 您认为农村的老年学校怎么样？（可多选）

A. 办学经费比较困难

B. 教学场所不足、设备简陋

C. 缺少专职教师、师资力量不足

D. 课程设置不能满足农村老年人的需求、教学质量不高、实用性不强

E. 现在教育的各方面都不错

F. 其他，请说明_____

9. 如果村里办了老年学校，您或村里的人是否愿意成为老年学校的学员？（选1项）

  A. 愿意   B. 不愿意

10. 如果您或村里的人愿意成为老年学校的学员，您觉得原因可能是：（可多选）

  A. 可以丰富精神文化生活、促进身心健康

  B. 能够增长知识、提高素质、服务社会

  C. 其他，请说明_____

11. 您认为当前农村老年教育存在哪些主要问题？（不超过6项）

  A. 缺少趣味性、实用、实效性

  B. 个别领导不够重视

  C. 办学经费比较困难

  D. 教学场所不足、设备简陋

  E. 师资力量不足

  F. 各地发展不平衡

  G. 缺乏文化娱乐活动

  H. 农村老年教育没有合理定位

  I. 农民多数缺乏主动性

  J. 其他，请说明_____

12. 您觉得农村老年教育应该最先抓哪几件事？（不超过4项）

  A. 广泛宣传和传播农村老年教育与老年学习先进理念

  B. 加强网络课程建设，实现城乡教育资源共享，解决农村老年教育师资不足问题

  C. 加强村里的老年教育学习场所、公共基础设施建设

  D. 改善农村的教育、医疗、文化等

E. 改变农村老年教育师资队伍缺乏的状况、加大培训力度
F. 加强农村老年教育的教材建设，编写适应农村老年教育特点的系列教材
G. 改变农村老年教育管理混乱的问题
H. 其他，请说明_____

13. 您认为应该如何发挥农村老年人口在新农村建设中的作用？（可多选）

A. 增强农村老年人对村务的发言权，能参与村级事务的决策
B. 重视农村老年教育，重视农村老年人口的学习需求问题
C. 乡镇政府应该更多地加强对农村老年学校的管理
D. 改变农村老年教育机构管理混乱的问题
E. 其他，请说明_____

附录4
关于老年人远程教育情况的调查问卷

一、被调查对象的基本情况（请在您所选择的答案后打"√"）
1. 性别：A. 男　　B. 女
2. 年龄：　A. 60岁以下　　B. 61～69岁　　C. 70岁以上
3. 文化程度：A. 大专及以上　B. 中专、高中　C. 初中及以下
4. 现（原）职业：
　　A. 行政干部　B. 科技人员　C. 教师　D. 公司职员
　　E. 工人　F. 农民　G. 其他

二、被调查对象对远程教育的认识、看法（单项选择题，请把您的选项填在括号内）
1. 您知道什么叫现代远程教育吗？（　　）
　　A. 很清楚　　　　B. 基本了解　　　　C. 完全不认识
2. 您是通过什么渠道了解到远程教育的？（　　）
　　A. 网上　　　B. 校园　　　C. 朋友们　　　D. 其他
3. 远程教育给您的印象（　　）
　　A. 很好，让我学到想学的　B. 良好，可以接受　C. 不可信
4. 您曾经上远程教育的网站学习过吗？（　　）
　　A. 经常上网学习　　　B. 偶尔上网看看
　　C. 从不上网学习　　　D. 不会上网

三、被调查对象对远程教育技术的熟悉情况

1. 您对电脑的熟悉程度（　　）

    A. 非常熟悉计算机，并能解决一些软、硬件故障

    B. 能熟练操作计算机，并能接收下载教育资源

    C. 只是能正常开关机，会一些简单的操作

    D. 不会使用

2. 平时您喜欢用电脑做些什么呢？（可多选）（　　）

    A. 辅助学习　　　　B. 上网搜集资料　　　　C. 上网、聊天

    D. 玩游戏或娱乐（听歌、看影碟等）　　　　E. 其他

3. 您每天进行网络学习的时间有多长？（　　）

    A. 1 小时以内　　　　B. 1~2 小时

    C. 2~3 小时　　　　　D. 3 小时以上

4. 您认为通过远程教育能否达到学习的目标？（　　）

    A. 能　　　　　　　　B. 基本上能　　　　　C. 不能

5. 您通过远程教育客户端下载课件的情况（　　）

    A. 每周多于 3 次　　　B. 每周 1~3 次

    C. 每周少于 1 次　　　D. 几乎不下载

6. 您喜欢哪一种远程教育学习的形式？（　　）

    A. 上网学习　　　　　B. 电视点播

    C. VCD＼DVD 播放　　D. 其他电脑软件

四、被调查对象对老年教育组织形式的爱好

1. 影响您参加远程教育培训的主要因素（多项选择）（　　）

    A. 没时间参加　　　　B. 不能及时知道近期培训情况

    C. 培训内容不符个人需求　　　D. 培训内容听不懂　　　E. 其他

2. 您喜欢哪种形式的老年教育？（　　）

    A. 到老年大学报名学习

    B. 到住家附近小区的学习中心学习

    C. 在自己家里上网自主学习

    D. 希望有一个学习、交流的场所

3. 您觉得目前老年人远程教育面临哪些问题？（多项选择）（　　）

    A. 宣传发动不够

    B. 贴近老年生活实际不够

C. 组织形式单一

D. 老年人学习资源太少

E. 其他原因

五、你希望老年人远程教育最最好要设置哪些课程？（多项选择）
（   ）

A. 时事、政治　　B. 文学欣赏　　C. 书法、绘画　　D. 文艺体育

E. 舞蹈、曲艺　　F. 农业科技　　G. 医疗保健　　　H. 花鸟养植

I. 烹调技术　　　J. 老年人心理健康　　　　　　　K. 其他

六、您认为哪些远程教学组织型式能更方便地学到需要的知识？
（   ）

A. 只要在网络上学一些相关课程就行了

B. 最好能根据个人意愿，分组进行学习和讨论

C. 能随时进行学习，最好有教师网上交互、答疑

D. 最好邀请专家老师定期进行面授辅导

七、你希望参加老年人课程学习的目的是什么？（多项选择）（   ）

A. 希望通过学习新知识能再次找到一份相适应的工作

B. 只是学些新知识提省自己生活的品位

C. 通过参加学习增加与他人交往的机会

D. 随便学学，打发时间而已

八、畅所欲言，说说您的各种看法。

1. 您对我省老年教育还有哪些看法或建议？

2. 您认为开展现代远程教育目前迫切需要解决的问题是哪些？

后　记

　　从现在至2030年人口老龄化高峰到来之前，是我国应对人口老龄化挑战的关键时期，也是仅有的战略机遇期。随着银发浪潮的快速袭来，如何让老年人有保障、有体面、有尊严地生活，引起各级政府和社会的重视和关注。2002年世界老龄大会通过的《国际老龄行动计划2002》强调，教育是老年人积极而充实地生活的重要基础，是增进老年人参与，实现健康和福祉的重要条件，是老年人继续社会化的一种过程，是积极老龄化战略的重要组成部分。重视老年教育、提高老年人口素质、减轻人口老龄化带来的负面影响，是科学发展观战略下老年教育理论研究的重要命题。

　　福建历届省委、省政府都十分关心和重视老龄教育事业，对老年教育给予极大的重视和支持。早在1996年11月中国老年大学在福州召开第二届第三次代表大会，时任福建省委常委福州市委书记的习近平同志亲临大会，并作了重要讲话，他强调说："老年教育是老干部工作和老龄工作的重要组成部分，是成人教育的一种重要形式，也是一项具有广泛社会性的教育事业。搞好老年教育，确保老年人老有所学，才能保证老有所为，老有所乐，同时才能保证老干部政治、生活待遇的落实。""老年教育涉及老干部、老龄工作和社会化教育工作，也是深入持久开展群众性精神文明创建活动的一项重要内容。老年教育的蓬勃发展，是社会文明进步的体现。它为广大离退休人员和社会老人学习知识技能，丰富晚年生活，提高身心素质，继续服务社会开拓了一条新路。"原省人大主任程序、原省政协主席游德馨，先后担任福建省老年大学校长，倾注了大量的心血和精力，为福建老年教育的理论研究，创造了丰厚的实践基础。现任省委书记孙春兰，得知我们组织高校专家学者进行老年教育研究时，她说："老年教育很重要，搞好老年教育和老龄人事业对加强和创新社会管理很有意义"。2008年福建省委常委、副省长陈桦在视察福建省老年大学时强调："福建老年大学短短的23年发展，成绩显著。要加快发展，希望我省老年教育事业按照科学发展观的要求，为构建社会主义和谐社会和海峡西岸经济区两个先行区建设作出新贡献。"为加快老年教育事业发展，福建省政协原主席、福建老年大学校长游德馨于2009年提出"创建海峡老年教育名校"的构想，这在全国是首创。

创建海峡老年教育名校，发挥老年教育的示范作用，践行党的十七大提出的"建设全民学习、终身学习的学习型社会"目标，需要理论的引领。福建老年大学校长游德馨、执行校长黄瑞霖高度重视老年教育理论研究工作。在他们的支持下，2010年1月29日，福建老年大学副校长、福建省老年协会副会长、福建省老年教育理论研究会会长施祖美邀请福建省所在榕高校的专家学者，以及福建省社会科学界联合会有关领导，召开了福建省老年教育研究会首次课题研讨工作会议。会议提出采用首席专家负责制的做法，聘请与老年教育理论相关学科高校理论造诣深的专家与长期从事老年教育工作富有实践经验的基层老年教育工作者，组建研究团队，力争将选题列入2010年度福建省社科规划项目，提升老年教育理论研究的水平。

2010年4月26日，在福建省老年大学召开了课题申报工作会议。会议决定由福建老年大学联合福建省五所高校组成研究团队协同开展老年教育发展战略研究，并向福建省社科规划办提交课题申请，课题名称定为："科学发展观与福建省老年教育发展战略研究"。首席专家施祖美，下设七个子课题和七位项目责任专家，分别是：福州大学林筱文教授负责的"积极老龄化和老年教育发展研究"、福州大学吴兴南教授负责的"老年大学示范校建设探索"、闽江学院黄高宪教授负责的"创建海峡老年教育名校的理论与实践"、福建师范大学吴宏洛教授负责的"福建省老年人才开发与继续教育研究"、福建农林大学黄建新博士负责的"福建省新农村建设中的老年教育研究"、福建师范大学程思岳教授负责的"现代信息技术促进福建老年教育发展"、福建省广播电视大学何绵山教授负责的"闽台老年教育比较研究"等。自此，课题的研究工作正式启动。

福建老年大学执行校长、福建省老年大学协会会长黄瑞霖对开展老年教育课题研究工作高度重视，他强调课题的研究要紧紧围绕党和政府的中心工作，要从应对人口老龄化问题的全局考虑老年教育事业的发展，充分体现党和国家的老龄工作方针，努力提升福建省老年教育理论的研究水平。2010年6月，福建省老年教育理论研究会课题"科学发展观与福建省老年教育发展战略研究"获得福建省社科规划重点项目立项。这是福建省老年教育理论研究省级课题零的突破，是老年教育领域高起点的学术冲刺。

在历时一年的协同攻关期间，课题组做了大量的调研考察工作。值得一提的是，为作问卷调查和深度访谈，省老年大学执行校长黄瑞霖、副校长施祖美、李宗明亲自带领专家们分别于2010年6月和11月在福州、厦门、泉州、莆田、南平、三明、龙岩、漳州等八地市广泛开展课题调研。发放问卷900多份，召开了老年人群、老年人家庭、老年大学（学校）管理部门、老年教育工作者、政府相关部门、老年群团组织、社区（街道）等各个层面群体座谈会10余场，获得的第一手资料为课题研究提供了丰富而翔实的数据。2011年5月经省社科院组织专家通讯评审和现场鉴定，评价为一级成果。

迄今呈现给广大读者的是课题"科学发展观与福建省老年教育发展战略研究"的研究成果，以及福建省各地市25年来发展老年教育的经验与心得，凝聚了老年教育工作者大量的心血和智慧。谨以此书献给即将于金秋十月在福建省召开的首届"海峡两岸老年教育论坛"。我们热切期盼关心、厚爱老年教育事业的各界朋友不吝赐教。

本书由福建老年大学副校长、福建省老年教育理论研究会会长施祖美，拟定写作框架和纲目并最后审订全书；福建师范大学吴宏洛教授负责全书统稿和修改定稿工作；闽江学院黄高宪教授负责特色篇部分文稿的审阅；福州大学林筱文教授对调查问卷的设计提供了技术支持；福建老年大学副校长、福建省老年教育理论研究会副会长李宗明负责特色篇部分的组稿。福建省老年教育理论研究会秘书长李炎清安排和协调调研及各项活动。本书获得福建省老年大学和福建省社科规划重点项目的资助，书稿的创作得到福建师范大学、福州大学、福建农林大学、福建闽江学院、福建省广播电视大学的鼎立支持，在此一一表示衷心感谢！

施祖美

2011年夏于福州

图书在版编目(CIP)数据

老年教育策论/施祖美主编.—北京：社会科学文献出版社，2011.10（2015.5重印）
ISBN 978 - 7 - 5097 - 2738 - 6

Ⅰ.①老… Ⅱ.①施… Ⅲ.①老年教育 - 研究 - 中国 Ⅳ.①G777

中国版本图书馆CIP数据核字（2011）第192070号

老年教育策论

主　　编／施祖美
副 主 编／吴宏洛　李宗明

出 版 人／谢寿光
项目统筹／王　绯
责任编辑／关晶焱

出　　版／社会科学文献出版社·社会政法分社（010）59367156
　　　　　　地址：北京市北三环中路甲29号院华龙大厦　邮编：100029
　　　　　　网址：www.ssap.com.cn
发　　行／市场营销中心（010）59367081　59367090
　　　　　　读者服务中心（010）59367028
印　　装／三河市尚艺印装有限公司
规　　格／开　本：787mm×1092mm　1/16
　　　　　　印　张：26.5　字　数：446千字
版　　次／2011年10月第1版　2015年5月第2次印刷
书　　号／ISBN 978 - 7 - 5097 - 2738 - 6
定　　价／78.00元

本书如有破损、缺页、装订错误，请与本社读者服务中心联系更换

▲ 版权所有 翻印必究